权威·前沿·原创

皮书系列为
"十二五""十三五"国家重点图书出版规划项目

BLUE BOOK

智库成果出版与传播平台

应急管理蓝皮书
BLUE BOOK OF EMERGENCY MANAGEMENT

中国应急管理发展报告（2021）

ANNUAL REPORT ON EMERGENCY MANAGEMENT IN CHINA (2021)

主　　编／马宝成

副 主 编／张　伟

社会科学文献出版社
SOCIAL SCIENCES ACADEMIC PRESS（CHINA）

图书在版编目（CIP）数据

中国应急管理发展报告 . 2021/马宝成主编 . -- 北
京：社会科学文献出版社，2021.7
（应急管理蓝皮书）
ISBN 978 - 7 - 5201 - 8521 - 9

Ⅰ.①中⋯ Ⅱ.①马⋯ Ⅲ.①突发事件 - 公共管理 -
研究报告 - 中国 - 2021 Ⅳ.①D63

中国版本图书馆 CIP 数据核字（2021）第 119050 号

应急管理蓝皮书

中国应急管理发展报告（2021）

主　　编 / 马宝成
副 主 编 / 张　伟

出 版 人 / 王利民
责任编辑 / 曹义恒

出　　版 / 社会科学文献出版社·政法传媒分社（010）59367156
　　　　　　地址：北京市北三环中路甲 29 号院华龙大厦　邮编：100029
　　　　　　网址：www. ssap. com. cn
发　　行 / 市场营销中心（010）59367081　59367083
印　　装 / 天津千鹤文化传播有限公司

规　　格 / 开　本：787mm × 1092mm　1/16
　　　　　　印　张：25.5　字　数：382 千字
版　　次 / 2021 年 7 月第 1 版　2021 年 7 月第 1 次印刷
书　　号 / ISBN 978 - 7 - 5201 - 8521 - 9
定　　价 / 158.00 元

主要编撰者简介

马宝成 1999年毕业于北京大学政府管理学院,获法学博士学位。现任中共中央党校(国家行政学院)应急管理培训中心(中欧应急管理学院)主任(院长),教授,博士生导师;享受国务院政府特殊津贴;中国应急管理学会副会长、中国行政管理学会理事。主要研究领域为政治学理论、公共管理、国家安全与应急管理、地方治理创新、中国农村问题等。主持国家社科基金重大项目1项、一般项目2项;主持省部级课题20余项;出版学术专著5部;发表学术论文200余篇,多篇被《新华文摘》等全文转载或摘登。主要参与创办了《国家行政学院学报》《行政管理改革》。多次参与国务院委托的放管服政策落实情况第三方评估和国务院大督查;多次参与国务院重要文稿起草工作。

张 伟 2004年毕业于北京大学政府管理学院,获法学博士学位。现任中共中央党校(国家行政学院)应急管理培训中心(中欧应急管理学院)副主任(副院长),教授,博士生导师,乔治城大学访问学者。主要研究领域为应急管理、政治学理论、公共政策等。出版专著5部、译著2部,主编"智库研究丛书",发表论文近60篇、内参多篇。曾主持国家社科基金项目、国家博士后基金一等资助项目、中共中央党校(国家行政学院)重点研究课题等11项。曾挂职国务院办公厅应急管理办公室。

摘　要

应急管理是国家治理体系和治理能力的重要组成部分，承担着防范化解重大风险、及时应对处置各类突发事件的重要职责，担负着保护人民群众生命财产安全和维护社会稳定的重要使命。本蓝皮书邀集相关专家学者，依托实证数据资料，从突发事件类型、体制机制、应急法治、应急能力、典型案例等多个视角，研究应急管理最新发展中的经验、问题、案例，分析未来趋势，提出意见建议，致力于推动实现应急管理现代化，深化应急管理研究，普及应急管理理念。

党的十八大以来，我国应急管理事业获得了全面发展，相关"十三五"规划得到有效落实，应急管理各项基础能力得到持续提升，各类突发事件得到有力应对。2020年我国应急管理体系和能力经受住了一次极不平凡的大考。党中央统筹全局、果断决策、勇于创新，全国疫情防控阻击战取得重大战略成果，有效应对了1998年以来的最严重汛情，并妥善化解了事故灾难、社会安全事件等重大风险挑战，积累了联防联控机制、群防群控策略、风险分级管理、大数据技术应用等方面的工作经验。

2020年是我国应急管理，尤其是疫情防控领域抓紧补齐短板弱项的一年。应急管理工作进一步突出党的领导、发挥制度优势，不断开展应急体制机制创新，对危机预警监测系统进行系统反思，摁下了应急立法、预案修订、标准制定的"快进键"，推动应急科技和产业变革，改进舆论引导工作，重视社会心理危机干预。以习近平同志为核心的党中央对应急管理体系和能力建设高度重视、未雨绸缪，指明了我国应急管理体系和能力现代化的

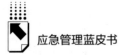

根本性、方向性、战略性重大问题。"统筹发展和安全"首次被列入国家经济社会发展指导思想,"十四五"规划专门就"统筹发展和安全、建设更高水平的平安中国""完善国家应急管理体系"进行全面部署。

2021年,我国应急管理进入新发展阶段,国内外发展环境深刻复杂变化,面临大流行病、全球变暖、地震巨灾等风险趋势带来的严峻挑战,应急管理事业也迎来了又一次大发展机遇。我国应急管理应以防范化解重点领域的重大安全风险为主线,以改革创新为根本动力,坚持总体国家安全观,更好统筹发展和安全,深入推进应急管理体系和能力现代化。

关键词： 应急管理　重大风险　体系建设　能力建设

目 录

Ⅰ 总报告

Ⅱ 分报告

Ⅲ 应急管理体制机制篇

Ⅳ　应急管理法治篇

Ⅴ　应急管理能力篇

Ⅵ　典型案例篇

皮书数据库阅读**使用指南**

总 报 告

General Reports

B.1

2020年中国应急管理体系
和能力现代化进展

马宝成 *

摘　要：　以习近平同志为核心的党中央对应急管理体系和能力建设高度
重视、未雨绸缪，进一步明确了我国应急管理体系和能力现代
化根本性、方向性、战略性的重大问题，突出重点领域和重点
环节，全力防范化解重大风险挑战，我国应急管理现代化取得
了重大进展。2020年，我国应急管理体系和能力现代化的指导
思想更加明确：始终坚持人民至上、生命至上，运用法治思维
开展疫情应对；补齐短板，健全国家应急管理体系，提高处理
急难险重任务能力；统筹发展与安全，有效应对各类风险挑
战。我国应急管理体系和能力经受住了世纪挑战：新冠肺炎疫
情防控取得重大战略成果，有效应对自然灾害的严峻风险挑

---

* 马宝成，博士，中共中央党校（国家行政学院）应急管理培训中心（中欧应急管理学院）主任
（院长），教授，博士生导师，研究方向为政治学理论、公共管理、国家安全与应急管理等。

战，全力应对各类事故灾难，持续推进更高水平的平安中国建
设。应急管理制度建设取得一系列新成果、新成就：持续完善
应急管理体制，持续完善应急管理法律法规和标准。突出重点
领域和重点环节，全力防范化解重大风险的挑战：实施全国自
然灾害的风险普查；持续开展安全生产隐患排查治理和提升监
管水平；大力开展灾害信息员队伍建设；创新依法化解社会矛
盾纠纷方式，不断提升社会安全感；创新和完善应急管理协调
机制；加强科技支撑，提升应急管理能力。

关键词： 应急管理　防灾减灾救灾　安全生产　新冠肺炎疫情防控　社会
安全

2020 年是中国应急管理体系和能力建设经受严峻考验的一年。以习近平
同志为核心的党中央对应急管理体系和能力建设高度重视、未雨绸缪。2019
年 11 月 29 日，习近平总书记在主持中共中央政治局就我国应急管理体系和能
力建设进行第十九次集体学习时强调："应急管理是国家治理体系和治理能力
的重要组成部分，承担防范化解重大安全风险、及时应对处置各类灾害事故
的重要职责，担负保护人民群众生命财产安全和维护社会稳定的重要使命。
要发挥我国应急管理体系的特色和优势，借鉴国外应急管理有益做法，积极
推进我国应急管理体系和能力现代化。"① 2020 年中国应急管理体系经受住了
诸多重大挑战和重大考验，我国在防控肆虐全球的新冠肺炎疫情中已经取得
重大战略成果，并在抗疫过程中同时有效应对了自 1998 年以来最严峻的汛情，
还及时、妥善应对了事故灾难、社会安全事件等重大风险挑战。特别是在统
筹经济社会发展和新冠肺炎疫情整体防控的"世纪大考"中，以习近平同志为

① 《习近平总书记在中共十九届政治局第十九次集体学习时的讲话》，《人民日报》2019 年 12
月 1 日。

核心的党中央，对我国应急管理体系和能力建设发表了一系列重要讲话，作出了一系列重要指示批示，进一步明确了我国应急管理体系和能力现代化根本性、方向性、战略性的重大问题，我国应急管理体系和能力建设取得了新成果。

一　我国应急管理体系和能力现代化的指导思想更加明确

推进应急管理体系和能力现代化，是以习近平同志为核心的党中央作出的重大决策部署。2020年，习近平总书记为应急管理体系和能力建设发表了一系列重要讲话，作出了一系列重要指示批示，是我们推进应急管理体系和能力建设、应对重大风险挑战的指导思想和根本遵循。

（一）始终坚持人民至上、生命至上，运用法治思维开展疫情应对

在疫情发生之初习近平总书记强调："各级党委和政府及有关部门要把人民群众生命安全和身体健康放在第一位，制定周密方案，组织各方力量开展防控，采取切实有效措施，坚决遏制疫情蔓延势头。要全力救治患者，尽快查明病毒感染和传播原因，加强病例监测，规范处置流程。要及时发布疫情信息，深化国际合作。要加强舆论引导，加强有关政策措施宣传解读工作，坚决维护社会大局稳定，确保人民群众度过一个安定祥和的新春佳节。"[1]2021年1月25日，中共中央政治局常务委员会召开会议，专门听取新型冠状病毒感染的肺炎疫情防控工作汇报，对疫情防控特别是患者治疗工作进行再研究、再部署、再动员。习近平总书记再次强调："各级党委和政府必须按照党中央决策部署，全面动员，全面部署，全面加强工作，把人民群众生命安全和身体健康放在第一位，把疫情防控工作作为当前最重要的工作来抓。"[2]

[1] 《习近平对新型冠状病毒感染的肺炎疫情作出重要指示强调　要把人民群众生命安全和身体健康放在第一位　坚决遏制疫情蔓延势头》，《人民日报》2020年1月21日。

[2] 《中共中央政治局常务委员会召开会议　研究新型冠状病毒感染的肺炎疫情防控工作　中共中央总书记习近平主持会议》，《人民日报》2020年1月26日。

（二）补齐短板，健全国家应急管理体系，提高处理急难险重任务能力

习近平总书记强调："要针对这次疫情应对中暴露出来的短板和不足，健全国家应急管理体系，提高处理急难险重任务能力。这次疫情暴露出我们在城市公共环境治理方面还存在短板死角，要进行彻底排查整治，补齐公共卫生短板。我们早就认识到，食用野生动物风险很大，但'野味产业'依然规模庞大，对公共卫生安全构成了重大隐患。再也不能无动于衷了！我已经就这个问题作出了批示。有关部门要加强法律实施，加强市场监管，坚决取缔和严厉打击非法野生动物市场和贸易，坚决革除滥食野生动物的陋习，从源头上控制重大公共卫生风险。要加强法治建设，认真评估传染病防治法、野生动物保护法等法律法规的修改完善，还要抓紧出台生物安全法等法律。这次疫情暴露出重点卫生防疫物资（如防护服等）储备严重不足，在其他储备方面还可能存在类似问题，要系统梳理国家储备体系短板，科学调整储备的品类、规模、结构，提升储备效能。要优化关键物资生产能力布局，在关键物资保障方面要注重优化产能的区域布局，做到关键时刻拿得出、调得快、用得上。"① 这对于从顶层制度设计上加强新冠肺炎疫情防控的体系建设，提升我国公共卫生应急管理体系能力，为包括重特大突发公共卫生事件的应对奠定了最为坚实的制度基础，具有重大而深远的意义。

（三）统筹发展与安全，有效应对各类风险挑战

统筹好发展与安全成为新发展阶段的战略指引。安全发展涉及食品药品安全、安全生产、防灾减灾救灾、社会治安防控、产业链供应链等多个领域，与保障人民生命安全紧密相关，与维护社会稳定和安全紧密相关，与确保国家经济安全紧密相关，事关人民群众生命财产安全，事关改革发展稳定

---

① 习近平：《在中央政治局常委会会议研究应对新型冠状病毒肺炎疫情工作时的讲话》，《求是》2020年第4期。

大局，容不得半点马虎、丝毫懈怠。① 党的十八大以来，习近平总书记高度重视安全发展，多次强调"要牢固树立安全发展理念"。② 牢固树立安全发展理念，就是要把维护公共安全放在维护最广大人民根本利益中来认识，扎实做好公共安全工作，为人民安居乐业、社会安定有序、国家长治久安编织全方位、立体化的公共安全网。2020年4月，习近平总书记在对安全生产作出重要指示时强调："各级党委和政府务必把安全生产摆到重要位置，树牢安全发展理念，绝不能只重发展不顾安全，更不能将其视作无关痛痒的事，搞形式主义、官僚主义。"③ 2020年5月，习近平总书记在看望参加政协会议的经济界委员时强调："要牢固树立安全发展理念，加快完善安全发展体制机制，补齐相关短板，维护产业链、供应链安全，积极做好防范化解重大风险工作。"④ 这一系列重要论述，使我们对安全发展的认识有了进一步的深化和拓展。特别是，在党的十九届五中全会上，习近平总书记强调："我们越来越深刻地认识到，安全是发展的前提，发展是安全的保障。当前和今后一个时期是我国各类矛盾和风险易发期，各种可以预见和难以预见的风险因素明显增多。我们必须坚持统筹发展和安全，增强机遇意识和风险意识，树立底线思维，把困难估计得更充分一些，把风险思考得更深入一些，注重堵漏洞、强弱项，下好先手棋、打好主动仗，有效防范化解各类风险挑战，确保社会主义现代化事业顺利推进。基于上述认识，建议稿设置专章对统筹发展和安全、加快国防和军队现代化等作出战略部署，强调要坚持总体国家安全观，加强国家安全体系和能力建设，筑牢国家安全屏障。"⑤

---

① 马宝成：《把安全发展贯穿国家发展各领域和全过程》，《经济日报》2021年1月12日。

② 《习近平谈治国理政》第2卷，外文出版社，2017，第372页。

③ 《习近平对安全生产作出重要指示强调 树牢安全发展理念 加强安全生产监管 切实维护人民群众生命财产安全》，《人民日报》2020年4月11日。

④ 《习近平在看望参加政协会议的经济界委员时强调 坚持用全面辩证长远眼光分析经济形势 努力在危机中育新机于变局中开新局》，《人民日报》2020年5月24日。

⑤ 习近平：《关于〈中共中央关于制定国民经济和社会发展第十四个五年规划和二〇三五年远景目标的建议〉的说明》，《人民日报》2020年11月4日。

二 我国应急管理体系和能力经受住了世纪挑战

在以习近平同志为核心的党中央的坚强领导下，在全国人民的全力支持下，2020年应急管理体系和能力建设取得了重大进展。不仅新冠肺炎疫情防控取得重大战略成果，还实现了新中国成立以来自然灾害死亡失踪人数历史最低、生产安全事故起数和死亡人数历史最低、重特大事故起数和死亡人数历史最低，首次未发生特别重大事故，首次化工、烟花爆竹、非煤矿山、工商贸等重点行业领域同时未发生重特大事故；因灾死亡失踪人数和倒塌房屋数量较近5年均值分别下降52.6%和47.0%[1]；有力应对了地震、建筑物坍塌等重大突发事件的挑战，最大限度地保护了受影响人民群众的生命安全，这是在疫情应对中取得的一份相当了不起的"安全管理答卷"。

（一）新冠肺炎疫情防控取得重大战略成果

"新冠肺炎疫情是百年来全球发生的最严重的传染病大流行，是新中国成立以来我国遭遇的传播速度最快、感染范围最广、防控难度最大的重大突发公共卫生事件。"[2] 在中国共产党的坚强领导下，在习近平总书记的指挥和部署下，中国人民严格贯彻党中央和国务院作出的"坚定信心、同舟共济、科学防治、精准施策"策略和要求，打响了抗击新冠肺炎疫情传播的人民战争、总体战、阻击战。[3] 习近平总书记在统筹推进新冠肺炎疫情防控和经济社会发展工作部署会议上的讲话中指出："新冠肺炎疫情发生后，党中央高度重视，迅速作出部署，全面加强对疫情防控的集中统一领导。1月7日，我主持召开中央政治局常委会会议时，就对做好疫情防控工作提出了

---

① 黄明：《深入推进改革发展　全力防控重大风险　为开启全面建设社会主义现代化国家新征程创造良好安全环境》，《中国应急管理报》2021年1月13日。
② 习近平：《在全国抗击新冠肺炎疫情表彰大会上的讲话》，人民出版社，2020，第3页。
③ 《〈抗击新冠肺炎疫情的中国行动〉白皮书》，中国共产党新闻网，http://cpc.people.com.cn/n1/2020/0607/c419242-31737901.html，最后访问日期：2021年5月10日。

要求。1月20日，我专门就疫情防控工作作出指示，要求各级党委和政府及有关部门把人民群众生命安全和身体健康放在第一位，采取切实有效措施，坚决遏制疫情蔓延势头。大年初一，我主持召开中央政治局常委会会议，对疫情防控工作进行再研究、再部署、再动员，决定成立中央应对疫情工作领导小组，派出中央指导组，要求国务院联防联控机制充分发挥协调作用。之后，我又先后主持召开3次中央政治局常委会会议、1次中央政治局会议，专题研究疫情防控工作和复工复产工作。2月10日，我到北京市调研指导疫情防控工作，视频连线湖北和武汉抗疫前线，听取前方中央指导组、湖北指挥部工作汇报。我还主持召开中央全面依法治国委员会、中央网络安全和信息化委员会、中央全面深化改革委员会、中央外事工作委员会等会议，从不同角度对做好疫情防控工作提出要求。"①

经过全国人民艰苦卓绝的努力，我国不仅快速扭转了新冠肺炎疫情初期的上升态势，打赢了武汉阻击战、湖北阻击战，而且通过"总体战和人民战争"思路统筹实现了"全国一盘棋"的抗击新冠肺炎的战略格局，用一个多月的时间初步遏制了疫情蔓延势头，用两个月左右的时间将本土每日新增病例控制在个位数以内，用3个月左右的时间取得了武汉保卫战、湖北保卫战的决定性成果②，我国成功处置了新疆喀什、山东青岛、北京丰台新发地、辽宁大连、河北石家庄等地区出现的聚集性疫情，同时组织开展了全国性大范围新冠病毒疫苗接种工作，新冠肺炎疫情防控工作取得了世界瞩目的战略性成果，切实维护了中国人民的生命安全和身体健康，有效保证了疫情应对中我国经济社会的持续繁荣发展，为世界抗击新冠肺炎疫情工作作出了不懈努力，取得了非凡成就。截至2020年12月31日24时，据31个省（自治区、直辖市）和新疆生产建设兵团报告，现有确诊病例370例（其中重症病例9例），累计治愈出院病例82067例，累计死亡病例4634例，累计

---

① 习近平：《在统筹推进新冠肺炎疫情防控和经济社会发展工作部署会议上的讲话》，人民出版社，2020，第1~2页。

② 《〈抗击新冠肺炎疫情的中国行动〉白皮书》，中国共产党新闻网，http://cpc.people.com.cn/n1/2020/0607/c419242-31737901.html，最后访问日期：2021年5月10日。

报告确诊病例 87071 例，现有疑似病例 1 例。累计追踪到密切接触者 905493 人，尚在医学观察的密切接触者 13584 人。① 中国始终秉持人类命运共同体理念，肩负大国担当，在疫情应对中同世界人民一起共克时艰。中国政府在新冠肺炎疫情发生初期，就及时向包括世界卫生组织（WHO）在内的国际社会通报新冠肺炎病毒及疫情的信息，同时坦诚地与国际组织、其他国家和地区分享我国在新冠肺炎病毒防控和医疗救治方面的经验做法，受到了国际社会的普遍赞扬。中国对疫情给各国人民带来的苦难感同身受，尽己所能向国际社会提供人道主义援助，坚定支持其他国家和地区抗击肆虐的疫情，为世界抗击疫情的斗争作出了巨大努力。

（二）有效应对自然灾害的严峻风险挑战②

2020 年，我国气候年景偏差，主汛期南方地区遭遇 1998 年以来最重汛情，自然灾害以洪涝、地质灾害、风雹、台风灾害为主，地震、干旱、低温冷冻、雪灾、森林草原火灾等灾害也不同程度地发生。全年各种自然灾害共造成 1.38 亿人次受灾，591 人因灾死亡或失踪，589.1 万人次紧急转移安置；10 万间房屋倒塌，30.3 万间严重损坏，145.7 万间一般损坏；农作物受灾面积达 19957.7 千公顷，其中绝收 2706.1 千公顷。③ 2020 年，全国自然灾害气象灾害点多面广，南北差异较大，地震强度总体偏弱，西部发生多起中强地震，低温冷冻和雪灾对部分地区造成一定影响，台风时空分异明显，对华东、东北等地造成了一定影响。

1. 经受住了1998年以来最重汛情的严峻挑战

2020 年，洪涝灾害影响范围广，人员伤亡较近年显著下降。全国共出现 33 次大范围强降水过程，平均降水量为 689.2 毫米，较常年偏多 11.2%，为 1961 年以来第三多。汛期降雨主要集中在长江中下游地区，

---

① 国家卫生健康委应急办。
② 本部分根据应急管理部的统计数据整理。
③ 《应急管理部发布 2020 年全国自然灾害基本情况》，应急管理部网站，https://www.mem. gov. cn/xw/yjglbgzdt/202101/t20210108_ 376745. shtml，最后访问日期：2021 年 5 月 10 日。

接连出现 10 次强降雨过程，落区重叠度高，梅雨季长达 62 天，梅雨量为 1961 年以来最多。长江、黄河、淮河等主要江河共发生 21 次编号洪水，次数超过 1998 年。长江发生流域性大洪水，上游发生特大洪水，三峡水库出现建库以来最大入库流量（75000 立方米每秒）；太湖发生历史第 3 高水位的流域性大洪水，淮河、松花江均发生流域性较大洪水。在遭遇严峻汛情的背景下，洪涝灾情呈现"三升、两降"的特点：受灾人次、紧急转移安置人次和直接经济损失较近 5 年均值分别上升 23%、62% 和 59%，因灾死亡失踪人数、倒塌房屋数量分别下降 53% 和 47%。此外，由于降雨频率高、强度大、范围广，地质灾害发生数量较往年偏多，以中小型为主，西南地区地质灾害灾情较重，损失占全国的一半以上。2020 年 7 月 26 日 9 时 57 分，安徽省阜阳市颍上县姜唐湖行蓄洪区戴家湖涵闸因闸门破损而洪水外溢，严重威胁戴家湖内 8000 余名群众的生命安全。险情发生后，国家防总立即派出应急管理部、水利部等部门组成的工作组紧急赶赴现场协助开展抢险救援，并持续跟踪调度、强化协调。安徽省、阜阳市立即组织戴家湖区域内的群众转移。共出动解放军、消防救援队伍、森林消防队伍、中国铁建、中国电建、中国能建、干部群众等方面的抢险人员 3487 人，以及挖掘机 95 台、推土机 58 台、自卸车 96 台，采取封堵涵闸出水口、构筑"养水盆"、填筑防洪闸侧月牙堤等应急处置措施，全面开展抢险救援。经过持续 6 天的紧急抢险，涵闸于 8 月 1 日上午彻底封堵，安全转移 8476 名受威胁群众，成功解除了险情。此次应急抢险救援的主要经验有：各方面救援力量模块化调派、成建制集结，快速响应投入战斗。针对受灾群众点多面广、水流复杂的实际，采取舟艇编队行进和无人机空中侦察相结合的方式，全力营救疏散被困人员。整合人员装备，设置排险、清灌、除草、清理、安全等作战小组，梯次作战、立体推进，及时清除堤坝灌木草丛。充分发挥卫星便携站、单兵图传、动中通移动指挥车等侦察、通信作用，确保科学精准救援。

2. 其他自然灾害的挑战

2020 年，全国共出现 58 次大范围短时强降雨、雷暴大风和冰雹等强对

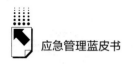

流天气过程，较近 5 年均值明显偏多。全国 1367 个县（市、区）遭受风雹灾害，造成 1514 万人次受灾、93 人死亡或失踪。2020 年全国因旱农作物受灾面积、直接经济损失较近 5 年均值分别下降 44% 和 37%，云南、辽宁、山西、四川、内蒙古、陕西 6 省（区）旱情相对较重。2020 年，全国发生森林火灾 1153 起（其中，重大森林火灾 7 起，未发生特大森林火灾），受害森林面积为 8526 公顷；发生草原火灾 13 起，受害面积为 11046 公顷。与近年均值相比，森林草原火灾发生起数、受害面积和造成伤亡人数均降幅较大。

（三）全力应对各类事故灾难

2020 年初，中共中央办公厅、国务院办公厅发布了《关于全面加强危险化学品安全生产工作的意见》，对危险化学品的安全生产工作作出了新的重要部署和安排，以促进深入持续开展危化品生产企业，以及正在运行的化工园区安全管理水平提升工作；结合安全生产风险管理的实际需要，应急管理部部署开展了针对硝酸铵等危化品安全风险隐患专项排查治理工作；整治非法违法"小化工"；开展油气储存和长输管道企业安全风险隐患专项排查治理督导。同时，针对煤矿、非煤矿山、粉尘涉爆、尾矿库等传统行业的安全生产的传统安全问题及隐患，重点组织开展安全风险治理；还针对建筑施工、农村房屋、道路交通、渔业船舶、水上交通等行业领域事故风险，持续督促指导开展风险隐患排查整治工作；并且，通过开展明察暗访等方式方法，加强安全生产监管执法，完善事故调查制度。

2020 年，我国交通安全防控能力显著提升。第一，交通部门持续深化和完善交通运输平安体系建设，积极推进"安全生产风险管控和隐患排查治理"（"双重预防控制"）机制建设，牢牢守住交通安全生产底线，努力减少重特大交通运输安全事故。继续保持了自 2012 年来未发生重大铁路交通事故的纪录。2020 年普通公路较大、重特大道路交通事故起数连续下降；未发生重大等级水上交通事故，民航实现运输航空持续安全飞行超过 124 个月的安全新纪录。目前，实施高铁安全防护工程，推进人防、物防、技防

"三位一体"安全保障体系建设，集中开展高铁沿线环境综合整治，消除高铁沿线环境安全隐患6.4万处，深入推进普速铁路安全环境整治；实施乡道及以上公路安全保障工程和安全生命防护工程，累计实施88.9万千米，改造危桥4.7万座，车辆运输车治理取得决定性成效。第二，交通应急能力显著提升。加强海上搜救和重大海上溢油应急处置，建立政府领导、统一指挥、属地为主、专群结合、就近就便、快速高效的海上搜救工作格局，配备70余艘专业救助船舶、120多艘打捞船舶、20余架专业救助航空器，建立20余支应急救助队，基本建成以专业救捞力量、军队和国家公务力量、社会力量等为主要力量的海上搜救队伍。第三，突发公共事件处置能力显著提升。科学高效应对各类突发公共事件，健全工作体系，提升应急能力。特别是，新冠肺炎疫情发生后，中国果断作出"一断三不断"的重大战略部署，即坚决阻断病毒传播渠道，保障交通网络不断、应急运输绿色通道不断、必要的群众生产生活物资运输通道不断等政策措施，这就需要一方面全力防止病毒通过交通工具传播，另一方面保障全国各地应急物资运输和人民生活需求，为打赢疫情防控人民战、总体战、阻击战提供了有力支撑。[1]

从全国火灾方面来看，2020年全年未发生特别重大火灾，较大火灾稳中有降，一般火灾形势总体向好。据初步统计，全国共接报火灾25.2万起，死亡1183人，受伤775人，直接财产损失为40.09亿元。与2019年相比，火灾四项指数分别下降1.4%、13.6%、12.8%和0.5%，在火灾总量与上年接近持平的情况下，伤亡人数明显减少。从2020年全国火灾事件的等级情况来看，根据应急管理部消防救援局发布的统计数据，我国没有发生特别重大火灾，自2015年以来没有出现特别重大（为最高等级）火灾事故；发生重大火灾事故1起，与2019年持平（见图1），是1949年新中国成立以来发生火灾较少的年份；全年共发生较大火灾事故总共65起，比2019年减少10起，下降幅度较大，达到了13.3%，也是自2012年来较大火灾事故起数最少的一年。

---

[1] 根据交通运输部的统计资料整理。

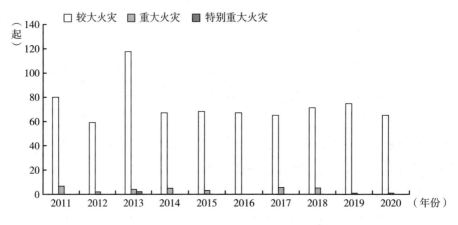

图1 近10年较大以上火灾情况

资料来源：应急管理部消防救援局。

2020年全国消防救援队伍共接警出动128.4万起，连续第二年超过120万起，是新中国成立以来出警量最多的年份之一，仅次于2019年；全年日均出动消防指战员3.44万人次、消防车辆6200辆次，共从灾害现场营救被困人员16.3万人，疏散遇险人员42.4万人；全年共有12名消防指战员在灭火救援战斗中牺牲、15名消防指战员受伤。从出警的类型来看，全年共参与社会救助39.5万起，处置灾害事故近35万起，扑救火灾25.1万起，参加公务执勤6.4万起，其他类出动22.4万起。[①] 2020年3月7日19时14分，欣佳酒店所在建筑物（坐落于福建省泉州市鲤城区）发生坍塌事故后，造成多人被困（最后核定71人）。事故发生后，国家综合性消防救援队伍、国家安全生产专业救援队伍、中交集团（央企）、泉州市地方专业队伍、社会救援力量到达现场参与处置。在此次事故中，调集了应急力量5176人118个支队（含社会队伍）；其中福建省消防救援总队（国家综合性消防救援队伍）先后调集了总共10个支队的轻重型救援队伍，合计1086名消防指挥员、战斗员，携带包括生命探测仪、搜救犬等多类型的搜救设备在现场参与作业；国家和地方卫生健康部门先后调集56名医学专家紧急奔赴泉州事

---

① 根据应急管理部消防救援局的资料整理。

故现场开展伤员救治和指导现场疫情防控，并在坍塌的欣佳酒店所在的建筑物附近立即设立了紧急医学救治点，先后调集了125名医务工作人员、20辆救护车在事故救援现场值守，以便能迅速开展现场救治工作，并直接指导现场的新冠肺炎疫情防控；在经历了112小时的应急处置后，最终搜救出71名被困人员（其中42人生还，29人不幸遇难）。2020年6月13日16时41分，位于沈海高速（从沈阳至海口的高速公路）的温岭（隶属于浙江省台州市）出口处，一辆正由宁波开往温州的槽罐车（当时载有25.36吨液化石油气）突然发生猛烈爆炸，爆炸影响距离为400～500米，事故直接导致现场多人伤亡，另有多人在事故后失联；事故也导致两处厂房完全倒塌，一栋民房局部坍塌，周边600多间房屋受损，多辆汽车被破坏；浙江省迅速组织开展应急处置，调集了中交集团（央企）90人救援队伍、4台挖掘机开展作业。事故发生后，应急管理部迅速调集10余支重型、轻型救援队伍，合计547人，100余辆消防车，共投入大型抢险救援设备30多台（套）开展现场应急处置，出动各种类型救援车辆合计151辆、医疗救护车38辆、现场参与应急人员2600多人次。现场经过38个小时的地毯式搜索，所有失联人员全部找到（后经DNA比对核实了所有人员的身份），此次爆炸事故中共有175名受伤人员获救。2020年8月29日9时40分，聚仙饭店（从事餐饮服务，位于山西省临汾市襄汾县陶寺乡陈庄村，属于村民自建房）在营业中突然发生房屋坍塌，数十人受困于饭店内部，事发后山西省、临汾市迅速组织当地的应急、消防、公安、卫生健康、人民武装等单位开展救援。在此次事故中，总共调集了900多人，大型救援装备20多（辆、台）、救护车辆15部，开展现场处置。事故发生后，应急管理部、住房和城乡建设部等随即派出联合工作组紧急赶赴事故现场指导应急处置。经历了18个小时的紧张救援，57名受困人员全部被找到，其中28人生还，29人不幸遇难。①

---

① 《应急管理部公布2020年全国应急救援和生产安全事故十大典型案例》，应急管理部网站，http://www.mem.gov.cn/xw/bndt/202101/t20210104_376384.shtml，最后访问日期：2021年5月10日。

（四）持续推进更高水平的平安中国建设

党的十八大以来特别是平安中国建设协调小组成立以来，各地各有关部门深入学习贯彻习近平总书记重要指示精神，积极探索实践，各地普遍建立平安建设领导（协调）小组和各专项组，有效整合各方资源力量，推动各项工作有效深入开展，平安中国建设的体制机制逐步完善；加强风险评估、源头化解、应急处置等工作，强化防风险、保安全、护稳定各项措施，有效防范化解了一系列重大矛盾风险，风险防控的整体水平稳步提升。巩固了社会大局持续稳定的局面；聚焦人民群众反映强烈的突出问题，深入开展扫黑除恶专项斗争，依法打击各类违法犯罪活动，加快社会治安防控体系建设。自扫黑除恶专项斗争开展以来，全国共打掉涉黑组织3644个，是前10年总和的1.3倍；打掉涉恶犯罪集团11675个；全国法院一审判决涉黑涉恶犯罪案件3.29万件22.55万人，黑恶犯罪得到了根本遏制。[①] 2020年1~9月，全国刑事立案下降4.5%，8类主要刑事犯罪案件下降11.6%。2019年人民群众对平安中国建设的满意度达到97.38%，人民群众的平安质感不断增强。[②]

三　应急管理制度建设取得一系列新成果、新成就

各地各有关部门坚持应急管理改革方向不动摇，克服新冠肺炎疫情带来的困难和挑战，积极完善应急管理体制机制和法制，取得了一系列新成果、新成就。

---

① 《扫黑除恶专项斗争三年成绩单公布：答卷里是平安中国建设的三大密码》，《人民法院报》2021年3月31日。

② 《平安中国建设工作会议召开！努力建设更高水平的平安中国》，中国长安网，http://www.chinapeace.gov.cn/chinapeace/c100007/2020-11/12/content_ 12413666.shtml，最后访问日期：2021年5月10日。

（一）持续完善应急管理体制

1. 推进防灾减灾救灾体制改革

针对防灾减灾救灾领域的薄弱环节，统筹推进《中共中央 国务院关于推进防灾减灾救灾体制机制改革的意见》有效贯彻落实，促进地方理顺防汛抗旱、森林草原防灭火等自然灾害应急救援指挥体系，推动将防汛抗旱、森林草原防灭火、抗震救灾等指挥机构办公室调整至应急管理部门。2020年，应急管理部牵头制定了关于健全地方防汛抗旱工作机制的指导意见，以解决党中央组建应急管理部后的省级以下（含省级）党委政府应对防汛抗旱中的应急指挥体制机制问题。另外，应急管理部等单位着眼于提升应急指挥的专业化、中央和地方的协调问题，专门制定了关于健全完善地方森林草原防灭火工作机制的指导意见，通过加强现场指挥机制建设等措施，持续完善应急指挥体制机制。

2. 进一步深化安全生产领域的体制改革

党中央不断深化应急管理综合行政执法改革，中共中央办公厅、国务院办公厅印发了《关于调整应急管理部职责机构编制的通知》《国家矿山安全监察局职能配置、内设机构和人员编制规定》。应急管理部增设一个负责危险化学品安全监管的业务司，撤销安全生产基础司，将安全生产执法局更名为安全生产执法和工贸安全监督管理局。原"国家煤矿安全监察局"没有非煤矿山安全监督管理职责，而新组建的"国家矿山安全监察局"，通过将非煤矿山安全监督管理职责划入该局，解决了长期存在的"煤矿"和"非煤矿山"监管"两张皮"的现象。还大幅加强了危化品监管机构和力量，推动应急管理机构改革向纵深发展。交通运输部着眼于交通应急管理体系的整体考量，调整优化该部应急工作领导小组的职能配置，健全交通突发事件信息通报、交通应急专家咨询、交通系统应急演练等一系列制度。另外，通过部际联席会议制度的组织优势，优化完善了国家海上搜救、国家重大海上溢油应急处置的部际协调机制建设；交通系统完善跨区域、跨部门协调机制建设，以应对重特大交通突发事件风险的挑战。

3. 进一步完善立体化应急物资和力量体系建设

应急管理部建成"国家应急指挥综合业务系统",搭建应急资源管理平台;结合疫情应对的新问题和新挑战以及我国灾害事故的特点和需要,积极研究完善国家应急物资储备体系。结合我国应急管理的实际,参照北京等地推出省级家用应急物资储备清单的经验,国家发改委牵头14家中央单位制定了《近期扩内需促消费的工作方案》,首次在我国推出了全国家庭应急物资储备建议清单,有利于发动全社会的力量开展应急储备工作。该方案还鼓励各地根据自身面临的突发事件的风险,制定扩充版的应急储备清单,指导城市居民的家庭,结合类似新冠肺炎疫情应对的需要,进行医疗物资储备。另外,国家综合性消防救援队伍新组建了461支地震灾害救援队,建设"10+2"森林消防综合应急救援"拳头力量";积极推进国家航空应急救援体系建设;新建了一批安全生产专业救援基地。①

(二)持续完善应急管理法律法规和标准

1. 安全生产重点领域及相关立法工作取得重要进展

推进《安全生产法》《突发事件应对法》修改工作,配合立法机关就修法中的重大问题深入研究论证。开展"危险化学品安全法""应急救援队伍管理法""煤矿安全条例"等法律、行政法规的调研起草工作。推动在《刑法(修正案)》中增加了"危险作业罪"等罪名。做好《煤矿重大事故隐患判定标准》《工贸企业粉尘防爆安全规定》《火灾事故调查规定》等部门规章制修订工作。出台《应急管理部关于进一步推进地方应急管理立法工作的指导意见》。交通部推进《海上交通安全法》《内河交通安全管理条例》修订完善,研究推动水上人命搜寻救助条例立法工作,推动出台《关于推进交通运输应急管理体系和能力现代化的指导意见》,深化落实《国务院办公厅关于加强水上搜救工作的通知》。②

---

① 黄明:《深入推进改革发展 全力防控重大风险 为开启全面建设社会主义现代化国家新征程创造良好安全环境》,《中国应急管理报》2021年1月13日。
② 李国平:《推进交通运输应急管理体系和能力现代化》,《中国交通报》2021年3月29日。

2. 公共卫生领域的法律法规持续完善

全国人大法工委主任沈春耀认为，中国已初步构建起"公共卫生法律保障框架"，共计涉及30多部法律，包括《突发事件应对法》《传染病防治法》《动物防疫法》《进出境动植物检疫法》等骨干法律；还有10余部与公共卫生相关的专门法律，如《药品管理法》《疫苗管理法》《职业病防治法》《献血法》《渔业法》《食品安全法》等；此外，在有关法律中涉及诸多公共卫生法律条款。① 从2020年新冠肺炎疫情的应对情况来看，公共卫生领域法律制度还存在诸多不衔接、不协调、不顺畅的问题。比如，新冠肺炎不是《传染病防治法》中所规定的甲类传染病；《突发事件应对法》规定了县级以上人民政府的发布权力，而《传染病防治法》规定了卫生部门的权力（现在实际为卫生健康部门），这就实际上出现了两部法律中对新冠肺炎疫情信息发布的主体规定不一致。从这次新冠肺炎疫情的应对来看，需要抓紧修订我国《突发事件应对法》以及公共卫生领域的法律法规，抓紧解决紧急状态下的一系列问题，在此基础上，进一步促进相关行政法规、地方性法规、实施细则等法律工具在实际工作中发挥制度威力。同时，针对新冠肺炎疫情的实际情况，还要考虑在立法修法过程中的"域外适用问题"，比如在紧急情况下的海外人员进出境问题甚至通道关闭后一系列证件的有效使用问题。

3. 推进应急管理标准制修订工作得到加强

应急管理部集中报批发布一批应急管理国家标准和行业标准，其中24项行业标准在应急管理部网站对外公告发布，28项国家标准报请国家市场监管总局、国家标准委审批发布。核准94项安全生产、消防救援和综合性应急管理标准制修订项目，集中下达3批应急管理行业标准制修订计划，向国家标准委集中申报2批应急管理国家标准制修订计划。推进强制性行业标准向强制性国家标准转化，组织对67项安全生产、消防救援国家标准及行

---

① 《为保障人民生命安全身体健康筑牢法治防线（全国人大法工委主任沈春耀关于完善卫生领域法律问题的采访讲话）》，《法制日报》2020年4月28日。

业标准进行整合精简。对标"十四五"规划，明确安全生产、消防救援、减灾救灾等应急管理标准化的发展目标、主要任务、重点工作、重大项目及保障措施等。①

四 突出重点领域和重点环节，全力防范化解 重大风险的挑战

2020 年，我国着眼于推进应急管理能力体系建设，加快提升全社会自然灾害防治能力。党中央和国务院部署的自然灾害防治能力重点工程建设深入开展，实施了我国历史上首次全国范围内、针对各类自然灾害的综合风险普查工作；加强安全生产隐患排查治理和安全监管能力，大力开展灾害信息员队伍建设，创新和完善应急管理协调机制，应急管理科技和信息化支撑保障作用进一步凸显。

（一）实施全国自然灾害的风险普查

按照 2018 年在中央财经委第三次会议上的决策部署，为全面系统、科学准确摸清我国各类自然灾害的实际风险隐患状况，从战略层面提升我国抵御自然灾害的综合防御能力，我国在 2020 年开展了第一次全国自然灾害综合风险普查工作，至 2022 年底结束。这次自然灾害综合风险普查工作是对我国自然灾害基本情况的全面调查，是提升自然灾害防治能力的基础性工程，也是做好国家经济社会发展规划的迫切要求。通过开展自然灾害综合风险隐患摸排工作，有助于查清全国各类自然灾害风险隐患的基本情况，特别是搞清我国重点地区防御自然灾害的基本情况以及相关能力，有利于准确掌握全国范围内各类自然灾害风险的实际状况，为各级党委政府今后扎实开展自然灾害管理，有效保障我国经济社会可持续发展提供权威准确、翔实可靠

---

① 《应急管理部发布法治政府建设工作报告》，腾讯网，https：//new. qq. com/omn/20210405/20210405A014JT00. html，最后访问日期：2021 年 5 月 10 日。

的自然灾害风险基本信息，将为制定"经济社会发展规划"等重大决策提供最有力支撑。2020年实施的自然灾害普查涉及的自然灾害类型十分齐全，包括《国家突发公共事件总体应急预案》（2006年制定）中的所有类型（如气象灾害、水旱灾害、海洋灾害、地震灾害、地质灾害、森林和草原火灾等）。值得关注的是，这次针对自然灾害风险的普查工作的对象实际上包括与自然灾害相关的自然、人文地理要素，涵盖各级组织机构（包括省、市、县各级人民政府及有关部门，乡镇人民政府和街道办事处，村民委员会和居民委员会，以及重点企事业单位和社会组织）和部分居民。这次自然灾害普查内容包括针对主要类型的自然灾害的致灾调查与评估，我国的人口情况、房屋情况、公共基础设施、公共服务系统、自然资源及环境等自然灾害承灾体的调查与评估工作，我国历史上自然灾害调查与评估工作，综合减灾资源和能力调查与评估工作，易受灾的自然灾害区域的隐患调查与评估，主要自然灾害风险评估与区划以及灾害综合风险评估与区划情况。2020年实施的普查工作是历史上首次开展的覆盖"全国—省—市—县—乡镇—社区村—家户"的综合防灾减灾救灾能力调查评估。这次普查工作将实现信息的全面空间化，将获得空间覆盖完整的城乡房屋建筑及主要公共服务设施的详细信息，将形成相对完备的主要历史自然灾害库，将全面调查评估各级各地区的减灾资源和能力，将实现自然灾害综合隐患评估和多灾种综合风险评估，这都将是这次普查的亮点。[①] 为推进这项工作，国务院办公厅印发了《关于开展第一次全国自然灾害综合风险普查的通知》，我国历史上首次设立自然灾害综合风险普查领导小组，由国务院领导担任该小组负责人，该领导小组办公室设在应急管理部。

（二）持续开展安全生产隐患排查治理，提升监管水平

从江苏响水天嘉宜化工有限公司"3·21"特别重大爆炸事故等一系列

---

① 《专家权威解读第一次全国自然灾害综合风险普查》，应急管理部网站，http://www.mem.gov.cn/gk/zcjd/202006/t20200611_353736.shtml，最后访问日期：2021年5月10日。

危险化学品重特大事故来看，我国不少地区化工园区的规划建设以及部分危险化学品建设项目的上马缺乏整体性风险分析与评估、整体布局考量。从审批环节来看，一些地方仅考虑经济效益，对危险化学品生产项目的审批环节形同虚设，导致一些不符合危险化学品生产要求的项目匆匆上马、迅速开工。这实际上在危险化学品生产企业规划建设的初期就产生了安全风险，而在危险化学品生产的环节层层监管缺失甚至"故意放水"。在这种背景下，亟待对这些园区的建设进行规范，而《化工园区安全风险排查治理导则（试行）》和《危险化学品企业安全风险隐患排查治理导则》的出台和完善，有利于全面结合推进安全风险排查和隐患治理实际需要，从可操作性的角度真正细化、深化安全风险排查标准，开展精准化安全风险隐患的摸排工作（比如，区分"红、橙、黄、蓝"四级安全风险，划分一、二级别的重大危险源和有毒有害、易燃易爆化工企业），并有助于分类建立完善安全生产的风险数据库和信息管理系统①，通过软硬件的建设，真正提升新时代的安全生产监督管理能力和水平。这对促进深入组织开展危险化学品安全提升行动有重要的指导意义。② 另外，我国推动逐步建立健全省、市、县三级安全生产执法体系。2020 年，广东、上海、重庆等地方积极推行"互联网 + 监管"的安全生产监督管理模式，及时筛查了安全生产的重大风险隐患。

还有，为防范化解公路水运重大事故风险，推动相关行业淘汰落后工艺、设备和材料，提升本质安全生产水平，根据《安全生产法》《公路水运工程安全生产监督管理办法》等法律法规，交通运输部会同应急管理部，于 2020 年 10 月 30 日发布了《公路水运工程淘汰危及生产安全施工工艺、设备和材料目录》（以下简称《目录》）。各公路水运工程从业单位要采取有力措施，在规定的实施期限后，全面停止使用《目录》所列"禁止"类施

---

① 《加快实现危险化学品安全生产治理体系和治理能力现代化——应急管理部有关负责人解读〈关于全面加强危险化学品安全生产工作的意见〉》，新华网，http://www.xinhuanet.com/2020-02/27/c_1125634198.htm，最后访问日期：2021 年 5 月 10 日。

② 本刊编辑部：《加快提升危险化学品安全生产治理体系和治理能力现代化水平——解读〈关于全面加强危险化学品安全生产工作的意见〉》，《中国安全生产》2020 年第 2 期。

工工艺、设备和材料，不得在限制的条件和范围内使用《目录》所列"限制"类施工工艺、设备。负有安全生产监督管理职责的各级交通运输主管部门，依据《安全生产法》有关规定，开展对《目录》执行情况的监督检查工作。

值得关注的是，2020年应急管理部门等单位加大失信约束的制度设计。从具体的实践来看，危险化学品生产经营（流通环节等）的企业主要负责人（法定代表人）必须根据《安全生产法》等相关法律法规的要求，作出安全生产的相关承诺、具体部署和施行相关安全管理措施；从其制度设计的法律基础来看，考虑了《刑法》对安全生产工作的刚性约束和震慑作用，如"对因未履行安全生产职责受刑事处罚或撤职处分的，依法对其实施职业禁入"。从该项制度对于组织和个人的能力要求来看，企业管理者和从事安全生产的技术团队必须具备履行安全生产职责的能力，并且要在企业内部真正落实"安全生产责任到人、应急管理措施到位"。该项制度设计中对"安全生产隐患排查治理不落实、安全风险防控措施不到位"的老大难问题，提出依法依规严肃追究相关企业责任人的责任；另外，在企业的安全生产过程中，有的存在以隐匿、欺骗或阻碍等方式逃避、对抗安全生产监管和环境保护监管（如天津港"8·12"瑞海公司危险品仓库特别重大火灾爆炸事故、江苏响水天嘉宜化工有限公司"3·21"特别重大爆炸事故调查等），以及"违章指挥、违章作业产生重大安全隐患，违规更改工艺流程（如山东省临沂市临港区金誉石化'6·5'爆炸事故等典型事故）等严重危害人员安全的主观故意行为的有关单位及其主要责任人"，将依法依规将其纳入信用记录，及时开展失信惩戒，从严进行安全生产的系统监管。从《关于全面加强危险化学品安全生产工作的意见》的制度设计来看，考虑了绩效管理与奖惩措施："对于全面推进危险化学品企业安全生产标准化建设，对一、二级标准化企业扩产扩能、进区入园等，在同等条件下分别给予优先考虑并减少检查频次；对国家鼓励发展的危险化学品项目，在投资总额内进口的自用先进危险品检测检验设备按照现行政策规定免征进口关税。落实安全生产专用设备投资抵免企业所得税优惠；提高危险化学品生产贮存企业安全

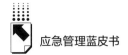

生产费用提取标准；推动危险化学品企业建立安全生产内审机制和承诺制度，完善风险分级管控和隐患排查治理预防机制，并纳入安全生产标准化等级评审条件。"[1] 这些制度设计对促进企业安全生产工作有着深远影响。

（三）大力开展灾害信息员队伍建设

目前，全国灾害信息员队伍达 80 余万人，应急管理部年均接收各级灾害信息员报送灾情信息超过 10 万条，为及时有效组织开展抢险救援救灾提供了重要的信息支撑。[2] 我国各级灾害信息员作为全国灾情报告系统的重要力量和具体实施者，在履行灾情统计报送和管理相关职责、降低灾害损失和影响、及时传递灾害预警信息、有效保障人民群众生命财产安全等方面发挥了基础性作用。2020 年 2 月，应急管理部、民政部、财政部 3 个中央单位出台了《关于加强全国灾害信息员队伍建设的指导意见》（应急〔2020〕11号），这对于着眼新时代应急管理工作的新使命、新任务和新要求，明确加强全国灾害信息员队伍建设的目标任务，完善保障措施，进一步夯实灾害信息员队伍基础、完善灾情报告体系、提升各级灾情管理工作能力和水平，具有重要的现实意义。

从这项制度的设计来看，坚持分级负责、属地管理为主，坚持专兼结合、社会力量参与，坚持立足实际、统筹相关资源，提出加强全国灾害信息员队伍建设的主要目标和五项具体任务：第一，明确了灾害信息员队伍建设的目标方向和主要管理框架。该项制度着眼于建立同时覆盖城市和乡村的全国范围内"省－市－县－乡－村"五级灾害信息员队伍，同时要求信息员能够兼具熟练掌握灾情统计报送、开展灾情核查评估的双重能力，在队伍的数量方面提出了具体要求，比如，确保全国每个城乡社区能够平均有 1 名灾

---

① 本刊编辑部：《加快提升危险化学品安全生产治理体系和治理能力现代化水平——解读〈关于全面加强危险化学品安全生产工作的意见〉》，《中国安全生产》2020 年第 2 期。

② 《大力发展灾害信息员队伍　筑牢防灾减灾救灾的人民防线——〈应急管理部、民政部、财政部关于加强全国灾害信息员队伍建设的指导意见〉解读》，应急管理部网站，http：//www.mem.gov.cn/gk/zcjd/202003/t20200301_379850.shtml，最后访问日期：2021 年 5 月10 日。

害信员，这实际上为队伍建设提出了具体的可量化的数量指标。第二，完善了队伍日常管理制度。针对灾害信息员承担的职责和任务，明确工作要求，严肃工作纪律，加强报灾装备配备。依托全国灾害信息员数据库，做好人员信息动态更新，不定期组织抽查检查，确保在册人员信息准确有效。第三，明确了人员配备基本要求。省、市、县级应急管理部门明确灾情管理职责具体承担处室（科、股）及责任人；乡镇（街道）在当地党委政府统筹安排下，落实灾情管理具体责任人；行政村（社区）灾害信息员一般由村"两委"成员和社区工作人员兼任。地方根据工作需要设立灾害信息员"A、B角"，灾害多发易发地区适量增配。第四，明确了主要工作职责。灾害信息员主要承担灾情统计报送、台账管理以及评估核查等工作，同时兼顾灾害隐患排查、灾害监测预警、险情信息报送等任务，协助做好受灾群众紧急转移安置和紧急生活救助等工作。第五，建立了分级培训机制。各地加快建立健全灾害信息员分级培训机制，推动建立培训师资专家库，将培训工作与提升灾情管理水平结合起来，明确培训目标，突出培训重点，开展定期培训，不断提升培训效果，确保培训全覆盖。第六，为了有利于引导社会力量的有序参与，鼓励各地通过政府购买服务、设置公益性岗位等手段，吸纳社会力量加入灾害信息员队伍。[①] 同时，注重发挥好社会组织、志愿者、企事业单位安全管理人员的作用，不断提高社会力量有序参与灾情统计报送和救灾应急工作的能力和水平。

（四）创新依法化解社会矛盾纠纷方式，不断提升社会安全感

2020 年，我国加快了对社会安全体系的整体设计和战略规划，积极促进平安中国建设协调机制、责任分担机制的建设，实际强化了领导体制机制；同时明晰了平安建设整体指标体系以及具体考核标准。值得关注的是，2020 年中央层面充分考虑了信息化手段对全国公共安全工作的有力支撑作

[①] 《大力发展灾害信息员队伍 筑牢防灾减灾救灾的人民防线——〈应急管理部、民政部、财政部关于加强全国灾害信息员队伍建设的指导意见〉解读》，应急管理部网站，http://www. mem. gov. cn/gk/zcjd/202003/t20200301_ 379850. shtml，最后访问日期：2021 年 5 月 10 日。

用，总结了包括杭州、上海等地的有效做法，提出了"互联网＋公共安全"工作计划。2020年，我国持续推动"扫黑除恶"工作日常化的制度建设，同时结合人民群众关注的热点问题，依法依规严厉打击和惩治暴力伤害医务工作者、贩卖野生动物、暴力恐怖袭击、涉黑犯罪、拐卖妇女儿童、高科技犯罪、互联网犯罪等违法犯罪行为，全力预防严重犯罪行为的发生。需要注意的是，2020年在一些地方探索实践的基础上，逐步健全社会心理服务体系和疏导机制、危机干预机制，建立健全基层社会心理服务工作站，大力发展心理工作者、社会工作者等社会心理服务队伍，加强对贫困人口、精神障碍患者、留守儿童、妇女、老年人等的人文关怀、精神慰藉和心理健康服务；健全执法司法机关与社会心理服务机构的工作衔接，加强对执法司法所涉人群的心理疏导；推进"青少年维权岗""青少年零犯罪零受害社区（村）"创建，强化预防青少年犯罪工作的基层基础。① 这对从社会心理和弱势群体的角度防范化解社会风险有深远的影响，也有利于提升全社会的文明程度，凸显社会主义制度的优越性。

在社会矛盾调解领域，在坚持和发展新时代"枫桥经验"的基础上，山东、四川、河南、北京等地不断规范和畅通群众表达诉求的渠道和方式（比如，社会矛盾纠纷多元预防调处化解综合机制，以及互联网表达诉求和热线电话形式等），促进了信息反馈渠道的畅通无阻，权益保障通道便捷快速，利益相关方协调高效有力，社会矛盾风险研判准确及时，能够将社会矛盾纠纷化解真正留在基层，促进群众反映的社会问题和矛盾纠纷不上交。有的地方继续深化落实诉讼与信访分离制度，促进了依法分类处理信访诉求，大幅减少了涉法涉诉的信访事件。有的地方充分发挥人民调解的第一道防线作用，完善人民内部、行政部门、司法机构的多方调解联动工作机制。《法治社会建设实施纲要（2020—2025年）》提出："县（市、区、旗）探索在矛盾纠纷多发领域建立'一站式'纠纷解决机制；加强农村土地承包经营纠纷调解仲裁、劳动人事争议调解仲裁工作；加强行政复议、行政调解、行

---

① 《中共中央印发法治社会建设实施纲要（2020—2025年）》，《人民日报》2020年12月8日。

政裁决工作，发挥行政机关化解纠纷的'分流阀'作用。推动仲裁委员会积极参与基层社会纠纷解决，支持仲裁融入基层社会治理。"① 这项制度设计不仅有助于运用法治思维解决社会矛盾纠纷，还有利于促进社会治理朝着法治化的方向深入。

互联网空间治理已经成为化解社会矛盾纠纷的"主阵地"。截至2020年12月，我国网民规模达9.89亿，普及率达70.4%，我国手机网民规模达9.86亿，网民通过手机接入互联网的比例高达99.7%。② 2020年，互联网空间治理逐步深入。具体来看，第一，推动建立健全网络综合治理体系，全面推进网络空间法治环境，营造清洁可信的互联网空间环境，落实互联网空间安全责任制，明晰相关管理部门、互联网运营单位（企业）的网络空间安全责任，探索划定管理部门的监管责任，通过完善制度设计，督促相关互联网企业落实主体责任，履行法律规定的安全管理责任。第二，健全完善网络与信息突发安全事件应急机制，完善网络安全和信息化执法联动机制。2020年，全国检察机关起诉涉嫌网络犯罪（含利用网络和利用电信实施的犯罪及其上下游关联犯罪）14.2万人，同比上升47.9%。③ 努力推动完善统一高效的网络安全风险报告机制、研判处置机制与网络安全检查制度，建立健全互联网违法和不良信息举报一体化受理处置体系。第三，积极加强全社会网络安全文化教育工作，制定全社会网络素养工作指南或相关规范标准。值得关注的是，在2020年检察机关起诉的网络犯罪案件中，未成年犯罪嫌疑人同比增长35.1%，在校学生同比增长80%；高中及以下学历占90%；无业人员占67%。犯罪主体呈现低年龄、低学历、低收入趋势。④ 这就需要加强青

---

① 《中共中央印发法治社会建设实施纲要（2020—2025年）》，《人民日报》2020年12月8日。
② 《第47次〈中国互联网络发展状况统计报告〉》，中国网信网，http：//www.cac.gov.cn/2021-02/03/c_1613923423079314.htm，最后访问日期：2021年5月10日。
③ 《2020年检察机关起诉涉嫌网络犯罪人数上升近五成》最高人民检察院网站，https：//www.spp.gov.cn/spp/xwfbh/wsfbt/202104/t20210407_514984.shtml#2，最后访问日期：2021年5月10日。
④ 《2020年检察机关起诉涉嫌网络犯罪人数上升近五成》最高人民检察院网站，https：//www.spp.gov.cn/spp/xwfbh/wsfbt/202104/t20210407_514984.shtml#2，最后访问日期：2021年5月10日。

少年网络安全教育，推动全民形成牢固树立正确的网络安全观，依法防范网络安全风险。①

（五）创新和完善应急管理协调机制

国务院联防联控机制是在 2003 年"非典"以后党和国家总结应对经验，建立并固化下来的新型冠状病毒感染的肺炎疫情联防联控工作机制，在应对 2020 年初突发的新冠肺炎疫情的多部委协调工作中发挥了重要作用。该机制一直是由国家卫生健康委员会牵头，实际的成员单位涵盖了所有的中央单位，这次在疫情工作中实际包括党中央的相关机构。比如，这次在新冠肺炎疫情的防控工作中，国务院联防联控工作机制下设疫情防控、医疗救治、科研攻关、宣传、外事、后勤保障、前方工作等工作组，其中有的小组是在随后的过程中增设的，分别由相关部委负责同志任组长，明确了多个部委的职责，促进了多部门间在极具挑战的环境下加强分工协作，形成防控疫情的有效合力。针对应急协调机制中存在的问题，习近平总书记强调："要优化完善疾病预防控制机构职能设置，建立上下联动的分工协作机制。要加强国家级疾病预防控制机构能力建设，强化其技术、能力、人才储备。要健全疾控机构和城乡社区联动工作机制，加强乡镇卫生院和社区卫生服务中心疾病预防职责，夯实联防联控的基层基础。要创新医防协同机制，建立人员通、信息通、资源通和监督监管相互制约的机制。""要把增强早期监测预警能力作为健全公共卫生体系当务之急，完善传染病疫情和突发公共卫生事件监测系统，改进不明原因疾病和异常健康事件监测机制，提高评估监测敏感性和准确性，建立智慧化预警多点触发机制，健全多渠道监测预警机制，提高实时分析、集中研判的能力。要加强实验室检测网络建设，提升传染病检测能力。要建立公共卫生机构和医疗机构协同监测机制，发挥基层哨点作用，做到早发现、早报告、早处置。"② 习近平总书记的重要指示为我国应

---

① 《中共中央印发法治社会建设实施纲要（2020—2025 年）》，《人民日报》2020 年 12 月 8 日。
② 《习近平主持专家学者座谈会强调　构建起强大的公共卫生体系　为维护人民健康提供有力保障》，《人民日报》2020 年 6 月 3 日。

急协调机制建设指明了战略发展方向。

2020 年我国的部门间其他类别突发事件协调机制也取得了重要进展。近年来，我国交通系统持续高度发展，整体交通环境更加繁杂，机动车辆大幅增多，新司机急剧增加，诸多因素导致道路交通事故容易发生。据统计，我国交通事故死亡人数中当场死亡的占 20.8%，未当场死亡但在救护人员到达之前死亡的占 27.2%，抢救无效死亡的占 52%，事故伤员死亡率比较高，相当比例交通事故伤员因贻误救治时机而死亡。[①] 我国正在建立警医联动协作机制，制订工作方案，明确责任分工，细化任务措施，共同研究解决交通事故伤员救援救治方面存在的突出问题，努力提升交通系统的事故伤员救援救治效率与效能。有的公安机关、卫生健康行政部门坚持问题导向、目标导向，共同建立警医联合接处警机制，加大救护救援车辆优先通行保障力度，畅通救援救治绿色通道，不断提升救援救治效率。比如，上海、浙江等地公安机关、卫生健康行政部门开展探索完善公安交管部门、医疗机构及通用航空运营单位间的信息沟通、协同联动机制，充分发挥通用航空在医疗救护领域的作用，健全完善空中救援与地面救援互补的立体化救援救治体系。另外，可研究通过多部门的协调机制建设，特别是建立跨部门的事故信息通报、院前救护调度、通用航空服务、院前院内衔接、医疗急救和转运等配套工作制度，建立完善"空地一体化"的救援救治模式，提升危急重症救治效率，还可以引导行业协会、社会力量及保险机构等参与合作，推动实现社会救援力量与政府救援力量的优势互补，最大限度地挖掘救援潜力，尽最大力量减少交通事故伤员死亡。[②] 未来可以通过多部门协调机制的建设，继续加强遂行"时间紧、病情重"的空地一体化救援任务能力，这有利于大大缩小转运风险，为患者赢取宝贵的救治时间。

[①] 《公安部办公厅 国家卫生健康委办公厅关于健全完善道路交通事故警医联动救援救治长效机制的通知》，公安部网站，https://www.mps.gov.cn/n6557558/c7285433/content.html，最后访问日期：2021 年 5 月 10 日。

[②] 《公安部办公厅 国家卫生健康委办公厅关于健全完善道路交通事故警医联动救援救治长效机制的通知》，公安部网站，https://www.mps.gov.cn/n6557558/c7285433/content.html，最后访问日期：2021 年 5 月 10 日。

（六）加强科技支撑，提升应急管理能力

在疫情应对中，科技支撑能力异常关键。2020年我国实施了"科研应急攻关"，为打赢疫情应对的总体战、阻击战提供了坚实基础。习近平总书记强调："科学技术是人类同疾病斗争的锐利武器，人类战胜大灾大疫离不开科学发展和技术创新。要加大卫生健康领域科技投入，集中力量开展核心技术攻关，发挥新型举国体制的优势。要深化科研人才发展体制机制改革，完善战略科学家和创新型科技人才发现、培养、激励机制，吸引更多优秀人才进入科研队伍，为他们脱颖而出创造条件。"[①] 在2020年的"战疫"过程中，我国遵循安全、有效、可供的原则，加快推进药物、疫苗、新型检测试剂等研发和应用，为适应疫情防控一线的紧迫需求，围绕"可溯、可诊、可治、可防、可控"，坚持产学研用相结合，聚焦临床救治和药物、疫苗研发、检测技术和产品、病毒病原学和流行病学、动物模型构建5大主攻方向，组织全国优势力量开展疫情防控科技攻关，加速推进科技研发和应用，部署启动83个应急攻关项目；按照灭活疫苗、重组蛋白疫苗、减毒流感病毒载体疫苗、腺病毒载体疫苗、核酸疫苗5条技术路线开展疫苗研发。组织科研团队开展科学溯源研究。坚持科研攻关和临床救治、防控实践相结合。第一时间研发出核酸检测试剂盒，推出一批灵敏度高、操作便捷的检测设备和试剂，检测试剂研发布局涵盖核酸检测、基因测序、免疫法检测等多个技术路径。我国还运用大数据、人工智能等新技术开展防控，充分利用这些新技术，进行疫情趋势研判，开展流行病学调查，努力找到每一个感染者，穷尽式地追踪密切接触者并进行隔离。比如，2020年1月31日，中国电科成立了近200人的"疫情防控大数据攻关团队"，公司董事长靠前指挥、一线指导，公司总经理作为技术总指挥，快速打造了"一网畅行"疫情防控和复工复产大数据系统，向全国公众开放、公益使用。该系统由一个风险人群

① 《习近平主持专家学者座谈会强调　构建起强大的公共卫生体系　为维护人民健康提供有力保障》，《人民日报》2020年6月3日。

感知大数据中心、一个智能指挥平台等组成，具有数据权威、精准评估、体系联动、有效管控四大特点。经公民个人授权，推广个人"健康码""通信大数据行程卡"作为出行、复工复产复学、日常生活及出入公共场所的凭证，根据查询结果进行管控通行和分类处置，实现分区分级的精准识别、精准施策和精准防控。利用大数据技术绘制"疫情地图"，通过社区名称、地址和位置，标明疫情传播具体地点、距离、人数等，为公众防范传染提供方便。① 另外，北京市等地建立了数据专班，开展疫情防控风险数据服务，并对不同风险人群进行精准识别，预判不同地区疫情风险，这也为促进人员有序流动和复工复产提供了便利，为全社会防控乃至我国国民经济的恢复奠定了坚实基础，向全世界充分彰显了中国智慧、中国力量。

科技是应急管理的"生产力"，科技水平实际决定了国家应急管理体系建设的能力。2020年，应急管理部布局应急科技创新体系建设，推动建设一批有国际影响力的灾害事故预防处置科研中心，大力推动地震巨灾科学实验场建设，加强自然灾害防治、城市安全和危化品安全研究工作。应急管理信息化要统一规划布局、统一部署模式、统一技术架构、统一数据汇聚，加快补齐数据服务、安全保障、人才支撑等方面的短板；坚持实战导向，实施一批信息化重点工程，做好极端条件下大震巨灾应急信息化准备；以"智慧应急"为牵引，推动各重点领域智能化升级。应急核心装备能力建设要针对事故抢险救援和通信保障等装备需求，确定一批重点任务、搭建一批合作平台、成立一批任务性的项目组，集中攻关、务求实效。创新应急管理人才和教育工作，健全专业人才培养招录机制，加强应急管理学科建设，引导全国高校大力培养各类应急管理专业人才。② 这些将为我国应急管理能力的长远提升奠定基础。交通运输部加大深远海救助关键技术与装备研发应用力度，加快500米饱和潜水系统装备技术研发，实现深潜装备轻型化远程

---

① 《〈抗击新冠肺炎疫情的中国行动〉白皮书》，中国共产党新闻网，http：//cpc. people. com. cn/n1/2020/0607/c419242 - 31737901. html，最后访问日期：2021 年 5 月 10 日。

② 黄明：《深入推进改革发展　全力防控重大风险　为开启全面建设社会主义现代化国家新征程创造良好安全环境》，《中国应急管理报》2021 年 1 月 13 日。

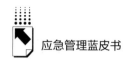

投送；大力推动北斗卫星导航、第五代移动通信、无人应急救援及虚拟现实等科学技术在交通运输应急领域的应用；大力推进调度与应急指挥系统、交通运输行业 App 功能拓展和应用，发挥综合应急指挥中心信息集成优势，加强行业应急数据整合利用，提升突发事件态势感知能力；常态化开展视频调度，打造专业化的应急值守机构、智能化的信息交互中心、常态化的调度指挥平台；做好"巨灾"情景构建和应对，加强超大桥梁垮塌、超长隧道火灾、大型邮轮遇险、大型船舶原油泄漏或失火燃爆等"巨灾"情景构建，加强系统性研究，有针对性地开展演习演练，提高应急处置能力。①

2020 年，在以习近平同志为核心的党中央坚强领导下，在全国人民的共同努力下，从事应急管理工作的有关部门不畏艰险，锐意进取，我国应急管理体系能力建设取得了重要进展。在当前及未来一段时间内，要按照党的十九届五中全会的总体部署安排，认真学习和研究我国进入新发展阶段、贯彻新发展理念、构建新发展格局后，对国家应急管理体系和能力建设提出的新的目标定位与战略需求。在未来的应急管理体系和能力建设中，要坚定不移地以习近平新时代中国特色社会主义思想为指导，坚持总体国家安全观，坚定地把人的生命安全放在第一位，坚持"人民至上、生命至上"的应急管理价值导向，坚决统筹好发展和安全两方面工作，并且要结合在 2020 年遇到的新问题、新挑战，奋力推进应急管理体系和能力现代化取得更大实效，为全面建设社会主义现代化国家的征程保驾护航。

---

① 李国平：《推进交通运输应急管理体系和能力现代化》，《中国交通报》2021 年 3 月 29 日。

B.2
当前公共安全领域若干重大
风险趋势分析

摘　要：　对我国公共安全领域当前和未来中长期所面临的重大风险进
行分析，保障我国现代化进程不被影响，意义重大。当前，
全球新冠肺炎疫情仍在高位持续发展演变，未来趋势仍存较
大不确定性，中国疫情仍需保持较高的常态防控强度。人类
已经进入大流行病高风险期，我们必须随时准备好应对下一
场大流行病的暴发。全球变暖趋势明显，导致我国极端气候
及关联性风险持续上升。地震巨灾风险如悬顶之剑，尤其在
人口密集的大中城市地区更是如此。重点行业领域事故灾难
隐患持续存在，给经济社会发展带来了更复杂的风险因素。

关键词：　重大风险　大流行病　极端气候　地震巨灾　事故隐患

“统筹发展和安全，增强忧患意识，做到居安思危，是我们党治国理政
的一个重大原则。”[①] 我们刚刚经历 2020 年这极不平凡的一年，战疫情、抗
洪涝，在世界上率先控制住新冠肺炎疫情蔓延，在全球主要经济体中率先实

---

*　张伟，博士，中共中央党校（国家行政学院）应急管理培训中心（中欧应急管理学院）副
主任（副院长）、教授、博士生导师，研究方向为应急管理、政治学理论、公共政策等。
① 习近平：《决胜全面建成小康社会　夺取新时代中国特色社会主义伟大胜利——在中国共
产党第十九次全国代表大会上的报告》，人民出版社，2017，第 24 页。

现经济正增长。当前，我们站在了新的历史起点上，把握新发展阶段、贯彻新发展理念、构建新发展格局，趁势而上开启了全面建设社会主义现代化国家新征程。党的十九届五中全会对国民经济和社会中长期发展作出宏伟规划，首次将统筹发展和安全作为指导思想，并在"十四五"规划建议中设专章进行部署。为巩固拓展疫情防控和经济社会发展成果，努力实现"十四五"时期发展开好局、起好步，"我们必须积极主动、未雨绸缪，见微知著、防微杜渐，下好先手棋，打好主动仗，做好应对任何形式的矛盾风险挑战的准备"。① 由此，本报告就当前公共安全领域若干重大风险趋势进行分析，并提出相关对策建议。

一 新冠肺炎疫情风险趋势分析

新冠肺炎疫情是百年来全球发生的最严重的大流行病，也是新中国成立以来遭遇的传播速度最快、感染范围最广、防控难度最大的重大突发公共卫生事件。2020 年 3 月 11 日，在全球 110 多个国家出现确诊病例后，世界卫生组织正式宣布：新冠肺炎疫情已经构成大流行，标志着这一新发现的病毒进入全球广泛传播的阶段。截至 2021 年 2 月底，新冠肺炎疫情给世界人民带来深重灾难，世界累计感染人数已经接近 1.2 亿，累计死亡人数超过260 万。

在惊心动魄的抗击新冠肺炎疫情大战中，中国付出了巨大努力，经受住了一场艰苦卓绝的历史大考，取得了抗击新冠肺炎疫情斗争重大战略成果。针对疫情形势变化，我们及时调整全国总体防控策略，"外防输入、内防反弹"，防控工作由应急性超常规防控转变为常态化防控，并健全了相应的常态化防控机制，有效处置了若干局部地区的聚集性疫情。在此基础上，统筹推进疫情防控和经济社会发展工作，不仅最大限度地保护了人民生命安全和

---

① 习近平：《在省部级主要领导干部学习贯彻党的十八届五中全会精神专题研讨班上的讲话》，人民出版社，2016，第 39~40 页。

身体健康，也为恢复生产生活秩序创造了必要条件，成效显著。截至 2021 年 3 月初，现存确诊病例已经降到 200 例以下且无重症病例，每日新增确诊病例降至 10 人左右且几乎全部来自境外输入，自 2020 年 5 月以来的累计死亡病例只有 4 人。疫苗科研攻关和施打取得重大进展。截至 2021 年 2 月底，我国附条件上市的新冠疫苗已经达到 4 个，其中 3 个灭活疫苗，1 个腺病毒载体疫苗。截至 2021 年 3 月 14 日，共接种新冠病毒疫苗 6498 万人次。目前，正在按照重点人群、高危人群和其他人群依序推进的原则组织接种，稳步提高新冠病毒疫苗人群覆盖率。[①]

在当前的常态化防控机制下，我国新冠肺炎疫情大范围反弹的概率不高，但仍然存在较高的局部爆发风险，需要保持较高的"内防反弹"压力。尤其是从聚集性疫情处置情况来看，国内疫情防控仍有薄弱环节。一是公共场所常态化防控有所松懈。干部群众疫情防控意识有所淡化，公共场所防控措施有所放松，大型聚会活动防控要求未得到落实。体温监测、查验健康码等很多措施流于形式。二是疫情应急指挥体系不能及时高效发挥作用。指挥体系从常态转入应急状态不够迅速，应急处置流程不够明确，信息流转不畅通，影响疫情处置的速度和力度。三是疫情应急处置准备还不到位。核酸检测、流调溯源、物资储备、定点医院、隔离场所等准备不足，管理和技术人员培训不到位，没有做到"宁可备而不用，不可用而不备"。四是农村疫情防控力量薄弱。农村医疗卫生基础条件较差，技术力量不足，早期发现能力不够。省市县统筹应对农村地区突发疫情防控的体制机制还需完善。[②]

同时，当前全球新冠肺炎疫情大流行仍在高位持续演变。在艰难度过 2020 年冬季、天气逐渐转暖后，截至 2021 年 2 月底，全球新冠肺炎疫情蔓延势头有所放缓。现存确诊病例（即在累计病例中除去死亡和治愈人数）有下降趋势，新感染病例有低于新治愈病例人数的趋势。

---

① 国家卫生健康委员会网站。

② 《这些突出问题要高度重视》，《健康报》2021 年 1 月 18 日。

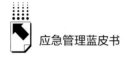

但是，未来全球新冠肺炎疫情趋势仍存很大不确定性。时至今日，全球疫情能否不可逆地发生好转，什么时候可以宣布全球大流行结束，在结束前会否再次发生大的反复（尤其是2021年冬季），仍然存在变数。其中，决定新冠肺炎疫情走向趋势的关键因素至少有三个。第一，当前全球疫情总体趋缓势头能否得到巩固。只要世界上有任何一个国家或地区没有真正结束疫情，我们都不能忽视全球性疫情继续传播扩散的风险。第二，各国能否通过及时施打疫苗实现总体免疫。在如此短的时间内完成新冠疫苗研发、生产、分配、施打，是人类社会从来未遇到过的挑战。第三，新冠病毒变异的威胁从未消除，甚至变种新冠病毒有取代原病毒成为主流的风险。在疫情随时反弹的压力下，疫苗接种是一场同新冠病毒变异争夺时间的赛跑。一旦疫情在一些国家发生大规模反弹，并引发新冠病毒持续变异，甚至导致现有疫苗失效，则2021年初出现的疫情趋缓势头将可能被逆转，引发新一波世界范围内的疫情泛滥。由此，未来全球疫情走势仍然存在较大不确定性。第一种可能，新冠肺炎疫情在较短时间内得到根本遏制。但即使如此，也不能寄望于新冠病毒从世界上完全消失，它会像其他呼吸道病毒一样长期伴随人类，呈现可控强度下的季节性复发情形。第二种可能，新冠肺炎疫情在前述各种不确定性因素影响下，虽然流行强度总体得到控制，但在短期内难以得到全面遏制，在各个国家此起彼伏，世界持续笼罩在疫情阴云之下难以摆脱。第三种可能，也是最坏的情形，新冠肺炎病毒出现不可控的变异。

由此，我们"外防输入"的压力持续存在。2020年12月以来，北京、四川、辽宁、河北、黑龙江、云南等地相继发生聚集性疫情，为我们敲响了警钟。这些聚集性疫情均为境外输入，由境外入境人员或被污染的冷链进口物品引发，隔离场所管理不规范、接触进口冷链物品工人防护不到位等是重要原因。这些疫情很容易波及农村地区，河北石家庄、黑龙江绥化、四川成都等地疫情均发生在农村地区或城乡接合部。疫情发生后，感染人数增长迅速，在较短时间内，呈现快速增长态势；扩散范围广，人员聚集流动、婚宴、集会等活动加剧疫情传播，呈现向外扩散趋势；在同一省份或城市出现多条传播链，发现疫情时已经出现社区传播，疫情防控难度大。在全球性疫情得到根本控制、国内疫苗整体施打率达到较高水平之前，虽然我国新冠肺炎疫情未来大范围反弹概率较低，但仍需继续保持较高的常态化防控强度。一是严防死守，确保疫情不出现规模性输入和反弹。严格落实人群聚集场所防控措施，突出抓好农村地区疫情防控，做好假期医疗服务保障，坚决防范疫情反弹。落实聚集性疫情处置指南要求，做到"早、快、准、实"，严防出现聚集性疫情，严防散发病例传播扩散。二是稳妥有序做好新冠病毒疫苗接种工作。三是改革完善疾病预防控制体系。完善传染病监测预警系统，加强疾控体系基础设施和能力建设，充分调动机构和人员积极性。四是密切关注国外疫情变化、疫苗研究进展、疫苗接种进展，尤其是新冠病毒的变异情况。与此同时，国际格局加速演变，单边主义、保护主义上升，全球产业链、供应链受到冲击。我们要在做好常态化疫情防控的同时，努力稳定和恢复经济发展。

二　人类社会已经进入大流行病高风险期

千百年来，人类曾遭受各种传染病的肆虐。始于 14 世纪（1346～1665年）的鼠疫流行导致 2500 万人死亡，使欧洲人口减少 1/4。1918～1920 年的西班牙流感使 1/3 的世界人口染病，死亡人数高达 2500 万～4000 万（甚至有估计高达 1 亿）。1981 年以来的艾滋病流行，已导致约 3900 万人死于该病。这些传染病均给人类造成了巨大灾难。

新冠肺炎疫情暴发令人猝不及防，似乎是一个偶然事件。但是，结合近几十年来新发传染病频现并呈加速态势的大背景，在统计学意义上它则是一个大概率事件。20 世纪 70 年代以来，全球已经至少出现多种新发传染病，尤其是病毒性传染病（见表 1），几乎每年都有新发传染病被发现，甚至许多以前呈下降趋势的疾病如今又卷土重来，严重威胁公众健康。尤其是始于20 世纪 80 年代的艾滋病流行，使人们重新开始审视新发传染病对人类造成的威胁。2011～2018 年，世卫组织跟踪了 172 个国家的 1483 起流行病事件。具有流行倾向的疾病，如流感、严重急性呼吸综合征（SARS）、中东呼吸综

合征（MERS）、埃博拉、寨卡、鼠疫、黄热病等，预示着一个高影响力的、有可能快速传播的疫情时代的到来，这些疫情愈加频繁地出现，越来越难以控制。

表1 20 世纪 20 年代以来全球新发现的病毒性传染病

年份	病毒名称	传染病名称
1977	埃博拉病毒	埃博拉出血热
1977	汉坦病毒	肾综合征出血热
1978	丁型肝炎病毒	丁型病毒性肝炎
1980	人 T 细胞嗜淋巴病毒 I 型	T 细胞淋巴瘤
1982	人 T 细胞嗜淋巴病毒 II 型	毛细胞白血病
1983	人免疫缺陷病毒	艾滋病
1986	人疱疹病毒 6 型	幼儿急疹
1989	戊型肝炎病毒	戊型病毒性肝炎
1989	丙型肝炎病毒	丙型病毒性肝炎
1990	人疱疹病毒 7 型	发热皮疹和中枢神经系统感染
1991	瓜纳里托病毒	委内瑞拉出血热
1993	辛农布雷病毒	急性呼吸窘迫综合征
1993	马麻疹病毒	间质性肺炎,无菌性脑膜炎
1994	萨比亚病毒	巴西出血热
1995	人疱疹病毒 - 8	卡波济肉瘤
1995	庚型肝炎病毒	庚型肝炎
1996	西尼罗河病毒	病毒性脑炎
1997	尼帕病毒	病毒性脑炎
1998	人禽流感病毒	病毒性肺炎
2003	新型冠状病毒	传染性非典型肺炎
2009	甲型 H1N1 流感病毒	甲型 H1N1 流感
2011	血小板减少综合征布尼亚病毒	发热伴血小板减少综合征
2013	H7N9 流感病毒	人感染禽流感
2013	中东呼吸综合征冠状病毒	中东呼吸综合征

资料来源：吴诗品：《防控新发传染病，人类的永恒课题》，《新发传染病电子杂志》2017 年第 2 期。

新冠肺炎疫情发生之前，大流行病风险虽然容易被绝大多数人所忽略，但警告之声已经不绝于耳。2018 年 5 月，由世界银行和世界卫生组织共同召集组成"全球防范工作检测委员会",专门评估世界保护自己免受突发卫生事件影响的能力,从多个角度确定防范工作的主要差距,与各国领导人和决策者一起倡导防范活动,以防范和减轻全球突发卫生事件带来的影响。2019 年 9 月发布的首份突发卫生事件防范工作年度报告《一个危机四伏的世界》①,似乎描绘了一个过于耸人听闻的世界图景,并提出措辞严厉但当时并没有引起世人足够关注的行动建议:"疾病在混乱中愈演愈烈,混乱给疾病以可乘之机——过去几十年里,疾病暴发呈上升趋势,全球突发卫生事件的风险日渐增大。如果说'过去的只是序幕'是真的,那么有一个威胁切实存在,那就是快速传播的高度致命性呼吸道病原体大流行病……如此规模的全球大流行病将是灾难性的,会造成广泛的浩劫、不稳定和不安全。世界将猝不及防……长期以来,在大流行病方面,我们任由恐慌和忽视循环往复:当存在严重威胁时,我们加大努力,当威胁减弱时,我们很快将其抛诸脑后。早就该采取行动了。"话音未落,3 个月后即发生了全球新冠肺炎疫情。2017 年,美国国家情报委员会每四年编制一次并公开发布的未来 20 年世界趋势报告,强调了大流行病的风险及其可能造成的巨大经济破坏,尽管它预测大流行将发生在 2023 年,而不是 2020 年。② 其实,在 2004 年的报告里就提出了类似的警告,一些专家认为大流行只是一个时间问题。

现代人类社会已经进入新发传染病高风险时期。伴随着复杂的人道主义情景,以及人口增长、城市化进程加快、全球经济一体化、更快更远的旅行、冲突、移徙和气候变化等生态、政治、经济和社会趋势的新融合,世界面临着毁灭性的区域或全球性疾病流行或大流行的严峻风险。这些流行病不仅会夺去人的生命,还会破坏经济,造成社会混乱。这些新发传染病的病原体种类繁杂,尤以病毒为多,往往人兽共患,传播速度快,流行范围广,感染方式复杂多变,流行趋势预测难度大。1997 年,世界卫生组织提出"全

① Global Preparedness Monitoring Board, *A World at Risk: Annual Report on Global Preparedness for Health Emergencies*, https://apps.who.int/gpmb/annual_report.html, 2021 – 03 – 10.

② National Intelligence Council, *Global Trends: Paradox of Progress*, www.dni.gov/nic/globalrends, 2021 – 03 – 10.

球警惕，采取行动，防范新发传染病"的口号，来作为当年世界卫生日的主题。①

然而，风险不仅在于下一场大流行随时发生，还在于下一场大流行时人类社会是否做好了准备，是否能够通力协作进行应对。"全球防范工作检测委员会"在 2020 年 11 月发布了第二份年度报告《混乱的世界》，毫不掩饰失望之情："COVID-19 大流行暴露了全球在认真对待大流行预防、防范和应对并将其相应地列为工作重点方面的集体失败。""在去年报告要求采取的所有行动方面都没有取得什么进展，而这种缺乏领导力的情况正在加剧大流行。如果不吸取 COVID-19 的教训并以必要的资源和承诺采取行动，将意味着肯定会到来的下一次大流行的破坏性将会更大。"由此，该委员会只能再次大声呼吁"早就该采取行动了"。许多有识之士开始发出类似的对一些国家应对新冠肺炎疫情的失望，对未来大流行病风险的警告，和对做好准备的呼吁。比如，在盖茨基金会公开发布的《2021 年盖茨家信》中，比尔·盖茨感叹："我们都想回到新冠肺炎疫情之前的世界。但是有一个领域我希望我们永远不要回到过去，那就是我们对于大流行病的轻敌自满。残酷的现实是，新冠肺炎疫情恐怕不会是我们面临的最后一场大流行病。我们不知道下一次疫情何时到来，也不知道它是一种流感、冠状病毒还是其他前所未见的新疾病。但我们必须做好准备，不能再被打得措手不及。除非全世界行动起来，防患于未然，否则下一场大流行病的威胁依然会笼罩人类。"

我国是新发传染病高发区，深受其害，历史经验更应让我们警惕下一场大流行病的不期而至。近 40 年来，全球 40 多种新发传染病中有 30 多种已出现在我国。近 20 年来，对我国经济社会产生重大影响的新发传染病就有 4 种。第一种，传染性非典型肺炎（SARS），具有很强的传染性，对易感人群危害极大。从 2002 年 11 月中旬广东佛山报告首例不明原因肺炎病例，到 2003 年 7 月 5 日世界卫生组织宣布全球范围内 SARS 疫情结束，在历时半年

---

① World Health Organization, "World Health Day 1997 Information Kit", *Revista Panamericana De Salud Pública*, 1997, 1（3 - 4）：476 - 480.

多的时间内，全球共报告 8000 多个病例，900 余人死亡，波及 32 个国家和地区。我国共感染了 5327 例，死亡 774 人。第二种，人感染猪链球菌病，是由猪链球菌引起的一种人畜共患的传染病。2005 年 7 月在四川资阳地区的农村暴发，一个月的时间内共有 205 人感染，死亡 37 人。第三种，甲型 H1N1 流感，是由一种新的甲型 H1N1 流感病毒引起的呼吸道传染病，具有传播速度快、感染人数多等特点，病毒的最初来源尚不可知。2009 年 4 月美国首先报告了 2 个病例，我国 5 月 11 日报告了首例输入性病例，2009 年 12 月流行达到高峰。甲型 H1N1 流感呈流感样体征，由于是一种新病毒，多数人对之没有或很少有免疫力。第四种，人感染 H7N9 禽流感，通常只在鸟类中传播的甲型流感病毒，却造成了人类感染。2013 年 3 月，我国上海、安庆相继报告人感染 H7N9 禽流感病例。自 2013 年以后，27 个省、市、自治区相继报告了人感染 H7N9 禽流感病例。到 2017 年 8 月 1 日为止，全国累计报告人感染 H7N9 禽流感 1527 例，死亡 602 人。该病之所以受到关注，是因为人感染后，病情较重，部分病例发展成重症肺炎、呼吸窘迫综合征、休克和死亡。

面对新冠肺炎疫情和下一场大流行病风险，我们应承认当今人类社会应对大流行病的局限性，和我们当前工作上的不足，我们对防范大流行病的了解不够。国家在阻止病毒传播和拯救生命方面捉襟见肘，社会保护的至关重要性被忽视。防范工作的最终检验是做出有效的应对，那些看似在《国际卫生条例》核心能力方面得分相对较高的几个国家，出现了广泛的传播和大量的死亡；而一些资源较少的最贫穷国家，能够比世界上一些最富裕国家更好地减缓新冠肺炎疫情对健康和社会经济的影响。新冠肺炎疫情突出了一个根本问题，那就是我们如何定义和衡量防范工作。我们对防范工作的理解，是基于一系列狭隘的、没有充分涵盖确保防范工作所需国家和国际能力的公共卫生能力，包括研发能力、减缓大流行病对社会经济影响的措施、确保持续提供基本服务的措施、国际合作以及国际组织的防范能力。此外，当前的措施更多地侧重于机构政策的制定，而不是已经得到证明的政策实施能力，以及基于科学的政治领导力。

我们应立足国情世情，及时补齐短板弱项，做好应对下一场新发传染病大流行的充分准备，尤其要加强监测预警和应急反应能力。2003年"非典"疫情发生之后，国家建立了传染病网络直报系统，疾控机构硬件条件得到较大改善，但在新发传染病的"大考"下仍然暴露出薄弱环节。客观上，地方对新发突发情况判断能力不足；主观上，地方政府对不明原因突发公共卫生事件比较谨慎。今后，应当把增强早期监测预警能力作为健全公共卫生体系的当务之急。完善监测系统，改进监测机制，建立智慧化预警多点触发机制，健全多渠道监测预警机制，提高实时分析、集中研判的能力。加强疫情应对领域的制度建设。做好疫情应对领域的科研投入、产业链安全、医疗物资保障等各方面的应急预备。积极参与全球疫情应对和风险治理，为提高我国疫情应对能力改善外部环境。

三 全球变暖导致极端气候及其关联性风险不断上升

我国是世界上受气象灾害影响最严重的国家之一，每年受台风、暴雨（雪）、干旱、雷电等重大气象灾害影响的人口达4亿人次，造成的经济损失相当于国内生产总值的1%～3%。尤其是气候变化，是21世纪人类生存和发展面临的严峻挑战，是全球性重大风险问题。气候变化对我国影响利弊共存，总体弊大于利，我们应做好应对全球气候变暖及其关联性重大风险的准备。

大量观测资料表明，地球气候正经历一次以全球变暖为主要特征的显著变化。我国《第三次气候变化国家评估报告》表明，全球陆地和海洋表面平均温度从1880年到2012年上升了0.85（0.65～1.06）摄氏度，自1901年以来全球地表温度显著上升，20世纪70年代后上升更加明显。1951～2010年全球平均变暖约0.7摄氏度，大部分可归因于人类活动，全球气候系统几乎每个部分都可检测到人类影响。工业化以来，在全球气候变暖过程中，太阳和火山等自然因素的影响远小于大气温室效应增强的作用。2020年2月，南极甚至出现了20.75摄氏度的高温新纪录。而中国，1909～2011年土地区域平均增温 0.9~1.5 摄氏度,显著高于全球水平。未来中国区域气温将持续上升,到 21 世纪末可能增温幅度为 1.3~5.0 摄氏度。伴随全球气候变暖,海平面在 1901~2010 年平均上升了 190 毫米。美国《国家科学院学报》发表研究报告显示,南极冰川融化速度是 20 世纪 80 年代的 6 倍。中国沿海海平面 20 世纪 80 年代期间上升 2.9 毫米/年,高于全球海平面平均上升速率。预计到 21 世纪末,东中国海海平面将上升 22~40 厘米,影响许多沿海城市。当出现百年一遇的水位时,2050 年整个中国沿岸的可能影响面积为 9.83 万平方千米。①

气候变化导致全球性的极端气候及相应灾害损失增加。世界气象组织(WMO)和联合国环境规划署(UNEP)建立的政府间气候变化专门委员会(IPCC)发布了《管理极端事件和灾害风险,推进提升气候变化适应能力》特别报告,明确提出不断变化的气候可导致前所未有的极端天气事件。② ①21 世纪极端高温天气气温大幅升高。在全球范围内,21 世纪极端天气气温升高的频率和幅度增加了,极冷天气发生的频率和幅度降低了。大部分陆地中的暖流或热浪发生的时间跨度、频率和强度将会增加。20 世纪二十年一遇的极端高温事件,21 世纪末大部分地区很可能变成两年一遇(北半球高纬度地区可能五年一遇)。20 世纪二十年一遇的极端日最高气温在 21 世纪中叶可能增加 1~3 摄氏度,在 21 世纪末将会增加 2~5 摄氏度(具体数值将取决于研究地区和当地的排放情景)。②21 世纪,全球大部分地区强降雨发生的频率或占总降水量的比例升高了。尤其是在高纬度、热带区域以及冬季的北半球中纬度地区,与热带气旋相关的强降雨随气候持续变暖有增加趋势。到 21 世纪末,20 世纪二十年一遇的最大日降水可能变成十五年一遇或五年一遇;其中高排放地区的最大日降水间隔周期将更短。③全球热带气旋发生的频率可能保持不变或下降,但平均最大

① 编写委员会:《第三次气候变化国家评估报告》,科学出版社,2015,第 46 页。

② Intergovernmental Panel on Climate Change, *Managing the Risks of Extreme Events and Disasters to Advance Climate Change Adaptation—Special Report of the Intergovernmental Panel on Climate Change*, www.ipcc.ch, Nov., 2011.

风速将增加。④南北半球温带气旋的发生概率可能会减小。⑤21世纪，特定季节一些地区因降水量减少或者蒸发量增加将发生更严重的干旱。⑥由于降雨量和气温的变化，洪涝灾害也可能发生变化。预计在一些蓄水地区，发生洪水的概率将随着强降雨的增加而增加。⑦未来平均海平面升高将导致沿海地区极端高水位的上升。其中海平面上升、洪涝灾害、热带气旋强度增加等因素都将促进一些地区极端高水位的上升。⑧热浪侵袭、冰川融化和冻土退化等影响高山生态景观，导致山峰坡度不稳定，山体滑坡、冰川湖突发洪水等大规模灾害的发生。⑨目前还很难对大尺度自然气候的变化做出预测，如季风、厄尔尼诺－南方涛动①等。有经济学家作出预测，在全球变暖中，气候变化将导致经济损失呈指数性趋势快速增加。②

极端气候必然带来各种关联性影响和灾害损失。①极端气候对与气候紧密相关的产业产生了重大影响，如水利、农业、粮食安全、林业、卫生行业和旅游业等。②受极端气候的影响，未来大部分地区经济损失增长的主要驱动因素是社会经济因素。极端气候变化可能导致社会经济中人口数量、人身安全和财产风险的脆弱性增加。但是，目前很少有研究强调极端气候变化在人口和资金风险方面的重要作用。③热带气旋将带来更大的直接经济损失，而热带气旋的频率和强度的未来变化将是其造成灾害损失大小的决定性因素。④极端气候相关的灾害影响人口流动和迁移、群落的聚集和起源。灾害频发将导致暴露区不适合生存，造成迁移，进而导致新安置地压力的产生。气候变化是21世纪整个人类生存和发展面临的严峻挑战，甚至成为当前国际政治、经济、外交博弈中的重大全球性问题。极端天气气候事件的增长水平在接下来的20年中仍将持续，我们将不得不面对气候变化给人类带来的各种痛苦和损失。

---

① 厄尔尼诺－南方涛动（ENSO）是发生于赤道东太平洋地区的风场和海面温度震荡，属于低纬度的海－气相互作用现象，在海洋方面表现为厄尔尼诺－拉尼娜的转变，在大气方面表现为南方涛动。

② ［美］威廉·诺德豪斯：《气候赌场：全球变暖的风险、不确定性与经济学》，梁小民译，东方出版中心，2019，第182页。

气候变化对我国影响更加深远。随着海洋温度上升，更热的海洋给台风提供更多的能量，致使台风登陆强度更大。20世纪90年代之后，中国区域持续性高温事件发生频次、强度和影响面积，相较于之前变为显著增加趋势。气候变化导致暴雨、强风暴潮、大范围干旱等极端天气事件发生的频次和强度增加，中国洪涝灾害的强度呈上升趋势。20世纪90年代以来，极端降水区域比例增大，华北、东北和西北东部地区干旱趋势明显，特别是近10年西南地区特大干旱频发。21世纪以来，年均登陆我国大陆的12级以上台风为4.1个，比20世纪90年代增加了46%。2020年我国极端气候现象频现，比如6～8月主雨带长时间集中在贵州、四川、重庆至长江中下游地区，安徽、四川、重庆多地降雨创历史极值，7月出现空台现象，9月连续3个台风袭击东北，9月长江上游出现特大洪水，立冬后10天四川局部地区出现35.8摄氏度高温，吉林长春等地出现大面积冻雨，给城市供电、供热、供气、供水都造成严重影响，这些都是历史罕见的。在未来全球变暖背景下，所有模型预估未来中国区域年降水量和极端降水事件都呈现增加趋势，北方极端降雪事件增多，极端干旱事件增加，高温热浪天数显著增加。

气候变化对我国带来的不仅是直接的天气灾害风险，还有全方位的生态灾害风险，以及更复杂的关联性经济社会风险。气候变化对农业的不利影响突出，部分作物单产和品质降低、耕地质量下降、肥料和用水成本增加、农业灾害加重，中国粮食生产面临挑战。在人类活动和气候变化的共同影响下，中国主要江河的实测径流量主要呈减少态势。同时，气候变化导致中国水资源供给的压力将进一步加大。全球气候变化导致中国沿海海平面上升、海洋环境发生变化，加剧海岸带灾害和环境与生态问题，主要表现为海洋风暴潮等灾害加剧、海洋酸化加重、海岸侵蚀的强度和范围增大，海岸带滨海湿地减少、红树林和珊瑚礁等生态退化等，渔业和近海养殖业深受影响。中国冰川萎缩，厚度减薄，冰川径流增加，冰湖溃决突发洪水风险加大。多年冻土面积萎缩，融区范围不断扩大。未来冰川、冻土、积雪、海冰与河湖冰都呈现减少趋势，对城市产生显著影响，特别是引发城市内涝，给社会经济

的交通、基础设施和居民生活造成极大危害和影响，制约城市发展。对南水北调中线工程、青藏铁路和三北防护林工程等重大工程产生影响，未来气候变化的不利影响将进一步加大。发生在中国的各类自然灾害中，与极端天气和气候事件有关的灾害占70%以上。

面临严峻的全球气候变化趋势，中国应主动适应风险，从策略到具体任务上解决诸多问题。在农业、林业、水资源等重点领域和城市、沿海、生态脆弱地区，要形成有效抵御气候变化风险的机制和能力，逐步完善预测预警和防灾减灾体系。从目前评估到的形势认识到，进一步适应气候变化，战略重点应包括：适应与减缓并重，进一步提高适应气候变化乃至整个国家发展中的战略地位；趋利避害，利用气候变化带来的有利机遇，规避预见到的可能风险，使资源利用最大化、损失最小化；有序适应，协调不同部门，实现科学应对、有序应对、整体最优、长期有益；从适应现在到适应未来，开展面向未来的适应气候变化工作，主动提高各个层面的适应能力；从基础科学到适应技术，加强适应气候变化的相关基础研究和应用研究；从适应科学到适应政策，借鉴国内外经验，进一步完善中国适应政策体系和决策机制；从适应管理到适应治理，推动建立气候善治的适应治理机构，充分发挥政府、企业和社会团体等多主体的作用。为适应气候变化，应尽力完成的重点任务包括：一是构建包括气候变化适应－脆弱性－风险－能力研究的各环节的基础研究体系，增强适应措施的针对性；加强气候变化检测、预测和数据信息平台建设，夯实适应科学研究基础。二是研究和推广符合中国国情的适应气候变化技术，构建适应技术集成体系。三是将气候变化及其影响作为经济社会发展规划的重要基础，对重大工程和基础设施建设进行充分的气候论证，修改或提高相关设计标准。四是加强针对社会经济系统的适应性研究，提高产业和能源等非传统适应性领域的适应能力。五是完善适应气候变化治理体系，将气候风险、气候保险和服务纳入气候治理结构。①

---

① 编写委员会：《第三次气候变化国家评估报告》，科学出版社，2015，第32～33页。

中国应加快推进低碳发展，积极应对气候变化，凝聚国际社会普遍共识，引领不可逆转的时代潮流。发展低碳经济和低碳技术日益成为各国抢占经济、科技竞争制高点的战略选择。气候变化事关我国经济社会发展全局，事关我经济安全、能源安全、生态安全和粮食安全，在经济社会发展转型关键期，积极应对气候变化是我国当前发展的内在需求。2015 年，中国就向联合国气候变化框架条约（UNFCCC）秘书处提交了应对气候变化国家自主贡献文件《强化应对气候变化行动——中国国家自主贡献》，确定了 2030 年的自主行动目标。2020 年，我国在联合国大会上明确提出，二氧化碳排放力争于 2030 年前达到峰值，努力争取 2060 年前实现碳中和，并在"十四五"规划纲要中设立专节部署"积极应对气候变化"工作："落实 2030 年应对气候变化国家自主贡献目标，制定 2030 年前碳排放达峰行动方案。完善能源消费总量和强度双控制度，重点控制化石能源消费。实施以碳强度控制为主、碳排放总量控制为辅的制度，支持有条件的地方和重点行业、重点企业率先达到碳排放峰值。推动能源清洁低碳安全高效利用，深入推进工业、建筑、交通等领域低碳转型。加大甲烷、氢氟碳化物、全氟化碳等其他温室气体控制力度。提升生态系统碳汇能力。锚定努力争取 2060 年前实现碳中和，采取更加有力的政策和措施。加强全球气候变暖对我国承受力脆弱地区影响的观测和评估，提升城乡建设、农业生产、基础设施适应气候变化能力。加强青藏高原综合科学考察研究。坚持公平、共同但有区别的责任及各自能力原则，建设性参与和引领应对气候变化国际合作，推动落实联合国气候变化框架公约及巴黎协定，积极开展气候变化南南合作。"① 同时，我们应清醒地认识到，我国当前的发展阶段和资源环境禀赋，决定了在应对气候变化方面比其他国家面临更大的挑战。我国处于工业化中后期和城市社会为主体的时期，减排和适应具有很大的难度，需要付出较高的成本。现有能源和环境禀赋进一步增加了我国应对气候变化的难度。例如，中国当前能源

① 《中华人民共和国国民经济和社会发展第十四个五年规划和 2035 年远景目标纲要》，《人民日报》2021 年 3 月 13 日。

消耗 90% 以上为化石能源,其中碳排放系数最高的煤炭约占总消耗的 70%,新能源、可再生能源的生产成本较高。因此,统筹好经济发展与气候安全,是中国现阶段的客观诉求。

应对气候变化风险是迫切需要实现全球跨国合作的典型领域。近年来,我们积极推动气候变化国际合作,为全球共同应对气候变化发挥了建设性作用。中国本着积极参与、广泛合作、互利共赢、务实有效的原则,积极推动应对气候变化国际合作。在多边合作方面,中国兼顾内外合作,参与政府间气候变化专门委员会科学研究进程,努力推动气候变化领域与国家社会的交流与互信。在双边合作方面,中国与多个国家、地区建立气候变化对话和合作机制,特别是在科技研究示范方面取得了积极进展。此外,中国是清洁发展机制(CDM)开发最为成功的国家,在国际 CDM 市场上发挥着举足轻重的作用。重视南南合作,与众多发展中国家建立了联系渠道,签订了《关于应对气候变化物资赠送的谅解备忘录》。中国应对气候变化国际合作政策是中国外交政策的重要组成部分。坚持以《联合国气候变化框架公约》《京东议定书》《巴黎协定》为基本框架的国际气候制度,坚持公约框架下的多边谈判主渠道。未来,我国将坚持人类命运共同体的理念,将中国人民利益同各国人民共同利益结合起来,以更加积极的姿态参与国际事务,发挥负责任大国作用,共同应对全球气候变化带来的挑战。

四 地震巨灾风险如悬顶之剑

地震灾害影响巨大,难以防范。地震中大量房屋倒塌,是造成人员伤亡的元凶。统计表明,约 60% 的死亡是抗震能力差的砖石房屋倒塌造成的,尤其是一些地震发生在人们熟睡的夜间。地震灾害风险呈现从直接灾害向次生灾害、衍生灾害等多风险演化的新趋势,从传统的人员伤亡和建设工程破坏向影响经济发展和社会稳定渗透扩展的新动向。各种由地震导致的灾害风险也越来越大,地震灾害侵袭的对象范围不断扩大,不仅带来房倒屋塌,还会引发火灾、水灾、滑坡、泥石流等灾害,也会触发社会功能瘫痪、生产停工、人力资本损失、商业中断、非物质文化遗产不可复原等间接损失。地震灾害风险经过持续演化后，可能导致融自然、社会、经济等各种风险于一体的综合风险。同时，地震灾害风险防范困难。地震成灾具有瞬时性、突发性，在短短十几秒内就能造成山崩地裂、房倒屋塌。地震预报还处于研究阶段，绝大多数地震还不能做出临震预报，令人类无法在短时间内组织有效的防御行动，难以采取人员撤离等应急措施进行应对。作为地球科学的前沿领域，地震预报本身至今仍是一个难以突破的世界性难题，地震监测能力远不能满足社会需求。

我国是世界上地震灾害最为严重的国家之一。我国地震活动具有频度高、强度大、震源浅、分布广的特点，超过 58% 的大陆国土面积和将近 55% 的人口处于 7 度以上的地震高风险区，41% 的国土面积处于可能遭受 0.1 个重力加速度（相当于设防烈度Ⅶ度）或以上的强地面运动的高地震危险区。我国虽然不是世界上大震最多的国家，但属于地震灾害损失最为严重的国家。从人员的死亡来看，地震灾害是群害之首。我国陆地面积占全球陆地面积的 1/15，即 6% 左右；人口占全球人口的 1/5 左右，即 20% 左右。然而我国的陆地地震竟占全球陆地地震的 1/3，即 33% 左右，因地震死亡的人数竟达到全球的 1/2 以上。我国的震灾风险远高于美国、欧洲等国家和地区。

我国大震巨灾风险一直较高。历史上，我国平均每 3 年发生 2 次 7 级地震，平均每 10 年发生一次 8 级以上大地震。全世界损失最大的 10 次地震灾害，有 4 次发生在我国（20 世纪就发生 2 次），其中 1303 年洪洞地震死亡 20 万人、1556 年华县地震死亡 83 万人、1920 年海原地震死亡 28.8 万人、1975 年唐山地震死亡 24.2 万人。20 世纪，我国平均每 5 年发生一次 7.5 级左右地震、每 10 年发生一次 8 级左右地震。21 世纪以来，全球 4 次 8 级地震有 2 次发生在我国。汶川地震之后，又相继发生玉树、鲁甸、芦山等灾害性地震，造成了巨大的人员伤亡和财产损失。与近 100 年的活动水平（大于等于 7 级的年均值为 0.66 次，大于等于 6 级的年均值为 3.6 次）相比较，新中国成立后的强震活动水平高于前 50 年的活动水平。

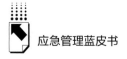

改革开放后的经济社会发展，使我国地震灾害风险更加凸显。我国很多人口密集的大中城市都位于高地震活动性的区域，这些地区人口高度聚集、社会财富高度集中，对地震灾害的敏感性和脆弱性越来越高，平均每年由于地震造成的直接经济损失占各种自然灾害直接经济损失的 16.5%。随着我国经济快速发展和城市化进程加快，高层建筑不断建设，核电站、化工厂、大型水坝等重要基础设施不断涌现，高速铁路、输油输气输水管线、城市管网等生命线工程日趋密集、复杂，许多城市都面临着强地震威胁。一旦遭遇强烈地震，不仅会危及工程本身的安全，造成经济损失和人员伤亡，还可能造成极为严重的次生灾害和难以估量的间接经济损失，影响国民经济可持续发展和社会稳定。虽然改革开放 40 多年来我国经济发达和人口稠密地区没有发生过大震（汶川地震主要发生在县城和乡镇），但历史上这些地区的大震巨灾不在少数，发生 7.5~8.0 级地震 17 次，8.0~8.5 级地震 9 次，8.5 级及以上地震 2 次。东部沿海城市地区将来一旦发生大震巨灾，将造成大量人员伤亡和巨大财产损失，社会功能和产业链受创。

然而，我国抗震防震能力普遍不足。经过 40 多年的努力，我们在观测仪器的研制、监测系统的建设、经验预报的积累等方面有了很大进展。2015 年 6 月，国务院批复国家地震烈度速报与预警项目建议书，通过项目实施，可以实现全国分钟级仪器地震烈度速报和重点地区秒级地震预警。然而，能作出预报的地震还只占极少数，当前地震预报仍停留在有限的经验基础之上，与日本、美国相比，我国在地震观测技术、仪器设备、通信技术、数据处理技术等方面仍有差距。中国大陆地震环境复杂，地震活动断层广泛分布，对已知地震活动断层开展填图工作的尚不足 30%。我国许多城市老旧房屋还没有抗震除险加固，尤其是在农村有近 190 亿平方米农居还没有达到抗震设防要求。我国地域广阔，地形和气候条件差异巨大，地震应急救援队伍的快速反应和远程机动能力还不能满足需求，基层就近应急处置力量装备配备和专业素质也有待提高。装备和技术标准化规范化水平不高，大数据、人工智能和减隔震等高新技术尚未有效应用，新型工程结构地震易损性、震害机理尚未完全掌握。公众防震减灾意识较差，应急避险和自救互救能力不强。相对于其他国家（如日本），我国大震巨灾风险更高，而城市防灾减灾韧性不足。除了城市直下型地震危险性高的因素外，我国的地震设施标准低于日本，企业和公共服务机构大震下保运转能力也低于日本。日本正倾全国之力实施国土强韧性计划，强调大震巨灾韧性事关国际竞争力，计划将日本建成防灾大国，值得我们认真研究借鉴。

由此，增强城市韧性、减少地震损失是关键。我国亟须提高以地震灾害风险防治领域存在的突出问题为导向，以地震灾害风险防治为主线，坚持预警预备为主，努力把自然灾害风险和损失降至最低。建立地震灾害风险防治制度体系，完善央地统一、分级负责的政府监管责任体系，完善专业主导、行业共治的风险防治管理机制，建立政府、社会、个人风险共担机制，建立普惠精准、智慧高效的风险防治公共服务机制。以摸清我国地震灾害风险底数为目标，完善工作机制，组织开展系统化的地震灾害风险调查业务工作，查清房屋设施等主要承灾体的抗震性能，开展地震活动断层探察和海洋地震风险基础探测，掌握断层分布、活动特征和地震工程地质条件，为高效科学开展地震风险防治奠定基础。要基于地震活动断层和潜在震源特性、工程场地特征、房屋设施抗震能力等地震灾害风险基础信息，研发面向不同尺度精度需求的各类地震灾害风险评估产品。依据地震灾害风险调查和评估结果，推动各级政府、有关行业企业和社会公众在规划选址、抗震设计、抗震加固、应急避难场所规划等方面开展地震灾害风险治理，提升地震安全水平。通过建设和运行全国统一的地震灾害风险防治业务体系架构（见图1），实现地震灾害风险调查、评估及治理信息数据的及时汇集、交换、处理和服务，面向各级政府、有关行业企业、社会公众提供普惠化、智能化、精准化的数据、资料、图件等产品服务。推进地震安全性评价国家改革落地，推进抗震设计规范与抗震设防要求有效衔接，开展调查排查，掌握地震灾害风险底数，实施加固工程，提升抗震设防能力，实现地震灾害风险防治重点突破。

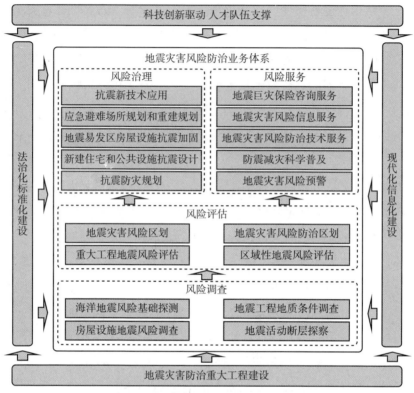

图1 地震灾害风险防治业务体系架构

资料来源:《地震灾害风险防治体制改革顶层设计方案》,中国地震局网站 https://www.cea.gov.cn/cea/zwgk/5500823/5503089/index.html,最后访问日期:2021年3月10日。

五 重点行业领域事故灾难隐患持续存在

改革开放以来,我国生产安全事故经历了先升后降的过程。全国生产安全事故起数、死亡人数从历史最高峰2002年的107万余起、13万余人,降至2020年的3.8万余起、2.74万余人。其中,重特大事故起数、死亡人数从2001年的140起、2556人,降到2020年的16起、262人。特大事故最多的是1997年,发生36起,2020年未发生特大事故。①

----

① 《应急管理部:2020年全国生产安全事故死亡人数降至2.74万余人》,应急管理部网站,http://www.mem.gov.cn/xw/mtxx/202101/t20210129_377963.shtml,最后访问日期:2021年3月10日。

  同时，当前我国安全生产还处于爬坡过坎期，在传统问题没有得到根本解决的情况下，同时叠加随经济社会发展而涌现的新问题，使发生事故灾难的风险仍然很大。2020 年重大事故涉及建筑、运输、煤矿、火灾等不同类型，事故起数与 2019 年持平，死亡人数上升 18%。这反映出当前安全生产进入平台期和瓶颈期，企业本身安全水平和部门监管监察水平都亟待突破和提升。尤其是在矿山、危险化学品、道路运输、建筑施工、森林等重点行业领域，系统防控依然存在结构性漏洞，在"十四五"期间必将成为安全监管的主要对象。

  矿山领域事故高发风险依然突出。矿山出事往往都是大事，防范重特大事故仍是重中之重。目前我国尚有 1000 多座尾矿库，单班入井 30 人以上地下矿山 500 余座，采深超 800 米的地下矿山 50 余座。当前矿山安全基础总体薄弱，受疫情变化、国际贸易摩擦、行业特点和极端天气等影响，个别地区、个别时段可能出现矿产品市场异常波动，企业开开停停，造成生产不均衡，事故风险增加。特别是近期煤炭供需局部偏紧，煤炭产能释放压力增大，多种矿产品等原料价格也不断上涨，刺激一些矿山企业超能力、超强度生产，违法违规生产现象出现"回潮"，给矿山领域安全生产带来较大压力。此外，在矿山机构改革期间，一些部门可能出现思想波动、队伍不稳、工作弱化，对非煤矿山监察还存在经验和能力不足等问题。煤矿和非煤矿山违法违规问题突出，主要表现为违规承包、以包代管问题突出。煤矿超层越界开采、违规开采保安煤柱、违规转包分包、不经批准擅自复工复产等违法违规行为较为严重，非煤矿山"一证多采"、多矿井下互联互通、以包代管和尾矿库擅自加高坝体等问题突出。例如，有煤矿违规将从井下综采工作面至地面原煤仓间所有系统的日常生产、运行、维护与管理承包给其他公司；有煤矿对承包单位以包代管、包而不管，对承包单位长期存在的重大事故隐患不检查、不制止，安全主体责任长期悬空。一些地区部门和企业把全国安全生产专项整治三年行动等同于一般性安全检查，没有真正查摆剖析系统性、深层次问题，没有从根本上制定制度措施。企业主体责任落实不到位，安全发展理念树得不牢，重生产轻安全，缺乏内生动力。一些国有企业多层级管理，责任落实层层递减，致使制度措施和现场管理"两张皮"。此外，

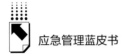

一些监管监察部门职责交叉、推诿扯皮,执法重数量、轻质量,存在不敢查、不想查、不会查的问题。一些监管监察部门对上级工作部署落实仍有较大差距,监管有盲区,对关闭矿、技改矿、基建矿重视不够。近期煤矿和非煤矿山接连发生多起重大事故,2020年末发生的湖南耒阳"11·29"煤矿透水、重庆永川"12·4"煤矿着火事故都发生在停产矿井,2021年初发生的山东栖霞"1·10"金矿事故又发生在基建矿井,说明监管监察效能有待提高。而且,有些教训汲取不深刻,导致连续发生类似事故,影响恶劣。2020年重庆发生松藻煤矿"9·27"重大火灾事故后,不到3个月又发生吊水洞煤矿"12·4"重大事故。山东因极端天气造成煤矿双回路停电、大量人员滞留井下险情后,不到3个月吉林一些煤矿再次发生同类险情。湖南耒阳市2011年、2012年连续发生透水事故,2020年又发生重大透水事故,而且3起事故如出一辙。根据应急管理部的通报,在2020年以来发生的煤矿较大以上事故中,一些企业存在屡次违法违规问题,在监管监察部门多次执法、督办的情况下仍然敷衍整改,甚至弄虚作假。①

危险化学品领域已形成系统性安全风险。我国已成为世界第一化工大国,危险化学品生产经营单位达21万家,涉及2800多个种类,占全世界的40%,在国民经济和社会发展中具有重要地位。涉及危化品的港口、码头、仓库、堆场和危化品运输车、运输船等风险在社会面上大量存在,但整体安全条件差、管理水平低,生产、储存、运输、处置等环节的重特大事故易发多发,已经形成了系统性风险。近几年来,随着我国储气库建设推进加快,已发生多起油气储罐泄漏着火或爆炸事故,包括像天津港"8·12"、江苏响水"3·21"这样造成数百人伤亡的事故。此外,化工装置大型化、集约化和一体化带来新挑战,大量化工产业承接地区缺少专业监管人员、安全管理经验和配套设施,都将成为危险化学品领域安全监管的重大漏洞。

交通运输领域源头性风险逐步加大。2020年道路运输和水上运输(含

---

① 杨文佳、侯颖:《绷紧安全生产责任弦》,中央纪委国家监委网站,https://www.ccdi. gov.cn/yaowen/202101/t20210114_233864_m.html,最后访问日期:2021年3月10日。

渔业船舶)凸显重大事故明显反弹,共发生重大事故 10 起,同比增加 8 起。2020 年 6 月 13 日,浙江省台州市温岭市境内沈海高速公路温岭段发生一起液化石油气运输槽罐车重大爆炸事故,共造成 20 人死亡,175 人受伤,直接经济损失达 9470 余万元。2020 年 9 月 18 日,渤海海峡老铁山水道发生一起商船与渔船碰撞的重大水上交通事故,造成渔船沉没,10 名船员全部失踪,直接经济损失约为 300 万元。在水上交通领域,内河砂石运输船违法从事海上运输、三无渔船、商业渔船碰撞等问题突出。道路运输行业准入门槛低,导致货运市场混乱,车辆挂靠问题突出,竞争规范化程度不够,公路货运行业在低价竞争与超限超载中形成恶性循环,导致营运者铤而走险。源头治理不力,特别是货车非法改装、货运源头违法装载等现象依然较为严重,仅靠路面执法,无法从根本上治理超载行为。此外,客运市场也因为受到高铁、廉价航班、自驾等多样化出行方式的冲击,"十三五"期间公路营运车辆客运量、周转量连续 5 年下降,给公路客运行业带来不利影响,极有可能造成部分企业安全投入减少、安全管理松懈,给道路运输安全带来挑战。

建筑施工领域新旧风险交织汇集。在新型城镇化建设加快推进的背景下,建筑业的支柱产业地位依然稳固,作为传统高危行业的风险也不断升级,对复杂程度高和应用新工艺、新技术的建筑施工工程中的风险管控和应急能力准备不足。高铁、跨海大桥、城市轨道交通等施工难度较大和施工复杂程度较高的建筑工程量不断增多。此外,公路铁路等基础设施重心转向中西部地区,地质复杂、桥隧比高,施工难度不断加大,部分新工艺、新技术的施工技术标准、规程滞后,建设和施工单位对新技术新工艺推广应用中可能带来的不可预见、不可知影响因素的预测、预警能力和风险管控能力不足。建筑市场违法分包转包问题突出,未批先建、无证上岗、借用资质等问题长期存在,造成工程源头管理失控,带来极大的安全风险。随着农村经济发展,涉农安全逐步成为安全发展的新课题。农村自建房改造用于生产经营带来的事故不断,2020 年福建泉州"3·7"坍塌事故、山西襄汾"8·29"坍塌事故都造成 29 人死亡。

我国面临的森林火灾威胁不容忽视。相对于美国、加拿大、澳大利亚、巴西等森林火灾高发国家，我们的森林与人群社区联系紧密，特别是我国国有林区有 138 个县级单位都是高火险区，历史上就是"先有林区、后有社会"，大大小小的城镇因林而生、依林而建。随着森林城市建设的不断推进，林中有城、城中有林的现象十分普遍。全国国家级森林城市已经达到194 个，现有 3500 多个森林公园（其中国家级森林公园 897 个），大多紧邻城市，而我们还普遍缺少科学的安全规划和完善的防火道、隔离带等基础设施，历史欠账较多。一些石油天然气管道、高压线穿越林区，一些加油站、加气站等毗邻林区而建。一旦发生森林大火，极易造成群死群伤，严重威胁人民群众生命财产安全、城市安全和重点目标安全。比如，2020 年 3 月，四川凉山西昌发生森林火灾，给西昌整座城市带来了严重威胁。

经济社会发展叠加传统事故，带来安全风险加大。在当今科学技术发展日新月异、新型生产生活方式涌现的全球化和信息化时代，不断增长的系统性风险成为当今世界面临的共同挑战。在未来一个时期内，系统性风险在我国主要体现在安全生产基础薄弱、安全风险结构调整和城市化的高度关联性上。经济快速发展与安全基础薄弱的矛盾在短期内难以解决。目前我国常住人口城镇化率已超过 60%，且仍在继续增长之中。据测算，城镇化率每提高一个百分点，将拉动天然气、电力、汽柴油等能源消费 8000 万吨左右标准煤。同时，制约高质量发展的思维定式、路径依赖、体制机制尚未发生根本转变，区域经济发展不平衡、高危行业布局不合理、信息化和自动化不充分在高需求导向下很可能衍生高风险。当前高新技术产业和装备制造业的增速逐步加快，我国正处于产业结构战略调整阶段。在当前时期，安全风险出现从传统高危行业向其他行业领域蔓延和分散，不再像以前更容易抓到安全监管的"牛鼻子"和"着力点"，这给安全生产治理带了来极大的挑战。此外，伴随工控系统的高度信息化、网络化，带来便捷和高效生产力的同时也伴生相应风险，例如，我国某些行业生产过程高度依赖国外的工业控制系统及网络设备，这些都成为安全监管的薄弱环节。城市的高度关联性增加了事故的隐蔽性和突发性。我国经济发展空间结构正在发生深刻变化，中心城市和城市群正在成为承载发展要素的主要空间形式。城市内部的商贸综合体、超高层建筑群、地下交通网络、地下动力管网等方面的风险更加积聚，特别是我国很多城市在早期发展阶段缺乏规划，导致风险家底不清，新旧风险不断交织叠加，不可知不可控风险可能突然涌现爆发。例如，在消防领域，我国共有高层建筑 63.7 万栋，随着城市建设扩张，各类传统和非传统、历史与新型致灾因素叠加放大，火灾风险系数大、火灾补救难度大。此外，燃气、特种设备等其他重点行业领域较大事故时有发生，安全风险也不容忽视。

防范化解重大安全生产风险，关键在于破难题见实效。要下大力气解决责任不落实的难题，解决源头风险管控不到位的难题，解决安全检查查不出问题的难题，深入推进安全生产专项整治三年行动。[①] "十四五"规划纲要就"提高安全生产水平"进行专门部署："完善和落实安全生产责任制，建立公共安全隐患排查和安全预防控制体系。建立企业全员安全生产责任制度，压实企业安全生产主体责任。加强安全生产监测预警和监管监察执法，深入推进危险化学品、矿山、建筑施工、交通、消防、民爆、特种设备等重点领域安全整治，实行重大隐患治理逐级挂牌督办和整改效果评价。推进企业安全生产标准化建设，加强工业园区等重点区域安全管理。加强矿山深部开采与重大灾害防治等领域先进技术装备创新应用，推进危险岗位机器人替代。在重点领域推进安全生产责任保险全覆盖。"[②]

① 黄明：《深入推进改革发展　全力防控重大风险　为开启全面建设社会主义现代化国家新征程创造良好安全环境——在全国应急管理工作会议上的讲话》，应急管理部网站，https://www.mem.gov.cn/xw/yjyw/202101/t20210113_376985.shtml，最后访问日期：2021 年 3 月 10 日。

② 《中华人民共和国国民经济和社会发展第十四个五年规划和 2035 年远景目标纲要》，《人民日报》2021 年 3 月 13 日。

分 报 告
Sub-reports

B.3
2020年中国自然灾害应急管理发展报告

张云霞　刘南江*

摘　要：　2020年中国气候年景总体偏差，主汛期南方地区遭遇1998年以来最重汛情，自然灾害以洪涝、地质灾害、风雹、台风灾害为主，地震、干旱、低温冷冻、雪灾、森林草原火灾等灾害也不同程度发生。这一年，应急管理工作遇到许多艰难挑战。应急管理系统及相关涉灾部门以习近平新时代中国特色社会主义思想为指导，有效处置洪涝等各类重大灾害事件，坚决承担起保护人民群众生命财产安全和维护社会稳定的重要使命，在灾害管理体系建设、灾害防治能力建设、防灾减灾国际合作等方面均取得新的进展，在大战大考中经受住了考验，最大限度地减少灾害损失和影响，为保障经济社会发

---

* 张云霞，应急管理部国家减灾中心灾害信息部（农村减灾研究室）主任，研究员。研究方向为自然灾害灾情大数据分析、自然灾害风险与损失评估等；刘南江，应急管理部国家减灾中心灾害信息部（农村减灾研究室）助理研究员，主要研究领域为自然灾害灾情大数据分析等。

展创造了良好的安全环境。

关键词： 灾害管理体系　防治能力　防灾减灾

一　2020年中国自然灾害状况

（一）总体概况

2020年，中国气候年景总体偏差，主汛期南方地区遭遇1998年以来最重汛情，自然灾害以洪涝、地质灾害、风雹、台风灾害为主，地震、干旱、低温冷冻、雪灾、森林草原火灾等灾害也不同程度发生。全年各种自然灾害共造成1.38亿人次受灾，591人因灾死亡或失踪，589.1万人次紧急转移安置；10万间房屋倒塌，30.3万间严重损坏，145.7万间一般损坏；直接经济损失为3701.5亿元（见表1）。

表1　2020年中国十大自然灾害事件

重大自然灾害事件	受灾人口（万人）	死亡失踪人口（人）	直接经济损失（亿元）
（1）7月长江淮河流域特大暴雨洪涝灾害	3417.3	107	1322.0
（2）8月中旬川渝及陕甘滇严重暴雨洪涝灾害	852.3	71	609.3
（3）6月上中旬江南华南等地暴雨洪涝灾害	714.4	63	210.6
（4）6月下旬西南等地暴雨洪涝灾害	597.8	39	113.7
（5）2020年第4号台风"黑格比"	188.0	5	104.8
（6）云南巧家5.0级地震	1.1	4	1.0
（7）新疆伽师6.4级地震	11.5	1	16.2
（8）东北遭遇台风"三连击"	804.5	0	172.9
（9）4月下旬华北西北低温冷冻灾害	432.3	0	82.0
（10）云南春夏连旱	589.0	0	34.9
十大自然灾害损失合计	7608.2	290	2667.4
全国全年总损失	13829.8	591	3701.5
十大自然灾害损失占比（％）	55.0	49.1	72.1

资料来源：《应急管理部发布2020年全国自然灾害基本情况》，应急管理部网站，https：//www.mem.gov.cn/xw/yjglbgzdt/202101/t20210108_376745.shtml，最后访问日期：2021年5月10日。

（二）灾情时空分布特征

2020 年中国自然灾害呈现以下时空分布特征。①

一是全国灾害总体损失偏轻，洪涝灾情较重。2020 年，全国 31 个省份均不同程度受到自然灾害影响，受灾县级行政区占全国县级行政区总数的 87%，受灾县级行政区数量为近年来偏低水平。与 2000～2019 年均值（2008 年未计入）相比，受灾人口下降 58.3%，为 2000 年以来第三低值（仅高于 2018 年和 2019 年）；死亡失踪人口下降 73.3%，为 2000 年以来最低值；农作物受灾面积下降 44%，为 2000 年以来第三低值（仅高于 2017 年和 2019 年）；倒塌房屋数量下降 91.6%，为 2000 年以来次低值（仅高于 2018 年）。从各类自然灾害受灾情况看，洪涝灾害是影响最重的灾种。洪涝及其引发的次生地质灾害是造成死亡失踪人口的主要灾种，其造成的死亡失踪人口分别占自然灾害死亡失踪人口总数的 47.2% 和 28.9%；洪涝、干旱灾害是造成农作物受灾的主要灾种，其造成的农作物受灾面积分别占自然灾害农作物受灾面积总数的 36% 和 25.5%；洪涝灾害也是造成直接经济损失的主要灾种，其造成的直接经济损失占自然灾害直接经济损失总数的 72.1%。

二是季风气候影响显著，重大灾害事件频发。2020 年，汛期雨情水情均超历史，干旱灾害阶段性、区域性特征显著，东部沿海地区有 5 个热带气旋登陆，给人民群众生命财产安全造成了较为严重的影响。其中，大江大河洪水多发、量级大，长江、黄河等主要江河共发生 21 次编号洪水，次数超过 1998 年，长江太湖发生 1998 年以来最重汛情；全国旱情从年初开始，先后经历了西南地区冬春旱、华北地区春旱和东北地区夏伏旱，尤其是云南省受旱时间长达半年之久；汛期"黑格比""米克拉""海高斯"3 个台风先后在近海快速增强，且均以峰值强度登陆我国华东华南沿海地区，东北地区连续遭遇 3 次北上台风影响，区域高度重叠，损失较为突出。

---

① 分析数据来自应急管理部国家减灾中心。

三是西部地区死亡失踪人口多，因灾财产损失严重。2020年，全国发生死亡失踪5人以上的重大人员伤亡事件共计30次，涉及13个省份，其中六成以上发生在西部地区。西部地区地质构造复杂，山洪、滑坡、泥石流、地震等各类灾害点多面广、突发性强，造成人员伤亡的小型地质灾害数量多、防范难度大。各类自然灾害导致西部地区381人死亡失踪，占全国因灾死亡失踪人口总数的六成以上，占比远高于东部、中部和东北地区。其中，地质灾害、溺水、房屋及构筑物倒塌是造成人员死亡失踪的主要原因。此外，西部地区防灾减灾救灾能力建设相对滞后，房屋等基础设施相对落后，其自然灾害直接经济损失占全国因灾直接经济损失的三成以上，其直接经济损失占地区生产总值的比重达到0.7%，远高于全国平均水平（0.36%）。

四是中小规模灾害多发频发，重复受灾情况突出。2020年，我国局地暴雨洪涝、风雹、低温冷冻、雪灾、小型地质灾害等均呈现多发频发态势，中小规模灾害累积效应突出。全国31个省份和新疆生产建设兵团近2500个受灾县发生各类自然灾害13400余次，其中超过1600个县重复受灾3次以上。虽然受灾县数量较2019年减少了2.5%，但3次以上重复受灾县数量增长了9.7%。其中，西南和西北地区灾害最为频发，受灾县数量合计值和灾害频次合计值分别占全国总数的36.4%和51.5%。尤其是西南地区最为严重，受灾县数量和灾害频次均居各地区首位，且较2019年分别增长8.5%和43.4%。

五是城市灾害影响凸显，"城市看海"现象屡屡出现。随着经济发展和城镇化建设推进，城市人口和财富日益集中，面对突发性强降雨引发的内涝，城市的脆弱性急剧凸显。2020年，我国多个大中城市多次遭受暴雨袭击，引发的城市内涝造成较为严重的人员伤亡和财产损失。其中，7月，安徽、江西、湖北等相继遭遇流域性洪水过程，武汉、合肥、九江等多个大中城市受淹，基础设施损毁严重；8月中旬，受过境洪峰影响，重庆市内5.1万商户200多万平方米店铺进水受淹，群众家庭财产损失严重；8月初，甘肃陇南多个城市受洪涝灾害影响，居民房屋倒损严重，电力、通信等基础设施损毁严重；8月中旬，四川盆地西部出现极端强降雨，绵阳、德阳局地降雨量超过 1000 毫米，多个城区出现大面积内涝，交通一度中断；8 月底至 9 月初，"巴威""美莎克""海神" 3 个北上台风相继影响黑龙江省，哈尔滨、大庆等城市出现长时间道路积水。

（三）灾情指标

1. 每十万人受灾人口

2000～2020 年，全国因各类自然灾害造成的每十万人受灾人口呈现下降趋势。其中，2020 年全国每十万人受灾人口为 9845 人次，位列 2000 年以来第三低值（仅高于 2018 和 2019 年），较 2000～2019 年均值（25026 人次，2008 年未计入）下降了 60.7%（见图 1）。

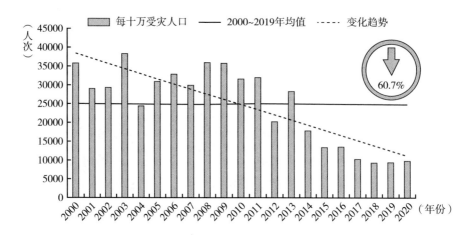

图 1　2000～2020 年全国因灾每十万人受灾人口情况

资料来源：应急管理部国家减灾中心。

2. 每十万人死亡率

2000～2020 年，全国因各类自然灾害造成的每十万人死亡率呈现下降趋势。其中，2020 年全国死亡率为 0.037/10 万，位列 2000 年以来最低值，较 2000～2019 年均值（0.17/10 万，2008 年未计入）下降 78.2%（见图 2）。

3. 直接经济损失占 GDP 比重

2000～2020 年，全国因各类自然灾害造成的直接经济损失占 GDP 比重

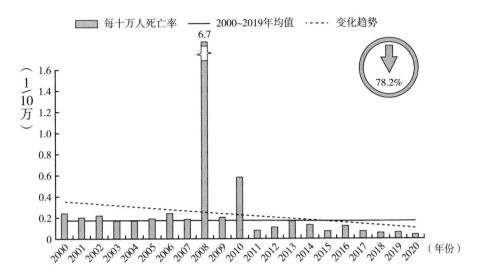

图2　2000～2020年全国因灾每十万人死亡率情况

资料来源：应急管理部国家减灾中心。

呈现下降趋势。其中，2020年全国直接经济损失占GDP比重为0.36%，位列2000年以来第四低值（仅高于2017年、2018年和2019年），较2000～2019年均值（0.92%，2008年未计入）下降60.9%（见图3）。

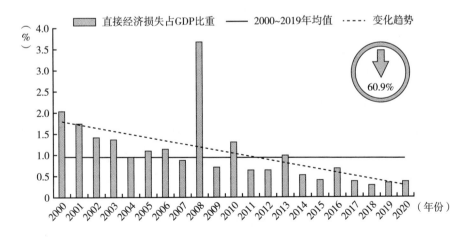

图3　2000～2020年全国直接经济损失占GDP比重情况

资料来源：应急管理部国家减灾中心。

二 近年来中国灾害管理体系建设

（一）综合防灾减灾立法工作统筹推进

全国人大正式启动了《突发事件应对法》的修改工作，以增强法律的完整性、可操作性、统一性，着力推进突发事件"依法防控、依法治理"体系和能力现代化。相关部委推动出台了《核安全法》《建设工程抗震管理条例》《海洋灾害防御条例》；施行修订《防洪法》《森林法》《消防法》《气象灾害防御条例》《红十字会法》《地震安全性评价管理条例》等防灾减灾救灾领域专项法规；自然灾害防治立法工作加快推进；银保监会开展地震巨灾保险立法研究等。

（二）防灾减灾应急预案全面更新修订

应急管理部启动了《国家突发公共事件总体应急预案》修订工作，完善重大战略工程和基础设施应急预案编制管理；应急管理部和相关涉灾部门制定修订了多项国家专项预案和部门预案，国家森林草原火灾应急预案和防灭火指挥部运行机制印发实施；修订完善了大江大河和重要支流防御洪水方案或洪水调度方案，以及城市防洪、山洪灾害防御、蓄滞洪区、水库防洪抢险、抗旱等方面的应急预案。应急管理部制定了覆盖15个灾种的应对特别重大灾害应急响应工作手册，制定了应对长江、黄河、淮河流域重特大江（湖）堤防决口险情工程抢险方案，各省份结合各自实际加强了应急预案体系建设，提升了应急预案的针对性、科学性与可操作性。

（三）防灾减灾救灾标准体系不断完善

针对现有涉及防灾减灾救灾等技术的单灾种标准较多，缺乏灾害综合管理标准的现状，以及现有防灾减灾标准及规范需要与生态环境保护、国土空间规划等相关标准规范有效衔接的需求，我国正在推动构建以强制性标准为主体、以推荐性标准为补充的应急管理标准体系，调整了相关标准规范的归口管理部门。新发布《自然灾害承灾体分类与代码》《公共预警短消息业务技术要求》《活动断层避让》等多项国家标准，制定发布《自然灾害遥感基本术语》《城市社区应急避难场所建设标准》《防灾避难场所设计规范》《突发地质灾害应急防治导则（试行)》《基层地震灾害紧急救援队能力分级测评》《地震灾害遥感评估系列标准》等行业标准及规范，废止了部分行业标准与部门规范。发布《中共中央、国务院关于建立国土空间规划体系并监督实施的若干意见》，明确将城市安全与综合防灾、地下空间等设施布局作为各级国土空间规划报批审查要点。

（四）灾害管理体制机制更加科学有效

认真贯彻落实《中共中央、国务院关于推进防灾减灾救灾体制机制改革的意见》及《深化党和国家机构改革方案》，对加强灾害防治能力建设作出系统部署，不断推进机构改革，组建了应急管理部和各地方应急管理厅（局）。各地各部门围绕中央提出的目标任务认真贯彻落实，确立了统一领导、统筹协调、分工负责、分级管理、属地为主的防灾减灾救灾新体制，对自然灾害的全过程管理能力稳步提升，初步形成"全灾种、大应急"的工作格局，改革成效明显。制定健全了地方防汛抗旱工作机制和健全完善地方森林草原防灭火工作机制两个指导意见，进一步理顺了应急指挥体系。

（五）防灾减灾协调联动机制日益完备

建立了自然灾害防治工作部际联席会议制度，与自然资源、气象、水利等32个部门建立了联合会商研判机制。健全了多项军地、政企、央地协作长效机制；建立了京津冀、长三角等多个区域应急联动机制；多个地方省份应急管理厅（局）与社会救援力量、企事业单位等签订了应急救援合作协议。

三　近年来中国灾害防治能力建设

（一）灾害监测预警能力不断提升

气象、水利、农业农村、自然资源、生态环境、交通运输、地震、铁路等部门和单位加快灾害监测地面站网和防灾减灾救灾空间基础设施建设，全国气象观测资料、洪水预报系统、中小河流预报预警系统、水情预警汇集发布平台等建成使用。优化完善国家突发事件预警信息发布系统，形成了多手段并用的预警信息发布渠道，预警信息可在 10 分钟内覆盖 87% 的老百姓，有效地解决了"最后一公里"问题，发挥了气象防灾减灾的第一道防线作用。

（二）灾害风险防范能力不断增强

开展第一次全国自然灾害综合风险普查，推进大城市和城市群、重大工程项目建设区的自然灾害风险、综合减灾能力调查与评估。第一次全国自然灾害综合风险普查已全面完成了北京房山、山东岚山试点"大会战"，形成了验证技术规范和组织实施模式，达到了既定目标；全面启动了全国 122 个试点县的普查工作；31 个省份和新疆生产建设兵团以及试点市县均成立了普查领导机构，为高质量、高标准如期完成全国普查目标任务打下了坚实基础。

（三）基础设施抗灾能力不断提高

各部门结合实际，提高各级各类建筑、交通等基础设施的灾害设防水平。持续推进大江大河大湖堤防加固和河道治理、控制性枢纽和蓄滞洪区建设；持续推进主要支流治理、中小河流治理、小型病险水库除险加固、重点区域排涝能力建设以及山洪灾害防治建设；持续推进自然灾害隐患点重点治理和居民搬迁避让工程建设；持续推进农村民居地震安全工程、中小学校舍维修改造和抗震加固工程、棚户区和农村危房改造工程建设；持续推进公路安防、危桥改造和公路地质灾害防治工程、农田防涝抗旱基础设施、重点火险区综合治理、救灾物资储备库建设等。通过防汛抗旱、抗震减灾等工程建设，全国重要基础设施的设防水平和承灾能力进一步提升。

（四）基层防灾减灾能力不断提升

基层综合减灾示范社区等创建工作深入推进，国家减灾委办公室修订印发《全国综合减灾示范社区创建管理暂行办法》，启动多部门合作开展综合减灾示范社区创建工作。自然资源部开展地质灾害防治高标准"十有县"创建和乡镇地质灾害防治"五到位"建设，中国气象局开展气象灾害防御乡镇创建；防灾减灾成为全民教育体系的重要内容，自然灾害知识、灾害防范技能等内容进入义务教育学科课程、普通高中课程以及教育部编写的部分教材；各部门、地方各级政府利用"5·12防灾减灾日""世界急救日""119全国消防日""122全国交通安全日"等重要时间节点，面向社会公众广泛开展防灾减灾知识宣讲、技能培训、案例解说、应急演练等多种形式的宣传教育活动，年均受益5亿余人次。

（五）基层应急队伍建设持续推进

按照"横向到边、纵向到底、全面覆盖"的要求，发展灾害信息员、气象信息员、地灾群测群防员、防火护林员等应急信息员队伍，加强综合性业务培训，配备必要装备，给予必要的经费补助，充分发挥基层应急人员在应急管理中的基础作用。全国建立了灾害信息员数据库。截至2020年6月，全国已有80余万名灾害信息员的信息录入数据库，基本覆盖省－市－县－乡－村5级，初步实现了"全国每个城乡社区有1名灾害信息员"的目标。自然资源、水利、气象、地震等系统建立了专业性的群测群防、预警、速报等队伍。组建应急管理部后，灾害信息员队伍经过调整、巩固后，队伍规模和人员能力得到进一步充实、提升。各地普遍建立了分级培训机制，有条件的地区还建立了财政专项补助和岗位津贴制度。2020年，应急管理部会同

民政部、财政部联合制定印发了《关于加强全国灾害信息员队伍建设的指导意见》，指导各地出台本地区具体实施意见，鼓励各类信息员队伍整合融合，进一步加强促进了灾害信息员队伍的建设和发展。

（六）应急物资储备能力不断优化

国家安排专项资金支持中西部（含参照中西部政策执行地区）多灾易灾地区建设地市级和县级救灾物资储备库，完善了当地救灾物资储备体系，扩大了储备库覆盖范围，增强了综合防灾减灾能力。截至目前，全国各省份、地市和多数多灾易灾县设立了救灾物资储备库，基本形成了中央–省–市–县四级救灾物资储备网络，一些多灾易灾和地理位置偏远的乡镇建立了储备点。

（七）社会力量参与救灾逐步有序

交通运输部与财政部联合发文，旨在扩大社会力量参与水上搜救工作奖励资金的范围并提高了奖励标准，进一步提高社会力量参与水上搜救工作的积极性。应急管理部会同交通运输部建立了社会力量车辆参与抢险救灾公路通行服务保障机制。建设社会力量参与救灾数据库和社会力量参与救灾信息（引导）系统，为受灾地方政府及时发布灾区需求和社会组织响应需求提供资源搭建平台，有力促进了灾区需求和社会救灾供给之间的有效对接。建立社会力量参与救灾数据库，引导社会力量有序参与救灾。积极组织开展社会力量参与救灾的培训、演练和竞赛，开展社会应急力量能力分类分级测评试点，研究建立应急救援征用和补偿机制。2017年，四川省社会力量参与防灾减灾救灾统筹中心挂牌成立，成为全国首个省级统筹社会力量参与防灾减灾救灾工作的专门机构。

（八）防灾减灾科技水平不断提升

国防科工局成功发射2颗16米光学卫星，开展2颗16米红外高光谱光学卫星、2颗S-SAR卫星、1颗高轨20米SAR卫星研制工作。生态环境部初步构建环境应急指挥平台，形成了"一张图"的突发环境事件分析研判模式。应急管理部开发推广应急资源管理平台、因灾倒损民房恢复重建管理系统，推动新版"国家自然灾害灾情管理系统"升级上线。中国科学院设置攻关项目开展"川藏铁路交通廊道山地灾害研究""九寨沟世界遗产地灾后'天－空－地'一体化立体监测和评估""国际重大灾害应急响应"等课题研究。国家地震局扎实建设中国地震科学实验场，实施国家地震科技创新工程。

四　近年来中国防灾减灾国际合作

（一）多边双边国际减灾合作稳步推进

我国加强与联合国《2030年可持续发展议程》《2015—2030年仙台减轻灾害风险框架》《巴黎气候变化协定》的对接。成功举办第二届亚洲科技减灾大会，推动各国深入开展科技减灾合作，加快《2015—2030年仙台减轻灾害风险框架》在亚洲区域的实施。建立中国－东盟灾害管理部长级会议机制。作为上海合作组织2017～2018年轮值主席国，主办第六届成员方边境地区紧急救灾部门领导人会议和成员方紧急救灾部门灾害管理研讨会，参加第九届成员方紧急救灾部门领导人会议。主办第五届中日韩灾害管理部长级会议并发布会议联合宣言。参加第五届全球减灾平台大会、第二届亚洲减灾部长级大会、东亚峰会和东盟地区论坛减灾会议。参加国际民防组织第52届执行理事会、联合国外空局第62届会议、人道主义援助地区会议、东北亚减灾技术论坛、第二届中韩灾害管理合作会议、联合国利用天基技术减轻灾害风险国际会议、联合国减灾办亚太伙伴关系论坛、联合国减灾三十年回顾国际研讨会等外事活动。

（二）防灾减灾救灾国际培训有序开展

我国为发展中国家提供人力资源培训、装备设备配置、政策技术咨询、

发展规划编制等多方面支持，彰显负责任大国形象。2016 年以来，在"伊斯坦布尔进程"合作机制框架下，连续举办三届伊斯坦布尔进程灾害管理研修班，对阿富汗、巴基斯坦、哈萨克斯坦等国的灾害管理官员提供了社区减灾、社会力量参与救灾、救灾物资储备等方面的知识技能培训，受到各参与国培训人员的充分肯定。在东盟地区论坛合作框架下，实施城市搜救能力建设培训班、城市应急救援研讨班等项目，举办东盟国家海上搜救协调员培训班，开通中国 – 东盟国家海上紧急救助热线，举办海上联合搜救桌面推演、实船演练等。与缅甸合办亚洲区域灾害预警能力提升研讨会。商务部积极参加联合国中央紧急应对基金咨询组会议；举办 8 期减灾救灾领域的双边培训项目，积极为发展中国家培训应急管理专业人员。

（三）自然灾害人道主义援助成效显著

2016 年以来，先后针对斯里兰卡、越南、伊拉克、印尼等国发生的严重自然灾害，通过我国领导人向受灾国领导人致慰问电、向受灾国提供紧急人道主义资金和物资援助等形式支持。帮助尼泊尔、孟加拉国、湄公河沿岸国家地区、巴基斯坦、莫桑比克、津巴布韦、马拉维、科摩罗、刚果（布）、刚果（金）、肯尼亚、玻利维亚、巴哈马、萨尔瓦多、多米尼加、纳米比亚、厄瓜多尔等国家和地区应对台风、干旱、洪涝、地震、泥石流、火灾等自然灾害。中国救援队赴莫桑比克灾区开展人道主义国际救援，获国际社会广泛赞誉。密切关注全球各地自然灾害预警信息，及时发布安全提醒，及时启动应急处置预案，加强部门沟通协作，积极做好境外发生自然灾害时的领事保护、撤侨等工作。

B.4

2020年及"十三五"期间中国安全生产应急管理发展报告

王永明[*]

摘　要：　"十三五"期间，中国安全生产形势持续好转，《安全生产"十三五"规划》确定的各项工作指标均已提前实现。"十三五"期间，在《关于推进安全生产领域改革发展的意见》的系统布局和顶层指导下，安全生产责任体系更加严密、安全生产依法治理成效更加明显、标本兼治措施更加精准有力、应急救援处置能力显著提升、安全与应急科技引领作用日益明显。但是，着眼"十四五"，我国安全生产依然处于爬坡过坎期和改革攻坚期，还存在很多薄弱环节。把握新阶段的时代特点、践行新发展理念，基于系统思维把安全生产工作融入新格局，从根本上实现"把安全发展贯穿国家发展各领域和全过程"，成为"十四五"时期安全生产工作的新目标、新要求。

关键词：　"十三五"　安全生产　应急管理

2020年是新中国历史上极不平凡的一年。百年不遇的新冠肺炎疫情突然暴发，南方多地遭遇自1998年以来最严重汛情，国际发展环境日趋复杂，

---

* 王永明，中共中央党校（国家行政学院）应急管理培训中心（中欧应急管理学院）教授，博士，研究方向为安全生产应急管理、重大突发事件情景构建与应急准备。

国内外环境的深刻变化给安全生产带来了严重冲击。此外，2020 年还是全面建成小康社会和"十三五"规划的收官之年，给安全生产工作提出了更高的工作目标和要求。面对各种风险挑战，各级地方政府和应急管理部门在党中央、国务院的决策部署下压实各方安全生产责任、持续推进标本兼治措施，确保了全国安全形势总体平稳，大部分地区和行业安全生产形势持续好转，给"十三五"安全生产工作画上了圆满句号。但是不能忽视的是，我国安全生产工作依然处在爬坡过坎期和改革攻坚期，既存在诸多"老问题"，也涌现很多"新挑战"。把握新阶段的时代特点，践行新发展理念，基于系统思维把安全生产工作融入新格局，从根本上实现"把安全发展贯穿国家发展各领域和全过程"，给"十四五"时期的安全生产工作提出了新目标、新要求。

一 2020 年及"十三五"期间安全生产应急管理工作进展

2020 年全国安全生产事故起数和死亡人数分别为 3.8 万余起和 2.74 万余人，同比下降 15.5% 和 8.3%，其中重特大事故起数和死亡人数分别为 16 起和 262 人[1]，相比 2019 年下降 2 起 74 人，同比下降 11.1% 和 22%。此外，自新中国成立以来首次全年未发生特别重大生产安全事故。重点统计的 12 个行业（农业机械、渔业船舶、煤矿、非煤矿山、化工、烟花爆竹、冶金机械、建筑、铁路运输、道路运输、水上运输、航空运输）有 9 个行业的事故起数和死亡人数双下降，化工行业近年来首次未发生重大以上事故；32 个省级统计单位中有 23 个未发生重特大事故，同比增加 4 个。[2] 从《安全生产"十三五"规划》（以下简称《规划》）的完成情况来看，《规划》

---

[1] 《最高检举行"筑牢生产安全底线守护生命财产平安"新闻发布会》，最高人民检察院网站，https：//www.spp.gov.cn/spp/djwhaqscfz/xwfbh.shtml，最后访问日期：2021 年 5 月 10 日。

[2] 黄明：《深入推进改革发展 全力防控重大风险 为开启全面建设社会主义现代化国家新征程创造良好安全环境》，《中国应急管理报》2021 年 1 月 13 日。

设立的 9 项指标（生产安全事故起数降幅 10%、生产安全事故死亡人数降幅 10%、重特大事故起数降幅 20%、重特大事故死亡人数降幅 22%、亿元 GDP 生产安全事故死亡率降幅 30%、工矿商贸就业人员十万人生产安全事故死亡率降幅 19%、煤矿百万吨死亡率降幅 15%、营运车辆万车死亡率降幅 6%、万台特种设备死亡人数降幅 20%）。从已经发布的数据来看，前 7 项指标已经在 2017 年提前实现。

"十三五"期间，中共中央、国务院出台了《关于推进安全生产领域改革发展的意见》（以下简称《意见》）。在《意见》的系统布局和顶层指导下，安全生产责任体系更加严密，安全生产依法治理成效更加明显，应急救援处置能力显著提升，安全科技引领作用日益凸显，推进了安全生产"十三五"目标的提前实现。

（一）安全生产责任体系更加严密

"十三五"期间，中办、国办、国务院安委会制定了一系列规章、办法和相关细则，推进了各级政府领导责任、相关部门监管责任和企业主体责任的落实。

（1）各级政府领导责任进一步压实。2016 年 1 月国务院安委会印发了《安全生产巡查工作制度》，并于 2016～2019 年分批对 31 个省份和新疆生产建设兵团开展了安全生产巡查工作，31 个省份和新疆生产建设兵团逐步建立省级安全生产巡查制度，推动了安全生产责任制向基层延伸。国务院办公厅 2016 年 8 月印发了《省级政府安全生产工作考核办法》，国务院安委会制定了《省级政府安全生产工作考核细则》，规范了责任落实、依法治理、体制机制、安全预防、基础建设、事故情况、加分项、否决项 8 大部分考核省级政府安全生产工作的制度体系，并从 2016 年开始对 32 个省级政府开展了安全生产工作考核。31 个省份和新疆生产建设兵团也健全了对下一级政府安全生产考核机制，并将考核结果作为干部选拔任用和履职评定的重要依据。2018 年 4 月，中办、国办印发了《地方党政领导干部安全生产责任制规定》，督促各地进一步完善"党政同责、一岗双责、齐抓共管、失职追

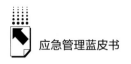

责"的安全生产责任体系。目前,全国省、市、县三级政府均出台了安全生产党政同责的具体规定,地方各级安委会主任均由同级政府主要负责人担任。

(2)相关部门的监管责任进一步明晰。为落实"管行业必须管安全、管业务必须管安全、管生产经营必须管安全",国务院安委会制定印发了《国务院安全生产委员会工作规则》《国务院安全生产委员会办公室工作细则》,并根据党和国家机构改革方案,及时调整了国务院安委会成员单位和组成人员,且于2020年12月发布了《国务院安全生产委员会成员单位安全生产工作任务分工》,确定了国家发展改革委等37个部门单位的安全生产职责,并提出中央宣传部、共青团中央、全国妇联和中央军委联合参谋部作战局依照有关规定履行相关安全生产工作职责,为安全生产工作提供支持和保障。

(3)企业主体责任进一步落实。2017年11月,国务院安委办发布了《关于全面加强企业全员安全生产责任制工作的通知》,督促包括混合所有制企业,跨地区、多层级和境外中资企业在内的企业建立全员安全生产责任制。国家安全监管总局、国务院国资委、商务部先后印发了《关于进一步加强中央企业安全生产工作的通知》《金属非金属矿山企业党政领导、管理部门安全生产责任清单范例》《化工(危险化学品)企业安全生产责任制范本》等文件,推动全国金属非金属矿山、危险化学品企业制定安全管理责任清单。

(二)安全生产依法治理成效更加明显

"十三五"期间,安全生产法律法规标准体系基本建立,安全生产监察执法更加严格规范,安全生产行政审批和准入改革不断深化,安全生产监察执法条件持续改善。

(1)安全生产法律法规标准体系基本建立。我国安全生产领域现有法律约15部,其中包括《安全生产法》和《职业病防治法》两部综合性法律及矿山、交通、建筑施工、消防等领域的13部专业领域安全生产法律。[①]

---

① 曾明荣:《"十四五"安全生产法规标准体系建设的思考》,《劳动保护》2020年第12期。

在应急管理部等相关部门推动下，2020年11月25日国务院常务会议通过了《安全生产法（修正草案）》。该修正草案强化了安全发展理念，一方面固化了"十三五"期间安全生产领域的改革成果，另一方面改进了安全生产监察执法条件，为安全发展提供了好的制度保障。在天津港"8·12"特别重大事故和江苏响水"3·21"特别重大事故之后，应急管理部积极推动《危险化学品安全法》的起草，并于2020年10月形成征求意见稿。届时，《危险化学品安全法》将与《矿山安全法》《道路交通安全法》《特种设备安全法》等共同构成我国专业领域安全生产法律框架。此外，《生产安全事故应急条例》等若干重要法规在"十三五"期间得以制定或修订。从与法规配套的标准来看，我国也基本形成了以国家标准和行业标准为主，以地方标准、团体标准和企业标准为补充的安全生产标准体系。截至2018年底，我国现行安全生产标准3590项，从设备设施、作业环境、人员管理等方面进行安全技术规范与要求。[①]"十三五"期间安全生产法律法规标准体系的逐步完善，对防范控制安全风险、减少安全事故、促进安全生产形势稳定好转提供了重要的制度保障。

（2）安全生产监管监察执法更加严格规范。"十三五"期间，安全生产监管监察执法地位得以确认、执法行为更加规范、执法手段更加多元有效。31个省份均按照《意见》关于"地方各级党委和政府要将安全生产监督管理部门作为政府工作部门和行政执法机构"的要求，明确安全监管部门为行政执法机构，安全生产监管监察执法地位得以明确。此外，国务院安委办、国家安全监管总局、应急管理部在"十三五"期间发布了一系列关于安全生产监管监察执法的指导意见、规范、规定和办法，进一步规范了监管监察执法的主体、方式、程序、频次、覆盖面，建立了"双随机"抽查和重点监督监察双线检查机制。2016年5月，国家发改委、国家安全监管总局等18个部门联合发布了《关于对安全生产领域失信生产经营单位及其有关人员开展联合惩戒的合作备忘录的通知》。2017年5月，国家安全监管总

[①] 曾明荣：《"十四五"安全生产法规标准体系建设的思考》，《劳动保护》2020年第12期。

局印发了《对安全生产领域失信行为开展联合惩戒的实施办法》和《关于进一步加强安全生产领域失信行为信息管理工作的通知》，明确对 10 类安全生产失信行为进行联合惩戒。2017 年以来，先后公告数百家联合惩戒"黑名单"企业，其中证监会对部分纳入"黑名单"管理的上市企业，停止上市发行新股；银监会对部分"黑名单"企业降低信用等级并压缩退出和清收处置贷款 68.69 亿元，其他相关部门对"黑名单"企业在项目立项、建设用地、招投标等方面采取限制措施，提高企业违法失信成本。

（三）标本兼治措施更加精准有力

"十三五"期间，安全生产领域的标本兼治更为精准有力。在重特大生产安全事故发生后，一方面针对事故暴露的显性问题开展专项整治，另一方面在专项整治过程中分析归纳体制机制法治方面的深层次问题，进行建章立制。

天津港"8·12"特别重大事故发生后，国务院办公厅于 2016 年起开展了为期三年的专项整治，印发了《危险化学品安全专项整治三年行动实施方案》《国务院安全生产委员会关于危险化学品重点县聘任化工专家工作的指导意见》，加强对危险化学品重点县安全监管能力建设。还印发了《危险化学品生产储存企业安全风险评估诊断分级指南（试行）》，按风险高低分为红、橙、黄、蓝，实施分类分级管控，在全国危险化学品生产储存企业中，红、橙、黄、蓝企业数量分别约占 4.6%、12.8%、38.1% 和 44.5%。

江苏响水"3·21"特别重大事故发生后，国务院安委会在 2019 年 11 月印发《全国安全生产集中整治工作方案》，针对危化品等重点行业领域开展为期三个月的安全生产集中整治。在方案中突出加强危化品领域的整治，针对源头管理失控，重点整治危化品企业和化工园区两个导则〔《化工园区安全风险排查治理导则（试行）》和《危险化学品企业安全风险隐患排查治理导则》〕不落实、招商项目不符合园区发展定位、盲目引进其他地区淘汰的产业产能、安全生产评估和防控措施不实等问题；针对监管责任悬空，重点整治各环节安全责任不清晰、存在监管漏洞盲区,"两重点一重大"建设项目审批不规范、不严格,危险固废安全监管缺失;针对本质安全水平下降,重点整治一二级重大危险源安全监管监控设备不完善等;针对安全管理制度不落实,重点整治隐患排查治理制度不健全,现场安全管理混乱等突出问题。此外,还针对煤矿、非煤矿山等其他重点行业领域进行整治。另外,以重点地区为突破口开展系统性安全风险整治。江苏响水"3·21"特别重大爆炸事故发生后,根据党中央国务院决策部署,国务院江苏安全生产专项整治督导工作组进驻江苏省开展专项整治督导工作,这在我国历史上是第一次由国家层面派驻工作组对一个省的安全生产工作进行专项整治。专项整治督导分三个阶段:第一阶段为集中督导阶段,督导组赴市县指导查找问题、完善措施,督导重点行业的突出问题专项整治;第二阶段整改提升,督促落实整改措施,着力完善制度,建立长效机制,总结可推广经验做法;第三阶段考核评估,形成专项整治工作报告。

(四)应急救援处置能力显著提升

"十三五"期间安全生产应急救援处置能力显著提升,主要体现在以下几个方面。

(1)先期响应与协同机制基本建立。"十三五"期间应急管理部先后制修订了《国家生产安全事故应急预案》《生产安全事故应急预案管理办法》《重特大危险化学品事故和油气管道事故应急响应手册》等制度,完善了《企业应急管理规范》《矿山救援规程》《煤矿安全规程(应急救援篇)》等标准。尤其是2019年4月开始施行的《生产安全事故应急条例》,对生产安全事故应急体制、应急准备、现场应急救援及相应法律责任等内容提出了规范和要求。此外,2017年12月,国务院安委办印发《国家安全生产应急救援联络员会议制度》,修订完善了国家安全生产应急救援联络员会议制度,利用联络员会议建立事故救援力量投送"绿色通道",统筹推进军地协作工作程序等重点工作,利用联络员会议进一步提高国家层面的生产安全事故应急响应实效。2018年11月,应急管理部印发《国家应对特别重大灾害

指挥部联络员工作机制》，建立了有 32 个部委参加的联络员制度。2018 年 12 月，应急管理部与中央军委联合作战指挥中心建立了直接联系渠道。

（2）应急指挥能力明显增强。2018 年应急管理体制改革之后，应急管理部启动了《特别重大灾害应急响应工作手册》总册修订工作，形成了"1 个响应总册 + 15 个分灾种手册 + 6 个保障机制"的手册体系，对响应分级、指挥编组、指挥协同、响应流程、措施要求等进行了全面规范。15 个分灾种手册中包括危险化学品事故分册、非煤矿山事故分册、煤矿事故分册、工贸事故分册、交通事故分册、海洋石油天然气事故分册等安全生产事故相关响应要求。此外，《生产安全事故应急条例》详细规定了 16 项应急救援措施，规范了事故现场指挥部和总指挥制度，提升了现场应急指挥效能。

（3）应急救援能力显著提升。截至 2019 年 2 月，全国已经建成矿山、危险化学品、水上搜救等各类安全生产应急救援专业队伍共 1000 余支，7.2 万余人。[①] 自 2010 年以来，依托矿山、危险化学品、油气管道、隧道、水上等行业领域重点企业建设了 91 支国家专业队，共有指战员 20376 人。其中，国家矿山应急救援队 38 支、7752 人，配备了大直径垂直钻机、大功率排水泵、运输吊装、侦测搜寻、灭火与有害气体排放、钻掘支护、模拟演练、通信指挥等先进救援装备；国家危险化学品应急救援队 35 支、10223 人，配备了高喷消防车、举高三相射流消防车、大流量拖车消防炮，以及侦检、洗消、通信指挥等先进装备；国家油气管道应急救援队 6 支、910 人，配备了管道堵漏、抢修焊接等先进装备；国家隧道应急救援队 4 支、201 人，配备了大口径水平救生钻机及辅助设备等专业救援装备；国家水上应急救援队 2 支、100 人，配备了消拖两用船、浮吊自卸船、潜水装置等装备；国家油气田井控应急救援队、国家海上油气应急救援队、安全生产医疗应急救援基地、危险化学品应急救援技术指导中心、安全生产应急救护（瑞金）体验中心及安全生产应急勘测队各 1 支（个）、1190 人，配备了井喷灭火、

---

① 《全国共有各类安全生产应急救援专业队伍 7.2 万余人》，中国新闻网，https://www.chinanews.com/sh/2019/03 - 01/8768879.shtml，最后访问日期：2021 年 5 月 10 日。

海上救援船、水下机器人、边坡雷达等专用装备。① 目前，我国安全生产应急救援已基本形成了以国家队为核心、行业队为支撑、企业队为基础和志愿者队伍为补充的多层次力量布局。

在强有力的安全生产应急救援处置能力保障下，各级政府和相关部门在"十三五"期间成功应对了江苏响水"3·21"特别重大事故、福建泉州"3·7"酒店坍塌事故、浙江温岭"6·17"槽罐车爆炸事故等一系列重特大生产安全事故。

（五）安全科技引领作用日益凸显

科技创新是安全生产的重要保障。2016 年 10 月，国家安全监管总局制定印发了《关于推动安全生产科技创新的若干意见》，将其作为安全生产科技创新的顶层设计文件，并依据该文件系统部署安全生产创新驱动发展战略。围绕遏制重特大生产安全事故，着力从重特大事故灾害机理及防治理论、重特大事故防治关键技术装备、多发和典型重特大生产安全事故技术分析、"机械化换人、自动化减人"、防治事故灾害先进技术装备、防范重特大事故重点工程 6 个方面部署了多项重大科技创新任务。

（1）安全生产科技投入不断加大。科技部将安全生产纳入《"十三五"公共安全科技创新专项规划》建设范围，利用国家重点研发计划"公共安全风险防控与应急技术装备"重点专项，累计安排国拨资金 12.2 亿元，实施了 43 个安全生产相关国家科技计划项目。国家发改委安排中央预算内投资 9.6 亿元，建设了国家安全工程技术试验与研发基地和一批国家级矿山事故分析鉴定中心实验室、省级煤矿事故分析鉴定实验室，完善了国家和地方安全科技支撑保障条件。国家安全监管总局向全社会征集发布了 259 个安全生产重大事故防治关键技术科技项目，落实企业和地方政府科技投入 35 亿元，开展了关键技术和重点方向研究。

（2）科技成果转化进一步加快。2018 年 10 月，工信部、应急管理部联

---

① 国家安全生产应急救援中心。

合印发《安全产业示范园区创建指南（试行）》，建立了部省共建合作机制，在江苏省开展了试点。2015～2020年，科技部、工信部、国家发改委总共公布了3批国家应急产业示范基地名单，以安全生产和应急先进技术装备为重点，推进科技成果转化和产业发展。科技部、国家安全监管总局、工信部2015～2017年先后2次联合发布了推广先进安全技术装备目录，推广安全生产先进技术装备88项，涵盖煤矿、非煤矿山、危险化学品、职业健康、城市安全、应急救援及其他6个领域。国家安全监管总局、国家煤矿安监局先后发布3批次煤矿安全生产先进适用技术推广目录，推广160余项先进适用技术。国家安全监管总局积极实施"机械化换人、自动化减人"，全国共选取246家企业开展危险岗位环节减人示范项目建设。2018年5月，应急管理部公布安全科技支撑平台（第一批）名单，鼓励各省级安监部门、煤监部门将支撑平台纳入当地应急管理与安全生产工作体系，完善支撑平台参与应急管理与安全生产工作体制机制，充分发挥安全科技支撑平台对应急管理与安全生产工作的支撑作用。

二　"十四五"期间安全生产应急管理机遇与挑战

我国安全生产依然处于爬坡过坎期和改革攻坚期，还存在很多薄弱环节。此外，我国安全生产还处于新旧风险的交织期，带来许多前所未有的挑战。

（一）责任体系依然存在薄弱环节

从目前生产安全事故发生的原因来看，地方政府的领导责任、相关部门的监管责任和企业的主体责任依然存在落实不到位的地方，主要体现在以下几方面。

（1）一些地方党政领导干部对安全生产认识不充分、不深入的问题依然存在。两种错误的观点依然存在，一是"安全与发展对立论"，片面认为安全是阻碍发展的"绊脚石"，在招商引资的过程中"降低门槛"，把落后高危的企业引进来，为地方发展埋下隐患。二是"事故不可避免论"，一些党政领导干部认为在经济快速发展的过程中发生事故是在所难免的。在这种错误思想影响下，地方政府对安全生产的领导责任落实不到位，有待于进一步加强。

（2）相关部门的"三个必须"监管责任依然存在脱节情况。响水"3·21"特大生产安全事故暴露出部门推诿扯皮、职责不清、监管脱节的问题，调查报告指出针对危险废物监管"应急管理、生态环境等部门仍按自己理解各管一段，没有主动向前延伸一步，不积极主动、不认真负责，存在监管漏洞"，类似监管空白问题在餐饮、小型游乐设施、企业环保设施设备等行业中依然存在，如何将"三个必须"的监管理念转换为切实严密可行的责任体系，仍然有待于进一步在实践中探索和总结。

（3）企业安全生产主体责任落实不到位。重生产轻安全、重利润轻安全，把安全与生产和效益对立起来，这是目前企业落实安全生产主体责任方面存在的最根本问题。许多企业特别是小微企业只从短期经济利益考虑，舍不得投入，导致企业安全基础薄弱、事故隐患大量存在，在经济下行阶段这些问题会更加凸显。

（二）重点行业领域风险防控存在明显漏洞

当前在危险化学品、道路运输、建筑施工等行业领域的系统防控依然存在结构性漏洞，在"十四五"期间必将成为安全监管的主要对象。

我国作为世界第一化工大国，危险化学品生产经营单位达21万家，涉及2800多个种类，在国民经济和社会发展中具有重要地位，涉及危化品的港口、码头、仓库、堆场和危化品运输车、运输船等风险在社会面上大量存在，但整体安全条件差、管理水平低，生产、储存、运输、处置等环节的重特大事故易发多发，已经形成了系统性风险。此外，化工装置大型化、集约化和一体化带来新挑战，大量化工产业承接地区缺少专业监管人员、安全管理经验和配套设施，都将成为危险化学品领域安全监管的重大漏洞。

（1）道路运输行业源头性风险逐步凸显。道路运输行业准入门槛低

导致货运市场混乱，车辆挂靠问题突出，竞争规范化程度不够，公路货运行业在低价竞争与超限超载中形成恶性循环，导致营运者铤而走险。源头治理不力，特别是货车非法改装、货运源头违法装载等问题依然较为严重，仅靠路面执法，无法从根本上治理超载行为。此外，客运市场也因为受到高铁、廉价航班、自驾等多样化出行方式的冲击，"十三五"期间公路营运车辆客运量、周转量连续5年下降，给公路客运行业带来不利影响，极有可能造成部分企业安全投入减少、安全管理松懈，给道路运输安全带来挑战。

（2）建筑施工领域新旧风险交织汇集。在新型城镇化建设加快推进的背景下，建筑业的支柱产业地位依然稳固，作为传统高危行业的风险也不断升级。一方面，对复杂程度高和应用新工艺、新技术的建筑施工工程中的风险管控和应急能力准备不足。高铁、跨海大桥、城市轨道交通等施工难度较大和施工复杂程度较高的建筑工程量不断增多，此外公路铁路等基础设施重心转向中西部地区，地质复杂、桥隧比高，施工难度不断加大，部分新工艺、新技术的施工技术标准、规程滞后，建设和施工单位对新技术新工艺推广应用中可能带来的不可预见、不可知影响因素的预测预警能力和风险管控能力不足。另一方面，建筑市场违法分包转包问题突出，未批先建、无证上岗、借用资质等问题长期存在，造成工程源头管理失控，带来极大的安全风险。

（3）其他重点行业领域的问题依然突出。在矿山领域，目前我国尚有1000多座尾矿库，单班入井30人以上地下矿山500余座，采深超800米的地下矿山50余座。在消防领域，我国共有高层建筑63.7万栋，随着城市建设扩张，各类传统和非传统、历史与新型致灾因素叠加放大，火灾风险系数大、火灾补救难度大。在水上交通领域，内河砂石运输船违法从事海上运输、三无渔船、商业渔船碰撞等问题突出。此外，燃气、特种设备等其他重点行业领域较大事故时有发生，安全风险也不容忽视。

（三）安全生产系统性风险不断加大

在当今科学技术发展日新月异、新型生产生活方式涌现的全球化和信息化时代，不断增长的系统性风险成为当今世界面临的共同挑战。在未来一个时期内，系统性风险在我国主要体现在安全生产基础薄弱、安全风险结构调整和城市化的高度关联性上。

当前高新技术产业和装备制造业的增速逐步加快，我国正处于产业结构战略调整阶段。在当前时期，安全风险出现从传统高危行业向其他行业领域蔓延和分散，不再像以前更容易抓到安全监管的"牛鼻子"和"着力点"，这给安全生产治理带来了极大的挑战。此外，工控系统的高度信息化、网络化在带来便捷和高效生产力的同时也伴生相应风险。例如，我国某些行业生产过程高度依赖国外的工业控制系统及网络设备，这些都成为安全监管的薄弱环节。

城市的高度关联性增加了事故的隐蔽性和突发性。我国经济发展空间结构正在发生深刻变化，中心城市和城市群正在成为承载发展要素的主要空间形式。城市内部的商贸综合体、超高层建筑群、地下交通网络、地下动力管网等方面的风险更加积聚，特别是我国很多城市在早期发展阶段缺乏规划，导致风险家底不清，新旧风险不断交织叠加，不可知、不可控风险可能突然涌现。

B.5

2020年中国社会安全事件应急
管理发展报告

张小明 *

摘　要：　受到新冠肺炎疫情的影响，2020年中国社会安全事件数量大
　　　　　幅减少，大型活动举办场次、参与人数较以往均有所下降。
　　　　　2020年中国社会安全事件应急管理的主要特征与制度创新，
　　　　　主要表现在六个方面：社会安全事件应急管理的源头治理取
　　　　　得重大突破；社会安全事件应急管理的制度建设取得积极进
　　　　　展；社会安全事件应急管理的组织建设稳步推进；土地征收
　　　　　引发的社会安全事件应急管理实现重大创新；非法集资引发
　　　　　的社会安全事件应急管理成效明显；长租公寓引发的社会安
　　　　　全事件应急管理压力巨大，以蛋壳公寓危机导致的大规模聚
　　　　　众维权事件成为典型代表。

关键词：　社会安全　应急管理　社会稳定风险评估　蛋壳公寓危机

一　2020年中国社会安全事件应急
管理的发展态势

　　按照法律法规和有关应急预案的规定，社会安全事件主要包括规模较大

---

* 张小明，博士，中共中央党校（国家行政学院）应急管理培训中心（中欧应急管理学院）教
授、博士生导师，研究方向为公共安全与应急管理。

的群体性事件、恐怖袭击案事件、民族宗教事件、重大刑事犯罪案事件、突发重大经济安全事件、涉外突发事件等类型。根据公安部门和政法部门等有关部门统计数据，"十三五"期间刑事案件立案数较"十二五"期间下降22%，治安案件查处数下降27%。2020年，全国刑事案件比2019年下降1.8%，其中治安案件同比下降10.4%，立现行命案数同比下降9.3%，八类主要刑事案件同比下降8.7%。①

具体来说，2020年，由于新冠病毒全球大流行的巨大影响，中国采取了强有力的社会管控措施从而成功防控新冠肺炎疫情，由此直接或间接导致群体性事件数量在2020年大幅锐减，据估算可能仅为上年同期的1/5。通过深入实施严打暴恐专项行动，2020年我国恐怖袭击案事件数量持续减少，进一步巩固了反恐怖斗争形势根本好转的主动局面。

2020年全国持枪、爆炸等枪爆违法犯罪案件类社会安全事件同比分别下降12.5%、15.4%，通过持续开展新一轮为期三年的深化打击整治枪爆违法犯罪专项行动，上追源头、下查去向，做到对涉案物品来源未查清、制贩窝点未端掉、涉案物品未全部收缴等"三个决不放过"。全国共破获枪爆违法犯罪案件2万余起，抓获犯罪嫌疑人2万余人，全国共打掉枪爆违法犯罪团伙90余个，收缴猎枪、气枪、火药枪、射钉器改制枪等各类非法枪支7.6万支，收缴非法炸药140余吨、雷管20余万枚。截至2020年11月底，全国共打掉涉黑犯罪组织3584个、涉恶犯罪集团11119个、涉恶犯罪团伙26959个，抓获犯罪嫌疑人18.8万名。

2020年全国非法集资犯罪案件类社会安全事件共立案侦办6800余起，涉案总金额为1100余亿元，依法查封、扣押、冻结涉非法集资犯罪资产价值逾200亿元；抓获犯罪嫌疑人约1.6万名，其中从境外缉捕外逃犯罪嫌疑人80余名，涉及10多个国家和地区。

2020年全国电信网络诈骗犯罪案件类社会安全事件共破获25.6万起，直接避免群众经济损失1200亿元；其中，涉新冠肺炎疫情诈骗犯罪案件共

---

① 本文数据来源均为公安部官方网站。

破获 1.6 万起。电信网络诈骗犯罪案件多发高发，已成为上升速度最快、群众反映最为强烈的新型犯罪，主要存在刷单诈骗、贷款诈骗、冒充客服诈骗、杀猪盘诈骗等四种类型。通过集中开展"云剑 - 2020""断卡""长城 2 号"等专项行动，共抓获犯罪嫌疑人 26.3 万名，拦截诈骗电话 1.4 亿个、诈骗短信 8.7 亿条，封堵诈骗域名网址 31.6 万个，通过 96110 反诈预警专号防止 970 万名群众被骗；其中，涉新冠肺炎疫情诈骗犯罪案件共抓获犯罪嫌疑人 7500 余名。通过部际联席会议机制框架对电信网络诈骗窝点集中、电信网络诈骗黑灰产泛滥、行业问题突出的重点地域实施红黄牌警告和挂牌整治制度，实现了刷单诈骗类电信网络诈骗犯罪案件占比由 2020 年初的 25.3% 下降至 13.8%，贷款诈骗、冒充客服诈骗、杀猪盘诈骗等三种类型的电信网络诈骗犯罪案件高发势头得到明显遏制。

2020 年全国扰乱医疗救治秩序案件类社会安全事件共查处 290 余起，查处扰乱医疗救治秩序违法犯罪人员 340 余人，排查整改医疗机构治安隐患 2.3 万余处，排查化解涉疫涉医矛盾纠纷 7.2 万余起，涉医刑事案件同比下降 29.2%。新冠肺炎疫情发生后，有关部门迅速提升定点医疗机构勤务等级，按照"一院一专班"原则，每日部署 10 万余名警力对全国 2800 余家定点医疗机构实行 24 小时重点巡防，依法快侦快破涉医违法犯罪案件。疫情期间，湖北公安机关 6.3 万公安民警、5.6 万辅警"逆行"向前，奋战在抗疫一线。北京公安机关会同卫生健康管理部门积极推动医院落实安检等措施，全市 262 家二级以上医院已有 160 余家设置了警务室，232 家落实了安检措施。

通过推进"净网 2020"专项行动，2020 年全国侵犯公民个人信息刑事案件类社会安全事件共侦办 3100 余起，抓获犯罪嫌疑人 9700 余名，其中涉新冠肺炎疫情公民个人信息违法人员 1500 余名。通过建立跨境赌博旅游目的地"黑名单"制度、涉赌人员出入境管控"黑名单"制度，2020 年全国跨境赌博案件类社会安全事件共破获 3500 余起，抓获犯罪嫌疑人 7.5 万余名，打掉涉赌平台 2260 余个、非法技术团队 980 余个、赌博推广平台 1160 余个，打掉非法支付平台和地下钱庄 1960 余个，查扣冻结一大批涉案资金，成功打掉境外多个特大赌博集团在我国境内的招赌吸赌网络和洗钱等非法资金通道。通过开展"昆仑2020"专项行动，2020年全国侵权假冒犯罪刑事案件类社会安全事件共破获1.6万余起，捣毁制假售假窝点9100余个，抓获犯罪嫌疑人2.7万余名，涉案总价值180余亿元。2020年全国涉税案件类社会安全事件共立案查处12900余起，初步查证涉案金额1500余亿元。2020年全国文物犯罪案件类社会安全事件共破获750余起，抓捕犯罪嫌疑人1500余名，打掉文物犯罪团伙150余个，破获文物犯罪案件追缴文物14000余件，其中一级文物15件。

受新冠肺炎疫情影响，2020年大型活动举办场次、参与人数较以往均有所下降。在常态化疫情防控条件下，确保了第三届中国国际进口博览会、上海马拉松赛、中国足球协会超级联赛、中国男子篮球职业联赛等1000余场大型群众性活动安全顺利举办，做到了"安全不出事、疫情零发生"。2020年1～11月，全国公安机关共接收群众报警求助9903.5万起，其中接报处置违法犯罪案件类警情973.7万起、公民求助类警情2485.3万起、纠纷类警情1331.6万起，共救助群众335万余人次，全国公安机关共出动警力2亿余人次。其中，共接报处置涉新冠肺炎疫情报警求助近200万起。2020年，公安部部署各地公安机关组织广大公安派出所借鉴"枫桥经验"，扎实开展了以访民情、解民忧、化矛盾、防风险、查问题、治乱点为主要内容的"百万警进千万家"活动，全国公安派出所民警、辅警进社区、进农村、进企业、进校园、进网络，深入开展走访慰问、警情通报、警民恳谈、警营开放等活动，会同基层组织和网格员、人民调解员等力量深入排查化解各类矛盾纠纷601万起，持续加强对枪爆物品、出租房屋、网约配送等重点物品、重点行业、新兴行业的治安检查、秩序整治，整治消除安全隐患402万处。

二 2020年中国社会安全事件应急管理的主要特征与制度创新

总体来看，2020年中国社会安全事件应急管理的主要特征与制度创新，

主要表现在六个方面。

第一，社会安全事件应急管理的源头治理取得重大突破。这突出表现在通过并实施《重大行政决策程序暂行条例》上。

《重大行政决策程序暂行条例》是 2019 年 4 月 20 日通过国务院令第713 号公布的，自 2019 年 9 月 1 日起施行。《重大行政决策程序暂行条例》施行一年多以来，在社会安全事件应急管理的源头治理方面发挥了突出的作用。《重大行政决策程序暂行条例》第三条对重大行政决策事项的范围，采取了"肯定性列举 + 概括性兜底规定 + 排除性列举 + 目录标准"的立法技术。①"肯定性列举"：共列举了制定重大公共政策和措施（包括有关公共服务、市场监管、社会管理、环境保护等方面，以及开发利用、保护重要自然资源和文化资源等两种情况）、制定重要规划（经济和社会发展等）、决定重大公共建设项目等四个方面的决策事项；②"概括性兜底规定"：决定其他重大事项，限定了两个条件：对经济社会发展有重大影响，同时涉及重大公共利益或者社会公众切身利益等；③"排除性列举"：明确排除了两种情况：一是法律、行政法规对决策程序另有规定的，二是排除宏观调控决策（包括财政政策、货币政策等）、政府立法决策、突发事件应急处置决策三种类型的具体决策；④"目录标准"：授权决策机关确定并公布、调整重大行政决策事项的目录、标准。

在此基础上，《重大行政决策程序暂行条例》第二章至第四章详细规定了重大行政决策须遵循的决策草案的形成（包括决策启动、公众参与、专家论证、风险评估等环节）、合法性审查和集体讨论决定（包括合法性审查、集体讨论决定和决策公布等环节）、决策执行和调整等具体法定程序，确保科学、民主、依法决策，从而从法定程序上有效规避了实践中有些涉及公众切身利益的重大行政决策，由于决策科学性、民主性和合法性不足，少数领导干部"拍脑袋决策""闭门决策"而导致"未决先反"或者决策后"决而难行"，甚至最后酿成大规模群体性事件，形成"邻避现象"。

尤其是风险评估、公众参与等主动的预防性具体程序规定，解决了重大行政决策科学性和民主性不足导致的"拍脑袋决策""闭门决策"难题，对源头治埋社会安全事件起到了重要的作用。《重大行政决策程序暂行条例》第二十二条至第二十四条规定了重大行政决策开展风险评估的法定情形、方式方法、具体措施、法律效力等内容。其中，①开展风险评估的法定情形为：实施重大行政决策，可能对社会稳定、公共安全等方面造成不利影响的，应当开展风险评估，组织评估决策草案的风险可控性，但不作重复评估；②开展风险评估的方式方法：方式包括舆情跟踪、重点走访、会商分析等，方法包括定性分析与定量分析等，对实施重大行政决策的风险进行科学预测、综合研判；③开展风险评估的具体措施为：在听取有关部门意见或者委托专业机构、社会组织等第三方的基础上形成风险评估报告，报送决策机关的风险评估报告要包括三方面内容：明确风险点、提出风险防范措施、提出风险处置预案；④开展风险评估的法律效力为：作为重大行政决策的重要依据，风险评估结果为风险可控的才可以作出决策，风险评估结果为风险不可控的，需要采取措施确保风险可控后才可以作出决策。

《重大行政决策程序暂行条例》第十四条至第十七条规定了社会公众参与重大行政决策的方式、途径、特殊情形、法律效力等内容。其中，①社会公众参与重大行政决策的方式为：向社会公开征求意见（期限一般不少于30日）、书面征求意见、座谈会、听证会、实地走访、问卷调查、民意调查等便于社会公众参与的多种方式听取意见，如果决策事项涉及相关人民团体、社会组织以及特定群体利益，还必须与相关组织及群众代表进行沟通协商；②社会公众参与重大行政决策的途径为：便于社会公众知晓的途径，包括电视、报刊、广播以及政府网站、政务新媒体等；③社会公众参与重大行政决策的特殊情形：在决策事项存在较大分歧或者直接涉及公民、法人、其他组织切身利益等两种情形下可以召开听证会，听证会要公平公开组织遴选听证参加人，严格按照程序公开举行，确保听证参加人陈述意见以及进行询问、质证和辩论的权利；④社会公众参与重大行政决策的法律效力：必须归纳整理、研究论证社会公众提出的意见，合理意见应当充分采纳以完善决策草案，并将社会公众提出的主要意见的研究采纳情况报送决策机关。

第二，社会安全事件应急管理的制度建设取得积极进展。主要表现在修

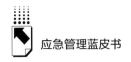

订《人民武装警察法》等法律规定的制度创新上。

2020年6月20日，第十三届全国人民代表大会常务委员会第十九次会议修订通过《人民武装警察法》，中华人民共和国主席令第四十八号予以公布，自2020年6月21日起施行。《人民武装警察法》关于人民武装警察部队参与社会安全事件应急管理的制度创新，主要体现在四个方面。

一是人民武装警察部队参与社会安全事件应急管理的领导体制创新。《人民武装警察法》第二条、第三条规定，作为国家武装力量，人民武装警察部队坚持中国共产党的绝对领导，由党中央、中央军事委员会集中统一领导，体现多能一体、维稳维权的战略要求。第十三条规定，人民武装警察部队可以参加县级以上地方人民政府或者中央国家机关设立的有关指挥机构，依照中央军事委员会有关规定，接受指挥机构的领导。

二是人民武装警察部队参与社会安全事件应急管理的组织指挥制度创新。《人民武装警察法》第十条区分了平时和战时的组织指挥权限。根据规定，人民武装警察部队平时执行社会安全事件应急管理任务时，由中央军事委员会或其授权的人民武装警察部队组织指挥；平时与中国人民解放军共同执行维稳处突等非战争军事行动时，由中央军事委员会授权战区指挥。第十二条规定，批准人民武装警察部队调动的权限和程序由中央军事委员会规定，坚持依法用兵、严格审批原则。遇有暴力恐怖事件等紧急情况来不及履行审批程序时，依照中央军事委员会有关规定，应当立即调动人民武装警察部队采取行动并同时报告。第十四条规定了业务指导权：对人民武装警察部队处置突发社会安全事件、防范和处置恐怖活动等工作，县级以上地方人民政府、中央国家机关可以进行业务指导；对人民武装警察部队执行武装警卫、武装警戒等任务，执勤目标单位可以进行执勤业务指导。

三是人民武装警察部队参与社会安全事件应急管理的任务制度创新。《人民武装警察法》第四条规定，人民武装警察部队担负处置突发社会安全事件、防范和处置恐怖活动等任务。第十一条规定，县级以上地方人民政府、中央国家机关或者执勤目标单位可以通过任务需求和工作协调机制，向人民武装警察部队提出协助处置突发社会安全事件、防范和处置恐怖活动、重大活动安全保卫等需求。第十六条规定，参与处置非法聚集事件、群体性事件、骚乱、暴乱等社会安全事件时，人民武装警察部队主要担负实施武装巡逻、封锁、隔离、疏导、带离、驱散、营救、救护行动，保卫重要目标安全，恢复社会秩序等任务。第十七条规定，参与防范和处置恐怖活动时，人民武装警察部队主要担负武装巡逻、重点目标警戒、营救人质、排除爆炸物、协助逮捕、追捕、现场控制、救援、救护等任务。第二十六条规定，人民武装警察部队经批准，可以出境执行防范和处置恐怖活动等任务。

四是人民武装警察部队参与社会安全事件应急管理的措施和权限制度创新。《人民武装警察法》第十九条规定，人民武装警察执行社会安全事件应急管理任务时，可以依法采取警戒检查、当场盘问并查验证件、协助交通管制或现场管制、制止、带离、驱散、侦察等措施。第二十二条、第二十三条规定，在执行处置突发社会安全事件、防范和处置恐怖活动任务时，人民武装警察具有依法使用警械和武器、强制实施的权限，但要遵循比例原则：严格控制在必要限度内，最大限度地保护公民、法人或其他组织权益。

第三，社会安全事件应急管理的组织建设稳步推进。主要体现在成立平安中国建设协调小组上。

根据中办、国办有关通知精神，成立平安中国建设协调小组，由中央政治局委员、中央政法委书记担任平安中国建设协调小组组长，协调小组下设办公室、政治安全专项组、维护社会稳定组、市域社会治理组、公共安全组、社会治安组等机构，由中央政法委、公安部、应急管理部等部委领导担任各专项组组长，另设协调小组联络员等。党中央对平安中国建设协调小组的主要职责定位为：把握方向、统筹谋划、组织协调、督导考核，要求整合各方面资源力量，发挥牵头抓总作用，聚焦影响安全稳定的突出问题，研究解决体制性、机制性、政策性难题以及平安中国建设全局性、战略性、前瞻性重大问题。2020年4月21日，在北京召开平安中国建设协调小组第一次会议。

第四，土地征收引发的社会安全事件应急管理落地重大创新。这突出表现在修订《土地管理法》上。

2019年8月26日，第十三届全国人民代表大会常务委员会第十二次会议通过并公布《土地管理法（第三次修正）》，自 2020 年 1 月 1 日起施行。《土地管理法（第三次修正）》第二条规定，国家依法对土地实行征收或者征用，目的只能是满足公共利益需要。新增加的第四十五条通过"肯定性列举＋概括性兜底规定"的立法技术，缩小土地征收范围，具体限定了可以征收农民集体所有土地的法定情形。为了满足公共利益需要，可以依法征收农民集体所有土地的六种情形包括军事和外交需要用地、由政府组织实施的建设需要用地、由政府组织实施的公共事业需要用地、法律规定的其他情形等。其中，由政府组织实施的建设需要用地包括三种情形：基础设施建设（包括水利、能源、通信、交通、邮政等基础设施）、扶贫搬迁及保障性安居工程建设、城镇建设用地范围内成片开发建设；由政府组织实施的公共事业需要用地，主要涉及科技、教育、文化、卫生、体育等基本公共服务，以及防灾减灾、市政公用、生态环境和资源保护、文物保护、英烈保护、社会福利、优抚安置、社区综合服务等公益性公共事业。

修改后的第四十七条进一步规范土地征收程序，特别是新增加了社会稳定风险评估、先签补偿安置协议再上报征地审批等程序。规定县级以上地方人民政府作为征收土地组织实施主体，在拟申请征收土地前必须完成 6 项前期工作，即 6 项土地征收程序：拟征收土地现状调查、拟征收土地社会稳定风险评估、拟征收土地公告并听取利害关系人意见、组织召开听证会、组织测算并落实足额到位征收土地有关费用、签订征收土地补偿安置协议等。

修改后的第四十八条在征收农用地的土地补偿费、安置补助费标准上，用区片综合地价标准代替了以前的平均年产值倍数标准并授权省、自治区、直辖市制定公布，完善对被征地农民多元社会保障机制。这些都体现了在直接关系农民利益的问题上只做加法、不做减法，同时兼顾了不同省份经济社会发展的差异性，具有更强的现实合理性。

综合来看，《土地管理法（第三次修正）》新增加的第四十五条缩小了土地征收范围，具体限定可以征收农民集体所有土地的法定情形；修改后的第四十七条进一步规范了土地征收程序，新增加了社会稳定风险评估以及先签补偿安置协议再上报征地审批等程序；修改后的第四十八条在征地补偿标准上用区片综合地价标准代替了以前的平均年产值倍数标准，完善对被征地农民多元社会保障机制。这些都在很大程度上有力压缩了因土地征收引发社会安全事件的空间和可能性，是土地征收引发的社会安全事件应急管理的源头治理重大制度创新。

第五，非法集资引发的社会安全事件应急管理成效明显。依托非法集资犯罪"云端打击"集群战役系统，公安机关推动前端防控，强力追赃挽损，有效化解处置私募基金等突出领域风险、P2P网贷等互联网金融风险，立案侦查P2P网贷平台60余个，成功侦破了一批涉及人数众多的重特大非法集资犯罪案事件，其中以东方银谷、冠群驰骋、华夏信财为典型代表。2020年4月3日，北京市公安局朝阳分局发布通报，依法对东方银谷（北京）投资管理有限公司涉嫌非法吸收公众存款案立案侦查，4月29日对东方银谷公司100余名涉案人员依法采取刑事强制措施。东方银谷公司旗下有银谷在线和云钱袋两个P2P平台，截至2020年5月10日，平台借贷余额达104.47亿元。冠群驰骋投资管理（北京）有限公司因涉嫌非法吸收公众存款被全国各地至少38个城市公安机关立案侦查，其中仅大庆市涉案金额就达到1.15亿元，涉及受害群众434人。2020年5月，上海市公安局黄浦分局对华夏信财互联网金融信息服务（上海）有限公司涉嫌非法吸收公众存款案开展查处，冻结涉案资金8500万余元。

第六，长租公寓引发的社会安全事件应急管理压力巨大。2020年长租公寓引发的社会安全事件集中爆发，引发监管层和社会各界强烈关注，影响甚远，其中以蛋壳公寓危机导致的大规模聚众维权事件为典型代表。

蛋壳公寓公司成立于2015年1月，是国内O2O租房市场第二大长租公寓运营商，运营公寓数量超过40万间，在北京、上海、广州、深圳、重庆等13个城市提供长租服务。从成立到2020年，蛋壳公寓共获得8轮融资，融资金额合计高达67亿元。但是，蛋壳公寓持续巨亏，并没有盈利迹象。2020年2月初，深圳市发生蛋壳公寓因拖欠业主租金及要求业主"免租"，而引发的业主讨要租金聚众维权事件。2020年11月初以来，因拖欠房东房租与租客退款，在蛋壳公寓北京总部持续多天发生大规模聚众维权事件，聚

集承包商、供应商、业主、租户、保洁、维修人员等维权人群数百人，现场发生肢体冲突。从 2020 年 11 月 16 日起，包括北京、上海、广州、深圳、杭州在内的全国多地出现蛋壳公寓大规模解约维权事件。

引发蛋壳公寓危机的根本原因主要有三个：租金贷、高进低出、长收短付。所谓租金贷，就是租客通过贷款来获得租金以用于租房。在蛋壳公寓的"互联网＋租房＋金融"商业模式下，租客在与蛋壳公寓签署房屋租赁合同后，还要与微众银行（蛋壳公寓的合作金融公司）签署贷款合同并按月还款。这样，蛋壳公寓实际已一次性获取租客合同期内的所有贷款房租资金，但按照押一付三的方式给房东结款，在此期间由于时间差出现资金沉淀，即"预付款资金池"。长租公寓企业本质为"二房东"，如果为了盲目扩张市场而挪用预付款资金池里的资金，高进低出（即高价收房低价出租）、长收短付（即收取长期租金交付短期房租），就会变成"庞氏骗局"。根据蛋壳公寓招股说明书披露，2017 年蛋壳公寓使用租金贷的租客占 91.3%、占蛋壳公寓租金收入的 90%，2018 年蛋壳公寓使用租金贷的租客占 75.8%、占蛋壳公寓租金收入的 88%，2019 年前 9 个月蛋壳公寓使用租金贷的租客占 67.9%、占蛋壳公寓租金收入的 80%，通过租金贷从租客处获得的预付款为 7.9 亿元。

据统计，目前全国共有 900 余家长租公寓相关企业，已经吊销或注销的约有 170 家，占 15%。2017 年至今，仅媒体公开报道的陷入资金链断裂、经营纠纷及跑路的长租公寓企业就多达 107 家。2018 年，鼎家公寓、GO 窝公寓、Color 公寓、爱公寓等一批长租公寓发生爆雷、跑路事件。2019 年有遇见公寓、乐咖公寓、昊园恒业、西安万巢、杭州国畅、喔客公寓、德寓科技、中择房产等 40 多家长租公寓发生爆仓、跑路事件。2020 年有蛋壳公寓、优客逸家、三彩家、友客公寓、我乐公寓、嗨客公寓、岚悦公寓、小鹰公寓、湾流国际、城城找房等几十家长租公寓发生资金链断裂、跑路事件。

有关部门加强了对长租公寓行业的监管。2019 年 12 月 25 日，住建部等六部门联合印发《关于整顿规范住房租赁市场秩序的意见》，要求长租公寓平台不得诱导租客签约租金贷，长租公寓租金收入中租金贷金额占比不得超过30%等。2020年2月，深圳市发生蛋壳公寓业主聚众维权事件后，深圳市政法委明确要求排查租金贷存在的较大涉稳风险。2020年11月以来，已有深圳、上海、广州、武汉、成都、合肥、西安、重庆、海口、北京等地发文规范租赁市场。其中，北京市的监管更为严格：2021年1月28日，北京市住房和城乡建设委员会等五部门发布《关于规范本市住房租赁企业经营活动的通知》，对引发蛋壳公寓危机的三大顽疾"租金贷""长收短付""高进低出"痛下杀手。针对"租金贷"顽疾，北京市规定，与长租公寓合作的金融机构（包括小额贷款公司、银行业金融机构等）不得将"租金贷"资金直接拨付给长租公寓企业，这样可谓釜底抽薪。针对"长收短付"顽疾，北京市规定，长租公寓企业向租户只能预收原则上不超过3个月的租金且收付租金的周期应当匹配，只能收取不超过1个月租金的押金且必须通过专用账户（由北京房地产中介行业协会建立）托管押金。这样"长收短付"几乎没有操作空间，也不太可能出现资金沉淀，弥补了挪用"预付款资金池"的缝隙。针对"高进低出"顽疾，北京市规定，建立北京市住房租赁监管平台，长租公寓企业签订房屋租赁合同3日内必须在监管平台备案并录入合同信息；建立住房租赁服务企业重点关注名单、风险警示名单并向社会定期公布，警示长租公寓重大风险。

B.6
2020年中国突发公共卫生事件应急管理发展报告

王志锋*

摘　要：　"十三五"期间我国突发急性传染病疫情防控规范高效，突发公共事件紧急医学救援及时有效，卫生应急体系和能力建设稳步推进，卫生应急管理理论研究不断深入。2020年我国公共卫生应急管理在新冠肺炎疫情防控实践中积累了重要经验，如联防联控机制、群防群控策略、风险分级管理、方舱医院启用和大数据技术应用等。同时，此次疫情防控也反映出我国在重大疫情防控体制机制、公共卫生应急管理体系等方面仍存在短板和不足，应从完善公共卫生应急管理法律法规、改革完善疾病预防控制体系、加强监测预警和应急反应能力、健全重大疫情救治体系、发挥科技在重大疫情防控中的支撑作用、健全重大疾病医疗保险和救助制度、健全统一应急物资保障体系等方面进一步提升。

关键词：　突发公共卫生事件　应急管理　卫生应急

一　中国突发公共卫生事件应急管理概况

中国公共卫生应急管理体系，自2003年"非典"后开始全面建立以

* 王志锋，博士，教授，北京大学公共卫生学院副院长、博士生导师，研究方向为卫生管理、卫生应急管理。

来，先后历经了"非典"、禽流感、甲流、埃博拉、新冠肺炎等重大突发急性传染病疫情防控的实战，也在汶川地震、玉树地震、天津滨海新区爆炸事故等多次突发公共事件医疗卫生救援工作中不断得到历练，卫生应急体系不断完善，卫生应急能力持续提升。

2016 年，国家卫生计生委出台《突发急性传染病防治"十三五"规划(2016—2020 年)》《突发事件紧急医学救援"十三五"规划（2016—2020年)》（以下简称"两规划"）和《关于加强卫生应急工作规范化建设的指导意见》（下称"指导意见"）。"两规划"是卫生应急领域首次出台的专项规划，提出了"十三五"期间突发急性传染病防治、突发事件紧急医学救援的总体发展目标和重点工作任务，勾勒出卫生应急体系和能力建设的中期愿景。"指导意见"规范了卫生应急工作的各个环节，有力推动了"十三五"期间卫生应急管理水平和事件处置能力的持续提升。"两规划""指导意见"的主要任务和建设项目已纳入《"健康中国2030"规划纲要》《"十三五"卫生与健康规划》《国家突发事件应急体系建设"十三五"规划》等国家有关规划之中。在"两规划""指导意见"的指引下，经过"十三五"期间的建设和发展，当前我国卫生应急工作在以"卫生应急体系和能力建设"为"主体"，以"突发急性传染病防控、突发公共事件紧急医学救援"为"两翼"的一体两翼指导思想指引之下，正沿着法制化轨道科学有序地发展。

二 "十三五"期间突发公共卫生事件应急管理进展

"十三五"期间，在"两规划""指导意见"指引之下，我国卫生应急体系建设得到迅速发展，卫生应急能力也大幅提升。根据 2018 年党的十九届三中全会审议通过的《中共中央关于深化党和国家机构改革的决定》和第十三届全国人民代表大会批准的《国务院机构改革方案》，卫生应急工作的内容确定为组织领导突发公共卫生事件的预防控制和各类突发公共事件的医疗卫生救援，"十三五"期间上述工作取得了一定经验和成效。

（一）突发急性传染病疫情防控规范高效

"十三五"期间，国家针对各类突发急性传染病及时制定和更新了防控方案、技术指南，并通过宣传、培训、演练等方式积极推动地方各级政府、部门和相关单位对方案、指南的规范实施，各地突发急性传染病现场规范处置率达到100%。规范化的应对措施有效遏制了H7N9等疫情的发生和流行。2016年我国内地先后发现并成功处置26例寨卡病毒输入性病例和11例输入性黄热病病例，均未发生疫情扩散。2019年成功处置了内蒙古鼠疫疫情，切实筑牢"三道防线"，严防鼠疫疫情扩散蔓延。2020年针对新冠肺炎疫情及时开展有效防控，取得了阶段性抗疫重大成果，创造了人类同疾病斗争史上又一个伟大壮举。

（二）突发公共事件紧急医学救援及时有效

"十三五"期间，突发公共事件紧急医学救援工作重视"两点一线"，即现场检伤分类救治、伤员快速安全转运和医院批量收治，按照"三最"原则，即安排最好医院、最好医生和给予最好治疗，及时对突发公共事件伤员开展医疗救治。在天津滨海新区"8·12"特别重大火灾爆炸、"3·21"响水爆炸等事故以及历次自然灾害事件的紧急医学救援工作中，坚持"六同步"，即医疗救治、卫生防疫、疾病防控、心理援助、健康宣教、物资保障同部署、同安排，落实洪涝灾害医疗救治和卫生防疫措施，最大限度地减少了突发事件导致的死亡和伤残。

（三）卫生应急体系和能力建设规范发展

"十三五"期间，我国传染病快速检测能力得到大幅提升，目前国家已建立起72小时内快速鉴定300种已知病原体和未知病原体的快速筛查技术体系。各省级实验室能够对一定种类的已知病原体进行快速筛查。80%的地市能在48小时内完成人感染禽流感、中东呼吸综合征、"非典"和鼠疫等重点病原体样本的检测。

2017年，国家卫生健康委应急指挥中心升级改造项目完成，并实现与31个省份和新疆生产建设兵团的专线联通与互联互通，初步完成了覆盖国家、省、地市、县4级，满足行政指挥、疾控机构、医疗机构、院前急救、应急队伍、情报与舆情、国际应急7类卫生应急业务信息化需求，并兼顾日常应急管理和应急处置指挥的全国卫生应急平台体系顶层设计。

国家卫生应急队伍建设方面，已在全国布局建设紧急医学救援、突发急性传染病防控、突发中毒事件应急处置、核与辐射突发事件卫生应急4类59支国家卫生应急队伍，推动卫生应急力量在全国范围更加充分、更加平衡地布局和发展。

此外，上海东方医院、广东二院、华西医院、天津市人民医院承建的国家卫生应急队伍，通过世界卫生组织国际应急医疗队认证评估，成为全球国际应急医疗队，展示了近年来中国卫生应急队伍建设的成效。特别值得一提的是，华西医院承建的国家卫生应急队伍成为全球首支非军方、最高等级的国际应急医疗队，标志着中国卫生应急队伍走在了世界前列。

（四）卫生应急管理理论研究不断深入

"十三五"期间，针对卫生应急体系和能力建设、卫生应急管理方面的理论研究数量众多，有关体系框架、核心能力、管理模型和发展理论的研究探索取得了长足进展。目前，理论界主流观点认为卫生应急体系框架包括三个维度：资源维度、管理维度和行动维度。第一，资源维度包含组织机构、人才队伍、物资装备、信息与技术四个要素，建设目标是机构更加健全，功能更加完善，保障更加有力。第二，管理维度包含法律法规、预案、政策和运行机制四个要素，建设目标是法制更加完备，依据更加充分，机制更加灵敏，评判更加科学。第三，行动维度包含预防准备、监测预警、处置救援和善后评估四个要素，建设目标是准备更加充分、预防更加有效、处置更加有力、质量和效率快速提升。在理论基础的支撑下，卫生应急体系和能力建设将得到快速发展。

三 2020年突发公共卫生事件基本情况

2020年是全面建成小康社会和"十三五"规划的收官之年,也是谋划"十四五"规划的关键之年。卫生应急体系和能力建设持续稳步推进,取得一定进展;突发急性传染病疫情防控工作也取得一定成效,例如,2020年7~8月内蒙古自治区出现鼠疫疫情,通过积极开展处置,疫情得到有效控制;同时,对禽流感、外来输入急性传染病疫情等的监测工作也持续规范开展。

2020年,对我国卫生应急管理工作带来最大挑战的是新冠肺炎疫情,这场突如其来的疫情考验了近年来我国卫生应急体系和能力发展的水平和效果。我国湖北省武汉市的部分医院陆续接诊了多名有武汉华南海鲜市场暴露史的不明原因肺炎患者,随着相似症状患者人数的增多,该情况立即引起国务院、相关部门以及地方政府的重视,迅速组织相关领域专家对上述情况进行核实、分析和研判,最终证实该疫情是由新型冠状病毒引起的急性呼吸道传染病。

2020年1月31日,基于中国感染者数量增加和多个国家出现疫情两个事实,世界卫生组织经评估决定宣布新冠肺炎疫情为"国际关注的突发公共卫生事件"。2020年2月11日,世界卫生组织将新型冠状病毒感染的肺炎正式命名为"COVID-19"。其间,新冠肺炎疫情持续在全球多个国家和地区暴发流行,2020年3月11日世界卫生组织宣布新冠肺炎具有全球大流行特征。此时,新冠肺炎已经在全球11个国家出现超过11.8万例确诊病例,共有4291人因此而丧生。① 新冠肺炎疫情是近百年来人类遭遇的影响范围最大的全球性大流行病;是新中国成立以来发生的传播速度最快、感染范围最广、防控难度最大的一次重大突发公共卫生事件。②

---

① 《刚刚,世卫组织宣布新冠肺炎疫情已具有大流行特征》,中国新闻网,https://www.chinanews.com/sh/2020/03-12/9122257.shtml,最后访问日期:2021年5月10日。
② 汪晓东、张音、钱一彬:《凝聚起坚不可摧的强大力量——习近平总书记关于打赢疫情防控的人民战争总体战阻击战重要论述综述》,《人民日报》2020年9月8日。

四　2020年突发公共卫生事件应急管理进展

（一）卫生应急体系和能力建设

1. 大力推进卫生应急信息化建设

2020年，卫生应急相关业务系统建设项目得到大力推进，通过完善国家级卫生应急指挥子系统功能、开展鼠疫智慧监测相关工作以及持续做好国家应急指挥中心平台系统运行维护等工作，实现卫生应急信息化平台建设工作的推进。

2. 强力保障卫生应急队伍建设

2020年，国家卫生应急队伍现场处置能力提升项目获得了中央财政2020年医疗服务与保障能力提升补助资金，为委托各省份及委属（管）医院建设的56支国家卫生应急队伍提供资金，支持队伍更新装备，确保国家卫生应急队伍可持续发展。

3. 持续提升紧急医学救援能力

2020年，国家卫生应急移动处置中心完成了建设和验收工作；强化了对核辐射基地建设工作的管理；开展了两场海（水）上紧急医学救援联合演练；加快推进国家紧急医学救援基地的相关工作；组织开展了各类专业紧急医学救援培训班。

（二）新冠肺炎疫情处置

2020年新冠肺炎疫情的处置基本分成三个阶段。根据疫情发生发展的特点和形势，每个阶段确定明确的目标和原则，采取适当的措施，最终取得了抗击疫情的阶段性胜利。

1. 第一阶段（2019年12月27日至2020年1月19日）迅速应对突发疫情

此阶段，湖北省武汉市通过监测发现不明原因肺炎病例，武汉地区出现局部社区传播和聚集性病例，其他地区开始出现武汉关联确诊病例。此阶段

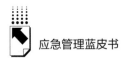

采取了及时有效的卫生应急处置措施：2019 年 12 月 31 日凌晨在互联网监测到有关信息后，国家派出队伍第一时间赶到武汉，制定了救治、检测、流调、密切接触者管理和实验室检测等技术方案；完成疾病病原体判定——新型冠状病毒；将不明原因病毒性肺炎更名为"新型冠状病毒感染的肺炎"；完成试剂盒优化——开始大范围检测；明确新冠病毒出现人传人现象；将新冠肺炎纳入法定传染病乙类，并按甲类进行管理。同时，为有效防控风险跨境转移，加强与各国家和地区的联防联控工作，向世界卫生组织通报疫情；分享毒株全基因序列；接待世界卫生组织来华考察，介绍疫情形势和防控效果，分享中国经验和做法。

2. 第二阶段（2020年1月20日至2020年4月28日）初步遏制疫情蔓延势头

从 2020 年 1 月 20 日起武汉确诊病例数量迅速增长，防控形势异常严峻。中央采取阻断病毒传播的关键举措——1 月 23 日，坚决果断关闭了离汉离鄂通道。1 月 27 日中央指导组进驻武汉，抗击疫情行动全面展开。此阶段处置措施以"外防输出、内防扩散"为基本策略，以"阻断传播、防止扩散"为目的。

此阶段的医疗救治，以"提高收治率和治愈率、降低感染率和病亡率"的"两提高、两降低"为主要目标，坚持"集中患者、集中专家、集中资源、集中救治"的四集中原则，以及"应检尽检、应收尽收、应治尽治、应隔尽隔"的四应原则，坚持中西医结合，促进中医药深度介入诊疗全过程，及时积极救治，阻断疫情传播。全国共调集了 346 支国家医疗队、4.26 万名医务人员和 965 名公共卫生人员驰援湖北省和武汉市。同时，根据地方需要，按照"一队包一市"的模式对口支援 16 个地市，科学调配人力、设备和资源进行大会战，解决了湖北各地的燃眉之急。经过一系列防控和救治措施的实施，本土新增病例数逐步下降至个位数，至 2020 年 4 月 28 日，基本取得武汉和湖北保卫战的决定性成果。

3. 第三阶段（2020年4月29日以来）全国疫情防控进入常态化阶段

我国境内疫情总体呈零星散发状态，局部地区出现散发病例引起的聚集性疫情，疫情积极向好态势持续巩固，全国疫情防控进入常态化。各部门、各地按照党中央的部署，将疫情防控工作由应急性超常规防控向常态化防控转变，健全及时发现、快速处置、精准管控、有效救治的常态化防控机制。在常态化防控中，先后迅速稳妥处置了北京新发地、辽宁大连、吉林舒兰、黑龙江绥芬河、武汉、青岛、新疆乌鲁木齐/喀什、辽宁营口、安徽六安等聚集性疫情。在实战中，积累了超千万人口城市、港口口岸城市、边疆民族地区等应对处置经验。

五 2020年突发公共卫生事件应急管理经验与成效

（一）联防联控机制

突发公共卫生事件的预防与处置工作，是由卫生健康行政部门作为业务部门牵头负责的，但历次处置行动的实践证明重大疫情防控是一项综合性的，需要多部门多层级多主体联合行动才能完成的任务。在此次新冠肺炎疫情的应对中，卫生健康部门牵头开展应急处置和医疗救治，国家发展改革委、工信部负责物资供应保障，中宣部负责舆论宣传，公安、安全等部门负责社会稳定维护，科技部、卫生健康委负责科技攻关，外交部负责国际合作，以及统筹疫情防控与经济社会发展的很多方面很多主体都作出了重要贡献，特别是军队在其中发挥了重要作用。这些都是取得抗击疫情胜利的重要因素。以国务院联防联控机制为例，该机制是我国政府为应对新冠肺炎疫情而启动的中央人民政府层面的多部委协调工作机制平台，成员单位有32个部门。国务院联防联控机制下设疫情防控、医疗救治、科研攻关、宣传、外事、后勤保障和前方工作等工作组，分别由相关部委负责同志任组长，明确职责，分工协作，形成疫情防控有效合力。各地方层级，也纷纷成立本级联防联控机制，各部门通过该机制协同开展地方疫情防控工作。联防联控机制作为高层级议事协调机构，有效整合了相关部门在疫情防控工作中的职责，推动处置行动协调统一、及时高效。

（二）群防群控策略

在新冠肺炎疫情防控中，村和城市社区作为基层，在疫情防控中发挥了不可或缺的作用。无论是疫情早期各村、小区实行封闭管理，对进出小区人员进行的健康监测、登记等，还是对居家隔离人员进行的健康监测和生活必需物品提供等工作，都需要基层社区和村来具体落实。积极宣传疫情防控相关知识和措施，发动群众积极参与群防群控，是本次疫情防控的重要经验之一。例如，北京市在此次疫情防控工作中推广"四方责任"，即属地、部门、单位和个人，四方责任清晰划分，全体动员，建立全社会共同防控的社会共治体系，取得了突出的防疫效果。

（三）风险分级管理

随着新冠肺炎疫情进入常态化，需要兼顾疫情防控和恢复经济，全面复工复产和多地陆续出现散发病例，使科学防控、精准施策成为需要。因此疫情防控工作采取了对风险等级进行划分，精确到最小防控单元，以街道为单位划分为高、中、低风险区。此种做法体现根据风险级别精准施策的特点，在严格防控疫情的同时，尽量减少对公众个人权益、经济发展、社会稳定等造成的不当干扰。

（四）方舱医院启用

在此次新冠肺炎疫情防控初期，武汉出现了医疗资源挤兑现象，为实现"应收尽收、应治尽治、应隔尽隔"，武汉将一批体育场馆、会展中心改造成16家方舱医院，可提供2万张床位，用于收治轻症患者。76支医疗队伍8000多名医护人员陆续进驻，边建设、边收治，累计收治患者将近1.2万人，占到武汉新冠肺炎患者的1/4。方舱医院做到了"零感染、零死亡、零回头"。方舱医院的投入使用，有效弥补了定点收治医院床位不足的突出问题，使轻症患者能够及时接受规范治疗。这种简单改造即可投入使用，可大规模收治患者的应急医疗设施，是防止突发急性传染病疫情蔓延的有效措施，值得推广和借鉴。在《传染病防治法》修订过程中，也基于方舱医院在此次防疫中的显著作用，制定了相应条款，对体育会展等场馆建设时应急准备方面的要求、疫情防控中迅速改造和投入使用等方面进行了规定。

（五）大数据运用

此次疫情防控，在进行流行病学调查、追踪密切接触者、出入相关场所登记等环节中，运用了大数据、健康码等信息化手段，使疫情防控工作的效率大大提升，效果显著。科技手段的应用，是当前以及今后突发公共卫生事件预防与处置工作中的重要手段，会越来越多地被运用到疫情防控的相关环节，这也是卫生应急管理工作现代化的重要体现之一。在应用大数据等信息化手段助力防疫工作中，值得注意的是应加强信息安全管理和个人隐私保护，获取个人信息应遵循最小必要原则。

六　建议与展望

习近平总书记指出："这次应对新冠肺炎疫情，医药卫生体系经受住了考验，为打赢疫情防控阻击战发挥了重要作用，为维护人民生命安全和身体健康、恢复经济社会发展作出了重要贡献。"[①] 与 2003 年"非典"时期相比，我国卫生应急能力和疫情防控水平都有了巨大进步，总体上是有效的，但也存在一些薄弱环节，如此次疫情防控过程中暴露出我国在重大疫情防控体制机制、公共卫生应急管理体系等方面存在短板和不足，应得到重视与加强。

（一）完善公共卫生应急管理法律法规

我国当前以《突发事件应对法》《传染病防治法》《突发公共卫生事件

---

① 习近平：《在教育文化卫生体育领域专家代表座谈会上的讲话》，人民出版社，2020，第8页。

应急条例》等为核心组成部分的卫生应急管理法律体系，是在2003年"非典"发生之后逐步建立起来的。十几年间，突发公共卫生事件应急管理理论和实践方面都有了较大发展和变化，国际国内重大突发急性传染病疫情形势也日益严峻，特别是此次新冠肺炎疫情防控，暴露出法律规定之间缺乏协调统一性、可操作性不强、未能与时俱进体现管理进展等方面的问题。当前，与疫情防控相关的法律法规正在进行大规模的修订和更新，将会针对此次新冠肺炎疫情防控过程中暴露出的法律规定不足之处进行完善，也会将疫情防控中总结出的成熟经验固定到法条当中。

（二）改革完善疾病预防控制体系

从此次疫情防控实践来看，我国公共卫生应急体系发挥了重要作用，但在特大疫情面前，仍暴露出能力不强、机制不活、动力不足、防治结合不紧密等问题。今后应当立足更精准更有效预防，在理顺体制机制、明确功能定位、提升专业能力等方面加大改革力度。

（三）加强监测预警和应急反应能力

2003年"非典"疫情发生之后，国家建立了传染病网络直报系统，传染病监测硬件条件得到较大改善。然而，此次疫情中仍凸显出预警和应对速度有待提升的问题，其原因与地方对新发突发情况判断能力不足，以及地方政府对不明原因突发公共卫生事件比较谨慎，应对不及时、不果断，延误疫情处置时机有关。今后，应当把增强早期监测预警能力作为健全公共卫生体系的当务之急。完善监测系统，改进监测机制，建立智慧化预警多点触发机制，健全多渠道监测预警机制，提高实时分析、集中研判的能力。

（四）健全重大疫情救治体系

此次新冠肺炎患者救治工作，是对改革开放40多年来的医疗服务体系建设、20多年来的重点专科建设、10多年来深化医药卫生体制改革成果的一次集中检阅。下一步要全面加强传染病救治能力建设，完善综合医院传染病防治设施建设标准，提升应急医疗救治储备能力，把我国重大疫情救治体系和能力提升到新水平。要立足平战结合、补齐短板，统筹应急状态下医疗卫生机构动员响应、区域联动、人员调集，建立健全分层、分级、分流的传染病等重大疫情救治机制。

（五）发挥科技在重大疫情防控中的支撑作用

此次疫情初期，我国研究机构通力合作，用 8 天时间在全球首先判明"不明原因病毒性肺炎"的病原体为"新型冠状病毒"；用 16 天时间完成诊断试剂盒的优化，具备了较大规模筛查疑似病例的能力；同时迅速筛选了一批有效药物和治疗方案，多条技术路线的疫苗研发迅速开展，并在全球范围内率先研制成功新冠疫苗，应用于国内民众接种以及支援其他国家和地区，中国新冠疫苗已陆续获得世界卫生组织的紧急使用认证。为疫情防控提供了强有力支撑。下一步要落实党的十九届五中全会精神，把科技自立自强作为国家发展的战略支撑，面向世界科技前沿、面向经济主战场、面向国家重大需求、面向人民生命健康。

（六）健全重大疾病医疗保险和救助制度

完善应急救助机制，在出现突发疫情等紧急情况时，确保医疗机构先救治、后收费，并完善医保异地即时结算制度。加强医疗保险对重大疾病的保障作用，使患者及时得到有效救治。

（七）健全统一的应急物资保障体系

国家应急管理体系建设应把应急物资保障作为重要内容，按照集中管理、统一调拨、平时服务、灾时应急、采储结合、节约高效的原则，尽快健全相关工作机制和应急预案。

B.7
2020年突发环境事件应急管理发展报告

王 茹*

摘 要： 2020年我国圆满完成污染防治攻坚战阶段性目标任务，切实有效防范化解各类生态环境风险，突发环境事件相关法律法规不断完善，加快补齐医疗废物、危险废物收集处理短板，流域环境应急联动治理加快推进。我国生态环境依然面临多方面的挑战，突发环境事件仍处于多发频发阶段，环境应急管理预防性不足，突发环境事件管理碎片化，环境风险信息不充分，社会主体参与不足。本报告选取其中几个典型案例进行解析，以期对今后突发环境事件预警和应急处置提供借鉴。下一步要加强整体性治理，加强环境风险预防，健全环境监测体系，促进多主体参与，推进区域和部门协调，提高网络舆情应对能力。

关键词： 突发环境事件 应急管理 环境风险

突发环境事件，是指由于污染物排放或者自然灾害、生产安全事故等因素，导致污染物或者放射性物质等有毒有害物质进入大气、水体、土壤等环境介质，突然造成或者可能造成环境质量下降，危及公众身体健康和财产安全，或者造成生态环境破坏，或者造成重大社会影响，需要采取紧急措施予

---

* 王茹，博士，中共中央党校（国家行政学院）社会和生态文明教研部副教授，研究方向为环境经济学、环境政策。

以应对的事件。近年来，环境风险的累积逐渐以突发环境事件的形式爆发出来。习近平总书记高度重视风险防范和突发事件应对工作，高度关注环境风险和环境安全，多次作出重要批示指示。全国上下要牢固树立总体国家安全观，坚决扛起生态环境安全保障和环境应急处置责任，加强环境风险防范化解能力，遏制重点领域和重点区域突发环境事件高发频发态势。

一　发展状况

2020年我国圆满完成污染防治攻坚战阶段性目标任务，实现了生态环境质量的持续改善，在应对气候变化方面力度明显增强，明确提出2030年实现碳达峰、2060年实现碳中和的目标，生态保护修复和突出环境问题解决成效明显，环境风险防控进一步加强，人民群众生态环境获得感、幸福感显著增强。

同时，2020年也是"十三五"规划的收官之年。过去5年，生态环境保护工作取得了新的历史性成就。"十三五"规划纲要确定的生态环境9项约束性指标均圆满超额完成。其中，全国地级及以上城市优良天数比率为87%（目标为84.5%）；PM2.5未达标地级及以上城市平均浓度比2015年下降28.8%（目标为下降18%）；全国地表水优良水质断面比例提高到83.4%（目标为70%）；劣V类水体比例下降到0.6%（目标为5%）；二氧化硫、氮氧化物、化学需氧量、氨氮排放量和单位GDP二氧化碳排放指标，均在2019年提前完成"十三五"目标的基础上继续保持下降。[①]"十三五"以来，各地区、各部门及时、科学、妥善处置各类突发环境事件，在环境应急工作中勇于担当、积极作为，在化解生态环境风险、法律法规保障、补齐医疗废物和危险废物处理短板、流域应急联动治理等方面取得明显进展。

[①]　除特别注明以外，本文数据资料均来源于《生态环境部部长黄润秋在2021年全国生态环境保护工作会议上的工作报告》，生态环境部网站，http://www.mee.gov.cn/xxgk2018/xxgk/xxgk15/202102/t20210201_819774.html，最后访问日期：2021年5月10日。

（一）切实有效防范化解各类生态环境风险

2020 年生态环境管理领域特别注重加强环境应急事件处置，共调度处置各类事故 157 起，督办并处置 34 起重大及敏感突发环境事件。协同黑龙江妥善处置伊春鹿鸣矿业"3·28"尾矿库泄漏事故次生突发环境事件，成为近年来突发环境事件应急处置工作的典范。接收处理群众反映问题 43.0 万件，按期办结率 100%。

高度重视核与辐射安全监管。国家核安全工作协调机制不断完善，新增 235 个国控辐射环境空气自动监测站。加强对核电厂建设运营经验教训的总结和交流，建立起全国核电厂经验反馈体系。对历史遗留核设施加强评估、加快清退和后续治理。目前的 49 台运行核电机组、19 座民用研究堆均保持良好安全的运行记录。放射源事故发生率小于每年每万枚 1 起，放射源辐射事件发生率保持在历史最低水平。

（二）突发环境事件相关法律法规不断完善

为加强对突发环境事件应急响应工作的法律保障，环境保护部颁布实施了《突发环境事件信息报告办法》（环境保护部令第 17 号）、《突发环境事件应急管理办法》（环境保护部令第 34 号）等法规，作为《环境保护法》中应急响应部分的补充文件，构建了从接报、研判、报告、应急响应、信息通报到发布、跟踪督办的应急体制。

经济损失评估是应急处置一系列工作的重要组成部分和重要基础。2020年，生态环境部印发《突发生态环境事件应急处置阶段直接经济损失评估工作程序规定》，对应急处置阶段如何开展直接经济损失评估工作进行了规范指导，还编制了《突发生态环境事件应急处置阶段直接经济损失核定细则》。

为应对新冠肺炎疫情暴露出的技术和管理短板，加强规则指导和标准引导，生态环境部于 2020 年 1 月 28 日印发《新型冠状病毒感染的肺炎疫情医疗废物应急处置管理与技术指南（试行）》，指导各地及时、有序、高效、无害化处置新冠肺炎疫情医疗废物，规范新冠肺炎疫情医疗废物应急处置的管理与技术要求，提出了新冠肺炎疫情医疗废物应急处置技术路线。

建立上下游联防联控机制，是防范流域重大生态环境风险的有效保障。生态环境部、水利部联合印发《关于建立跨省流域上下游突发水污染事件联防联控机制的指导意见》，着眼于解决目前跨省流域突发水污染事件联防联控机制存在的主要问题，推动跨省流域上下游加强协作，建立突发水污染事件联防联控机制，明确上下游责任和工作任务，有效保障流域水生态环境安全。2020年12月26日通过的《长江保护法》第十条规定，建立健全长江流域突发生态环境事件应急联动工作机制，与现有国家突发事件应急体系加强衔接，加强对长江流域船舶、港口、矿山、化工厂、尾矿库等发生的突发生态环境事件的应急管理。《关于进一步加强产业园区规划环境影响评价工作的意见》（环环评〔2020〕65号）提出，要推动建立健全产业园区的环境风险防控体系，重点关注对周边生态环境敏感目标的影响，强化产业园区环境监测与预警能力建设、环境风险应急与防范措施。

（三）加快补齐医疗废物、危险废物收集处理短板

新冠肺炎疫情发生以来，医疗废物和危险废物产生量大幅增加，相关处理知识、技术、能力、机制、设施均显示出与实际需求明显不符。2020年我国不断强化重点地区医疗废物、医疗废水处理处置等工作，医疗废弃物处理能力显著提升。生态环境部应对疫情工作领导小组多次召开会议，第一时间向湖北和黑龙江两省派出工作组，督促指导提升医疗废弃物处置能力，建立和完善医疗废弃物处置机制。全国生态环境系统倾全力协调应急监测仪器设备、医废处置设施、防护装备等，支持武汉等地抗击疫情。加强饮用水水源地水质应急监测，确保水环境质量尽可能不受疫情防控影响。推动落实全国所有医疗机构及设施环境监管和服务100%全覆盖，医疗废物及时有效收集转运和处理处置100%全落实。印发《医疗废物集中处置设施能力建设实施方案》《医疗机构废弃物综合治理工作方案》，开展全国危险废物专项整

治工作，编制强化危险废物监管和利用处置能力改革实施方案。完成 2.1 万余家企业和 400 多个化工园区危险废物环境风险排查工作。

（四）流域环境应急联动治理加快推进

2020 年，生态环境部黄河流域、淮河流域、松辽流域、太湖流域等流域生态环境监督管理部门会同水利部相关流域管理机构签订突发水污染事件联防联控协作框架协议，开展部门间合作，加强污染处置、水量调度等应急协作。长三角地区相继签订《长三角地区跨界环境污染事件应急联动工作方案》《沪苏浙边界区域市级环境污染纠纷处置和应急联动工作方案》等，实现长三角省、市、县环境应急联动机制全覆盖。2020 年 1 月，生态环境部联合水利部出台《关于建立跨省流域上下游突发水污染事件联防联控机制的指导意见》，指导推动长三角区域进一步健全完善跨界水污染应急处置机制。生态环境部黄河流域局联合水利部黄河水利委员会，组织各省级生态环境部门召开汛期突发水污染事件联合会商，分析流域生态环境风险，及时发布预警信息，指导各地做好应急物资储备等工作。

二 主要问题

我国生态环境依然面临多方面的挑战，自然生态空间遭受挤占、生态系统质量不高、无序开发破坏生态现象仍屡有发生、生态安全监管能力还有待提升、法律体系不够健全等问题依然存在。由各类环境风险引发的突发环境事件已经成为重要的社会风险表现形式。从应对准备来看，环境应急管理的预防性明显不足，突发环境事件管理表现出较强的碎片化特点，环境风险信息不够充分，社会主体参与度不高。

（一）突发环境事件仍处于多发频发阶段

当前，我国环境应急管理形势依然严峻。"各类突发环境事件多发频发，仅 2020 年全国就发生突发环境事件 208 起，其中多起事件对饮用水水源地、跨省界河流造成影响。"① 尽管"十三五"时期生态环境保护工作总体取得历史性成就，但当前我国生态文明建设仍处于压力叠加、负重前行的关键期。由于保护与发展的矛盾交织和长期存在高污染、高消耗经济发展模式，在经济高速增长的同时埋下了很多环境隐患和环境风险点，近几年处于环境风险的集中爆发期，生态环境保护依然面临结构性、根源性、趋势性压力，生态环境事件多发频发的高风险态势没有根本改变。

有学者针对新时期爆发的突发环境事件进行分析总结后发现："事件种类多以大气、水、土壤污染为主，事件属性具有污染物种类耦合、污染区域耦合、污染类型耦合等新特征，致使事件风险等级升高，多以重大、特别重大为主。突发环境事件的耦合型特征加速了风险扩散、升级的可能性，对我国的应急管理体制、机制提出了严峻挑战。"② 而现存的基于行业、要素、区域等分类的环境治理体制及生态保护模式难以应对突发环境事件的耦合性特征，致使在应对此类事件时难以发挥系统性优势。

（二）环境应急管理预防性不足

现行突发环境事件治理体系表现出预防和应急准备不足、监测预警体系不完善、控制风险扩大能力欠佳和"重应急，轻预防"等特点。

一是环境风险本底掌握不清。欠缺对全国环境风险的系统分析、预测评估，以及在此基础上对环境风险点排查的优先排序及时间表、路线图。尤其是环境风险分类、分区和分级管理严重滞后，对长期风险点的风险类型、空间分布、影响范围、影响程度、风险水平等缺乏了解，对相应处理层级缺乏有效的研判和识别，未能建立科学合理的应急处理机制。

二是缺乏前瞻性的环境风险处置规划和标准。对环境风险管理的目标、

① 《生态环境部组织开展"以案促建 提升环境应急能力"专项活动》，生态环境部网站，http://www.mee.cn/ywdt/hjywnews/202102/t20210202_820005.shtml，最后访问日期：2021年5月10日。

② 王瑜：《耦合型突发环境事件协同治理：理论构建、现实困境、路径探索》，《领导科学》2020年第9期。

战略缺乏专项规划进行总体性、统筹性、前瞻性安排,环境风险管理处于"以事件驱动为主的被动模式"①,各级应急管理机构主要扮演"救火队员"的角色,对突发环境事件时处置效果与参与事件处置的领导和人员自身素质、应急反应能力、资源调配能力等紧密挂钩,缺乏标准化、统一化、程序化的执行措施,难以满足新时代环境风险应急管理的要求。

三是企业联合防治环境风险能力欠佳。目前各企业制定的应急处置制度大多以行业划分,缺乏更加细化的对不同等级环境风险的量化评估以及对典型事件的情景模拟预测方案。例如,石油化工、仓储物流、食品加工、生物制药及管道输气等行业相关企业属于重大环境风险源的重点监控对象,但目前的企业应急方案多数是程序性的,缺少对高风险污染物应急处置的科学研判与专业论证,缺乏对相关流程人员的应急培训方案和惩罚激励机制,导致企业环境风险预防能力较差,在面对突发环境事件时应急自救能力极其有限,高度依赖政府应急救援。

(三)突发环境事件管理碎片化

当前突发环境事件管理和应对体制呈现出分部门、分种类、分区域的特点,组织设计多以功能作为标准,在保证应急管理专业性和针对性的同时,也带来了管理碎片化的问题,不利于区域之间、部门之间的协调合作,尤其难以有效应对突发环境事件治理所涉及的跨区域、跨流域、跨行业等问题。从应急管理部门的机构设置来看,并没有将环境应急职能规划在整合后的部门设置框架之内。"处置突发事件的基础工作仍然薄弱,机制不健全、法制不完善的问题依然突出,应急管理部门与环境应急部门之间无法联动,协同作战的机制还不够成熟。"② 部门之间的利益分化也对政府部门的行为选择产生显著影响,尤其是跨区域、跨流域突发环境事件处置过程中不同政府常表现为运动式动员联动,形成的临时性组织存在风险预防激励不足、风险预

---

① 吴娜:《浅谈突发环境事件应急管理现状及建议》,《广东化工》2019 年第 11 期。
② 孙亮:《浅谈完善环境应急管理体制机制》,《资源节约与环保》2019 年第 10 期。

警能力滞后、风险防控能力有限、应急处置效果不佳等问题，很容易在处置过程中进一步衍生次生灾害和更大级别的环境风险。从不同层级来看，环境应急管理机构呈现出强烈的上下不一致特征，有的地方是单独成立环境应急部门，有的地方是挂靠在执法局，有的地方还没有设置环境应急机构。

（四）环境风险信息不充分

当突发环境事件发生时，有关事件的时间、地点、原因、涉及人员、危害程度、扩散状况和所需资源等信息对事件处置至关重要。管理的碎片化直接导致信息的碎片化。受制于区域壁垒和部门壁垒，虽然近几年环境监测体系取得巨大进展，但目前尚未建立全国统一的环境风险信息管理平台，无法实现对环境污染物等风险点的全种类、全时段、全流程监管。突发环境事件所涉及的政府、企业和其他主体都不完全拥有事件相关的所有信息，每一主体的信息源都是不完全的。同时，各个部门都有各自的数据库或信息平台，而部门之间信息共享始终缺乏有效的法律支撑和协调机制，形成环境风险预防和应急处置的碎片化。在信息时代和自媒体时代，大数据、互联网等新兴信息技术使人人都可能成为信息的发布者。突发环境事件发生后，不同的政府部门、新闻媒体甚至公民个人都可能基于自身所拥有的信息对事件的发展态势和影响作出判断并发布信息。"信息的瞬间膨胀和扩散，加之部分信息的失真和互相矛盾，以及权威信息的缺失或出现多个信息权威，使公众很容易在海量的信息中产生信息迷失，从而为网络谣言的产生创造了条件，并继而造成社会对风险的恐慌和焦虑，进而放大了突发环境事件的社会风险，引发社会秩序的混乱和对政府的不信任。"[1]

（五）社会主体参与不足

在突发环境事件治理过程中，我国存在政府一元化决策和处置的显著特征，

---

[1] 李胜：《超大城市突发环境事件管理碎片化及整体性治理研究》，《中国人口·资源与环境》2017年第12期。

市场和社会主体参与渠道和机制较少，其需求和意愿难以得到有效体现，利益受损者的利益诉求也难以得到有效表达。另外，突发环境事件治理具有紧急性和专业性的特点，专家可以根据专业知识针对不同类型和程度的事件提出不同的处置措施建议，而突发环境事件处置目前缺乏专家的充分参与和专业辅助。

三 典型案例

2020年以来相继发生四川遂宁华顺海天化纤公司废旧塑料仓库火灾、河北正定可燃液体仓库火灾、河南开封兰博尔公司氯代苯酚中间体原料堆棚火灾、黑龙江伊春鹿鸣矿业公司尾矿库泄漏、贵州遵义桐梓中石化西南成品油管道柴油泄漏事故等多起突发环境事件，给生态环境安全带来较大威胁。本报告选取其中几个典型案例进行解析，以期对今后突发环境事件预警和应急处置提供借鉴。

（一）黑龙江伊春鹿鸣矿业尾矿库泄漏事件

伊春鹿鸣矿业"3·28"尾矿库泄漏事故，成为我国近20年来尾矿泄漏量最大、应急处置难度最大、后期生态环境治理修复任务异常艰巨的突发环境事件。

2020年3月28日13时40分许，伊春鹿鸣矿业有限公司钼矿尾矿库4号溢流井发生倾斜，导致泄水量增多并伴有尾矿砂，对水环境造成污染。泄漏事件发生后，生态环境部迅速启动突发环境事件应急响应，黑龙江省及时启动环境应急二级响应机制，并第一时间成立突发环境事件应急指挥部。实施"污染物控制"和"污染物清洁"工程，通过构筑拦截坝、投加絮凝剂等方式实现多级削峰，控制削减依吉密河下泄的污水团。4月11日3时，超标污水流至呼兰河下游、距离松花江约70千米处时已经全面达标。呼兰河275千米河段基本复清，实现了"不让超标污水进入松花江"的应急处置工作目标。4月18日18时，伊春鹿鸣矿业尾矿库泄漏事件应急二级响应机制终止，松花江水环境质量未受影响。

此次事件因其巨大影响对健全突发环境事件应急预案体系起到了一定的促进作用。4月13日，生态环境部副部长黄润秋听取黑龙江伊春"3·28"鹿鸣矿业公司尾矿库泄漏事故应急处置阶段性进展情况汇报。会议指出，黑龙江伊春"3·28"鹿鸣矿业公司尾矿库泄漏事故发生后，截至4月11日，经过14天昼夜奋战，实现了"不让超标污水进入松花江"的预定应急目标，成为突发环境事件应对的成功范例。会议强调，要全面总结事故经验教训，健全突发环境事件应急预案体系，完善应急会商信息化手段，充实环境应急队伍，加强应急物资储备，定期开展应急演练，推动应急处置能力提升和责任落实。发生突发环境事件要及时有效开展应急应对，做到第一时间报告，第一时间赶赴现场，第一时间开展监测，第一时间发布信息，第一时间查明原因并采取有效措施。

（二）贵州遵义桐梓中石化西南成品油管道柴油泄漏事故

2020年7月14日6时6分许，贵州省遵义市桐梓县境内中石化输油管道柴油发生泄漏，造成跨贵州、重庆的重大突发环境事件。

7月14日，中石化华南分公司值守人员发现管道发生柴油泄漏后，中石化华南分公司紧急停止输油，迅速关闭泄漏点上游的板桥镇阀室、夜郎阀室、东山阀室，并对泄漏点下游的尧龙山站通过大流量泄放进行泄压。6时34分起，现场投入280余人、挖机8台、油罐车21辆次、抽油设备14台、围油栏1680米、吸油毡210包等应急物资投入应急处置工作，7月15日10时完成封堵。

事件发生后，贵州省省长、分管副省长，重庆市市委书记、市长、副市长均作出批示指示，7月14日即派出工作组现场指导。生态环境部于7月15日获知事件信息后，立即派出工作组赶赴现场，指导地方做好源头阻断、拦截吸附、水厂改造、沿程稀释等工作，提出了"保障饮用水安全、不让超标污水进入长江"的应急目标。重庆市境内监测断面水质于7月18日6时起全面达标，贵州省境内监测断面水质于7月19日6时起全面达标。

经评估，本次突发环境事件应急响应阶段共造成直接经济损失148.73

万元。其中，贵州省直接经济损失为89.54万元，重庆市直接经济损失为59.19万元。经专家核算，此次事件中柴油泄漏量约为289.91吨。其中，回收约252.21吨，吸附约3.67吨，入土壤约20.58吨，入河约13.45吨。事件造成事故点下游捷阵溪、松坎河及綦江共计119千米河道石油类超标。綦江区三江水厂因饮用水水源地水质超标中断取水19小时，缩减了供水区域。事故点周边4.5亩农田被污染，受污染土壤约461.9吨。

此次事件处置过程中存在的主要问题包括对可能产生的严重后果研判失误、准备不足，先期处置不当、引发大量泄漏，地方政府有关部门履责不及时，应急指挥部架构不合理，政企联动不充分，上下游联动不够完善等问题。生态环境部调查报告中强调，要进一步提升各级政府领导干部环境应急管理能力，完善突发环境事件应急机制，提升管道企业风险防控水平和应急处置能力，加强地方环境应急能力建设，加快推进上下游联防联控机制建设，建立多部门参与的饮用水源安全保障机制。

（三）浙江温州通过渗坑方式倾倒危险废物涉嫌污染环境罪案

2020年3月，温州市生态环境局苍南分局接到县社会应急联动指挥中心指令，反映在某镇某村某岭，有人开车偷倒不明液体。该局立即组织人员赶赴现场调查，于事发点发现5个废弃的装有胶水的塑料桶。现场乳白色胶水沿山体排入下面溪流，导致溪水呈乳白色。污染发生地距下游灌溉水库仅1公里，有较大的环境风险，村民对此反映强烈。为化解疫情期间群众恐慌心理，该局即日启动联动应急处置机制，一方面组织应急处理人员赴现场进行应急处置，控制消除污染，另一方面联同苍南县公安机关组成专案组开展线索追查。

专案组会商确定，由生态环境部门追查胶水来源，公安机关追查作案嫌疑人。2020年3月6日上午8时许，苍南分局执法人员对该镇辖区内所有涉胶水企业开展全面排查。经查证，某公司负责人表示该空地处原放置有5桶不合格胶水，何时被人搬离不清楚。公安机关利用"天眼"视频监控等侦查手段，锁定停靠于龙港市新城某区域的一辆载货柴油货车为涉案嫌疑车，经24小时蹲守，于2020年3月7日凌晨将司机罗某抓获。经审讯，嫌疑人罗某，受其兄的教唆擅自清理A化工厂堆放在空地上的5桶不合格胶水，将其运至该镇某村某岭公路边进行倾倒。根据《国家危险废物名录》，该5桶不合格品胶水属于危险废物。

根据《刑法》第三百三十八条、《最高人民法院、最高人民检察院关于办理环境污染刑事案件适用法律若干问题的解释》（法释〔2016〕29号）第一条第（五）项、第七条，司机罗某和其兄以及该企业负责人项某3人，因倾倒危险废物涉嫌污染环境罪，被公安机关刑事拘留。

本次事件处置过程中及时启动应急处置，防范环境风险。于发现案情当日下午即启动联动应急处置机制，一方面组织应急处理人员赴现场进行应急处置，控制消除污染；另一方面联同公安机关组成专案组开展线索追查，化解群众恐慌心理，将环境危害降到最低限度。该案的成功办理，离不开基层环境执法人员的良好专业素养和高度责任心。环境执法人员及时开展全面排查，根据倾倒点白色物质的特征不断推敲，并作出精准判断。同时，建立了高效的环保－公安联动机制，在遇到案件瓶颈时，由生态环境部门追查胶水来源，公安机关采用现代高科技侦查手段，迅速锁定犯罪嫌疑人。充分发挥两部门各自的办案优势，对疫情期间打击环境违法犯罪行为起到了很好的警示教育作用。

四　对策措施

生态环境部将有效防范化解生态环境风险列为2021年8项重点任务之一，要求进一步加强环境风险防范化解能力，加强环境应急准备能力。为保障任务完成，生态环境部2021年1月起在全国生态环境系统开展"以案促建　提升环境应急能力"专项活动，并明确了四个阶段的工作任务。下一步要加强应急监测和处置技术支持，最大限度地降低突发环境事件影响，坚决守住环境安全底线。要加强突发环境事件应对处置能力，必须加强整体性治理，加强环境风险预防，健全环境监测体系，促进多主体参与，推进区域和部门协调，提高网络舆情应对能力。

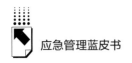

（一）加强整体性治理

整体性治理是对韦伯式官僚制和新公共管理理论的扬弃，主张重塑政府在公共管理中的价值和责任，通过对治理层级、功能、公共部门和私人部门的关系以及信息系统的碎片化进行整合，以跨界、协调与合作的方式提供无缝隙且非分离的整体性服务。整体性治理理论高度契合突发环境事件治理对政府管理协同和整合的需要。其在突发环境事件治理中的最大价值不仅在于旗帜鲜明反对碎片化，而且在于它在诉诸外部力量之前，首先强调政府自身的改革和建设。

要"重视政府管理公共性和责任性的回归，要能够对分权化、部门化改革产生的重复的、多头的和碎片化的治理体系做出回应"。① 要加强顶层设计，在国家层面制定具有可操作性的环境风险管理目标和战略专项规划，引导国家环境风险应急管理制度和体系有效构建和全面完善，实现由被动型突发环境事件应急管理向主动型环境风险管理模式转变。要加快构建并完善环境风险管理法律法规体系，尽快对《环境保护法》《突发环境事件应急管理办法》及各专项法律法规中现有的突发环境事件应急管理相关制度进行评估，查明问题，并尽快修订、完善和补充，提升突发环境事件应急管理法律文件的层级。从环境风险全过程管控角度出发，构建系统、完善的环境风险全过程管理标准体系。完善国家环境应急指挥平台建设，加强环境应急信息化决策支持能力。开展环境应急管理条例研究，建立健全环境风险信息披露交流机制。完善应急物资装备储备体系，深化上下游联防联控机制建设。

（二）加强环境风险预防

树立与环境风险管理和应急管理相适应的监管者公共利益和公共责任意识，建立"源头预防、过程控制、应急处置"的全过程危机治理模式，通

---

① 李胜：《超大城市突发环境事件管理碎片化及整体性治理研究》，《中国人口·资源与环境》2017年第12期。

过风险识别、预警和控制将危机解决在萌芽状态。"事先对重大风险源、风险事项、风险因素做出预测和评估，定期修订、评估和检验预案的合理性，将预防与应急准备、监测与预警纳入常态化生态环境管理之中。"① 紧盯高风险领域，加大隐患排查，做到"五清"，即底数清、情况清、问题清、责任清、措施清，消除安全隐患，防范环境风险。确立源头防范、主动防控工作思路，树立"隐患险于事故、防范胜于救灾"的风险意识，把环境应急管理重心集中于风险防控上，推动环境应急管理战略转型。按照问题导向、需求导向和目标导向原则，针对国家及重点区域、流域、海域和重点行业等深入开展系统完整的环境风险分析评估，帮助摸清家底，有效识别其主要环境风险因子，运用信息化技术手段，确定分类、分区和分级优先管理名录和优先顺序。

（三）健全环境监测体系

信息是危机治理决策的基础，突发环境事件的治理过程也是一个不断根据所拥有的信息作出判断、决策和适时调整的过程。因此，及时、准确的信息共享和互联共通则是突发环境事件治理的技术支撑。要加快建立健全环境监测系统，在各级政府之间以及政府与社会、企业之间，实现风险预警、应急决策、防治处置等环节的数据共享，以信息共享打通主体间协同壁垒，共同履行监督管理权，构筑长效化风险预警机制。"要关注事前预防、事中应对、事后修复的全过程，并对各环节提取有效信息、作出有效预防和应对措施，从源头防控、监测和识别风险源，建立风险预警机制，及时传输发布更新信息，建立一体化、高效的决策信息支持系统，为突发环境事件提供信息资源支持。"② 健全环境应急管理数据库，提高突发事件预防预警和应急处置效率。完善信息报送机制，明确突发环境事件的信息报送要求和程序，确保信息报送的真实性和有效性。③

---

① 张海波、童星：《中国应急管理结构变化及其理论概化》，《中国社会科学》2015 年第 3 期。
② 张士萍：《突发环境风险事件应急管理的 SWOT 分析》，《中国环境管理》2018 年第 4 期。
③ 罗楠、陈刚等：《日本环境应急管理经验及启示》，《环境保护》2020 年第 22 期。

（四）促进多主体参与

生态环境属于公共物品，关系到全体社会成员的切身利益。越多的个体加入环境治理体系，环境产品和环境服务的数量和质量就越高。构建更富于弹性的多元参与网络及协同合作框架是国内外突发事件治理的共识，越来越多的研究者和管理者强调合作、协调、多元参与的理念，认为仅仅依靠政府已不能完全化解公共危机，社会组织、公众和媒体将在危机治理中发挥日益重要的作用，协同参与将是应对突发环境事件的有效形式。要摒弃以政府为单一主体的传统模式，充分调动专家学者、环保组织、企业、媒体以及公众的积极性，形成协同治理的合力。推动突发环境事件向"多元共治"转变的关键在于提高维系多元主体协同共治的社会资本。社会资本可以通过共享信息、协调行动和集体决策三种机制影响到环境治理行为的交易成本，进而决定着环境治理集体行动的成败。① 此外，要尽快建立突发环境事件中的环境利益识别机制、表达机制、协商机制和补偿机制在内的利益协调机制，对政府、企业、社会组织、公众等主体的环境诉求和意见主张进行判定和识别，寻找利益"最大公约数"，在平等协商的原则下建立成本分担机制，借助公共、专项及地方财政对利益受损主体进行合理的资金补偿。要明确企业治污主体责任，加大安全生产和环境保护的投入力度，培养员工的安全意识和环境保护意识。还要高度重视社会与公众环境危机意识的培养与教育，为环境应急管理打造坚实的社会和公众基础。

（五）推进区域和部门协调

很多突发环境事件如大气污染、水污染等都具有典型的外溢性和无界化特征，对我国现行以行政区划为边界的属地型治理模式提出巨大挑战。单靠地方政府的各自行动无法有效解决区域复合型环境污染问题，必须依靠跨区

---

① 祁毓、卢洪友、吕翅怡：《社会资本、制度环境与环境治理绩效——来自中国地级及以上城市的经验证据》，《中国人口·资源与环境》2015 年第 12 期。

域的联合行动，其中的关键是区域间的横向利益关系协调和信息共享机制。要根据不同的突发环境事件类型，采取不同类型的区域协调模式和危机管理模式，做到有的放矢、因地制宜。此外，要加强部门间协调。环境治理所涉及的事权和财权分散于生态环境、发展改革、市容环卫、农业、城建、水利等十余个部门之中，"九龙治水"的现象突出，尤其是在突发环境处置过程中特别需要建立更加有效的部门间协同磋商机制。生态环境部门要发挥主导性作用，明确事件处置目标导向，积极主动做好与其他部门的沟通协调。各部门协同合作，尽可能加强信息沟通，避免信息和措施冲突，减小突发环境治理的制度性交易成本。重点建立环保与安监、消防、交通运输等部门协同联动的环境应急体系和互动机制，提升环境应急处置与应急救援能力。

（六）提高网络舆情应对能力

政府应在第一时间公开事件相关信息。公开事件全过程可增强政府回应性，拉近政府－社会间的信任关系，在风险信息交流中健全公众知情权、参与权、表达权，同时实现政府在突发环境事件中的话语权。信息公开应及时、主动、准确、全面，确保群众及时获取真实有效的信息，避免公众因信息壁垒或失真引发的社会事件。在搭建信任桥梁的基础上，政府通过政府网站、主流媒体同步发声，纠正、引导公众对突发事件的认知态度、客观评价、反馈意见。对参与公共安全网络传播引发网络舆情的造谣者要运用法律手段加以严惩。积极推进信访投诉工作机制改革，统一使用全国生态环境信访投诉举报管理平台。

应急管理体制机制篇

Emergency Management System and Mechanism

B.8
应急管理"十三五"规划建设成果
与"十四五"规划前瞻

李湖生*

摘　要：　"十三五"期间，我国应急管理领域规划实施取得显著成
　　　　　效：应急管理体系进一步完善，应急管理基础能力持续提
　　　　　升，核心应急救援能力显著增强，综合应急保障能力全面加
　　　　　强，社会协同应对能力明显改善，国际应急救援能力得到加
　　　　　强，各类突发事件得到有力有效应对。"十四五"时期，要
　　　　　紧紧抓住经济社会转入高质量发展的重要战略机遇期，继续
　　　　　深化应急管理体制机制改革，切实防范化解重大安全风险，
　　　　　建强应急处置救援力量体系，打造坚强有力的应急保障体
　　　　　系，夯实筑牢应急管理人民防线，全面推进国家应急管理体
　　　　　系和能力现代化，构建统一指挥、专常兼备、反应灵敏、上

* 李湖生，博士，中国安全生产科学研究院教授级高工，研究方向为安全生产与应急管理。

下联动的应急管理体制，提高防灾减灾抗灾救灾能力。

关键词： 五年规划 应急管理体系 应急能力

一 应急管理“十三五”规划建设成果

《中华人民共和国国民经济和社会发展第十三个五年规划纲要》对应急管理工作作出战略部署，第七十二章中“健全公共安全体系”就“全面提高安全生产水平”“提升防灾减灾救灾能力”“创新社会治安防控体系”“强化突发事件应急体系建设”提出了明确要求。应急管理领域相关部门编制实施了20多份国家专项和部门规划，如《国家突发事件应急体系建设“十三五”规划》《国家综合防灾减灾规划（2016—2020年）》《安全生产“十三五”规划》《防震减灾规划（2016—2020年）》《全国地质灾害防治“十三五”规划》《国家重大海上溢油应急能力建设规划（2015—2020年）》《突发急性传染病防治“十三五”规划（2016—2020年）》《突发事件紧急医学救援“十三五”规划（2016—2020年）》等，各级地方人民政府也组织编制和实施了一批地方专项规划，有力推动了国家规划纲要相关重大战略任务的实施，取得了显著成效。

（一）应急管理体系进一步完善

（1）中国特色应急管理体制初步建立。2018年3月，根据《中共中央关于深化党和国家机构改革的决定》《深化党和国家机构改革方案》《国务院机构改革方案》要求，整合了11个部门13项职能，包括5个国家议事协调机构，组建了应急管理部，19万名消防救援和森林消防官兵转制组建成立国家综合性消防救援队伍，省、市、县各级应急管理部门相继完成组建，初步厘清与水利、林草、自然资源、粮储、民政等相关部门的职责边界，加强与卫生健康、公安、军队等部门的协同联动，推动构建统一指挥、专常兼

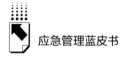

备、反应灵敏、上下联动的中国特色应急管理体制。应急管理部门统筹推进防灾减灾、安全生产和应急救援工作，强化全灾种综合管理、全过程管理和力量资源的优化管理，应急相关专业部门发挥专业优势，确保责任链条无缝对接，增强了应急管理工作的系统性、整体性、协同性。经过三年多的改革实践，中国特色应急管理体制已基本成型，成效已初步显现。

（2）应急管理工作机制进一步健全。进一步完善了信息报告机制、应急联动及指挥协调工作机制、新闻宣传和信息发布机制、恢复重建机制、资金投入机制、风险分担机制、应急处置第三方评估机制等，提升了应急管理工作的效率效能。建立了自然灾害防治工作部际联席会议制度，应急管理、自然资源、气象、水利等30多个部门单位建立了联合会商研判机制。各地统筹推进应急管理部门与林草、水利、自然资源、气象、交通等部门的应急信息沟通共享、应急信息通报、应急联合处置、跨部门应急协同联动机制。健全多项军地、政企、央地协作的长效机制，形成京津冀、粤港澳等多个区域应急联动机制。各地方、各有关部门制定完善重特大灾害事故响应工作手册和应急行动方案等，探索形成扁平化组织指挥体系和防范救援救灾一体化运作体系，基本实现了对事前预防准备、事发监测预警、事中应急救援、事后恢复重建的全面管理。

（3）应急管理法治体系得到加强。制定《核安全法》《消防救援条例》《生产安全事故应急条例》《地质灾害防治条例》《海洋灾害防御条例》《建设工程抗震管理条例》等法律法规，组织修订《突发事件应对法》《安全生产法》《防洪法》《传染病防治法》《森林法》《消防法》《危险化学品安全管理条例》《自然灾害救助条例》《地震安全性评价管理条例》等。初步构建了应急管理和减灾救灾标准体系，加快了基础通用标准以及安全生产等重点领域缺失标准的立项，集中发布了一批急需、重要的国家标准和行业标准。2018年中共中央办公厅、国务院办公厅印发《地方党政领导干部安全生产责任制规定》，明确县级以上地方政府党政主要负责人及班子其他成员的职责任务，建立了"党政同责、一岗双责、齐抓共管、失职追责"的安全生产责任体系。2020年，中共中央办公厅、国务院办公厅印发《关于深化应急管理综合行政执法改革的意见》，作出"加快构建权责一致、权威高效的监管执法体制"的决策部署。推进"互联网＋执法""双随机、一公开""四不两直"等监管执法方式，不断完善安全生产执法工作制度，执法信息系统全面运行，监管执法效能不断提升。

（4）应急预案体系不断完善。加强应急预案评估修订工作，组织开展国家突发事件总体应急预案和专项应急预案修订，规范突发事件分类分级、应急响应、现场指挥、应急处置和救援措施，加强和规范应急预案管理与衔接。强化重要目标物、重大危险源、重大活动保障等专项应急预案编制和管理，制定区域性、流域性突发事件联合应急预案，完善应急预案体系，全国已制修订各级各类应急预案 780 余万件。① 加强应急预案的动态管理，持续推动信息技术的应用，推进应急预案电子化、数字化。完善应急预案演练机制，开展形式多样、节约高效的应急演练，加强演练后评估工作，每年开展各类生产安全事故应急演练 10 万余场次，参演人员达 1000 万人次以上。②

（二）应急管理基础能力持续提升

（1）突发事件风险管控体系初步建立。许多城市开展了公共安全风险评估并编制公共安全风险清单，组织实施第一次全国自然灾害综合风险普查工作。中共中央、国务院发布《关于建立国土空间规划体系并监督实施的若干意见》，明确将城市安全与综合防灾、地下空间等设施布局作为各级国土空间规划报批审查要点。各地在区域空间规划、城市总体规划中加强防灾减灾相关要求，提升消防、防洪、人防、抗震等设防标准。国务院安委会印发了《安全风险分级管控和隐患排查治理双重预防控制体系建设指南》，制定了重大事故隐患判定标准，着力构建集规划设计、重点行业领域、工艺设备材料、特殊场所、人员素质"五位一体"的源头风险管控和安全准入制

---

① 《应急管理部召开全国应急预案体系建设现场会》，应急管理部网站，https：//www.mem.gov.cn/xw/bndt/202010/t20201014_ 370020.shtml，最后访问日期：2021 年 5 月 11 日。

② 《我国安全生产应急管理工作职能作用得到有效发挥》，华夏经纬网站，http：//www.huaxia.com/hb－tw/jlhz/jcsx/2016/06/4905763.html，最后访问日期：2021 年 5 月 11 日。

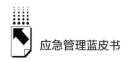

度体系，健全重特大事故风险预防控制体系。修订了安全生产标准化建设规范，达标企业有 40 多万家。

（2）城乡社区和基础设施抗灾能力稳步提升。大力实施自然灾害防治九项重点工程建设，推进大江大河和中小河流治理、病险水库除险加固，治理河流长约 6 万千米，支持 184 座中型水库建设，实施大中型病险水库除险加固 200 余座，大中型病险水闸除险加固 260 余座，小型水库除险加固 10000 余座。实施地质灾害综合防治体系建设，中央财政累计投入 152.36 亿元、相关省份累计投入 164.17 亿元，通过工程治理、搬迁避让以及评估确认等措施核销隐患点 7.2 万处。改造了森林防火应急道路 2000 千米，新建森林、草原防火隔离带 9439 千米。实施农村危房改造，累计投入中央补助资金 1000 多亿元，支持 830 余万户居住在 C 级或 D 级危房中的贫困户改造危房，截至 2020 年 6 月底，脱贫攻坚农村危房改造扫尾工程任务全面完成。中央投入资金 783.5 亿元用于加强公路安防、危桥改造和地质灾害防治工程，已完成 76 万千米公路安全生命防护工程、2 万座危桥改造和 4000 余千米公路地质灾害易发路段处置工作。①

（3）重点行业领域重大隐患综合整治成效明显。国办印发了《关于推进城镇人口密集区危险化学品生产企业搬迁改造的指导意见》，有关部门成立危化品生产企业搬迁改造专项工作组统筹推进，确定搬迁改造危化品企业 1176 家，编制搬迁改造实施方案，到 2020 年底已完成搬迁改造 1126 家。②制定化工企业和化工园区安全生产排查相关导则，组织对 7600 余家危险化学品企业和 2.2 万余处重大危险源进行排查治理。③协调落实 5.7 亿元中央财政资金，支持地方开展油气输送管道安全隐患治理，整改完成排查出近 3

---

① 参见各相关部门"十三五"应急体系建设规划实施评估总结材料。本文部分数据亦同此，不再特别标注。
② 《化工行业安全环保升级 1176 家企业将搬迁改造》，人民网，http：//m.people.cn/n4/2019/0422/c28-12612260.html，最后访问日期：2021 年 5 月 11 日。
③ 《国务院安委办、应急管理部：立即开展全国危化品储存安全专项检查整治》，中国政府网，http：//www.gov.cn/xinwen/2020-08/06/content_5532718.htm，最后访问日期：2021 年 5 月 11 日。

万处安全隐患。① 依法整顿关闭安全保障条件差的小煤矿、小金属非金属矿山、小烟花爆竹企业等，进一步化解过剩产能和淘汰退出落后产能，深化煤矿瓦斯、水害、冲击地压等重大灾害治理，从源头上消除安全隐患。持续开展精准消防安全治理，高层建筑、电气火灾、大型商业综合体、博物馆和文物建筑、电动自行车等领域专项整治持续开展，重点领域消防安全隐患得到有效化解。开展针对电梯、索道、危险化学品相关特种设备、液化石油气瓶、电站锅炉范围内管道、大型游乐设施、压力管道等的隐患排查治理工作，全国共消除各类特种设备安全隐患 100 余万处，有力保障了特种设备安全。

（4）应急避难场所建设标准和规模有效提升。修订和实施《防灾避难场所设计规范》国家标准，加快推进各级各类应急避难场所建设。截至 2020 年，全国已建成规模以上的应急避难场所（地）达 13000 余处，全国设市城市均建成 1 个以上防灾避险公园；全国共建成各类应急避难场所 3 万余个，面积为 5.64 亿平方米，可容纳约 1.5 亿人。

（5）突发事件监测预警能力有了明显提升。中央预算累计投入 100 多亿元，用于推进气象卫星、雷达、山洪地质灾害气象保障、海洋气象等项目实施，进一步完善气象灾害观测站网布局，提高灾害性天气监测预报和预警服务能力。实施国家地震烈度速报和预警工程项目，实现国内地震 2 分钟自动速报，重点监视防御区地震速报信息公众覆盖率达到 95%。构建国家、省、市、县四级重大危险源信息管理体系，积极推进矿山、危化品安全风险监测预警系统建设。煤矿在线联网监测实现全国产煤省全覆盖，完成 25 个产煤省 2500 余座煤矿 34 万余个传感器监测数据和 1.1 万余路视频监控数据接入。在危险化学品安全生产风险监测预警系统方面，完成 2300 余家涉及一、二级重大危险源（罐区）危化品企业的 8 万余个传感器监测数据和 1.6 万余路视频监控数据接入，接入率达 100%。完善"分类管理、分级预警、

---

① 《国务院安委会：油气管道隐患近 3 万处 3 年完成整治》，人民网，http：//politics.people. com.cn/n/2014/0903/c1001 - 25595382.html，最后访问日期：2021 年 5 月 11 日。

平台共享、规范发布"的突发事件预警信息发布体系，通过省级平台向下延伸，初步实现国家、省、市、县四级纵向贯通，并建立与横向部门的连接，提高预警信息发布平台共享共用范围，通过多种手段拓展预警信息发布渠道，提高信息发送效率。

（三）核心应急救援能力显著增强

（1）国家综合消防救援队伍发展迈上新台阶。习近平总书记亲自缔造国家综合性消防救援队伍，为队伍授旗并致训词，19 万名消防救援和森林消防官兵顺利转制，成立国家综合性消防救援队伍，成为我国应急救援的主力军和国家队。初步构建起符合国情和消防救援职业特点的政策制度体系，建立完善"自我保障、属地保障、社会保障"组合模式，明确遂行救援战勤人员编配标准和车辆装备配备要求，基本具备个人装备物资 72 小时异地自我保障能力。森林、草原火灾 24 小时扑灭率达到95%，部分省份实现 24 小时扑灭率100% 。

（2）专业应急救援队伍明显增强。大力发展了地震、危险化学品、矿山以及山岳、水上、铁路、电力、核应急等行业领域专业队伍和社会救援队伍，应急救援力量近 50 万人。新组建地震灾害救援队 461 支；建设了 18 个国家危险化学品应急救援基地和 6 支国家油气管道应急救援队；完成珠海救助飞行基地、武汉应急抢险打捞基地、6000 米级深海搜寻和打捞设备购置、500 米饱和潜水工作母船和 300 米饱和潜水海试系统等建设；组建了 320 人的国家级核应急救援队，3 个国家级核应急培训基地，组建 30 余支国家级专业救援分队，设立 8 个国家级核应急专业技术支持中心。水上人命搜救年平均成功率保持在 96% 左右，深远海救捞能力取得突破性进展。长江干线已建成 11 个溢油应急设备库和多个溢油应急设备配置点，配置溢油回收船 3 艘及相关溢油回收清除设备，一般性通航水域船舶一次性溢油控制清除能力达到 50 ~ 100 吨，部分重点水域能力达到 200 ~ 400 吨。

（3）突发急性传染病防控队伍和紧急医学救援基地建设取得进展。按照"优化布局、完善补充"原则，补充建设了 21 支国家卫生应急队伍（移动处置中心），实现了国家队各省份全覆盖。3支卫生应急医疗队通过了世界卫生组织国际应急医疗队正式评估认证，其中国际应急医疗队（四川）成为全球首支非军方最高标准级别的国际应急医疗队；完善了国家级突发急性传染病检测平台和高等级生物安全实验室网络。依托大型综合医院扩展和补充紧急医学救援功能，添置相应设施设备，建设国家紧急医学救援支柱力量。

（4）反恐处突力量进一步加强。国家级反恐应急力量加强了机动投送、指挥控制、专业处置等能力建设；推行公安特警队伍等级化建设管理，98.8%的地市级、66.9%的县级公安机关设有特巡警队伍，其他市县设有应急处突队。各地依托公安派出所、警务站等，建立了专职和兼职相结合的应急处突小分队。推进反恐怖基地和检测实验能力建设，充实反恐专家咨询组和专业检测鉴定机构。明确了军队国家级反恐应急处置力量。

（四）综合应急保障能力全面加强

（1）灾后救灾保障能力得到提升。建立了辐射全国的中央应急物资储备库点，推进了地方应急物资储备库建设，共有中央生活类救灾物资储备库20个、省级和省级分库60个、地级库325个、县级库2538个，基本形成了中央－省－市－县四级救灾物资储备网络。各级救灾物资储备库严格执行24小时应急值守制度，与铁路、交通运输等部门及军队建立了跨部门应急联动机制。中央财政自然灾害生活补助标准大幅提高，受灾人员基本生活得到有效保障。

（2）应急信息化保障能力得到加强。制定《应急管理信息化发展战略规划框架（2018—2022年)》，实施全国应急指挥信息网、电子政务外网贯通攻坚战，实现国家－省－市－县四级各相关单位全面贯通，信息基础设施建设实现跨越式发展。建成应急管理云计算平台、信息交换共享平台，推进各级各类应急管理信息化平台建设，开展全国重点应急资源信息管理系统建设，基本建成应急信息资源"一张图"。建成应急指挥综合业务系统，在全国各级应急管理、消防、地震、煤监、森防等部门开展全面应用。完善防灾

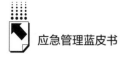
减灾卫星体系,拓展高分卫星、北斗卫星等在应急工作中的应用,为灾害预测、灾情监测、灾后重建等提供服务,灾害发生后的灾区卫星图像资料和应急测绘能力在灾情研判、应急决策中发挥着越来越重要的作用。

(3)应急通信保障能力显著增强。构建了覆盖全国的应急指挥调度系统以及宽带 VSAT 网、短波网,成功发射"天通一号"自主卫星移动通信系统,大力推进 Ka 宽带高通量卫星、宽带集群、空中平台、装备小型化等应急通信技术的应用,基本形成了"天、空、地"一体的应急通信保障系统。推进公众通信网络节点以双归属、多路由等形式互连,充分采取多局址、异地存放和设备重要机盘配置热备用等网络容灾措施,开展超级基站二期工程建设,增强了公众通信网抗毁能力。建设了覆盖全国各省份的 32 支国家应急通信一类保障队伍,为应急救援队伍补充完善了天通卫星数据终端、天通卫星手机、天通卫星热点及北斗有源终端等装备,通信机动保障能力显著提升。

(4)应急物资保障能力快速提升。初步形成了以实物储备为基础,生产能力储备和协议储备相结合的储备机制。中央层面已建成中央防汛抗旱物资储备仓库 29 个、综合性消防救援应急物资储备库 5 个、区域性安全生产应急救援物资储备库 4 个、国家森林草原防灭火物资储备库 12 个、森林消防救援应急物资储备库 4 个,应急物资品类和数量都有了较明显的增加。各级地方政府根据当地经济发展水平、突发事件特点及应对能力储备了具有区域特点的应急物资。建设了国家应急资源保障信息服务系统、应急资源管理平台,提升了应急物资保障的信息化水平。

(5)紧急运输保障能力得到加强。加强公路应急通行保障,对执行抢险救灾任务车辆,免收车辆通行费,并保障优先便捷通行。持续加强应急保障车队建设,研究建立水路重点物资运输船舶应急运力名录库,增强民航运力储备与紧急运输能力,加强灾害多发易发地区航空应急服务基地建设,探索建立航空运输能力社会化储备机制,加快构建政府主导、企业运营、平战一体、全社会参与的应急物流体系,初步构建了有效应对突发事件应急保障运输需要,并能够跨省、跨区域执行联动任务的应急运输保障体系。

（五）社会协同应对能力明显改善

（1）广泛开展应急科普宣传教育培训活动，年均受益 5 亿余人次。开展全国综合减灾示范社区和示范县创建，新创建命名全国综合减灾示范社区 4300 余个；防灾减灾已经成为全民教育体系的重要内容，在校学生防灾减灾教育全面普及的目标基本实现；全国红十字会系统共培训应急救护师资 15 万余名，培训红十字救护员 1257 万余名。全国年均组织开展"安全生产大讲堂"和公开课 4 万余场次、各类应急演练和体验活动 5.5 万余场次、安全咨询 3 万余场次，发放安全类图书和宣传资料 4 亿余份。广泛开展应急科普宣传进企业、进农村、进社区、进学校、进家庭活动，社会公众防灾减灾意识和自救互救技能进一步提升。

（2）专业性应急志愿者队伍快速发展。全国共有社会应急队伍 2000 余支，救援队员 20 万余人，志愿者 43 万余人；全国志愿服务信息系统中汇集注册志愿者已超过 1.7 亿人，其中消防志愿者 170 万人；发布志愿服务项目超过 390 万个，其中应急救援类志愿服务项目 7.8 万个。各级红十字会共参与大型赛事活动志愿服务 970 余场，组织救护志愿者 6 万余人次，救护运动损伤 4 万余例。

（3）应急管理科技支撑能力得到加强。编制实施了《"十三五"综合防灾减灾科技创新专项规划》《"十三五"公共安全科技创新专项规划》，启动"重大自然灾害监测预警与防范""公共安全风险防控与应急技术装备"等国家重点研发计划重点专项，取得了一系列重要科技成果，有效提升了我国灾害事故感知识别、监测预警、风险防范和处置救援等方面的科技支撑能力和水平。组建国家自然灾害防治研究院、安全科技与工程研究院，实施国家地震科技创新工程，推进中国地震科学试验场建设，加强应急管理学科建设，全国已有 20 余所高校建设有专门的应急管理院系，应急管理科技支撑体系进一步完善。

（4）应急产业产值稳步增长。培育和建设了 20 余家国家应急产业示范基地、11 家国家安全产业示范园。全国安全应急领域专用产品和服务的产值达到近万亿元规模，年均增长速度达到 20% 左右，高于同期工业经济平均增速。国家相关部门在重大科研项目设立、优先发展领域布局等方面采取

了一系列措施，加大科研投入，开展基础研究和科技攻关，研发了一批先进适用技术装备；应急管理产业创新生态体系初步形成，物联网、大数据、北斗导航等新技术在应急领域广泛应用。

（六）国际应急救援能力得到加强

（1）国际应急救援能力明显提升。中国救援队和中国国际救援队成功通过联合国国际重型救援队测评和复测，我国成为亚洲首个拥有两支获得联合国认证的国际重型救援队的国家。组建了国际应急救援医疗队、国家应急救援队等达到国际标准的应急救援队伍，与周边国家建立完善跨境突发事件应急处置和救援协调机制，与俄罗斯、蒙古国建立跨境森林火灾扑救机制，完善湄公河流域联合巡逻执法机制，妥善处置涉及中国公民的重大跨国应急救援行动数十起，积极参与国际应急救援和人道主义紧急援助。

（2）"走出去"服务保障水平不断提高。"走出去"服务保障顶层设计和制度安排不断加强，开展"一带一路"沿线国家暴恐威胁、海外投资、项目建设运营等风险评估，建立境外企业和对外投资监测服务平台；与相关国家建立联合行动合作机制，提升应急处置能力；各项保护措施力度不断加大，"走出去"企业主体责任进一步落实，安全风险监测、应急预案和应急处置体系基本形成。

（3）支持全球抗击疫情成果显著。面对新冠肺炎疫情防控的严峻形势，我国始终秉持人类命运共同体理念，肩负大国担当，同其他国家并肩作战、共克时艰，本着依法、公开、透明、负责任的态度，第一时间向国际社会通报疫情信息，毫无保留地同各方分享防控和救治经验。截至 2020 年 12 月初，共向 150 多个国家和 9 个国际组织提供抗疫援助，为有需要的 34 个国家派出 36 支医疗专家组，向各国提供了 2000 多亿只口罩、20 亿件防护服、8 亿份检测试剂盒。① 积极推进药物、疫苗研发合作和国际联防联控，加强全球公共卫生治理，推动构建人类卫生健康共同体。

---

① 《王毅谈 2020 年中国外交：抗疫国际合作有声有色》，外交部网站，https：//www. fmprc. gov. cn/web/wjbz_ 673089/zyhd_ 673091/t1839405. shtml，最后访问日期：2021 年 5 月 11 日。

二 应急管理"十四五"规划前瞻

以规划引领经济社会发展，是党治国理政的重要方式，是中国特色社会主义发展模式的重要体现。① 2020 年 10 月 29 日中国共产党第十九届中央委员会第五次全体会议通过的《中共中央关于制定国民经济和社会发展第十四个五年规划和二〇三五年远景目标的建议》，明确"到二〇三五年基本实现社会主义现代化，到本世纪中叶把我国建成富强民主文明和谐美丽的社会主义现代化强国"的宏伟目标，提出了包括"统筹发展和安全，建设更高水平的平安中国"② 在内的 12 项重大战略任务，对应急管理领域"十四五"期间的发展思路和重点工作做出战略部署，要求"坚持人民至上、生命至上，把保护人民生命安全摆在首位，全面提高公共安全保障能力"。

应急管理部于 2019 年 7 月发布《应急管理部关于做好"十四五"应急管理领域专项规划编制工作的通知》，提出了"1 + 2 + N"的应急管理规划格局，其中"1"是指国家应急体系"十四五"规划，"2"是指国家综合防灾减灾"十四五"规划和国家安全生产"十四五"规划，"N"是指防震减灾、防汛抗旱、矿山安全、消防、应急救援力量、应急物资储备、应急装备、应急管理科技、应急管理信息化等方面的相关规划。公共卫生、社会安全、生态环境等其他应急管理相关部门也根据各自职能分别组织开展相关领域专项规划的研究编制工作。

"十四五"时期，我国应急管理工作仍然面临严峻挑战，各类自然灾害易发高发，极端灾害事件增多，安全生产仍处于"事故多发"的爬坡过坎期，公共卫生与生物安全形势严峻，各种社会矛盾和安全风险交织叠加，公共安全风险的系统性、复杂性持续加剧；应急管理体制机制、风险防控体

---

① 《中共中央 国务院关于统一规划体系更好发挥国家发展规划战略导向作用的意见》（中发〔2018〕44 号）。

② 《中共中央关于制定国民经济和社会发展 第十四个五年规划和二〇三五年远景目标的建议》，《人民日报》2020 年 11 月 4 日。

系、应急处置与救援力量体系、应急保障体系、全社会安全应急素质等方面仍存在较大短板。同时，全面深化改革、构建高水平社会主义市场经济体制，加快转变政府职能、建设职责明确依法行政的政府治理体系，为加快完善应急管理体制机制、优化整合应急管理资源配置、强化安全风险系统治理、依法治理、综合治理、源头治理提供了重要历史机遇；科技创新和信息化、智能化快速发展，将为应急管理领域的超前感知、智能预警、精准防控、高效救援、智能决策支持等提供强大技术支撑。

"十四五"期间，要坚持底线思维，增强忧患意识，高度重视防范化解重大风险，做好应对大灾巨灾的准备，进一步加强统筹协调，持续强化应急管理基础能力、应急救援能力、综合应急保障能力、社会协同应对能力建设，完善应急管理体制机制和法律法规，加快形成统一指挥、专常兼备、反应灵敏、上下联动的中国特色应急管理体制，建成统一领导、权责一致、权威高效的国家应急能力体系，使应急管理更加规范、更加精准、更加高效、更加有力，为实现更为安全的发展提供坚实保障。

（一）深化应急管理体制机制改革

深入推进应急指挥机制改革，建立权威高效、规范有序、信息畅达、专业支撑、执行有力的现代化应急指挥体系；完善安全生产监管监察体制，建立综合监管和行业监管相对独立的安全监管体制，加强重点行业领域安全监管，发挥好综合部门与专业部门各自的优势。坚持分级负责、属地为主，进一步完善中央与地方的分级响应机制，处理好统一指挥和分级负责的关系，强化跨区域、跨流域灾害事故应急协同联动。研究制定对应急管理部门全面实行准军事化管理的相关政策及配套措施。加快完善应急管理法律法规标准体系，制定修订一批急需的法律法规和标准规范，把应急管理的重要理论创新和实践创新提炼上升为法规制度；坚持依法管理，运用法治思维和法治方式提高应急管理的法治化、规范化水平。推进应急管理综合行政执法改革，整合监管执法职责，组建综合行政执法队伍，强化执法保障，推动执法力量向基层和一线倾斜，提升应急管理综合执法能力。

（二）切实防范化解重大安全风险

强化源头治理，健全城乡规划、建设、运行、管理全周期风险管理制度，对重大风险进行前端把关，实施风险评估制度，严把规划和项目安全关。开展全国性安全风险隐患排查和重点地区、重点行业领域风险详查，实施风险分级管控，加大隐患排查整治力度，努力从根本上消除安全隐患。实施公共基础设施安全加固和自然灾害防治能力提升工程，加强工程防御，提升洪涝干旱、森林草原火灾、地质灾害、气象灾害、地震等自然灾害防御工程标准，加快自然灾害防治重点工程和安全生产标准化建设，加强应急避难场所建设，强化重点行业领域企业、城乡基础设施和生产设施防灾抗灾能力，提高城乡安全韧性水平。加强监测预警，加快构建空、天、地、海一体化全域覆盖的监测网络，建立完善监测预警协同机制，加强部门间信息平台互联互通，提升多灾种和灾害链、事件链综合监测、风险早期识别和预报预警能力。

（三）建强应急处置救援力量体系

加快建设国家级核心应急救援力量，对标应急救援主力军和国家队定位，增强全灾种救援能力，建设专常兼备、反应灵敏、作风过硬、本领高强的国家综合性消防救援队伍；加快国家应急指挥总部和区域应急救援中心建设，按照"就近调配、快速行动、有序救援"的原则，合理布局配置国家级核心应急救援力量，加强和完善航空应急救援体系与能力，配备高精尖装备和大型救援飞机，在关键时刻能够快速到达，承担急难险重救援任务。加强专业应急救援力量建设，依托国家综合性消防救援队伍加强危险化学品、森林草原火灾、地震地质灾害等方面的专业救援能力，依托各专业部门加强防汛抗旱、紧急医学救援、环境污染事件处置、水上救援、铁路救援、核应急以及市政工程抢修等领域专业救援队伍建设，抓紧补短板、强弱项，提高各类灾害事故专业救援能力。加强社会应急救援力量建设，大力发展政府专职消防员、志愿消防员，完善法律政策保障，加大资金投入，规范培训、考

评、认证和管理，打造一支强大的应急救援辅助力量和后备军。加强军队应急专业力量建设，强化军地指挥协同、兵力需求对接和应急资源协同保障，积极发挥军队在抢险救灾和应急处突中的突击队作用。加强应急救援技术装备体系建设，加强关键技术装备研发，加大应急救援队伍先进适用装备的配备力度。加强参与国际救援能力建设，积极参与国际重大灾害应急救援，履行国际人道主义救援义务。

（四）打造坚强有力的应急保障体系

构建统一管理、科学储备、快速精准、全程监控、节约高效的现代化应急物资保障体系，完善中央和地方应急物资储备布局，科学调整应急物资储备品类、规模和结构，健全实物储备、产能储备、社会储备和军民融合储备相结合的储备模式。完善公路、铁路、航空、水路多式联运模式，充分调动大型物流、仓储企业参与应急物资运输配送，打造多层级一体化紧急运输网络，提高快速调配和紧急运输能力。加快建设覆盖全境、自主可控、机动灵活、安全可靠的应急通信网络，构建应急指挥信息和综合监测预警网络体系，建设应急业务模型、应急知识图谱库和应急综合应用系统，推进卫星遥感、雷达监测、物联网、云计算、大数据、人工智能、5G 等高科技手段集成应用，提升应急通信保障、监测预警、监管执法、辅助指挥决策、救援实战和社会动员能力。依托相关高等学校和科研院所，加强应急管理科研机构、检测检验机构和专家队伍建设，推进应急管理科技自主创新，加强应急管理理论研究和关键技术研发，加大先进适用装备配备力度。推动应急管理专业院校、职业学院和教育培训机构建设，加强应急管理学科和专业建设，研究建立符合应急管理职业特点的人才专项培养和招录制度，加强干部队伍培训，提升其职业素质和专业能力。

（五）夯实筑牢应急管理人民防线

以乡镇街道、社区村屯为重点，完善基层应急管理组织体系，建立健全基层应急管理工作机构，明确应急管理权责，指导基层组织和单位修订完善应急预案，健全安全隐患信息直报、定期发布机制，做好预警信息传递、灾情收集上报、灾情评估等工作，全面提升基层应急能力。加强应急管理网格化管理，开展常态化风险管理和隐患排查治理。积极发展基层灾害信息员、安全生产"吹哨人"队伍，支持引导应急志愿者、社区居民参与防灾减灾活动，完善激励机制，打造群防群治体系。制定完善政府购买应急管理服务指导目录和应急救援社会化有偿服务，加快培育发展安全生产、应急救援、防灾减灾等社会服务组织。建立健全社会资源应急征用补偿制度。完善和发展巨灾保险、安全生产责任保险等制度。以企业为主体，以市场为导向，加快应急产业供给侧改革，推动应急产业向中高端发展。推动建设应急文化教育体验基地、场馆和网上平台，开展形式多样、群众喜闻乐见的应急文化宣教活动，提高公众安全意识和自救互救能力。持续推动平安中国、国家安全发展示范城市、全国综合防灾减灾示范社区、全国综合防灾减灾示范县和全国安全文化建设示范企业创建，完善相关创建标准规范，加强基层组织、基础工作、基本能力，充分发挥示范引领作用，不断增强人民群众获得感、幸福感、安全感。

（六）统筹做好应急管理规划工作

要发挥好应急管理部门的综合统筹协调作用，建立完善多部门协同的规划编制实施组织协调机制，充分调动应急管理各有关方面的积极性，使规划全面反映应急管理实际需求，凝练重大改革政策、重大任务措施和重点工程项目。在规划编制过程中，建议采用基于"风险－情景－任务－能力"的应急体系规划方法，以应急能力建设为核心布局重点工程项目，以关键任务完成绩效和核心应急能力评估指标为基础凝练规划目标指标，提高应急管理规划的科学性、针对性和有效性。对于规划提出的主要任务和重点工程项目等，应明确实施责任主体，提前做好前期论证和实施准备工作。构建完善规划实施评估及考核机制，加强过程管理，将规划确定的政策、任务和项目实施落到实处。

B.9
2020年中国应急管理体制
改革及其运行情况

李　明*

摘　要： 2020年，我国新建两年的应急管理系统以推进应急管理体系
和能力现代化为目标，着力防风险、保安全、促发展、建制
度、补短板，应急管理体制改革取得了重大进展。一是深化
应急管理体系建设，为体制改革提供支撑。二是完善应急指
挥体制，为体制改革和运行提供保障。三是深入安全生产监
管体制改革，为安全发展大局提供服务。四是深化应急救援
体制改革，为应急救援提供组织保障。五是改革基层应急管
理体制，为应急管理体制奠定基础。围绕应急管理体制设计
的初始目标，全国应急管理各项工作逐步实现精细化、精准
化，各项体制改革目标贯彻落实，运行调整磨合，制度体系
优化，应急管理体制水平得到全面提升。

关键词： 应急管理　体制改革　自然灾害　事故灾难

2020年是全球发展进程中极不平凡的年份，我国应急管理新体制面临
新冠肺炎疫情和各类风险挑战上升的严峻复杂形势。各级党委政府深入贯彻
落实习近平总书记重要讲话精神，按照党中央、国务院具体决策部署，有力

---

* 李明，博士，中共中央党校（国家行政学院）应急管理培训中心（中欧应急管理学院）教
授，博士生导师，研究方向为安全发展。

有序有效地防控严重疫情、深化改革成果、健全应急体系、处置灾害事故、提升应急能力，服务国家发展与安全大局，应急管理体制改革取得了全面进展。

一 2020年应急管理体制改革和运行概览

2020年，新建两年的应急管理系统以推进应急管理体系和能力现代化为目标，着力防风险、保安全、促发展、建制度、补短板，应急管理体制改革取得了重大进展。

一是深化应急管理体系建设，为体制改革提供支撑。全国各级政府着力瞄准应急管理现代化建设目标，开展体系建设。吉林省提出在深化体制改革基础上，全面健全"五大体系"，提升"五大能力"的体系建设目标。① 甘肃省提出坚持党委领导、政府主导前提下，确立"一个中心""三大目标""六大体系""九大工程"的体系建设目标。② 各级政府深入进行的应急管理体系建设为新型应急管理体制框架奠定了基础。

二是完善应急指挥体制，为体制改革和运行提供保障。按照常态应急与非常态应急相结合原则，各地在原有应急管理委员会的基础上，探索建立总部指挥机制，强化统筹协调。例如，山西省为适应新时代大应急、全灾种应急救援要求，在2019年成立省应急救援总指挥部及其办公室（省应急管理厅），下设17个专项指挥部。③ 深圳市则在市突发事件应急委员会的基础上，进行专项指挥部设置，完善应急指挥、应急响应等突发事件应对机制。各地也都按照"上下基本对应"的原则，理顺防汛抗旱、森林草原防灭火、

① 薛蕾：《健全"五大体系" 提升"五大能力"——访吉林省应急管理厅厅长霍云成》，《吉林劳动保护》2020年第1期。
② 《甘肃省印发〈关于加快建设全省新型应急管理体系的意见〉 着力推动应急管理事业改革发展》，甘肃省应急管理厅网站，http://yjgl.gansu.gov.cn/art/2019/8/29/art_18_11070.html，最后访问日期：2021年5月10日。
③ 《山西省人民政府办公厅关于建立山西省应急救援指挥体系的通知》（晋政办发〔2019〕53号）。

抗震救灾等指挥体制，初步形成上下贯通、衔接有序的体制安排，保证了应急管理体制运行需要。①

三是深入安全生产监管体制改革，为安全发展大局提供服务。在国家层面，组建国家矿山安全监察局，改革危化品监管体制，初步形成国家监察、地方监管、党政同责、企业负责的多层级的安全生产监管体制，在抓好安全和发展两件大事，尤其是2020年"一手抓防疫，一手抓生产"中，发挥了巨大的体制保障作用。

四是深化应急救援体制改革，为应急救援提供组织保障。通过公安消防、森林消防转隶后深化体制改革，着眼"全灾种""大应急"救援任务需要，着力从理念、职能、能力、装备、方式、机制6个方面推动队伍转型升级。各级政府通过健全中央地方分级指挥和专业指挥相结合的体制，加强现场指挥规范化建设。山西省应急救援总指挥部颁布《关于推进应急管理体制机制建设的意见》提出，在建立新型应急管理体制的基础上，实现预警发布、抢险救援、恢复重建、监管执法的"四个精准"，全面提升应急救援能力。②

五是改革基层应急管理体制，为应急管理体制改革奠定基础。各地结合国家推进的综合执法体制改革，积极推进应急管理执法体制改革，县（市、区）探索实行局队合一的执法体制改革模式，街乡镇建立应急管理委员会及其办公室。在应急管理队伍建设上，各地坚持准军事化管理，实行铁纪律、硬作风、严制度、强落实。各地通过坚持制度、管理、队伍等方面统筹规划推进，加快改革健全应急管理综合行政执法体系。

2020年，从中央到地方各级政府在应急管理体制改革中，坚持优化协同，统筹配置资源；坚持专业监管，突出安全生产执法；坚持部门协同，加强自然灾害救助；坚持依法行政，履行法定职责；坚持完善程序，规范执法

---

① 《山西：出台〈关于推进应急管理体制机制建设的意见〉》，应急管理部网站，http：// www. mem. gov. cn/xw/gdyj/201912/t20191219_ 342500. shtml，最后访问日期：2021年5月10日。

② 《山西：出台〈关于推进应急管理体制机制建设的意见〉》，应急管理部网站，http：// www. mem. gov. cn/xw/gdyj/201912/t20191219_ 342500. shtml，最后访问日期：2021年5月10日。

行为；加强监管督导，落实责任保障。围绕应急管理体制设计的初始目标，全国应急管理各项工作逐步实现精细化、精准化，各项体制改革目标贯彻落实，运行调整磨合，制度体系优化，应急管理体制水平得到全面提升。

二　深入落实新型应急管理体制

2018 年，党和国家在机构改革中提出"统一指挥、专常兼备、反应灵敏、上下联动，平战结合"的新时代中国特色应急管理体制。2019 年，党的十九届四中全会又强调，建设"统一指挥、专常兼备、反应灵敏、上下联动"的应急管理体制改革目标。[①] 2020 年，着重在重大风险挑战治理实践中，对新体制从不同侧面进行了全面深化。

（一）指挥权集中统一

新体制的"统一指挥"是指突发事件应急处置中，下级单位或人员单位接受直接上级单位或领导人的最终命令和集中统一指挥。这一原则主要目的是解决应急指挥体系不一容易导致的"多头决策""指挥紊乱""力量分散""信息孤岛"等问题。"统一指挥"不意味着各种类型、规模的突发事件全部由最高机构统一处置，也非应急管理部门垄断指挥权。一般性灾害应由地方各级党委政府负责，应急管理部代表中央统一响应支援。特别重大灾害应由应急管理部作为指挥部办事机构，协助中央指定负责同志组织应急处置，保证政令畅通。应急管理部门要处理好防灾减灾救灾的关系，明确部门和地方各自职责分工，建立协调配合机制。

在 2020 年改革深化过程中，为贯彻"统一指挥"原则，各地进行了多种形式的探索。浙江省通过省应急委组织架构对安全生产、自然灾害全面统筹，完善省安委会、防汛抗旱指挥部、森林防火指挥部、减灾委等议事协调

---

① 应急管理部人事司：《巩固和完善国家治理体系中的应急管理体制》，《中国机构改革与管理》2019 年第 12 期。

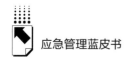
机构运行规则，构建"1 + X"组织体系，通过派单督促水利、自然资源、农业农村、建设等部门推动落实。① 广州市黄埔区、广州开发区在全国率先提出将突发事件应对委员会、安全生产委员会、减灾委、森林防火指挥部、抗震救灾指挥部、防汛抗旱指挥部等"三委三部"整合成立区应急总指挥部，通过"合六为一"打造权威型应急指挥决策中枢，统筹指挥"防、抗、救"工作。② 甘肃省率先打通安全生产、消防管理、森林防火三个应急指挥平台，横向实现应急部门与其他部门裂解，纵向实现向市县贯通的应急指挥系统。③

（二）专业常规救援兼备

新体制的"专常兼备"是指在突发事件应急处置中，既需要处置非常见突发事件及常见突发事件特殊环节的专业救援技能的力量，也需要应对各类常见突发事件的常规救援技能的力量。专业和常规救援技能兼备，是新体制的基本要求。常规救援力量由具备一般性的救援知识和技能的救援人员组成，主要配备常用救援装备、设备、技术手段和解决方案的队伍，如常见自然灾害、事故灾难救援。专业救援队伍主要由具备特殊技能和训练人员，并装备特殊设备、装备、技术手段和解决方案的队伍，如地震重型救援队、核生化应急救援队、应急机动通信保障队、医疗防疫救援队等。

各类专业性应急救援职能统一到新的应急管理体系内后，在2020年深化改革的过程中，应急管理部完善应急救援体制，改革国家综合性救援力量、地方专业队伍、志愿者队伍的共训共练、救援合作体制，规划建设区域应急救援中心。地方上也开始"专常兼备"体制改革调整。广州市黄埔区各职能

---

① 《浙江省2019年度应急管理工作总结和2020年工作思路》，浙江省应急管理厅网站，http：//yjt. zj. gov. cn/art/2019/11/29/art_ 1228978409_ 59031070. html，最后访问日期：2021年5月10日。

② 《黄埔在全国率先发布"应急8条"》，广州市政府网站，http：//www. gz. gov. cn/xw/zwlb/gqdt/hpq/content/post_ 6537687. html，最后访问日期：2021年5月10日。

③ 《甘肃省印发〈关于加快建设全省新型应急管理体系的意见〉 着力推动应急管理事业改革发展》，甘肃省应急管理厅网站，http：//yjgl. gansu. gov. cn/art/2019/8/29/art_ 18_ 11070. html，最后访问日期：2021年5月10日。

部门和镇街建立应急抢险常规队伍、机动队伍，区里建立全系列专业化特种应急队伍，组建全国首支区级特种应急救援队伍。在全国率先建立应急志愿者认证和救援补偿制度，鼓励企业、第三方和志愿者参与应急救援工作，探索建立应急救援基金，建立壮大专兼职企业应急队伍、社会救援队伍、民兵等队伍。最终实现专业化救援和常规化救援职能兼备，相互配合，共同提高。[①]

（三）事件响应反应灵敏

新体制的"反应灵敏"是指在突发事件应急处置中，对突然性、危害性、复杂性、紧迫性的各类突发事件，要做到迅速、遂行响应并及时采取应对处置措施。在保持应急处置质量前提下，尽一切可能缩短响应、处置时间，这是检验新体制成效的重要指标。在2020年的改革中，各地为实现新体制的"反应灵敏"目标，着重建设各类突发事件的高效、迅速反应体系。重点从以下方面进行体制深化改革。

一是加强监测预警。加强事前监测、会商、判断、预警，加强突发事件发生的事先防范。上海市应急管理局抓住早期监测预警关键环节，改革风险研判责任机制，会同市自然灾害防治工作联席会议成员单位建立"上海市自然灾害风险形势会商"制度，增强早期风险研判的准确性，为准确及时预警奠定基础。[②]

二是做好预防准备，包括强化预案、物资、装备等资源准备，以及专业训练、人员素质等人力准备。黑龙江省启动应急广播平台，实现与国家应急广播中心、部分市县应急广播系统信息联动，全国首创省级应急信息共享联盟，为实现应急和预警信息快速发布做好充分准备。[③]

---

① 《黄埔在全国率先发布"应急8条"》，广州市政府网站，http：//www.gz.gov.cn/xw/zwlb/gqdt/hpq/content/post_ 6537687.html，最后访问日期：2021年5月10日。

② 《上海市自然灾害防治工作联席会议第二次会议召开》，澎湃新闻网，https：//www.thepaper.cn/newsDetail_ forward_ 9038159，最后访问日期：2021年5月10日。

③ 《黑龙江：举行应急广播平台启动暨应急信息共享联盟成立仪式》，黑龙江省应急管理厅网站，http：//www.mem.gov.cn/xw/gdyj/202011/t20201110_ 371589.shtml，最后访问日期：2021年5月10日。

三是完善应急指挥，包括统一指挥、决策迅速、职能完善等，强化综合应急管理部门直接处置，减少部门协调成本，提高处置效率。浙江省建立应急管理数字与技术中心，完善"一个平台"精密智控，与省大数据局及公安、交通、农业农村、卫健等部门建立对接，同步市县应急管理部门数据。

四是高效的应急救援队伍。在新体制下组建国家综合性消防救援队伍，形成统一高效的领导指挥体系。建立专门的衔级职级序列，建立规范顺畅的人员招录、使用和退出管理机制，建立严格的队伍管理办法，建立尊崇消防救援职业的荣誉体系，建立符合消防救援职业特点的保障机制。

（四）应急行动上下联动

新体制的"上下联动"是指在突发事件应急处置中，上级党委政府或其应急管理部门牵头，自上而下，动员多层次应急主体，广泛参与应急管理。上级党政领导机关和救援机构队伍，具有信息、资源等优势，掌握更强大的专业力量，能提供强有力的支持和指导；应急管理部门具有综合优势，各部门具有专业优势，防抗救一体化，强化全链条管理；属地党政机构、企业、社会组织和公众，具有信息和距离优势，能迅速及时反应，开展自救互救。

在2020年的改革深化中，应急管理部进一步完善了应急管理职责，中央和各级党委、政府主要发挥领导作用，做好组织、指挥协调功能；应急管理部、省级应急管理厅（局）、地市级应急管理局、县（市、区）应急管理局四级应急管理部门联动，充分发挥应急管理主体作用；综合应急救援队、专业应急救援队、常规应急救援队互相配合，发挥应急救援主力军的作用；企业、社会组织、第一响应人和志愿者广泛参与，发挥了基础性的支撑作用。通过各类应急管理主体的相互配合、有机整合，形成上下联动的应急网络系统和全方位、立体化的公共安全网。上海市构建共建共治共享的责任体系，理顺安全生产、自然灾害、消防等相关议事协调机构，厘清各级党委政府和有关部门职责分工，推动安全生产和应急管理职责纳入相关部门"三定"，压实地区属地管理责任、行业部门监管责任以及中央在沪及地方国有企业主体责任，完善事故调查处理和后评估机制，建立问题整改和责任追究跟踪督办制度，极大地推动了新体制中的"上下联动"。① 在改革过程中，上海市还完善了突发事件紧急征用的流程，充实了相关职能。②

三 自然灾害管理体制改革深化及运行

自然灾害管理体制是应急管理体制的重要组成部分。中共中央、国务院2016年发布《关于推进防灾减灾救灾体制机制改革的意见》，确立新时代防灾减灾救灾体制机制改革框架，为2018年应急管理体制全面改革奠定了基础。2020年开始了全面落实和深化两次改革。

（一）灾害治理协调体制

在2020年的深化改革中，加强了各类自然灾害管理全过程的综合管理，一方面完善统筹协调、分工负责的自然灾害管理体制，充分发挥减灾委员会对防灾减灾救灾工作的统筹指导和综合协调作用，强化减灾委员会办公室的灾情信息、风险防范、生活救助、科普宣教、国际交流等工作职能建设。另一方面健全各级应急管理委员会、减灾委员会与防汛抗旱指挥部、抗震救灾指挥部、森林防火指挥部等机构之间，以及与军队、武警部队间协同制度和工作规程。应急管理部在2020年制定了健全地方防汛抗旱和森林草原防灭火机制两个指导意见，进一步理顺应急指挥体制。联合国家发展改革委、财政部等7部委建设覆盖重大风险隐患的多层级自然灾害监测预警体系，持续推进应急管理信息共享。山东省政府调整完善了全省防汛抗旱指挥体制和运行机制，加快构建上下一体、纵横联动的防汛抗旱应急管理体制新格局。③

---

① 《上海市应急管理局关于印发2019年工作要点的通知》，上海市应急管理局网站，http://yjglj. sh. gov. cn/xxgk/xxgkml/ghkj/gzjhyd/20190226/0037 - 32383. html，最后访问日期：2021年5月10日。

② 《上海市人民政府办公厅关于印发〈上海市应对突发事件应急征用补偿实施办法〉的通知》，上海市人民政府网站，http://www. shanghai. gov. cn/nw48507/20200825/0001 - 48507_ 65009. html，最后访问日期：2021年5月10日。

③ 赵卫东：《关于全省应急管理工作情况的报告——2020年7月21日在山东省第十三届人民代表大会常务委员会第二十二次会议上》，《山东省人民代表大会常务委员会公报》2020年第4期。

（二）地方救灾主体责任

在 2020 年自然灾害体制深化改革中，进一步明确了中央和地方应对自然灾害的事权划分。按照处理应急救灾央地关系中分级负责、属地为主的总原则，对达到国家启动响应等级的自然灾害，中央主要发挥统筹指导和支持作用，地方党委和政府在灾害应对中要发挥主体作用，承担主体责任。尤其是省、市、县级政府，要建立健全统一的防灾减灾救灾领导机构，统筹防灾减灾救灾管理、救援等各项工作。① 地方党委和政府根据自然灾害应急预案，统一指挥人员搜救、伤员救治、卫生防疫、基础设施抢修、房屋安全应急评估、群众转移安置等应急处置工作。通过规范灾害现场各类应急救援力量的组织领导指挥体系，强化各类应急救援力量的统筹使用和调配，发挥综合消防救援及各类专业应急救援队伍在抢险救援中的骨干作用。应急管理部发布《关于进一步引导社会应急力量参与防汛抗旱工作的通知》，积极倡导防灾减灾救灾社会组织和城乡社区应急志愿者参与防汛抗旱，并要求进一步引导社会应急力量参与防汛抗旱工作，发挥保护人民群众生命财产安全的作用。同时，在灾害救助过程中，统一做好应急处置的信息发布工作。② 山东省强化了自然灾害属地管理责任，建立统筹应对各灾种、全面覆盖防减救各环节、全方位整过程多层次的自然灾害治理体制，按照新"三定"方案调整了防汛抗旱指挥部构成及其办公室职责。③

（三）灾后恢复重建体制

特别重大的灾害恢复重建职能，是属地管理中最难理清的。特别重大自

---

① 《财政部 应急部关于印发〈中央自然灾害救灾资金管理暂行办法〉的通知》，中国政府网，http://www.gov.cn/gongbao/content/2020/content_5551812.htm，最后访问日期：2021 年 5 月 10 日。

② 应急管理部办公厅：《关于进一步引导社会应急力量参与防汛抗旱工作的通知》，应急管理部网站，http://www.mem.gov.cn/gk/tzgg/tz/202006/t20200624_354229.shtml，最后访问日期：2021 年 5 月 10 日。

③ 赵卫东：《关于全省应急管理工作情况的报告——2020 年 7 月 21 日在山东省第十三届人民代表大会常务委员会第二十二次会议上》，《山东省人民代表大会常务委员会公报》2020 年第 4 期。

然灾害灾后恢复重建，要坚持中央统筹指导、地方作为主体、灾区群众广泛参与的新机制。中央与地方通过各负其责，协同推进灾后恢复重建工作。四川省在落实国家发改委、财政部、应急管理部 2019 年 2 月下发的灾后重建规划中，积极探索创新恢复重建体制机制，争取中央部门和企业支持恢复重建，充分发挥省与地方两个积极性。完善省内对口支援机制，发挥灾区干部群众主体作用，调动市场和社会力量，形成了恢复重建的强大合力。①

（四）军地协调联动体制

完善军队和武警部队参与抢险救灾的应急协调机制，明确需求对接、兵力使用的程序方法。一是完善军地协调联动制度，建立地方党委和政府请求军队和武警部队参与抢险救灾的工作制度，明确程序，细化工作任务；完善军地间灾害预报预警、灾情动态、救灾需求、救援进展等信息通报制度。二是加强军地救灾应急专业力量联合，通过充实队伍，配置装备，强化培训，组织军地联合演练，完善军队、武警部队、综合消防救援、森林消防、地方和基层应急救援队伍、社会应急救援队伍灾害应急联合救援力量体系。三是完善军地联合保障机制，加快形成全要素、多领域、高效益的军民融合深度发展格局。

四　安全生产管理体制改革深化及运行

安全生产管理体制是应急管理体制的重要内容，中共中央、国务院在 2016 年颁布了《关于推进安全生产领域改革发展的意见》，确立了新时代安全生产监管体制框架，为 2018 年应急管理体制的全面改革奠定了基础，2020 年开始了全面落实和深化两次改革的规定。

---

① 《四川省财政厅　四川省应急管理厅印发关于做好重特大自然灾害灾后恢复重建工作的实施意见的通知》，四川省发展和改革委员会网站，http://fgw.sc.gov.cn/sfgw/zcwj/2020/5/14/4160e0e4e07a48709606133220d26951.shtml，最后访问日期：2021 年 5 月 10 日。

（一）安全生产监管机构改革

2020 年，中央调整了应急管理部安全监管体制，统一煤矿、非煤矿山（含地质勘探）安全监管职责，建立国家矿山安全监察局。撤销应急管理部安全生产基础司（海洋石油安全生产监督管理办公室），职责并入更名后的安全生产执法和工贸安全监督管理局，承担冶金、有色、建材、机械、轻工、纺织、烟草、商贸等相关行业安全生产监管及安全生产综合执法工作。[①] 应急管理部危险化学品安全监督管理司更名为危险化学品安全监督管理一司，增设危险化学品安全监督管理二司（海洋石油安全生产监督管理办公室），承担相关行业生产安全监督管理工作，各省和部分设区市、县（市、区）也对有关内设机构进行了相应调整。应急管理部还会同教育部共同建设国家安全科学与工程研究院，与河北共建华北科技学院，增强安全生产科技力量。[②]

2020 年，各地也根据安全发展需要，全面加强了安全生产监管机构建设。江苏省在响水天嘉宜化工公司特别重大爆炸事故后，全面加强安委办和安全生产监管机构配备设置，全部设区市、县（市、区）、省级以上开发区，尤其是化工重点市、重点县核定编制，配备专职人员，进一步推动市、县两级安委办实体化运行，同时确立安委会主要制度，建设专业救援基地，深入开展危化品生产安全事故应急演练。[③]

（二）健全安全生产责任体系

2020 年，国务院安委会办公室制定《国家安全发展示范城市建设指导手册》，要求各地区加强对国家安全发展示范城市创建的组织领导，推动全面提高城市安全保障水平。各地全面落实"党政同责、一岗双责、齐抓共

① 《国家矿山安全监察局职能配置、内设机构和人员编制规定》，《中国煤炭报》2020 年 10 月 10 日。
② 《中共中央办公厅　国务院办公厅关于调整应急管理部职责机构编制的通知》，中国政府网，http：//www.gov.cn/zhengce/2020 - 10/09/content_ 5549986. htm，最后访问日期：2021 年 5 月 10 日。
③ 《省委编委要求强化各级安委办力量配备》，江苏省政府网站，http：//www.jiangsu.gov.cn/art/2019/12/26/art_ 60085_ 8901923.html，最后访问日期：2021 年 5 月 10 日。

管、失职追责"的监管体系建设要求，确定地方各级党政主要负责人是本地区安全生产第一责任人，班子其他成员对分管范围内的安全生产工作负领导责任。落实企业安全生产主体责任，发挥人大、政协对安全生产的监督，推动组织、宣传、政法、机构编制等单位和社会各界对安全生产工作的参与、支持、监督。在《深圳市建设中国特色社会主义先行示范区安全发展行动方案（2020—2025年）》中，还确立了构建集中统一、权威高效的应急管理组织领导体制，强化在安委会架构下，健全消防、交通安全、水上交通、建设施工、旅游、危险化学品等专业安全委员会责任体系，完善相关制度。①

（三）推动部门间协调联动

2020年，国务院安委办、应急管理部着力推进了安全生产专项整治三年行动集中攻坚。聚焦矿山灾害治理，化工重大危险源、交通运输"百吨王"、水上运输安全、大型综合体消防安全、农村自建房等突出难点，推动相关部门加大整治力度。福建省完善油气危化品输送管道企业与管道沿线地方政府应急联动机制，成立福建省海上危化品应急处置指挥中心，建立省、市、县三级安全生产专家库，升级了省级平台，建立了全省危险化学品企业和重大危险源数据库，形成风险分级管控双重防控体系。② 应急管理部还重点运用新颁布的刑法修正案，推动各地完善行刑衔接体制，并纳入安全生产和消防工作考核。上海市应急管理局会同公安、高级法院、检察院、消防救援总队厘清安全生产行政执法与刑事司法衔接的体制分工，积极建立有效衔接机制，完善体制基础。③

---

① 《市安全管理委员会关于印发深圳市建设中国特色社会主义先行示范区安全发展行动方案（2020—2025年）的通知》，深圳政府在线，http://www.sz.gov.cn/szzt2010/wgkzl/jcgk/jcygk/zyggfa/content/post_8231971.html，最后访问日期：2021年5月10日。

② 冯立梅：《全面推进应急体系和能力现代化建设——省应急管理厅贯彻党的十九届五中全会精神》，《安全与健康》2020年第12期。

③ 《上海市应急管理局 上海市公安局 上海市高级人民法院 上海市人民检察院 上海市消防救援总队关于印发〈上海市安全生产行政执法与刑事司法衔接工作联席会议制度〉的通知》，上海市应急管理局网站，http://yjglj.sh.gov.cn/xxgk/xxgkml/zcfg/gfxwj/20200807/a5a268b2303c41f0a3f3ee411f581660.html，最后访问日期：2021年5月10日。

五 基层应急管理体制改革深化及运行

2020 年,各地紧紧抓住乡镇(街道)机构改革的有利契机,改革乡镇(街道)应急管理体制,解决当前制约乡镇(街道)应急管理发展、影响基层社会治理的突出问题,打通制约基层应急管理"最后一公里"。

(一)改革基层应急管理体制

各地在 2018 年完成省级应急管理体制改革,2019 年完成市级应急管理体制改革后,2020 年开始重点开展了乡镇(街道)基层应急管理体制改革。① 广东汕尾市印发了《关于深化乡镇街道体制改革完善基层治理体系有关事业单位改革实施方案》《汕尾市城区深化乡镇街道体制改革完善基层治理体系实施方案》《汕尾市功能区代管街道体制改革实施方案》等 7 个方案,全面推动形成基层应急管理体制。在体制改革方案中,要求各个各镇(街道)党委建立由相关党政机构、事业单位、社会组织及村民、居民群众代表组成的应急委员会,设立常设的应急管理办公室,整合镇(街道)现有的"三防"(防汛、防旱、防风)、森林防火、安全生产监督执法、消防专职队力量,设立应急救援中心或应急救援队。②

(二)健全基层应急管理机构

2020 年,各地还普遍开展了基层应急管理机构建设。国家减灾委员会办公室、应急管理部要求各地发展乡镇(街道)应急消防站所、乡镇(街道)专职消防队、企业专职消防队、微型消防站、志愿消防队、灾害信息

---

① 张雅林:《构建适应新时代发展要求的基层应急管理体制》,《中国机构改革与管理》2020 年第 3 期。

② 《广东汕尾市全面启动镇(街)应急管理体制改革——51 个镇(街)全部设立应急管理领导机构、办事机构》,中国安全生产网,http://www.aqsc.cn/news/202007/21/c130366.html,最后访问日期:2021 年 5 月 10 日。

员等基层应急力量，将乡镇消防队纳入训练体系。黑龙江重点加强了基层应急志愿者组织建设，省文明办与省应急管理厅联合出台《黑龙江省应急志愿者管理暂行办法》，推动全省应急志愿服务联盟组织体系建设，并规定了应急志愿者联盟的应急志愿者、应急志愿服务、培训与演练、表彰与保障等联盟的具体运行内容。应急志愿者联盟下辖13个市级和128个县级应急志愿服务联盟，初步形成了应急志愿者联盟的网络体系，成为新应急管理体制的重要一环。①

（三）提升基层应急管理能力

2020年，国家减灾委员会办公室、应急管理部要求在建立完善社会应急力量的基础上，引导志愿者组织开展突发事件的先期处置、风险隐患排查、科普宣传教育等工作，通过提升社会力量应急能力，深入解决应急管理中的灾害预警、应急救援、应急响应的"最后一公里"问题。广东省为提升基层应急管理体系能力建设，提出了"四个一"，即全省各乡镇街道要做到有"一个工作机构""一支救援队伍""一个响应平台""一个储备仓库"。广东省广州市黄埔区还在前期改革的基础上，明确各镇街的辖区自然灾害防治、抗灾抢险和安全生产监管职责。同时，根据区域特点明确了国际安全社区和综合减灾示范社区建设职责。②上海市为提升基层安全生产、自然灾害应急管理能力，提出了"六有"建设的具体任务，即有班子、有机制、有预案、有队伍、有物资、有演练，并从应急研究、预警发布、应急培训、基地建设、科技支撑等全流程视角，统筹事业单位设置和体制改革工作。③浙江省为改变农村的应急管理不平衡状况，由省应急管理厅与省广播电视局、华数集团签订合作协议，积极推进农村应急广播建设，建立浙江省应急广播管理平台并上线运行，第一批海盐县等地的基层应急广播

---

① 《黑龙江：成立应急志愿服务联盟并出台管理暂行办法》，《消防界》2020年第2期。
② 王中丙：《应急管理体系和能力现代化的广东实践》，《中国应急管理报》2021年4月3日。
③ 桂余才：《加强上海市应急管理工作 筑牢防灾减灾救灾的人民防线》，《中国减灾》2020年第17期。

管理中心，已经开始同步联通至省级平台，并且接入了省应急管理厅指挥中心。①

六 应急管理保障体制改革深化及运行

应急管理保障体制是应急管理主体之间从设计到应急管理保障职能方面的权责划分，与应急管理保障机制共同构成应急管理保障制度的组成部分。2020年，应急管理保障体制主要侧重于从应急管理财政体制、物流制度、执法体制、应急科技管理体制等方面，进行深入的改革调整。

（一）应急物流和财政体制

财政体制是反映应急管理职能配置的经济基础。2020年，经中央政治局常委会会议审议通过，《应急救援领域中央与地方财政事权和支出责任划分改革方案》由国务院办公厅正式印发。改革方案从预防与应急准备、灾害事故风险隐患调查及监测预警、应急处置与救援救灾等方面，明确了应急救援领域中央与地方财政事权和支出责任划分的体制，这是应急管理体制改革以来首次进行的财政体制建设。各地也积极推进了省以下财政体制的改革调整，进一步提高了应急管理财政资源配置效率和使用效益。②

2020年，物资保障体制也进行了改革调整。应急管理部协调中央财政大幅增加中央应急物资储备规模，并优化物资储备布局，会同国家发展改革委等部门制定《关于印发健全我国应急物流体系实施方案的通知》《关于健全公共卫生应急物资保障体系的实施方案》，建立应急物流保障重点企业名

---

① 本刊编辑部：《智慧广电多措并举 坚实筑牢抗疫防线——全国广电系统疫情防控工作纪实》，《广播电视网络》2020年第2期。

② 《国务院办公厅关于印发应急救援领域中央与地方财政事权和支出责任划分改革方案的通知》，中国政府网，http://www.gov.cn/zhengce/content/2020-07/24/content_5529813.htm，最后访问日期：2021年5月10日。

单，健全应急物资社会动员保障机制，引导社会力量参与突发事件应急物资保障工作。①

（二）应急管理综合执法体制

应急管理综合执法体制主要是指应急管理中各级政府的职责权限划分。2020年，中办、国办印发《关于深化应急管理综合行政执法改革的意见》，改革应急管理综合行政执法体制，以解决安全生产、防灾减灾救灾、应急救援等应急管理领域的突出问题，深化应急管理体制改革。该意见中提出了"健全省市县三级应急管理综合行政执法体系"的体制改革要求。省级应急管理部门的执法体制定位为，强化统筹协调和监督指导，负责监督指导、重大案件查处、跨区域执法的组织协调等工作；原则上不直接设立执法队伍。②

应急管理综合行政执法职责主要由设区的市、县（市、区）两级政府承担。设区的市级政府主要组织查处辖区内跨区域和具有重大影响的复杂案件，监督指导辖区内执法体系建设和执法工作；减少执法层级，实行以区为主的执法管理体制。市、县（市、区）两级应急管理部门机构设置上原则实行"局队合一"的综合执法体制，提高应急管理监管执法效率。

乡镇、街道等基层组织按照权责一致原则，通过被赋予委托执法权，强化监管执法的属地管理。在应急管理综合行政执法中，坚持和加强党的全面领导，增强"四个意识"、坚定"四个自信"、做到"两个维护"，并贯穿应急管理综合行政执法改革的各个方面和执法全过程。

（三）应急科技和信息化保障体制

应急管理科技和信息化发展水平，是应急管理体系和能力现代化的重要

---

① 张广泉、付瑞平：《打造共建共治共享的应急新格局——写在2021年全国"两会"前》，《中国应急管理》2021年第2期。

② 程敏：《利于加快构建权责一致、权威高效的监管执法体系》，《中国应急管理报》2020年12月29日。

标志，应急科技和信息化保障体制是应急主体之间的职责划分。2020 年，重点加强了部门分工和职能协调，工信部、应急管理部重点加强了安全生产领域科技和信息体制改革，印发《"工业互联网 + 安全生产"行动计划（2021—2023 年）》，确定了两个部门在安全生产中的职责分工，工信部门负责工业互联网应用，组织开发技术和解决方案；应急管理部门负责创新监管方式，加强对企业接入监管平台管理，建立激励约束机制。工业企业落实主体责任，将工业互联网与安全生产共同规划、部署、发展。① 江西省印发《江西省"智慧应急"建设方案》，按照"构建一个大数据中心、提升五大能力"的体制架构，打造"一朵云、一张图、两张网、三大重点工程"的江西特色"智慧应急"体系。② 浙江省、深圳市探索完善专家管理体制，组织遴选、筹备建设专家库。浙江省应急专家实行聘任制，每届任期 3 年，分别设立 12 个专业组，为专业应急提供保障。

技术标准是保障体制建设的核心内容，明确职责分工是推进工作的前提。2020 年，应急管理部和地方应急管理局将技术标准建设作为重要工作推进，应急管理部制定《应急管理标准化工作管理办法》，着手强化公共安全标准管理职责。③ 2020 年，根据 2018 年体制改革职能调整规定，进行了技术标准归口职责调整，将 165 项原由公安部归口管理的标准划转应急管理部归口管理，将原国家安监总局归口管理的 71 项标准划转国家卫健委归口管理。④

七　深化应急管理体制改革方向

2021 年全国应急管理工作会议提出的应急管理体制改革目标是，到

---

① 《工业和信息化部　应急管理部印发〈"工业互联网 + 安全生产"行动计划（2021—2023 年）〉》，《中国安全生产》2020 年第 11 期。

② 王明德：《江西：推进"智慧应急"体系建设》，《中国应急管理》2020 年第 12 期。

③ 《应急管理部关于印发〈应急管理标准化工作管理办法〉的通知》，应急管理部网站，https：//www.mem.gov.cn/gk/tzgg/tz/201907/t20190718 _ 321229.shtml，最后访问日期：2021 年 5 月 10 日。

④ 《应急管理部发布〈关于消防救援领域行业标准以"XF"代号重新编号发布的公告〉》，《中国消防》2020 年第 10 期。

2025 年，建成统一领导、权责一致、权威高效的应急管理体系基础，基本形成"统一指挥、专常兼备、反应灵敏、上下联动"的新型应急管理体制。公共安全隐患排查和预防控制能力提高，自然灾害防御水平明显提升，人才培养、队伍管理和政策保障体系健全，法治、科技和信息化水平大幅提升，全社会防范和应对突发事件能力显著增强。到 2035 年，基本实现与现代化相适应的中国特色大国应急体系，全面实现依法应急、科学应急、智慧应急，应急管理成为彰显中国制度优越性的标志。近期的应急管理体制改革中，重点应解决以下几个方面的问题。

（一）明确界定应急管理的职能范围

原有的《突发事件应对法》和相关应急管理体制文件中，明确规定的应急管理范围是自然灾害、事故灾难、公共卫生、社会安全四大类突发事件的应急管理。应急管理部成立后，其管理职能主要是前两类事件的应急管理。我国当前话语体系中所称的"应急管理"，有时候指代政治、经济、社会等不同领域的各类事件的应急管理，有时候仅仅指应急管理部所做事故灾难、公共卫生领域的突发事件应急处置工作。2020 年新冠肺炎疫情应对的公共卫生事件的应急管理，将范围不统一的问题显性化。如何明确完整的政府应急管理职能，直接关系到下一步应急管理体制及改革的方向。

（二）明确各级议事协调机构之间的关系

从国家层面上看，这类议事协调机构主要包括国务院安全生产委员会、国家防汛抗旱总指挥部、抗震救灾指挥部、森林草原防灭火指挥部、海上搜救和重大海上溢油应急处置部际联席会等议事协调机构，以及公共卫生、水污染、大气污染联防联控机制，还有地方政府普遍建立的应急管理委员会，城市政府普遍设立的总指挥部、各类专项指挥部关系。这些都需要在下一步的应急管理体制深化改革过程中，将其职责和运行制度予以明确和细化。

（三）明确深化改革中防和救的关系

主要通过优化部门责任划分，健全部门之间的衔接机制。在每年我国损失最大的洪涝灾害应急管理中，应急管理部门、水利部门的职责划分最为典型。要有效处理各类应急管理，一方面要按照"测防报""抗救援"适度分开的原则，对有关部门职责进行划分；另一方面，防和救本来就是一个事务的两个方面，是难以分割的不同环节。未来在应急管理体制改革深化过程中，要进一步健全职能衔接和工作配合机制，明确应急管理责任链条的分界点、衔接点、联系点，确保应急管理责任链条的全流程无缝对接。

（四）明确中央应急管理和地方应急管理的关系

按照党和国家机构改革方案，中央、省（自治区、直辖市）、设区的市、县（市、区）全部设立了应急管理部门，公安消防、武警森防也都开始了体制上的转隶改革，两年间运行情况基本平稳。原来各级党委政府之间事件处置大体上是按照事件规模进行责任划分，判定事件规模主要依据死亡人数、财产损失数额进行。但是，这种划分方式存在一定程度的逻辑悖论，因为人员和财产损失基本上都是事后的数据，与事先需要实施应急响应的各项安排存在一定程度的矛盾，也与日益复杂的突发事件复杂形势相矛盾。由于突发事件信息掌握、响应速度等多方因素，各国各类突发事件应急处置实行属地管理为主。如何处理各类事件中下级政府和上级政府之间的关系，同一层级的应急管理厅局与救援队伍之间的关系，解决在一定程度上存在的不协调问题，是下一步深化体制改革的方向之一。

（五）明确与各类社会主体之间的关系

应急管理体制改革需要解决的是各类应急管理参与者的权力义务关系，主要包括党政机关、军队、群众性组织与社会组织、企业、志愿者等应急管理参与者之间的体制关系。各级党委政府及其应急管理部门承担的是领导职责，综合救援队伍承担着主要职责，军队是应急管理的突击力量，党政基层组织、群众组织和社会组织是重要的应急力量，企业是应急管理的重要参与者，在安全生产类事件中还承担着主体责任。应急志愿者和社会公众在应急管理中作为第一响应人，决定了应急管理工作的成效。

B.10
2020年应急决策指挥体制机制创新

——以新冠肺炎疫情应对为例

钟开斌　林炜炜*

摘　要： 应急决策指挥是突发事件应对的重要环节。突如其来的新冠
肺炎疫情，是对我国应急决策指挥体制机制的重大考验和深
度检验。为了有效应对百年一遇的新冠肺炎疫情，我国建立
了集中统一的应急决策指挥体系：在国家层面，自上而下形
成了"中央政治局常委会－中央应对疫情工作领导小组－国
务院联防联控机制"三层指挥体制；在地方层面，成立了由
党政主要负责人牵头的指挥机制；在中央与地方关系上，中
央通过派驻指导组、督导组、联络组等方式，为地方提供指
导、协调和支持。这种中央统筹协调、各方各负其责的应急
决策指挥体系，充分发挥了中国特色社会主义制度优势，为
打赢疫情防控人民战争、总体战、阻击战，统筹推进疫情防
控和经济社会发展提供了坚强的组织保障。

关键词： 应急决策指挥　应急控制模式　新冠肺炎疫情

应急决策指挥是指"应急指挥者在对突发事件特定的原因、性质、时

---

* 钟开斌，博士，中共中央党校（国家行政学院）应急管理培训中心（中欧应急管理学院）教
研部教授、博士生导师，主要研究方向为应急管理、风险治理、公共政策；林炜炜，中国医
学科学院医学信息研究所助理研究员，主要研究方向为应急管理、公共卫生、公共政策。

空特征、扩散态势、影响后果等进行快速综合分析的基础上，采用科学合理、及时有效的应急控制模式，对应急管理过程中的各种力量、各种活动进行时间上、空间上的安排与调整的过程"。① 应急决策指挥重点关注事实判断与价值判断、分析方法与直觉方法、信息与不确定性、问题分析与机会分析、风险控制与风险度量、计算机决策支持等问题。② 应急决策指挥是突发事件应对的重要环节，是领导者面对突发事件时必须具备的五大能力之一。③

2020年初突如其来的新冠肺炎疫情，是对世界各国应急决策指挥体制机制的重大考验，也是对中国应急决策指挥体制机制效能的集中检验。习近平总书记指出："这次新冠肺炎疫情，是新中国成立以来在我国发生的传播速度最快、感染范围最广、防控难度最大的一次重大突发公共卫生事件。对我们来说，这是一次危机，也是一次大考。"④《抗击新冠肺炎疫情的中国行动》白皮书强调："新型冠状病毒肺炎是近百年来人类遭遇的影响范围最广的全球性大流行病，对全世界是一次严重危机和严峻考验。人类生命安全和健康面临重大威胁。"⑤ 美国前国务卿基辛格评论称，新冠肺炎疫情将永远改变世界秩序，"各国领导人面临的历史性挑战在于，要应对危机的同时建设未来。而失败可能会让世界万劫不复"。⑥ 在应对这场百年一遇的严重疫情的过程中，建立了中国特色的应急决策指挥体系，党中央统一指挥、协调、调度，各地方各方面各负其责，集中统一、各方协同、运转高效，为疫情防控提供坚实的组织基础，确保我国既取得了疫情防控阻击战的重大战略成果，又取得了统筹推进疫情防控和经济社会发展的积极成效。

---

① 闪淳昌、薛澜主编《应急管理概论——理论与实践》，高等教育出版社，2012，第268页。
② 史越东：《指挥决策学》，解放军出版社，2005，第34~36页。
③ Arjen Boin, Paul't Hart, Eric Stern and Bengt Sundelius, *The Politics of Crisis Management*：*Public Leadership under Pressure*（Second Edition），New York：Cambridge University Press，2017.
④ 习近平：《在统筹推进新冠肺炎疫情防控和经济社会发展工作部署会议上的讲话》，人民出版社，2020，第9~10页。
⑤ 国务院新闻办公室：《抗击新冠肺炎疫情的中国行动》，人民出版社，2020，第1页。
⑥ Henry A. Kissinger, "The Coronavirus Pandemic will Forever alter the World Order", *The Wall Street Journal*, April 3, 2020.

一 疫情防控应急决策指挥的演变过程

新冠肺炎疫情的暴发流行是一个动态发展的过程。2020 年 6 月国务院新闻办发布的《抗击新冠肺炎疫情的中国行动》白皮书，把中国抗击新冠肺炎疫情的历程分为五个阶段。① 随着疫情发展变化，我国应对此次疫情的应急指挥决策体制机制也经历了一个从逐步升级到最终确立的过程，形成了在以习近平同志为核心的党中央坚强领导下，统一指挥、统一协调、统一调度，各地方各方面各负其责、协调配合，集中统一、各方协同、运转高效的应急决策指挥体系。

（一）地方响应为主，中央提供支持

分级负责、属地管理为主，是我国突发事件应对的基本原则之一。② 所谓分级负责，主要是根据事件级别不同，确定突发事件应对工作由不同层级的党委、政府负责。所谓属地管理为主，主要是指应急处置工作原则上由地方负责，即主要由突发事件发生地的县级以上地方党委、政府负责。③

在 2020 年 1 月 20 日以前，应急决策指挥由国家和省市联动，地方为主，国家卫生健康委提供指导支持。2019 年 12 月 31 日，获悉湖北武汉发生聚集性不明原因的病毒性肺炎后，国家卫生健康委派出工作组、专家组赶赴武汉，指导当地全力做好疫情防控工作。④ 次日，国家卫生健康委紧急成

---

① 这五个阶段具体包括：迅速应对突发疫情（2019 年 12 月 27 日至 2020 年 1 月 19 日）；初步遏制疫情蔓延势头（1 月 20 日至 2 月 20 日）；本土新增病例数逐步下降至个位数（2 月 21 日至 3 月 17 日）；取得武汉保卫战、湖北保卫战决定性成果（3 月 18 日至 4 月 28 日）；全国疫情防控进入常态化（4 月 29 日以来）。
② 《突发事件应对法》第四条规定："国家建立统一领导、综合协调、分类管理、分级负责、属地管理为主的应急管理体制。"
③ 钟开斌：《应急管理十二讲》，人民出版社，2020，第 238 页。
④ 《国务院新闻办公室 2020 年 1 月 22 日新闻发布会文字实录》，国家卫生健康委网站，http://www.nhc.gov.cn/xcs/fkdt/202001/61add0d230e047eaab777d062920d8a8.shtml，最后访问日期：2021 年 5 月 10 日。

立疫情应对处置领导小组，会商分析疫情发展趋势，研究部署疫情防控策略。2020年1月8日，国家卫生健康委派出第二批专家组到达武汉，开展疫情调查，指导地方进行疫情防控。1月14日，全国新冠肺炎疫情防控工作电视电话会议召开，国家卫生健康委部署全国疫情防控工作。[①] 1月15日，国家卫生健康委主任专程赶赴武汉，指导当地进一步落实各项疫情防控措施。1月17~18日，国家卫生健康委派出7个督导组，对河北、广东等8个省份进行督导检查。1月18日，国家卫生健康委派出以钟南山院士为组长的第三批专家组暨高级别专家组赶赴武汉。1月19日，国家卫生健康委对各地做好新型肺炎疫情防控工作进一步提出了明确要求，要求严格落实春运期间的防控措施。

（二）国家卫生健康委牵头启动联防联控机制

重大传染性疾病的暴发流行，是一个逐步传播、影响不断扩大的过程。当疫情局限在某个地方或者某个区域，不扩散至其他地区，也不威胁其他地区人民群众身体健康和生命安全时，这类疫情只是"地方的公共卫生"。如果地方公共卫生危机突破地理位置的藩篱，演变成跨区域的公共卫生危机甚至影响到国家安全，"地方的公共卫生"才有可能升级转化为"国家的公共卫生"。[②]

2020年1月20~25日，此次新冠肺炎疫情进入中央政府的视野，转化为"国家的公共卫生"。在此期间，我国主要采取国家卫生健康委牵头启动联防联控机制的形式，对疫情防控进行研究部署。1月20日，新冠肺炎被纳入乙类传染病，采取甲类传染病管理措施。当日，国家卫生健康委牵头成立由32个部门组成的应对新冠肺炎疫情联防联控工作机制，下设疫情防控

---

① 《国家卫生健康委召开全国电视电话会议 部署新型冠状病毒感染肺炎防控工作》，国家卫生健康委网站，http://www.nhc.gov.cn/xcs/fkdt/202002/e5e8a132ef8b42d484e6df53d4d110c1.shtml，最后访问日期：2021年5月10日。

② 曹树基：《国家与地方的公共卫生——以1918年山西肺鼠疫流行为中心》，《中国社会科学》2006年第1期。

组、医疗救治组、科研攻关组、宣传组、外事组、后勤保障组、前方工作组等，各工作组由相关部委负责人任组长，明确职责，分工协作。当日，国务院联防联控机制在北京召开电视电话会议，部署全国疫情防控工作，提出具体工作要求；国家卫生健康委召开记者会，以钟南山院士为组长的高级别专家组对外通报新冠病毒已经出现"人传人"的现象。1 月 22 日凌晨，湖北省政府发布《关于加强新型冠状病毒感染的肺炎防控工作的通告》，决定启动突发公共卫生事件 Ⅱ 级应急响应，由湖北省政府统一领导和指挥。从 1 月 23 日 10 时起，离汉通道关闭，以防止疫情向全国蔓延。

（三）建立党中央集中统一领导的应急指挥决策体制

重大危机是改变政策议程、推动政策变迁的重要因素。美国学者伯克兰（Thomas Birkland）研究认为，那些"突然发生的、不可预知的事件"（"焦点事件"），具有吸引社会关注的"聚焦能力"，容易引起公众或者决策者的关注，对公共政策产生重大影响。[①] 王绍光研究发现，外压模式是我国公共政策议程设置的六种模式之一；外压模式的特殊情况，是突然出现"焦点事件"，引起社会普遍关注，进而迫使决策者迅速调整议程。[②]

突如其来的新冠肺炎疫情，就是一起改变政策议程的"焦点事件"。2020 年 1 月 25 日（大年初一）之后，疫情防控成为中国各级党委、政府的"头等大事"和"最重要的工作"。在此期间，我国建立党中央集中统一领导、各方全力参与的应急指挥决策体制。1 月 25 日，习近平总书记主持召开中共中央政治局常委会会议，专门听取疫情防控工作汇报；党中央决定成立应对疫情工作领导小组，向湖北等疫情严重地区派出指导组；同时，国务院成立联防联控机制，加强协调调度；中央军委成立应对疫情工作领导小组，调动军队力量参与疫情应对。这个制度安排构成了国家应急

---

① Thomas Birkland, *After Disaster: Agenda Setting, Public Policy and Focusing Events*, Washington D. C.: Georgetown University Press, 1997, pp. 144 – 188.

② 王绍光：《中国公共政策议程设置的模式》，《中国社会科学》2006 年第 5 期。

指挥体制的基本组织架构，标志着此次疫情应对国家应急决策指挥体制开始全面运转。

二　党中央集中统一领导应急决策指挥
体系的基本结构

在以习近平同志为核心的党中央坚强领导下，我国建立了党中央统筹协调、各地方各方面各负其责的应急决策指挥体系，形成了集中统一、各方协同、运转高效的运行机制，为坚决打赢疫情防控的人民战争、总体战、阻击战，统筹推进疫情防控和经济社会发展提供了强有力的组织保证。[①]

（一）国家层面：三层应急决策指挥体制

在国家层面，面对突如其来的新冠肺炎疫情，我国自上而下形成了由中央政治局常委会、中央应对疫情工作领导小组、国务院联防联控机制共同构成的三层应急决策指挥体制，有效整合党、政、军各方力量和资源，全力开展疫情防控。

在这场抗击疫情的斗争中，习近平总书记亲自指挥，亲自部署，提出了"坚定信心、同舟共济、科学防治、精准施策"的疫情防控总要求，"打响了疫情防控的人民战争、总体战、阻击战"[②]，根据形势发展因时因势、灵活调整防控策略。[③]在中央政治局常委会领导下，中央应对疫情工作领导小

[①] 钟开斌：《国家应急指挥体制的"变"与"不变"——基于"非典"、甲流感、新冠肺炎的案例比较研究》，《行政法学研究》2020年第3期。

[②] 习近平：《在统筹推进新冠肺炎疫情防控和经济社会发展工作部署会议上的讲话》，人民出版社，2020，第4~5页。

[③] 根据《抗击新冠肺炎疫情的中国行动》白皮书的描述，在疫情防控期间，习近平总书记共主持召开14次中央政治局常委会会议、4次中央政治局会议以及中央全面依法治国委员会会议、中央网络安全和信息化委员会会议、中央全面深化改革委员会会议、中央外事工作委员会会议、党外人士座谈会、专家学者座谈会等多次会议，听取中央应对疫情工作领导小组和中央指导组汇报，对加强疫情防控、开展国际合作、统筹经济社会发展等进行全面部署。

组由中央政治局常委、国务院总理李克强任组长，中共中央政治局常委、中央书记处书记王沪宁为副组长。据统计，中央应对疫情工作领导小组先后召开 30 余次会议，研究部署疫情防控的重大问题以及统筹推进经济社会发展等重要工作。

国务院联防联控机制下设综合组、疫情防控组、医疗救助组、科研攻关组、宣传组、外事组、医疗物资保障组、生活物资保障组、社会稳定组、联络组等。国务院联防联控机制是国家层面的多部委协调平台，通过跨部门例会的形式，持续分析研判疫情形势，统筹推进医务人员和医疗物资调度，根据疫情发展趋势对防控策略和重点工作进行调整，及时协调解决防控工作中遇到的紧迫问题。

中央军委成立了应对疫情工作领导小组，建立了军队应对突发公共卫生事件联防联控工作机制，参加国务院联防联控机制工作，派人参加中央赴湖北指导组，并组成军队前方指挥协调组，加强军地协同和军队医疗力量一线指导。①

（二）地方层面：成立由党政主要负责人挂帅的应急决策指挥机制

疫情发生后，习近平总书记强调：“各级党组织要认真履行领导责任，特别是抓落实的职责，把党中央各项决策部署抓实抓细抓落地。”② 为整合全国范围内的各种力量和资源有效抗击疫情，我国建立了从中央到地方上下联动、一竿子插到底、全国总动员的应急决策指挥体系。

在地方，全国各省份、市（自治州、地区）、县（市、区）均成立由党政主要负责人牵头负责的应急决策指挥机制，动员本辖区资源和力量全力开展疫情防控，自上而下形成统一指挥、一线指导、统筹协调的应急决策指挥

① 赵艳艳：《中央军委：闻令而动、敢打硬仗　人民军队积极支持地方疫情防控》，光明网，https：//economy. gmw. cn/2020 – 03/02/content_ 33610118. htm，最后访问日期：2021 年 5 月 10 日。

② 习近平：《在统筹推进新冠肺炎疫情防控和经济社会发展工作部署会议上的讲话》，人民出版社，2020，第 23～24 页。

工作机制。通过对各省应急指挥体制建立情况的梳理，2020年1月25日后调整省级应急指挥体制可以归纳总结为"领导小组 + 政府联防联控机制""领导小组 + 政府指挥部""领导小组（指挥部）""指挥部"四种模式（见表1）。其中，模式Ⅰ参照的是中央层面的应急决策指挥体制，由党委成立应对疫情工作领导小组，直接决策部署疫情防控工作，政府负责落实党的决策部署，具体推进协调调度工作。模式Ⅱ由党委成立应对疫情防控领导小组，直接决策部署疫情应对工作；政府成立由政府负责人牵头的应急指挥机构，下设由政府相关部门组成的若干工作组，在应急指挥机构的统一领导、统一指挥下开展集中统一行动。模式Ⅲ通常由党委成立疫情防控领导小组（指挥部），直接决策部署并组织协调疫情应对工作。模式Ⅳ为湖北省的疫情防控决策指挥模式。

表1 省级疫情防控应急指挥决策体制机制基本类型

模式类型	代表性省份
模式Ⅰ：领导小组 + 政府联防联控机制	北京、浙江、吉林、上海、重庆、湖南、河北
模式Ⅱ：领导小组 + 政府指挥部	黑龙江、内蒙古、四川、辽宁、云南
模式Ⅲ：领导小组（指挥部）	山东、广东
模式Ⅳ：指挥部	湖北

资料来源：各省份政府网站、主要媒体公开资料。

2020年1月22日，湖北省成立新冠肺炎疫情防控指挥部，由省委书记和省长任指挥长。指挥部下设四个工作组，包括物资保障组、交通保障组、社会捐赠组和科技攻关组。[①] 2月16日，湖北省疫情防控指挥部指挥长会议召开，决定调整省防控指挥部组成人员及职责分工，优化指挥部统筹协调、督促检查、推动落实等职能。调整后，湖北省疫情防控指挥部下设办公室以及综合、医疗救治与疾控、物资与市场保障、宣传、社会稳定5个工作组（见图1）。2月24日，又增设了综合专家组，由来自医疗救治、疾病预防

---

① 《加强疫情防控 履职必严失职必究》，《湖北日报》2020年1月23日。

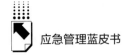

控制、疫情综合分析、心理危机干预、应急管理和城市安全运行、法律服务等方面的专家共同组成。① 经过调整,湖北省形成了由省委书记和省长任指挥长,湖北省有关领导、武汉市市委书记和市长、国家卫健委负责人、中央军委后勤保障部负责人任副指挥长的疫情防控指挥部,实现了党、政、军不同系统协调联动,中央、湖北省、武汉市不同层级协调联动,国家卫健委"条"与湖北、武汉"块"协调联动(见图1)。

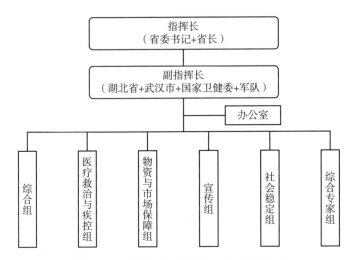

图1 湖北省新冠肺炎疫情防控指挥部构成

资料来源:《优化指挥部职能 做细做实各项防控工作》,《湖北日报》2020年2月17日。

(三)中央与地方之间的沟通协调

习近平总书记强调,疫情防控"是全方位的工作,是总体战,各项工作都要为打赢疫情防控阻击战提供支持"。② 抗击新冠肺炎疫情是一场关乎全局的总体战、阻击战、人民战争,需要广泛动员、组织、凝聚各方力量,

① 《提升科学防治水平 增强精准施策能力 坚决打赢疫情防控人民战争总体战阻击战》,《湖北日报》2020年2月25日。

② 习近平:《在中央政治局常委会会议研究应对新型冠状病毒肺炎疫情工作时的讲话(2020年2月3日)》,《求是》2020年第4期。

形成众志成城的意志和如臂使指的行动。为此，必须坚持党中央集中统一领导和国家政令统一，做到上下一条心、全国一盘棋，举国总动员，形成应对疫情的强大合力。在中央与地方的关系上，中央通过派驻指导组、督导组、联络组等不同方式，为地方提供指导、支持、督促。

2020 年 1 月 27 日，中共中央政治局委员、国务院副总理孙春兰率中央指导组抵达武汉。中央指导组组长为孙春兰，副组长为中央政法委秘书长陈一新，下设督察组、医疗救治组、物资保障组等工作组以及医疗专家组、社区防控专家组，成员包括来自国务院办公厅以及国家卫生健康委、工业和信息化部、国家发展改革委、公安部等国务院部门的 11 位部级领导干部。① 由中央军委后勤保障部副部长、纪委书记李清杰任组长的军队前方指挥协调组，也积极参与支持和协调。指导组的主要职责包括督导、指导、督察三个方面。② 习近平总书记 2020 年 3 月 10 日专门赴武汉考察疫情防控工作时高度肯定中央指导组在疫情防控过程中发挥的重要作用："党中央在关键时刻派出了中央指导组，同湖北人民和武汉人民并肩战斗，加强疫情防控第一线工作的指导，在推动严密防控、医疗救治、物资保障、督查问责等方面发挥了重要作用，有力解决了湖北和武汉疫情防控中的紧要问题。"③

为加强对地方疫情防控工作的指导和督促，国务院联防联控机制还向全

---

① 杜茂林、杨楠、蒋芷毓：《中央指导组抗"疫"55 天："小半个国务院"入鄂》，《南方周末》2020 年 3 月 19 日。

② 按照中央的要求，中央指导组主要承担三项职责："一是督导湖北，把习近平总书记的指示和中央部署贯彻落实好，把各项措施布置到位，各项任务按目标、按预期完成，取得疫情防控的最后胜利；二是指导湖北抗击疫情，中央指导组的到来，就是要增强防控力量，为湖北协调一些重大事务，比如协调物资，协调医务人员，协调技术支持等；三是督察职责，督察不作为、乱作为、不担当的问题，依法依纪要求有关方面作出整改，作出调查处理。""中央指导组先后 35 次就医疗救治进行专题研究，23 次到定点医院和方舱医院实地考察，听取一线专家和医务人员意见建议 162 人次，提出注重关口前移、统筹重症轻症、科学精准施治的总体思路。"参见赵实《中央指导组在湖北的 25 天》，新华网，http://www.xinhuanet.com/politics/2020 - 02/21/c_ 1125604972.htm，最后访问日期：2021 年 5 月 10 日；孙春兰：《深入贯彻习近平总书记重要指示精神　全面加强疫情防控第一线工作指导督导》，《求是》2020 年第 7 期。

③ 习近平：《在湖北省考察新冠肺炎疫情防控工作时的讲话》，《求是》2020 年第 7 期。

国多地派出指导组、工作组、检查组、督导组等，做好上传下达和沟通联系的桥梁，及时解决各地在疫情防控工作中存在的突出问题。例如，2020年2月4日，国务院联防联控机制派出的工作指导组组长饶克勤在上海表示，当前疫情防控面临着新形势、新挑战，指导组此次来到上海，将全面推动上海疫情防控工作，加强对疫情防控的指导督促；指导组将及时总结疫情防控的上海做法和经验，为全国推进疫情防控、完善公共卫生体系提供有益的借鉴参考。同日，国务院联防联控工作机制第20工作指导组组长张旭东在海南表示，指导组将按照国务院联防联控工作机制的要求，全面参与疫情防控工作，按照属地管理原则，协助海南分析研判疫情形势，制订防控工作方案，研究解决防控工作中存在的突出问题。[1]

2020年4月26日，武汉在院新冠肺炎患者全部清零，这标志着当地新冠肺炎医疗救治取得了阶段性重大成效，意味着湖北省和武汉市的疫情防控工作已经由前期的应急性超常规防控开始向常态化防控转变。经习近平总书记和党中央批准，国务院副总理孙春兰率中央指导组于4月27日离鄂返京。[2]经中央批准，国务院联防联控机制于5月4日派出联络组，赴武汉开展工作。国务院联防联控机制联络组组长为国务院副秘书长丁向阳，副组长为国家卫生健康委副主任于学军。[3]"联络组的主要职责是及时了解和反映湖北省、武汉市疫情防控工作情况，督促落实各项防控措施，巩固疫情防控成果，严防疫情出现反弹，兼顾了解复工复产复学等情况，承担领导同志交办的其他工作。"[4]

三　结论与展望

面对突如其来的新冠肺炎疫情，在以习近平同志为核心的党中央坚强领

---

① 《防控疫情，国务院联防联控机制向全国多地派出指导组》，长江网，http：//news. cjn. cn/
sywh/202002/t3556854. htm，最后访问日期：2021年5月10日。
② 《中央指导组离鄂返京》，《人民日报》2020年4月28日。
③ 《中共中央政治局常务委员会召开会议》，《人民日报》2020年5月7日。
④ 《国务院联防联控机制联络组赴湖北武汉开展工作》，新华网，http：//www. xinhuanet. com/
2020－05/04/c_ 1125942439. htm，最后访问日期：2021年5月10日。

导下，我国充分发挥中国特色社会主义制度集中力量办大事的政治优势、组织优势，迅速组建了中央统筹协调、各方各负其责的应急决策指挥体系，形成了集中统一、各方协同、运转高效的应急决策指挥机制，打响了疫情防控人民战争、总体战、阻击战。这种集中统一、各方协同、运转高效的应急决策指挥体系，是我国抗击疫情的重要组织基础，确保我国在短时间内既取得了疫情防控阻击战的重大战略成果，又取得了统筹推进疫情防控和经济社会发展工作的积极成效。

这种中央统筹协调、各方各负其责，集中统一、各方协同、运转高效的应急决策指挥体系在应对新冠肺炎疫情工作中高效运作的过程，是中国特色社会主义制度优势的具体体现，是坚持和完善中国特色社会主义制度、推进国家治理体系和治理能力现代化，运用制度威力应对风险挑战的冲击的生动展示。习近平总书记指出："衡量一个国家的制度是否成功、是否优越，一个重要方面就是看其在重大风险挑战面前，能不能号令四面、组织八方共同应对。"[1] 突如其来的新冠肺炎疫情，是对我国治理体系和能力的一次大考，是对我国国家制度优势的一次检验。抗击新冠肺炎疫情的过程，充分彰显了中国特色社会主义制度优势。世界卫生组织总干事谭德塞表示，中方行动速度之快、规模之大，世所罕见，展现出中国速度、中国规模、中国效率，这是中国的优势。[2] 中国特色社会主义制度具有强大的组织动员力、统筹协调力和贯彻执行力，能够集中全国力量办大事、办难事、办急事，能够在短时间内迅速整合各方力量资源，聚集起战胜困难的强大合力。

同时，对中国这样一个经济社会快速发展、各种重大风险多发的大国来说，中央统筹协调、各方各负其责的应急决策指挥体制也存在一些需要完善的地方。例如，要更好地发挥地方和相关部门在重大突发事件第一时间、第一现场的主体意识、主体责任和主体作用，形成智慧化多点触发机制，增强系统的开放性和敏感性，从而能在更早的时间内形成对事态的实时分析、精

---

[1] 习近平：《在全国抗击新冠肺炎疫情表彰大会上的讲话》，人民出版社，2020，第19页。
[2] 《习近平会见世界卫生组织总干事谭德塞》，《人民日报》2020年1月29日。

准研判；要建立制度化的监测预警和应急响应机制，形成不同层级、不同领域、不同地方之间在应急决策指挥过程中的权责分工合作机制，提高重大突发事件应急决策指挥的程序化、制度化、规范化水平；要完善重大突发事件应急指挥决策的启动、调整和退出机制，实现因时因地动态管理、灵活调整，提高响应力度、广度与事态严重程度的匹配程度，尽可能避免或减少资源浪费，努力以更小的成本取得更大的安全效益。

B.11
国家突发事件预警信息发布系统
建设的现状与建议

董泽宇　刘丽媛*

摘　要：　预警是应急管理工作的"消息树""发令枪""指挥棒"，可
以有效避免或减少突发事件的发生，控制或减轻突发事件造
成的严重后果。目前我国已经建立了较为成熟的预警信息发
布体系，其中国家突发事件预警信息发布系统是其主要组成
部分。本文以国家突发事件预警信息发布系统为例，对我国
预警信息发布系统建设现状与问题进行系统反思，并提出要
进一步完善预警信息发布领导体制，健全预警信息发布的法
律政策，提高监测预警技术水平，加强硬件系统建设，增强
预警发布的及时性、精准性与全面性，整合利用预警发布渠
道，完善信息共享与联动协同机制。

关键词：　预警发布　预警响应　预警管理体系

预警是应急管理工作的"消息树""发令枪""指挥棒"，及时发布与
传播预警信息不仅可以有效避免或减少突发事件的发生，控制或减轻突发事

---

* 董泽宇，博士，中共中央党校（国家行政学院）应急管理培训中心（中欧应急管理学院）副
教授，研究方向为预警管理、卫生应急、模拟演练、危机沟通、应急指挥与处置、应急教育
等；刘丽媛，学士，中国气象局公共气象服务中心（国家突发事件预警信息发布中心）工程
师，研究方向为国家突发事件预警信息发布技术研究。

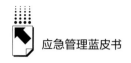

件造成的严重后果，也是政府部门应急处置突发事件的重要抓手。目前我国在多年应对各类突发事件的过程中，已经建立了较为成熟的预警信息发布体系。国家突发事件预警信息发布系统（以下简称国突系统）是我国突发事件预警发布体系的主要组成部分，在各类预警信息发布中发挥了中流砥柱的作用。本文以国突系统为例，对我国预警信息发布系统建设的现状进行归纳与反思。

一　研究背景

（一）目前预警发布工作面临的形势与挑战

人类已经进入风险社会，风险不确定性因素逐渐增强。进入 21 世纪以来，我国多次发生各类重特大突发事件。针对复杂严峻的公共安全形势，2003 年"非典"事件发生以后，我国建立了突发事件应急管理体系，并在过去十多年的时间里，重点解决了应急处置的短板问题，但是预警信息发布工作并未在落实层面上得到足够重视。在现阶段，我国突发事件预警信息发布渠道大致可以分为两种类型。第一种类型是综合性预警信息发布平台，主要以国突系统和国家应急广播为代表。第二种类型是行业性预警信息发布平台，涵盖了应急、气象、水利、农业、地震、交通、森林、海洋等多个领域。据统计，截至 2020 年底，全国各级自然资源、卫生健康、应急管理、水利、海洋等 19 个非气象行业发布 146 类预警信息共计 5.9 万余条，占全国预警信息发布总数的 3.61%。[①] 2018 年 3 月应急管理部成立，标志着我国应急管理迈入了新阶段。面对应急管理体制机制改革带来的新形势与新任务，为了有效预防与应对突发事件，需要进一步推动应急关口前移，将预警信息发布工作纳入各级政府及相关部门的重要议程。

---

① 国家突发事件预警信息发布中心。

（二）预警发布工作的顶层设计与发展思路

党中央、国务院高度重视突发事件预警信息发布工作。2018 年 10 月 10 日，习近平总书记在中央财经委员会第三次会议上提出要"实施自然灾害监测预警信息化工程，提高多灾种和灾害链综合监测、风险早期识别和预报预警能力"。① 2019 年 11 月 29 日，习近平总书记在主持中央政治局第十九次集体学习时强调，要"加强风险评估和监测预警，加强对危化品、矿山、道路交通、消防等重点行业领域的安全风险排查，提升多灾种和灾害链综合监测、风险早期识别和预报预警能力"，"实施精准治理，预警发布要精准，抢险救援要精准，恢复重建要精准，监管执法要精准"。② 2020 年 5 月 24 日，习近平总书记在参加十三届全国人大三次会议湖北代表团审议时指出："疫情监测预警贵在及时、准确。要改进不明原因疾病和异常健康事件监测机制，提高评估监测敏感性和准确性，建立智慧化预警多点触发机制，健全多渠道监测预警机制，及时研判风险。"③ 2020 年 6 月 2 日，习近平总书记主持召开专家学者座谈会，指出："加强监测预警和应急反应能力。要把增强早期监测预警能力作为健全公共卫生体系当务之急，完善传染病疫情和突发公共卫生事件监测系统，改进不明原因疾病和异常健康事件监测机制，提高评估监测敏感性和准确性，建立智慧化预警多点触发机制，健全多渠道监测预警机制，提高实时分析、集中研判的能力。"④ 2020 年 7 月 17 日，习近平总书记主持政治局常委会会议，研究部署防汛救灾工作，提出："要精准

① 《习近平主持召开中央财经委员会第三次会议》，新华网，http://www.xinhuanet.com/politics/2018 - 10/10/c_ 1123541018.htm，最后访问日期：2021 年 5 月 10 日。

② 《习近平在中央政治局第十九次集体学习时强调 充分发挥我国应急管理体系特色和优势 积极推进我国应急管理体系和能力现代化》，新华网，http://www.xinhuanet.com/politics/2019 - 11/30/c_ 1125292909.htm，最后访问日期：2021 年 5 月 10 日。

③ 《习近平参加湖北代表团审议》，新华网，http://www.xinhuanet.com/politics/leaders/2020 - 05/24/c_ 1126026879.htm，最后访问日期：2021 年 5 月 10 日。

④ 《习近平主持专家学者座谈会强调 构建起强大的公共卫生体系 为维护人民健康提供有力保障 李克强王沪宁出席》，新华网，http://www.xinhuanet.com/politics/leaders/2020 - 06/02/c_ 1126065865.htm，最后访问日期：2021 年 5 月 10 日。

预警严密防范，及时准确对雨情、水情等气象数据进行滚动预报，加强对次生灾害预报，特别要提高局部强降雨、台风、山洪、泥石流等预测预报水平，预警信息发布要到村到户到人。"①

（三）预警发布体系建设的制度性安排

近年来我国制定出台了一系列法律法规和政策文件，推动建立与规范了预警信息发布制度体系。2005 年国务院颁布的《国家突发公共事件总体应急预案》要求各地各部门针对可能发生的突发事件，完善预测预警机制，建立预测预警系统。2007 年颁布的《突发事件应对法》第三章"监测预警"明确规定"国家建立健全突发事件监测和预警制度"，其中第四十二条规定"可以预警的自然灾害、事故灾难和公共卫生事件的预警级别，按照突发事件发生的紧急程度、发展势态和可能造成的危害程度分为一级、二级、三级和四级"。2011 年 7 月，国务院办公厅下发《关于加强气象灾害监测预警及信息发布工作的意见》（国办发〔2011〕33 号），要求尽快形成规范统一的预警信息发布体系。2015 年 6 月 30 日，国务院办公厅秘书局印发《国家突发事件预警信息发布系统运行管理办法（试行）》（国办秘函〔2015〕32 号），标志着全国形成了统一的预警发布系统管理机制。2020 年 10 月 29 日，党的第十九届五中全会审议通过《中共中央关于制定国民经济和社会发展第十四个五年规划和二〇三五年远景目标的建议》，明确提出"改革疾病预防控制体系，强化监测预警、风险评估、流行病学调查、检验检测、应急处置等职能"，"完善突发公共卫生事件监测预警处置机制，健全医疗救治、科技支撑、物资保障体系，提高应对突发公共卫生事件能力"。②

---

① 《中共中央政治局常务委员会召开会议 研究部署防汛救灾工作 中共中央总书记习近平主持会议》，新华网，http://www.xinhuanet.com/politics/leaders/2020-07/17/c_1126252790.htm，最后访问日期：2021 年 5 月 10 日。

② 《中共中央关于制定国民经济和社会发展第十四个五年规划和二〇三五年远景目标的建议》，新华网，http://www.xinhuanet.com/politics/zywj/2020-11/03/c_1126693293.htm，最后访问日期：2021 年 5 月 10 日。

（四）国家突发事件预警信息发布系统的发展历程

国突系统建设大致可以划分为以下三个阶段。

1. 规划立项阶段（2006～2010年）

2006年12月，国务院颁布《"十一五"期间国家突发公共事件应急体系建设规划》（国办发〔2006〕106号），将"国家突发公共事件预警信息发布系统"列为"十一五"期间我国应急体系建设十大重点项目之一，依托中国气象局建设突发事件预警信息综合发布系统，目的是为党中央国务院、各政府部门、各单位应急责任人和社会公众提供预警信息服务。2007年，国办印发《国务院办公厅关于进一步加强气象灾害防御工作的意见》，明确要求抓紧国家突发公共事件预警信息发布系统的建设，中国气象局启动工程立项工作，全力推动系统建设工作。2010年9月，国家发改委批复了国家突发事件预警信息发布系统项目立项，由国务院应急办牵头主导，中国气象局负责建设实施。

2. 系统建设阶段（2011～2014年）

2011年8月，国家发改委正式核定国家预警发布系统初步设计概算，同年11月中国气象局全面启动国突系统项目建设。在经过三年的项目建设后，2014年首先在气象部门开展全国气象灾害预警发布的应用，标志着系统初步具备了全国四级预警发布的业务能力。

3. 系统应用阶段（2015年至今）

2015年2月28日，中央编办印发《关于中国气象局公告气象服务中心加挂国家预警信息发布中心牌子的批复》（中央编办复字〔2015〕24号），批复同意在中国气象局公共气象服务中心加挂国家预警信息发布中心牌子，主要承担国突系统建设及运行维护管理，为相关部门发布预警信息提供综合渠道，研究拟订相关政策和技术标准等工作。5月，国家预警信息发布中心正式挂牌成立，国突系统在全国范围内正式开启业务化运行，接替原先的国家级气象灾害预警信息发布业务，实现了一键式发布四大类突发事件预警信息。6月，国办秘书局印发《国家突发事件预警信息发布系统运行管理办法

（试行）》。9月，国务院应急办和中国气象局在北京联合召开国家预警发布系统应用对接会议，国务院20多个部门参加，推动了国家预警发布系统在国务院各相关部门的应用。2016年5月，国务院应急办、中国气象局在广东组织召开了全国突发事件预警信息发布工作推进会。9月，系统建设项目顺利通过竣工验收。2020年，国家突发事件预警信息发布能力提升工程取得巨大进展，《国家突发事件预警信息发布能力提升工程可行性研究报告》获国家发改委批复，目前正积极推进初步设计方案和项目实施。

二　发展现状

近年来我国预警信息发布体系日趋成熟，已经初步建立"政府主导、气象承担、社会参与"的国家突发事件预警信息发布体系。国突系统建设和运行工作注重顶层设计、集约共享、开放合作、机制建设和效率效益，与各部门预警制作系统无缝对接，实现多灾种预警信息的汇聚共享、统一快速发布。国突系统成为防灾减灾部门综合发布渠道，促进多部门信息共享，有效提升了防灾减灾应急联动能力和水平。目前部分地方政府应急管理部门已将国突系统作为政府在应急处置中权威"发声"的主渠道。

（一）以气象部门为主的多元化管理体制

国家突发事件预警信息发布中心挂靠在中国气象局职能部门，已建成一套"有平台、有机构、有人员、有机制、有标准、有品牌"的"六个有"的预警发布业务体系，为各级应急管理部门和基层组织应对突发事件服务，为防灾减灾救灾发出"第一声音、权威声音"，筑牢防灾减灾"第一道防线"。

目前全国共有24个省级、175个市级、1004个县级行政单位已经批复成立突发事件预警信息发布中心，分别占本级别气象局的77.42%、49.86%、5.89%（见表1、图1）。其中，87%的预警发布工作机构挂靠在气象部门，9%挂靠在本级政府部门，4%挂靠在应急部门。具体来说，19个省级预警中心挂靠在气象部门，福建、江西2个预警中心隶属于地方政府，由气象局负责日常运行管理，山西预警中心业务受应急管理部门领导，运行由气象局负责。北京、海南两个预警中心隶属于应急管理部门，海南预警中心挂靠气象局。

表1　全国省市县三级预警发布机构统计

级别	气象局数量(个)	预警发布机构数量(个)	预警发布机构数量占气象局比例(%)	挂靠应急部门(个)	挂靠本级政府(个)
省级	31	24	77.42	3	2
市级	351	175	49.86	10	9
县级	2188	1004	45.89	40	102
合计	2570	1203	46.81	53	113

资料来源：国家突发事件预警信息发布中心。

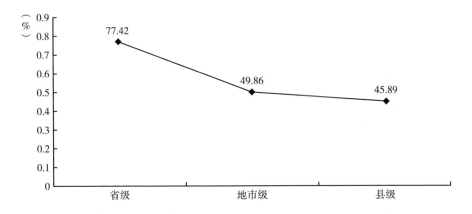

图1　全国省市县三级预警发布机构数量占气象局比例

资料来源：国家突发事件预警信息发布中心。

在人员队伍建设方面，各级批复的突发事件预警信息发布工作机构人员编制达3314人，批复以购买服务方式聘用人员达1515人，共计4829人。全国现有预警业务专兼职人员9005人（含信息化网络保障队伍）。随着预警业务规模不断拓展，预警任务逐渐增多，但是人员编制基本不变，人员缺口问题也逐渐凸显，全国31个省份均存在不同程度的专兼职人员缺口。

（二）属地管理为主的多层级系统建设

在一般情况下，预警发布系统由省级统一打造集约化平台，全省三级应用；部分申请经费获批的市县会独立建设本级突发事件预警信息发布系统等。据统计，共有24个省份已完成省级突发事件预警信息发布系统建设，并基本实现了市县级应用，6个省份正在建设中，尚有1个省份暂未开展建设（见表2）。此外，为进一步提升省市县预警信息发布效能，在浙江临安（预警＋旅游）、广东台山（预警＋AI）、天津（预警＋5G）等地有序开展预警信息发布示范区建设。

表2　全国省级突发事件预警信息发布系统建设情况

单位：个

类别	已完成	正在建设中	尚未建设
预警信息发布系统建设	24	6	1
预警监控展示系统建设	15	11	5
预警信息辅助决策系统建设	12	10	9
多手段一键式发布系统建设	24	7	

资料来源：国家突发事件预警信息发布中心。

在经费投入保障方面，突发事件预警信息发布系统获得地方建设支持，但是经费支持地域性差异极大。南方气象灾害较为严重地区投入较多，内陆地区投入明显较少，部分省份基本没有获得地方政府在经费上的支持（见图2）。地方支持省级预警发布系统建设项目经费共计14.4亿元，年度维持经费为3.3亿元。

（三）"一纵四横"的集约化预警信息发布平台

在纵向上，依托中国气象局业务体系和信息化基础设施建设国突系统，目前已建成1个国家级、31个省级、358个市级及2016个县级预警发布管理平台，实现了国、省、市三级平台和县级终端的互联互通、信息实时共享和发布手段共用，汇集和发布了20个行业领域的151类预警信息。此外，

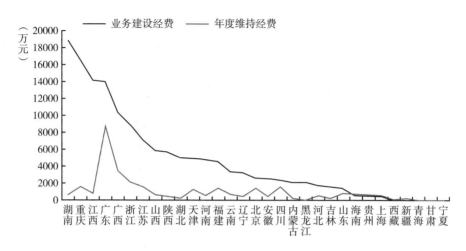

图2　各省地方经费投入支持情况

资料来源：国家突发事件预警信息发布中心。

北京、天津、上海、广东等24个省份完成了省级突发事件预警信息发布系统建设，并基本实现了市县级应用，尚有6个省份正处在建设阶段。

在横向上，国突系统为各级政府做好应急管理工作提供支撑，实现多灾种预警信息的汇聚共享、统一快速发布，成为防灾减灾信息发布的"高速公路"。全国各级预警发布工作机构均实现了当地多部门信息的接入。其中，国家预警信息发布中心已实现对外交部、教育部、工业和信息化部、公安部、自然资源部、交通运输部、水利部、农业农村部、文化和旅游部、国家卫生健康委员会、应急管理部、国家市场监督管理总局、中国气象局13个部门的80类预警信息的对接工作，并积极拓展公众生活风险提示信息，形成对4大类突发事件预警信息的汇集与发布能力。2020年共有20个政府机构通过国家突发事件预警信息发布平台发布预警信息，其中国家卫健委、自然资源部、应急管理部、水利部位列前四。省级、市级、县级机构都已与部门行业有合作，为各行各业提供服务保障。

（四）"一通四达"的矩阵式预警信息发布手段

目前全国31个省份已完成6种以上发布手段（渠道）对接应用，其中

18 个省份完成 10 种以上发布手段对接应用。全国已建成 49 万套农村大喇叭、15.1 万块乡村电子电视屏，开通了电视频道、广播电台气象灾害预警信息绿色通道，建立了覆盖我国近海海域的 8 个海洋气象广播电台。18 个省级预警发布工作机构通过手机短信、微信、手机客户端等方式实现了预警信息精准靶向发布。通过预警中心枢纽实现预警信息靶向精准发布，为各级党政机关和政府部门提供直通式预警快速通道，对公众和社会媒体的有效覆盖率达到 92.7% 以上。

形成"一通四达"的矩阵式发布能力，提高预警信息覆盖面和实效性。"一通"是指利用各级预警信息发布中心的电话、短信、传真、邮件等手段，构成直通各级应急责任人的专用通道，精准服务全国 111.5 万个应急责任人。"四达"指的是依托电信运营商，实现基于全网发布绿色通道和免费短信服务的移动通信直达，依托中央电视台、中央人民广播电台实现省级预警中心与电视台电台的广播电视直达，依托"村村响"等工程对接实现 10 个省级、63 个市级、523 个县级与应急广播系统直达，与新华社等 10 余家中央媒体及客户端建立预警信息推送及共享机制，与百度、阿里巴巴、腾讯等互联网公司实现无缝对接，为公众提供精准的预警信息服务（见表 3）。

除此之外，通过整合媒体资源，以"12379"为品牌建立了多手段并用的预警信息发布渠道，打造了电视、网站、邮件、短信、传真、预警终端、手机 App、微博、微信、抖音等多种渠道的立体防灾减灾"保护网"。开展"小小减灾官全国科普大赛"，带动各地防灾减灾科普活动落地开花，有效提升知名度，打造"第一声音""权威声音"品牌。

表 3　"一通四达"的矩阵式预警信息发布手段

"一通"	电话、短信、传真、邮件等	直通各级应急责任人
"四达"	移动通信直达	专线接入：31 个省份实现移动、联通、电信接入 绿色通道：全国基本实现全网发布
	广播电视直达	与中央人民广播电视总台建立专线 31 个省级预警中心与当地电视台、电台建立专线
	应急广播直达	10 个省级、63 个市级、523 个县级与当地应急广播对接

续表

"四达"	社会媒体直达	百度:覆盖83%互联网用户 腾讯:覆盖微信6亿用户、 QQ弹窗4亿用户 阿里:覆盖4亿支付宝用户 新浪:覆盖微博3亿用户	抖音:日活跃2.5亿用户 头条:日活跃1.5亿用户 学习强国:1.2亿重点用户

资料来源:国家突发事件预警信息发布中心。

(五)规范化的预警信息发布标准体系

在国家层面,国家预警信息发布中心创建了国家预警信息发布标准体系框架,研制了中国版通用警报协议,编制了30余项预警信息发布相关标准规范,涵盖预警信息覆盖、精准发布、传输时效性、安全性、决策支持等方面,其中发布国家标准4项、行业标准4项,规范化预警信息的统一发布,保障预警发布系统高效应用(见表4)。国家预警信息发布标准体系框架分为标准层级、灾害种类、业务流程三个维度,其中层级维度包括国家、行业、地方,灾害维度分为自然灾害、事故灾难、公共卫生事件、社会安全事件四类,业务流程维度涵盖预警信息采集、传输、发布、传播、共享、反馈以及系统对接、终端接入、多元化应用等技术标准和管理规范。第一层级类目划分为基础综合类、预警信息制作类、预警信息发布与传播类、预警系统平台技术类、应用与服务5类标准及18个子类。国际通用警报协议(CAP)是全球预警警报信息交换的最基础的重要协议。在此基础上继承与创新的中国版通用警报协议主要是对预警级别、预警类型、发布区域等16个属性值进行本地化改造,以满足我国应急管理相关法规、政策和业务方面的特殊要求。该协议扩展"code"等元素,定义了发布对象群组/个体、各种发布手段及其相应发布内容等扩展属性,为多手段适配和一键式发布提供协议支撑,并且深度应用该协议封装预警信息,贯穿采集、审批、传输、备案、回执、发布全流程,保障预警信息在系统内部和上下游之间无缝隙流通。

表4　国家预警发布相关国标和行标情况

标准号	标准名称
GB/T 37527－2019	基于手机客户端的预警信息播发规范
GB/T 34283－2017	国家突发事件预警信息发布系统管理平台与终端管理平台接口规范
GB/T 37230－2018	公共安全　应急管理　预警颜色指南
GB/T 35965.1－2018	应急信息交互协议　第1部分　预警信息
QX/T 549－2020	气象灾害预警信息网站传播规范
QX/T 433－2018	国家预警信息发布系统与应急广播系统信息交互要求
QX/T 342－2016	气象灾害预警信息编码规范
QX/T 147－2011	基于手机客户端的气象灾害预警信息播发规范

资料来源：国家突发事件预警信息发布中心。

（六）统一联动的预警信息发布机制

国家预警信息发布系统的生命力在于应用，应用的效果取决于系统整体稳定运行的各种机制设计。国家预警信息发布系统分别在统一发布、媒体传播联动、应急联动等机制方面不断完善，有效支撑预警信息发布业务稳定运行和长效发展。

在预警信息统一发布机制方面，国家预警信息发布中心建立了面向有关部委的预警发布工作月通报机制，通报预警信息发布情况和业务动态。截至目前，全国31个省级人民政府根据《国家突发事件预警信息发布系统运行管理办法（试行）》等有关法规文件，相继印发了本省份的突发事件预警信息发布管理（暂行）办法，建立了全国一体、自上而下、统筹各方、迅速高效的系统管理模式，促进了政府应急管理水平的提升。

在媒体传播联动机制方面，依托《国家突发事件预警信息发布系统运行管理办法（试行）》，明确各级政府、机构和社会媒体的责任和义务，针对重点区域、偏远地区建立预警信息快速发布与传播机制，建立广播、电视即时插播预警信息的管理办法和实施细则，建立移动、电信和联通等通信运营商联动发布机制，制定媒体播发规范，构建广覆盖的预警信息立体传播网络。

在基层预警信息发布应急联动机制方面，建立基层预警信息员队伍，完善基层应急管理体系。一是建立了基层防灾减灾叫应机制，解决气象灾害预警信息"收得到"问题。基于启动标准、致灾阈值和预警级别，建立面向政府部门、应急责任人、基层信息员的叫应模式。在灾害发生前通过手机、电话叫醒方式，将预警信息点对点传递到县、乡镇、村领导和有关应急责任人手中，提醒各级政府和涉灾部门做好防御，有效破解预警信息传播最后一公里难题；二是建立了"一本账""一张图""一张网""一把尺""一队伍""一平台"的"六个一"基层气象防灾减灾机制，实现了信息的统一汇聚、动态监控和集约化管理，解决防灾减灾组织协调难的问题，为多灾种应急联动提供了示范。

三 存在的主要问题

与应急管理治理体系与治理能力现代化的目标要求相比，现有的预警发布水平还有一定的差距，突出表现在预警发布的时效性、针对性、覆盖面有待改进，没有解决好预警"最后一公里"的难题，预警发布与应急指挥之间缺乏有效衔接，预警响应缺乏实操性的流程指南，全国不少地区预警信息发布工作体系还不能很好地适应综合防灾减灾救灾新格局，在管理体制、跨部门合作、系统建设等方面还存在立法空白、标准规范不完善、人员编制不足以及各地发展不平衡等问题。具体来说，主要体现在以下几个方面。

（一）预警信息发布体系有待理顺

长期以来，气象、地质灾害、森林防火、水利等部门按照各自业务分工分头制作，按照各自渠道发布预警信息，虽然为做好重特大自然灾害防范工作提供了支撑和保障，但在全国没有形成统一发布体系。近年来，各部门预警信息发布数量逐年增加，逐渐出现多头发布、重复发布等苗头，导致发布的预警类型、级别、期限、范围等方面出现较大差异，造成公众认知困惑、预警疲劳等问题。在现阶段，各级预警发布机构发展不充分、不均衡，层级

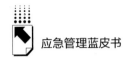

越高的预警机构建设相对完善，层级越低的预警机构建设则欠佳。特别是市、县两级预警机构建设数量占气象部门的比例不到50%。目前来看，在省级以下的地市、县统一成立预警机构、解决人员编制的要求存在现实困难。

（二）预警信息发布法律政策不够完善

目前《突发事件应对法》仅对可以预警的自然灾害、事故灾难和公共卫生事件等三类突发事件做出指导性规定，缺乏对预警领域具体工作的详细规范，预警发布的操作性不强。各级预警发布机构的预警信息发布与运行维护管理仍存在不统一、不规范、不标准等问题，尚未形成全国"一盘棋"的合力，在全体系统一规划、多灾种联合预警、全流程闭环管理等方面，仍需进一步健全相关法规和标准。类似于小区广播、小区短信等较为成熟的通信技术可以实现"秒"级发布预警和精准预警，但是由于近几年工信部门已经取缔这一做法，使该类通信技术无法应用于预警发布，因此有必要从国家政策和立法层面进行深入研究与统筹规划。

（三）预警信息发布不够及时、精准

近年来，通过运用各种新技术手段和新媒体渠道，提高了预警发布的时效性，但是从整体上看，各地距离"预警信息发布要到村到户到人"的目标要求差距较大，精准发布、靶向发布能力存在短板，如偏远山区牧区难覆盖，短临预警发布缺少有效手段，固定区域人群精准靶向能力不足，监测预警精细化不够等。重特大突发事件预警"秒"级发布能力不强，发布小概率突发事件的预警信息或风险提示的用时更长。预警短信延时问题极大地影响了传播的时效性，特大或超大城市全网发布预警短信往往需要数个小时才能完成。现有预警平台功能落后于新信息技术的高速发展，平台构架和功能不能支撑云计算、大数据、物联网、人工智能、移动网联网技术需求，尚未广泛应用小区广播、电子围栏等基站定位技术以及大数据分析技术等。预警发布大多停留在信息告知上，缺乏互动反馈，在跟进服务、回应关切，并及时提供更多更及时的信息上明显不足。现有的突发事件监测网络投入不足、技术水平不高，无法覆盖所有的风险隐患点，进而影响预警发布的时效性与精准度。

（四）预警信息发布覆盖面不足

预警产品类型不够全面，各地各部门发布的预警信息大部分为气象灾害类预警，占九成以上，其他类型预警信息占比不到一成，并且多为安全提示。与公众日常工作生活联系紧密的预警产品较为缺失，如道路交通、大客流等。预警发布区域不够全面，对边远山区、重要景点、机场车站等区域的定点发布能力较弱。在发布手段及渠道方面，社会再传播预警信息责任缺少法律约束，各部门现有信息发布平台分散、规模较小、发布手段相对单一。预警信息接收对象主要是各级应急处置部门和组织，普通公众获取预警信息的渠道并不畅通，主要是以被动接受短信为主，主动从其他渠道获取预警信息较少，靶向发布能力还有待提高。社区、车站、机场、医院、学校、商店等人员密集区域，以及偏远地区，险村险户预警信息接收、播发设施建设尚未完全铺开，硬件设施建设较为欠缺。

（五）预警发布相关工作机制不健全

在部门合作方面，各级预警发布机构与本区域内相关部门或单位尚未普遍建立预警信息发布工作机制，出现了一定程度的"信息孤岛"现象。公共资源信息分散在不同的部门和行业中，无法实现互通共享，导致预警信息发布种类偏少，活力明显不足。部门合作往往停留在签署协议上，汇集数据面临政策支持、部门壁垒等难题，少数地方典型经验难以做到在全国推广。截至目前，全国仅有20个省级预警发布工作机构与应急管理部门签署合作协议，内地还有11个省份尚未签署合作协议。相关部门、社会组织与社区公民的应急联动机制还不完善，应急预案缺乏有效衔接，跨部门协作联动整体水平较为低下。预警响应机制缺乏标准化的运行流程，预警发布与预警响应、应急指挥等环节缺乏衔接。领导干部的预警意识不足，对预警发布与响应过程中的职责任务以及具体工作流程缺乏了解。公众缺乏预警常识与逃生

避险技能，参加应急逃生演练频率较低，不能有效识别预警蕴含的危险信号，并将其转化为自身的个性化判断与实际行动。

四　对策建议

预警信息发布是贯彻应急管理预防为主、防救结合和关口前移等原则的重要体现和关键措施，其目的是最大限度地阻止突发事件变成灾难。在新的应急管理形势下，要创新与完善预警管理制度，加强预警信息发布系统建设，为提高全社会公共安全水平提供坚实保障。

（一）进一步完善预警信息发布领导体制

（1）坚持统一领导和综合协调原则。预警信息发布的对象涵盖全部类型的突发事件，涉及政府各个层级、部门以及不同地区和社会各领域，内涵丰富、外延宽广。借鉴北京、上海和广东等地方的做法，应当在国家层面成立国家突发事件应急管理委员会，作为突发事件预警发布工作的领导协调机构。

（2）坚持分类管理原则，处理好"统"与"分"的关系。明确区分行业预警、专业预警与综合预警的关系，由自然资源部、水利部、国家林业和草原局等等职能部门开展单灾种预警，由具有相关专业资质和条件的部门如气象局等发布气象灾害预警等专业预警，由应急管理部开展综合性的多灾种和灾害链预警，统一预警信息口径，避免多头发布、重复发布。

（3）坚持分段实施原则，处理好"防"与"救"的关系。明确职能部门是监测的第一梯队，重点开展单灾种风险隐患监测，而应急管理部门是监测的第二梯队，负责开展综合性风险监测与多灾种预警工作。

（4）坚持分级负责和属地管理相结合原则，处理好"上"与"下"的关系。充分授权地方政府预警发布的权限，由地方政府主管部门承担发布预警信息、启动预警响应与应急响应的主体责任，积极探索"属地优先"的"倒金字塔型"预警发布与响应模式。根据突发事件的级别，通过"基层吹哨、部门响应"的模式，逐级启动预警响应和应急响应。

（二）健全预警信息发布的法律政策

修订《突发事件应对法》，研究制定"自然灾害类和安全生产类突发事件预警信息发布管理办法"等法律法规与规范性文件，将预警发布工作进一步纳入法治轨道。明确突发事件预警发布、预警响应等方面的流程与机制，提高其操作性与针对性。完善突发事件预警、风险预警、风险提示等多种形态的预警发布机制，加强对外预警与对内预警的相互衔接。加强防救环节的衔接，推动监测预警与应急指挥之间的无缝融合，发挥预警作为"发令枪"和"指挥棒"的"吹哨"作用，使各方闻令而动，按照法律法规和应急预案要求，主动、快速启动预警响应和应急响应。加强针对自然灾害的预警机制建设，健全事故灾难、公共卫生事件和社会安全事件三类突发事件预警发布机制，形成全灾种预警发布体系。从国家政策、立法层面入手，积极探索小区广播和小区短信应用于预警发布领域。明确各类型预警的信息来源和标准，建立预警信息反馈和效果评估机制。建立健全安全管理法律规定，保障在重大突发事件预警时通过手机、有线电视机顶盒、预警接收机等强制推送与显示预警信息，实现自动报警与发警。

（三）提高监测预警技术水平，加强硬件系统建设

提高风险评估和突发事件监测技术水平。既要发挥行业部门专业技术优势，又要依托综合性应急管理部门，建立健全各类突发事件以及社交媒体舆情监测等监测体系。要加强监测学科建设、队伍建设和实验室建设，增加科研投入，提高风险监测技术水平。完善预警体系建设统筹机制，共同开展多灾种综合防控的科学研究和技术推广应用，将多灾种联合监测与预警纳入我国"十四五"防灾抗灾救灾规划。要加强风险监测网络和平台建设，建立覆盖突发事件全链条、全对象、全流程的监测体系，实时动态监测各类突发事件风险隐患。提高基于新技术的智慧化多点触发预警水平。要瞄准科技前沿，紧盯科技创新，将应急监测和预报、预警信息开发和整合与移动互联网、大数据、云计算、物联网、区块链等新技术充分融合，统筹建立"国

省－市－县"全体系预警信息共享和报送机制，加快建立与灾害预警信息主要责任部门的信息共享平台，对接城市精细化管理和基层组织管理平台，实现应急安全领域的数据共享、信息互通，提高预警发布智能化水平。增加5G等新技术在基层预警发布工作中的应用。各级预警发布工作机构紧密合作，以气象科技服务、项目建设带动各地预警发布能力提升，大力提升预警信息精准靶向发布能力。

（四）增强预警发布的及时性、精准性与全面性

提高预警信息发布速度，减少预警时间滞后问题。广泛运用新技术手段，积极推进大数据、人工智能、云计算等信息技术在预警发布应用方面的系统建设，利用基于手机定位的小区广播、电子围栏、5G通信、地理信息系统等手段，提高预警发布的精准度与时效性。建立健全预警反馈互动机制，通过钉钉软件、企业微信、App、"安全码"等技术手段，及时向预警责任人以及特定区域受灾群众发送预警信息，并实时反馈预警接收状态，沟通风险趋势信息。提高预警信息精准发布能力，解决"最后一公里"的难题。以"预警到村到户到人"为目标，坚持全主体的预警发布责任制，落实属地政府领导责任、行业部门主管责任、基层单位主体责任、社会组织协同责任、民众个体防护责任等全方位责任体系。健全群防群测群控机制，坚持专群结合原则，充分发挥监测预警机构的专业优势以及社会组织、基层单位、专兼职队伍的社会治理作用。加强基层信息员队伍体系，通过定点巡查、走村入户等方式，实现隐患监测与预警发布全覆盖。针对特殊地区、特殊人群、特殊机构等预警发布薄弱环节，要重点发力，不落一户、不漏一人，保障预警信息能够送达到受影响地区的每一个人，特别是要覆盖偏远地区、脆弱行业和弱势群体。健全立体式预警信息发布渠道，提高预警覆盖面。充分整合和利用现有公共资源，依托手机短信、微信微博、电视、网站、广播、移动电视、楼宇电视、户外电子显示屏以及社区通讯等各类媒体和传播渠道，及时通过各类信息传播手段向公众发布突发事件预警信息。

（五）整合利用预警发布渠道，完善信息共享与联动协同机制

在现阶段应急管理体制机制尚未完全理顺的情况下，要充分整合利用各类突发事件预警发布渠道，发挥国突系统、国家应急广播系统和三大运营商等预警发布渠道作用。要加大部门合作力度，推动应急管理部门与各级预警信息发布中心工作机构共建共享，完善人员队伍、财政经费等保障机制。健全跨部门数据和信息共享机制，分别从横向、纵向和流程的角度整合各部门、层级和环节的监测预警网络，实现基础资料、监测数据与预警信息的共享交流。结合各地智慧城市和大数据机构建设进程，积极探索"城市大脑"在预警发布与应急指挥中的应用模式，建立风险评估、灾情管理、指挥调度"一张图"。"检验预警成功与否的唯一标准是终端用户及时采取适当行动"①，要健全预警响应机制，明确各部门的工作职责与任务分工。完善多部门、跨区域和社会公众应急联动机制，组织开展多部门预警联动联合演练，提高部门及军地之间预警联动的协作水平。加强与社会媒体渠道单位之间的合作，丰富发布渠道和传播手段，扩大覆盖面。健全预警发布联络员制度，定期召开联络员会议，加强预警发布中心与相关部门的业务联系。建立基于地理信息系统的远程会商机制，实现在同一张图上进行协同标绘、共同更新，提升各部门之间预警联动的效率。加强科普宣教体系建设，普及应急知识与技能，定期组织社会公众参加各种类型的应急演练，提高公众防灾减灾意识和逃生避险能力。

---

① 董泽宇：《论突发事件预警体系的行动导向》，《中国行政管理》2013 年第 2 期。

B.12

地方政府应急管理体系发展与创新[*]

——基于"十四五"规划的考察

张 磊[**]

摘 要： 考察各地方政府"十四五"规划中有关应急管理体系建设的
内容，有助于了解地方政府应急管理体系建设的方向，也有
利于探究国家应急管理体系的整体发展方向。在应急管理体
系建设方面，各地将应急管理体系作为总体国家安全的重要
组成部分，将应急管理体系视为人民生命安全的重要保障，
并基于公共安全的范畴内开展应急管理体系建设。在应急管
理体系的建设思路方面，各地强调系统性防范与化解风险隐
患，基于自身风险特点开展体系建设，阶段建设内容与中央
高度一致。在应急管理体制机制方面，各地着力于理顺应急
管理权责，健全应急管理体制，完善应急工作机制。在应急
管理能力方面，各地建设重心包括信息平台、灾害管理、自
救互救、救援队伍、区域救援等能力。

关键词： 地方政府 应急管理 "十四五"规划

---

  * 本文是国家社科基金项目基于"风险－减缓"的县（区）域网络舆情综合治理研究
（20ZBB087）的阶段性成果。
  ** 张磊，博士，中共中央党校（国家行政学院）应急管理培训中心（中欧应急管理学院）副教
授，硕士生导师，研究方向为应急管理、舆情管理。

在 2018 年党和国家机构改革中，作为一项重要的改革内容，国家成立了应急管理部，标志着我国应急管理体系建设进入了一个新的阶段。应急管理部门的成立并不意味应急管理体系改革和建设的结束，而是一次新的开始，是在部门职能整合与融合的基础上，建设适应应急管理形势与任务需要的应急管理体系。这是一项循序渐进的工程，需要融入国家经济建设与社会发展的过程中，分阶段、分目标、分任务地完成。

"十四五"期间是我国经济和社会发展的重要阶段。2020 年，各级政府都制定了"十四五"期间经济和社会发展规划，应急管理体系建设也纳入其中。考察各地方政府"十四五"规划有关应急管理体系建设的内容，有助于了解地方政府应急管理体系建设的方向，也有利于探究国家应急管理体系的整体发展方向。

由于应急管理体系仍在继续探索性地建设中，不少与应急管理有关的概念，无论是在学术界，还是在实践工作中，都存在模糊性或者混用性。为严谨地讨论，需要对本研究涉及的相关概念、研究对象等基本范畴进行界定。

一是应急管理。尽管经历了多年的体系建设，但应急管理的概念、应急管理工作的对象等，目前在学术界和实践中都是存在争议的。从法律的角度来看，我国《突发事件应对法》所界定的应急管理是广义的，其工作对象包括自然灾害、事故灾难、公共卫生事件和社会安全事件四大类突发事件。2018 年成立的应急管理部关于应急管理工作的职能则是狭义的，仅针对自然灾害和事故灾难。本研究是对实践工作的考察，因而在应急管理的概念上，所确定的也是狭义的，即工作对象是自然灾害和事故灾难，不包括公共卫生事件和社会安全事件。

二是地方政府。省级政府是最高层级的地方政府，是国家应急管理体系的重要承接层级，也是地方政府应急管理体系的首要设计主体。因此，本研究中的地方政府指的就是省级政府。

三是发展和创新。对于地方政府而言，发展和创新是两个相对的概念。一方面，相对于国家应急管理体系规划的发展和创新，另一方面是相对于自身现有应急管理体系的发展和创新。此外，发展和创新并非相互独立或割裂

的，而是相辅相成的，还可能是相互融合的。发展之中有创新，创新之中有
发展；创新是在发展之上的创新，发展是在创新之上的发展。

从规划的角度来看，基本定位、建设思路、体制机制等都是考察应急管
理体系建设的重要维度，而这些维度决定了应急管理能力的发展方向。因
此，本研究将从基于各地政府的"十四五"规划有关应急管理工作的论述，
着重从应急管理体系的基本定位、应急管理体系的建设思路、应急管理体制
机制创新、应急管理能力建设发展四个方面考察地方政府应急管理体系的未
来建设。

一　应急管理体系的基本定位

应急管理体系在经济社会发展中的定位决定了应急管理工作的总体
位置，也决定了应急管理体系的建设方向。在这方面，中央层面把应急
管理工作纳入总体国家安全的重要组成部分，将其作为人民生命安全的
重要保障，在提高公共安全保障能力的范畴内进行应急管理体系建设，
提出："坚持总体国家安全观，实施国家安全战略，维护和塑造国家安
全，统筹传统安全和非传统安全，把安全发展贯穿国家发展各领域和全
过程，防范和化解影响我国现代化进程的各种风险，筑牢国家安全屏
障。"① 各地在"十四五"规划中总体上沿用了中央层面关于应急管理体
系的定位，从总体国家安全、公共安全、人民生命安全保障等方面对应
急管理体系进行定位，同时根据自身经济社会发展情况有重点地落实国
家提出的建设方向。

一是将应急管理体系作为总体国家安全的重要构成。广东、天津等省份
都提出在总体国家安全的框架下建设应急管理体系，服务于自身经济社会发

---

① 《中共中央关于制定国民经济和社会发展第十四个五年规划和二〇三五年远景目标的建
议》，中国政府网，http://www.gov.cn/zhengce/2020 – 11/03/content_ 5556991. htm，最后
访问日期：2021 年 5 月 10 日。下文关于中央层面"十四五"规划的内容全部引自此处，
不再另加注释。

展目标。在坚持总体国家安全观的基础上，作为发达省份，广东①和浙江②均将应急管理体系纳入预防影响其现代化进程的重要保障，提出"坚决防范和化解影响现代化进程的各种风险"。不同的是，在建设目标上，广东提出建设成为全国最安全稳定、最公平公正、法治环境最好的地区之一，筑牢现代化建设的安全基石。浙江则强化"大平安"理念，努力建设成为平安中国示范区。内蒙古③也提出了类似的方向："构建大安全格局，完善大平安体系。"作为紧邻首都的城市，天津④侧重于从社会治理的框架内容建设应急管理体系，提出"加强系统治理、依法治理、综合治理、源头治理，推进社会治理体系和治理能力现代化"。四川⑤同样强调社会治理框架，提出"构建与推进现代化建设、实现高质量发展相适应的社会治理和安全保障体系"。宁夏⑥提出"全面提升平安宁夏建设科学化、社会化、法治化、

---

① 《中共广东省委关于制定广东省国民经济和社会发展第十四个五年规划和二〇三五年远景目标的建议》，广东省人民政府网，http://www.gd.gov.cn/gdywdt/gdyw/content/post_3152459.html，最后访问日期：2021年5月10日。下文中关于广东省"十四五"规划的内容全部引自此处，不再另加注释。

② 《中共浙江省委关于制定浙江省国民经济和社会发展第十四个五年规划和二〇三五年远景目标的建议》，浙江省人民政府网，http://www.zj.gov.cn/art/2020/11/22/art_1229325288_59046929.html，最后访问日期：2021年5月10日。下文中关于浙江省"十四五"规划的内容全部引自此处，不再另加注释。

③ 《内蒙古自治区国民经济和社会发展第十四个五年规划和二〇三五年远景目标纲要》，内蒙古自治区人民政府网，http://www.nmg.gov.cn/zwgk/zdxxgk/ghjh/fzgh/202102/t20210218_959337.html，最后访问日期：2021年5月10日。下文中关于内蒙古"十四五"规划的内容全部引自此处，不再另加注释。

④ 《中共天津市委关于制定天津市国民经济和社会发展第十四个五年规划和二〇三五年远景目标的建议》，天津市人民政府网，http://www.tj.gov.cn/sy/tjxw/202011/t20201130_4172574.html，最后访问日期：2021年5月10日。下文中关于天津市"十四五"规划的内容全部引自此处，不再另加注释。

⑤ 《中共四川省委关于制定四川省国民经济和社会发展第十四个五年规划和二〇三五年远景目标的建议》，四川省人民政府网，http://www.sc.gov.cn/10462/10464/10797/2020/12/9/30de25c615154348835843b58380030f.shtml，最后访问日期：2021年5月10日。下文中关于四川省"十四五"规划的内容全部引自此处，不再另加注释。

⑥ 《中共宁夏回族自治区委员会关于制定国民经济和社会发展第十四个五年规划和二〇三五年远景目标的建议》，百家号"宁夏日报"，https://baijiahao.baidu.com/s?id=1686030835171511958&wfr=spider&for=pc，最后访问日期：2021年5月10日。下文中关于宁夏回族自治区"十四五"规划的内容全部引自此处，不再另加注释。

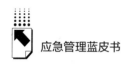

智能化水平"。辽宁①、吉林②、黑龙江③、河南④、安徽、湖南、湖北、江苏、江西、重庆、甘肃、青海、云南等则基本沿用了中央层面的表述，强调应急管理体系作为安全发展的内容，要贯穿于发展各领域和全过程。

二是将应急管理体系视为人民生命安全的重要保障。在中央层面，应急管理的内容是在"保障人民生命安全"这一标题之下阐述的。不少地方都沿用了这样的阐述方式，广东、天津、辽宁、浙江、安徽、山东、湖北、陕西、内蒙古、甘肃、云南、江西、福建等均在"保障人民生命安全"的标题下阐述应急管理体系建设。有些地方虽然没有完全和中央层面的标题一致，但也十分接近。例如，河北使用了"保障人民生命财产安全"；吉林使用了"有效维护人民生命安全"；河南使用了"坚决保障人民生命安全"；黑龙江使用了"确保人民生命财产安全"；广西则用的是"保障人民生命安全和维护社会稳定"。有些地方虽然单独使用人民生命安全作为标题，但在表述中也突出了应急管理体系的这一功能。例如，湖南、重庆提出"把保护人民生命安全摆在首位"，山西提出"以人民安全为宗旨"。

三是基于公共安全的范畴内开展应急管理体系建设。在"保障人民生命安全"这一标题下，中央层面进一步提出"全面提高公共安全保障能

---

① 《中共辽宁省委关于制定辽宁省国民经济和社会发展第十四个五年规划和二〇三五年远景目标的建议》，百家号"闪电新闻"，https://baijiahao.baidu.com/s? id = 1685385544648810422&wfr = spider&for = pc，最后访问日期：2021 年 5 月 10 日。下文中关于辽宁省"十四五"规划的内容全部引自此处，不再另加注释。

② 《中共吉林省委关于制定吉林省国民经济和社会发展第十四个五年规划和二〇三五年远景目标的建议》，吉林省人民政府网，http://www.jl.gov.cn/zw/yw/jlyw/202012/t20201209_7817009.html，最后访问日期：2021 年 5 月 10 日。下文中关于吉林省"十四五"规划的内容全部引自此处，不再另加注释。

③ 《中共黑龙江省委关于制定国民经济和社会发展第十四个五年规划和二〇三五年远景目标的建议》，黑龙江人民政府网站，https://www.hlj.gov.cn/n200/2020/1207/c35 - 11011966.html，最后访问日期：2021 年 5 月 10 日。下文中关于黑龙江省"十四五"规划的内容全部引自此处，不再另加注释。

④ 《中共河南省委关于制定河南省国民经济和社会发展第十四个五年规划和二〇三五年远景目标的建议》，河南省人民政府网，https://www.henan.gov.cn/2021/01 - 08/2074842.html，最后访问日期：2021 年 5 月 10 日。下文中关于河南省"十四五"规划的内容全部引自此处，不再另加注释。

力"，在此范畴内建设应急管理体系。不少地方基本沿用了中央层面的表述方式和提法，包括天津、吉林、安徽、湖北、重庆、河南、内蒙古、江西、福建、广西等。一些地方则结合自身情况开展建设，一些地方还较之于中央层面将"公共安全"置于更加突出的位置，在"公共安全"的标题之下阐述应急管理体系建设。例如，重庆的标题是"切实保障公共安全"；青海使用的标题为"全面提高公共安全保障能力"；宁夏使用"提高公共安全保障能力"作为标题，并进一步提出"健全公共安全体系，切实提升维护公共安全效能"。有些地方虽然没有单独把"公共安全"作为标题来表述，但也将提高公共安全保障能力作为重要内容来提出，如湖南。有些地方则具体化了提高公共安全保障能力的内容，如云南提出"健全公共安全保障体系"，上海提出健全和完善公共安全体系，辽宁和贵州则提出"建立健全公共安全隐患排查和安全预防控制体系"。

二 应急管理体系的建设思路

如果说基本定位决定了地方应急管理体系在经济社会发展中的位置，那么建设思路则影响着应急管理体系建设的具体方向和内容。综观各地的"十四五"规划，地方应急管理体系建设大体从三个方面着手。当然，不同地区结合着自身情况侧重点会有所不同。

一是强调系统性防范与化解风险隐患。近年来，风险管理的理念在应急管理实践界已经日益普及，越来越多的地区强调通过系统性防范化解风险来建设应急管理体系，特别是发达地区，对风险管理的理念更为认同。和其他地区不同，北京关于安全的内容是在防范化解风险隐患的主题下进行阐述的。在该主题下，北京提出加强风险防控："提升风险评估和监测预警能力，坚决驯服'灰犀牛'问题，全面防范'黑天鹅'事件，牢牢守住不发生区域性系统性风险底线。"上海则着力加强全周期管理，以系统性防控守牢城市安全底线，提出："完善城市安全常态化管控和应急管理体系，提高风险防控和应急处置能力。"江苏在完善各类风险防控体系的框架下，提

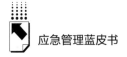
出："全面深化风险研判、决策风险评估、风险防控协同、风险防控责任'四项机制'，分类健全重大风险预案，提高预测预警能力。"基于这些理念，进一步提出优化应急管理能力体系建设的方向，"坚持以防为主、防抗救结合，完善事前防范、事中响应、事后恢复并重的应急管理体系"。贵州则在防范化解重大风险的总体框架下，提出："建立公共安全隐患排查和安全预防控制体系，健全突发公共卫生事件社会预警机制和重大疫情响应机制，完善军地联动处置突发公共安全事件机制。""防范化解地质灾害、自然灾害风险。"

二是基于自身风险特点开展体系建设。应急管理体系建设的根本目的在于减少风险隐患对生命、财产和价值观等的破坏。因此，是否结合自身风险特点，影响着应急体系建设成效的重要评价指标。在这一方面，不少地方已经有所意识，并着力实施。例如，根据特大城市的风险特点，北京提出建设韧性城市，"完善具有首都特色的应急管理体制，提升对非常规突发重大事件响应和处置能力"。上海则提出："强化安全韧性适应理念，在基础设施建设、应急物资储备及保障等方面保持弹性，提高城市应对灾害能力。"浙江、广东、海南等沿海地区根据自身灾害风险，应急管理体系建设侧重于有效防范台风、洪涝等自然灾害。作为多河流湖泊省份，安徽强化河流湖泊安全和城市防洪安全，提出："推进长江干流堤防防洪能力提升、淮河中游综合治理、新安江流域综合治理。"针对多元灾害风险，四川提出："加强洪涝干旱、森林草原火灾、地质灾害、地震等领域监测预警和防灾减灾救灾能力建设。加强灾害科普宣传，增强全民防灾减灾意识。"

三是阶段建设内容与中央高度一致。在中央层面的应急管理体系建设中，除了强化安全生产监管，预防重特大安全事故之外，主要从提升自然灾害防御工程标准，加强应急物资保障体系建设，发展巨灾保险等方面着力。不少地方应急管理体系建设在"十四五"规划中保持了跟中央规划内容的高度一致。值得注意的是，各地对上述不同内容上的建设方向存在延续性和创新性的不同选择。第一，在提升自然灾害防御工程标准方面，各地基本上沿用了中央层面的表述。河北、吉林、浙江、湖北、河南、甘肃、云南、江西、福建等省份均提出提升自然灾害防御工程标准或水平。只有湖南具体提出了"推进自然灾害防治'九大工程'"。第二，在应急物资储备体系建设方面，各地有一定的创新。山东、山西、浙江、安徽、湖南、重庆、宁夏、内蒙古、云南、福建、江苏、青海、广西等省份提出建立、加强、推进、健全或强化应急物资储备体系、储备能力或保障体系建设。一些地方则创新性、具体性地提出应急物资储备建设内容。例如，湖北提出"建设国家华中区域应急物资供应链中心及集配中心"；海南提出"谋划建设综合应急救援物资基地和中心"；河南提出"加快区域性应急救援基地、物资储备中心建设"；黑龙江提出"建立储备充足、反应迅速、抗冲击能力强的应急物流体系"；江西提出"加快构建政府、企业、第三方等多方联动的应急物资储备体系"。第三，在发展巨灾保险方面，各地基本上没有细化性的内容。浙江、安徽、湖南、陕西、江西、广西等省份均只提及了"发展巨灾保险"几个字。

三 应急管理体制机制创新

在确定应急管理体系建设方向之后，各地在应急管理体制机制方面大力寻求创新，探索建立符合自身应急管理形势的体制机制。归纳地看，各地在应急管理体制机制建设方面主要从理顺应急管理权责、健全应急管理体制、完善应急工作机制等方面着力。

一是理顺应急管理权责。机构改革后，新组建的应急管理部门整合了原来多个部门的应急管理职能、机构和人员，应急管理工作的权责边界和关系模糊，有待理清，这也成为一些地方应急管理体制建设的方向之一。理顺权责关系包括两个方面。其一，党政关系。例如，山西提出"坚持党政同责、一岗双责、权责一致、失职追责，强化应急管理责任落实，健全完善防救相承的责任体系"。其二，纵向关系。例如，吉林提出"深化省市县三级应急管理体制改革"。贵州提出"形成省市县乡村五级灾害应急救助体系"。

二是健全应急管理体制。各地在应急管理体制建设方面主要围绕处理领

导与指挥、专业与综合、响应效率、应急联动、平时状态与应急状态等关系或领域开展。例如，四川提出"完善统一指挥、专常兼备、反应灵敏、上下联动、平战结合的应急管理体制"。天津提出"健全统一领导、专常兼备、反应灵敏、上下联动的应急管理体制"。有些地区则由于具有较强的自身特点而强化特色性体制。例如，北京提出"完善具有首都特色的应急管理体制，提升对非常规突发重大事件响应和处置能力"。浙江则强调整合应急理念，提出"加快构建'大安全、大应急、大减灾'体系，完善应急管理体制"。

三是完善应急工作机制。体制的有效运行最终需要机制来落实。各地探索了建立和完善多个方面的应急管理工作机制。第一，风险防控机制。例如，江苏提出"全面深化风险研判、决策风险评估、风险防控协同、风险防控责任'四项机制'"。河北提出"健全公共安全隐患排查和化解机制"。辽宁提出"建立健全公共安全隐患排查和安全预防控制体系"。第二，应急响应机制。例如，广东提出"完善全国全省'一盘棋'应急响应机制和重大突发事件'四个一'应急处置机制"。河南提出"健全突发事件应急处置机制"。第三，应急指挥机制。例如，甘肃提出"建立平战迅速切换的指挥响应机制，健全信息共享、会商研判、预警发布、联合执法机制"。第四，应急联动机制。例如，重庆提出"健全应急联动机制"。贵州提出"完善军地联动处置突发公共安全事件机制"。山西提出"构建跨部门、跨层级、跨地域协调联动机制"。

四　应急管理能力建设发展

无论是体系建设，还是体制机制建设，其目的都是提升应急管理能力。除此之外，应急管理能力建设与发展还需要具体性的内容。在中央层面，应急管理能力建设主要是提高防灾、减灾、抗灾、救灾能力。在地方层面，大多数地区也明确提出了提高、发展或加强这方面的能力，包括北京、天津、河北、辽宁、浙江、安徽、山东、湖南、湖北、海南、河南、山西、内蒙古、甘肃、青海、江西、福建、广西等省份。除此之外，各地根据自身情况还提出了一些需要建设的应急管理具体能力。

一是信息平台能力。例如，江苏提出"加强应急管理信息化建设"。甘肃提出加快建设"西北地区综合减灾与风险管理信息平台"。青海提出"打造全省一体化应急指挥平台体系"。

二是灾害管理能力。例如，上海提出"提高城市应对灾害能力"。天津提出"提升多灾种和灾害链预报预警能力"。吉林提出"完善各类灾害风险调查评估、监测预警预报等制度体系，提升灾害综合防控和抢险救援能力"。安徽提出"实施抢险救援能力提升工程"。

三是自救互救能力。例如，广东提出"提高基层应急管理水平和公众自救互救能力"。天津提出"完善全民安全教育体系"。四川提出"完善应急管理全民参与格局，强化社会协同应对能力建设"。江苏提出"健全公民安全教育体系，提升全民安全素质和应急意识"。

四是救援队伍建设。例如，四川提出"推进应急救援队伍建设"。内蒙古提出"推进应急队伍体系建设"。青海提出"加强应急队伍建设"。江苏提出"强化应急专业队伍力量和基层应急能力建设"。浙江提出"培育和发展社会救援力量"。

五是区域救援能力。例如，浙江提出"建设省应急救援指挥中心及区域应急救援中心"。山东提出"提升森林火灾、海洋灾害、危化品事故灾害、自然灾害、矿山和地质灾害等区域应急救援中心保障水平"。湖北提出"建设国家华中区域应急物资供应链中心及集配中心"。四川提出"推进国家西南区域应急救援中心等基地"。河南提出"加快区域性应急救援基地、物资储备中心建设"。甘肃提出"加快建设国家区域（西北）应急救援中心、西北地区综合减灾与风险管理信息平台"。

应急管理法治篇

Rule of Law in Emergency Management

B.13
2020年应急管理法治建设进展与前瞻

钟雯彬*

摘　要：　如何以法治的稳定性、确定性来对冲严峻形势的不稳定性、不确定性，成为2020年贯穿我国应急管理事业全过程和各领域的一条主线。在适应国际国内形势变化、统筹推进疫情防控和经济社会发展的同时，我国全面推进应急管理法治化建设，立法、司法、执法、守法和普法宣传多方驱动，着力抓重点、补短板、强弱项、固优势，取得了重要进展和明显成效。但是，对标新发展阶段要求，应急法治工作还存在不少差距和短板。需要在2021年抓住应急管理领域进入新一轮修法密集期的难得契机，按照法治国家、法治政府、法治社会一体建设的要求，扎实谋划"十四五"时期应急管理法治建设，持续推进国家应急管理体系和能力建设。

* 钟雯彬，博士，中共中央党校（国家行政学院）应急管理培训中心（中欧应急管理学院）党总支副书记，研究方向为应急管理、政府法治、公共政策等。

关键词： 应急管理 法治建设 "十四五"规划

法治是人类文明进步的重要标志，是统筹发展与安全的有效治理方式。2020年是我国全面建成小康社会和"十三五"规划收官之年，也是谋划"十四五"规划的关键之年。这一年，世界变化莫测，多重不确定性冲击来袭，应急管理工作遇到许多艰难挑战：百年未有之大变局深度调整，百年不遇的新冠肺炎疫情突然暴发，遭遇1998年以来最严重汛情，国际国内形势深刻复杂变化，给社会经济发展内外环境带来严重冲击。2020年的应急管理法治建设，可谓"路隘林深苔滑"。如何在高度不确定性的世界寻找确定性，以法治的稳定性、确定性来对冲严峻形势的不稳定性、不确定性，成为2020年贯穿我国应急管理事业全过程和各领域的一条主线。在适应国际国内形势变化、统筹推进疫情防控和经济社会发展的同时，我国全面推进应急管理法治化建设，着力抓重点、补短板、强弱项、固优势，持续推进国家应急管理体系和能力建设，为国家发展保驾护航。

一 2020年应急管理法治建设主要进展

2020年，全国各级各部门坚持以习近平新时代中国特色社会主义思想为指导，应急管理立法、司法、执法、守法和普法宣传多方着力，亮点频出，为防范化解重大安全风险、推进应急管理事业改革发展提供了有力的法治保障。

（一）强化法治思维，以习近平总书记关于法治的重要论述引领应急管理法治化建设

党的十八大以来，以习近平同志为核心的党中央从坚持和发展中国特色社会主义的全局和战略高度定位法治、布局法治、厉行法治，把全面依法治国纳入"四个全面"战略布局，创造性地提出了全面依法治国的一系列新

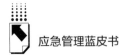

理念新思想新战略，应运而生形成了习近平总书记关于法治的重要论述。2020年11月召开的中央全面依法治国工作会议，确立了习近平总书记关于法治的重要论述在全面依法治国中的指导地位。习近平总书记关于法治的重要论述是习近平新时代中国特色社会主义思想的重要组成部分，是新时代全面依法治国的根本遵循和行动指南。

习近平总书记关于法治的重要论述的提出，为深入推进全面依法治国，运用制度威力应对风险挑战，提供了科学的法治理论指导和制度保障。安全发展靠的是法治确保，百姓平安福祉靠的是法治守卫，疫情防控阻击、抗洪抢险等抗灾抗疫，都离不开法治保障。习近平总书记关于法治的重要论述为应急法治指明了方向道路，是推进应急管理法治化进程必须遵循的政治准绳。深入学习宣传贯彻习近平总书记关于法治的重要论述，是2020年和今后一个时期全国应急管理法治工作者的一项重大政治任务。要发挥好习近平总书记关于法治重要论述的力量，将其作为新时代应急法治工作的科学理论和行动指南，贯穿于工作全过程和各方面，筑法治之基、行法治之道、积法治之势，紧紧抓住着力点和突破点，攻坚克难，务求实效。

（二）依法开展疫情防控，充分发挥应急法治的价值与功能

疫情是一次全面大考，依法防疫是我国取得这次大考重大战略成果的重要制度保障。2020年初，新冠肺炎疫情突如其来，势头凶猛，迅速蔓延，各种突发问题始料不及，各方利益诉求汹涌交织，防控工作千头万绪。正常的社会秩序受到冲击，法治亦面临严峻的挑战。在严峻考验高压忙乱之中，工作容易失去分寸。疫情既是对应急法治发展的挑战，同时也是应急法治事业建设的重大机遇。2020年2月5日，习近平总书记指出："疫情防控越是到最吃劲的时候，越要坚持依法防控，在法治轨道上统筹推进各项防控工作，保障疫情防控工作顺利开展。"①

---

① 《越是到最吃劲的时候，越要坚持依法防控》，中国共产党新闻网，http://theory.people.com.cn/n1/2020/0214/c40531-31586364.html，最后访问日期：2021年5月10日。

2020年2月6日，最高人民法院、最高人民检察院、公安部、司法部联合制定了《关于依法惩治妨害新型冠状病毒感染肺炎疫情防控违法犯罪的意见》；2月24日，十三届全国人大常委会第十六次会议通过了《关于全面禁止非法野生动物交易、革除滥食野生动物陋习、切实保障人民群众生命健康安全的决定》；3月16日，最高人民法院、最高人民检察院、公安部、司法部、海关总署联合发布《关于进一步加强国境卫生检疫工作 依法惩治妨害国境卫生检疫违法犯罪的意见》。此外，中央和地方各级人大常委会、行政机关也及时依法颁布了大量的法律规范性文件、地方立法和规范性文件，为依法科学有序开展疫情防控工作提供了遵循和依据，从根本上保证了抗疫工作的有序推进。

在疫情防控中，各级各部门用足用好《传染病防治法》《突发事件应对法》《野生动物保护法》《治安管理法》等法律法规，依法有序开展疫情防控和应急处置等各项工作：加强风险评估，依法审慎决策，严格依法实施防控措施，坚决防止疫情蔓延；加大对危害疫情防控行为的执法、司法力度；加强治安管理、市场监管等执法工作，依法查办了一批疫情期间出现的暴力伤医、制假售假、哄抬物价、造谣传谣等妨害疫情防控的违法犯罪案件；坚决取缔和严厉打击非法野生动物市场和贸易，从源头上防控重大公共卫生风险。

（三）以良法保障善治，推动应急管理立法工作取得重大突破

2018年党和国家机构改革，应急管理体制作出重大调整，需要不断适应新体制新形势，加快创建新的法律制度。中央提出了新的立法、修法计划，要求抓紧研究制定应急管理、自然灾害防治、应急救援组织、国家消防救援人员、危险化学品安全等方面的法律法规。2020年，面对应急管理体制改革初期艰巨繁重的应急管理立法任务，立法机关和有关部门齐心协力，努力克服新冠肺炎疫情带来的不利影响，推动应急管理基础性关键性立法取得重大进展。应急管理部等有关部门积极推动将《突发事件应对法》修改完善为《应急管理法》，开展各方协调工作，推动《危险化学品安全法》《自然灾害防治法》《应急救援队伍管理法》等法律的起草论证工作。同时，

全面开展安全生产部门规章的制修订工作。

2020 年，应急管理法律层面比较引人关注的是《生物安全法》的出台以及《安全生产法》的第三次修订。

1.《生物安全法》顺利出台

《生物安全法》由中华人民共和国第十三届全国人民代表大会常务委员会第二十二次会议于 2020 年 10 月 17 日通过，自 2021 年 4 月 15 日起施行。该法明确了生物安全的重要地位和原则，规定生物安全是国家安全的重要组成部分，并对生物安全领域的主要风险进行系统梳理和规范，要求完善防范机制，健全基本制度，全面防控各类生物安全风险。生物安全领域总体上属于新兴领域，涉及范围广，发展变化快，有些领域已有法律法规进行调整，有些活动还缺乏法律规范。此次针对生物安全的立法，对已有规定的，进行整合提炼完善，上升为基本制度，并做好衔接，形成合力。对暂时还没有规定的，目前能够看得准的，作出针对性规定，填补法律空白；对还需要继续探索的，作出原则性规定，为实践留有余地，也为制定修改有关法律法规预留接口。通过专门立法全面防控各类风险，这在各国生物安全立法中尚属首例。《生物安全法》是中国第一部有关生物安全的基础性法律，是保障国家总体安全、维护公共卫生安全、促进经济社会健康运行的重要法律，其出台极大地充实、完善了国家安全法律体系和应急管理法律体系。

2.《安全生产法》修改有序推进

2002 年 11 月 1 日起施行的《安全生产法》是我国第一部有关安全生产管理的专门性法律，它的出台标志着我国安全生产法治化建设进入了一个新的阶段。该法施行十多年来，历经了 2009 年、2014 年的修订。目前，我国安全生产正处于爬坡过坎期，城乡之间、地区之间、行业之间生产力发展水平不平衡，存量问题没有根本解决，新的风险因素明显增多，面临的挑战尤为艰巨。① 机构体制改革的系列进展与成果也需要通过建立法律制度予以梳理、

---

① 黄明：《深入推进改革发展 全力防控重大风险 为开启全面建设社会主义现代化国家新征程创造良好安全环境》，《中国应急管理报》2021 年 1 月 13 日。

提炼、凝固。需要根据新形势新情况新问题修改完善《安全生产法》，为进一步加强安全生产工作提供更有效的法律保障。

作为2020年全国人大的立法计划，《安全生产法》的修订受到普遍关注。《安全生产法（修正草案）》把保护人民生命安全摆在首位，拟进一步强化和落实生产经营单位主体责任，要求构建安全风险分级管控和隐患排查治理双重预防体系；拟进一步明确地方政府、应急管理部门和行业管理部门相关职责；拟进一步加大对安全生产违法行为处罚力度，提高违法成本。《安全生产法（修正草案）》于2020年11月25日通过国务院常务会审议。2021年2月，第十三届全国人大常委会第二十五次会议对《安全生产法（修正草案）》进行了审议。并将该修正草案在中国人大网公布，征求社会各界意见。

（四）大灾后修法，启动新一轮应急管理密集立法修法工作

重大灾难事件催生应急管理立法是我国应急管理法治建设的一个特点，也是世界各国应急管理立法的一个普遍规律。新冠肺炎疫情的防控工作，推动了应急管理领域的新一轮立法、修法活动。总结此次疫情防控的经验和教训，及时制定和修改相关法律，是"疫后重建"的应有内容。2020年，立法机关以紧锣密鼓的立法、修法节奏，为举国抗疫和统筹疫情防控与社会经济发展持续提供了法律支持，在立法史上留下了"抗疫"的独特轨迹。

习近平总书记十分重视法治在新冠肺炎疫情防控中的支撑、保障作用。他在2020年2月5日主持召开中央全面依法治国委员会第三次会议并发表重要讲话时明确提出："要完善疫情防控相关立法，加强配套制度建设，完善处罚程序，强化公共安全保障，构建系统完备、科学规范、运行有效的疫情防控法律体系。"[①] 2020年6月2日习近平总书记主持召开专家学者座谈会时强调："要有针对性地推进传染病防治法、突发公共卫生事件应对法等

---

① 《习近平主持召开中央全面依法治国委员会第三次会议强调　全面提高依法防控依法治理能力　为疫情防控提供有力法治保障》，央视网，https：//news.cctv.com/2020/02/05/ARTIC0GzGoUjeAQbIvwkQRek200205.shtml，最后访问日期：2021年5月10日。

法律修改和制定工作，健全权责明确、程序规范、执行有力的疫情防控执法机制，进一步从法律上完善重大新发突发传染病防控措施，明确中央和地方、政府和部门、行政机关和专业机构的职责。要普及公共卫生安全和疫情防控法律法规，推动全社会依法行动、依法行事。"①

立法机关对此很快作出了回应，有关立法修法活动迅速启动。2020 年 3 月 26 日，全国人大常委会召开强化公共卫生法治保障立法修法工作座谈会，修改《传染病防治法》《野生动物保护法》《国境卫生检疫法》和应急管理领域基本法《突发事件应对法》等事宜，开始列入立法议程。2020 年 4 月 17 日，全国人大常委会确定了"强化公共卫生法治保障立法修法工作计划"②，提出完善公共卫生领域相关法律，修改《动物防疫法》《野生动物保护法》《国境卫生检疫法》《传染病防治法》《突发事件应对法》等。围绕健全国家安全法律制度体系，提高防范抵御风险能力，制定《生物安全法》《陆地国界法》《出口管制法》《数据安全法》等。该专项立法计划将30 部法律的制修订一揽子纳入，其中包括备受各界关注的《突发事件应对法》《传染病防治法》《生物安全法》《野生动物保护法》等。此后，根据习近平总书记在 2020 年 6 月 2 日专家学者座谈会上的讲话精神，有关部门又单独启动了"突发公共卫生事件应对法"的起草工作。

此次专门针对疫后修法制定强化公共卫生法治保障立法修法的工作计划，是立法机关回应实践重大迫切需求的创新举措。面对严峻复杂的形势，需要综合运用立法、经济、行政等手段防范化解重大公共卫生风险，统筹做好疫情防控和经济社会发展。从总体上看，我国现行公共卫生领域法律在依法防控疫情、维护公共卫生安全方面发挥了重要作用，但这次疫情应对中也暴露出现行相关法律仍有空白、弱项、短板，需要相应制定、修改的法律数

---

① 《习近平主持召开专家学者座谈会并发表重要讲话》，中国政府网，http://www.gov.cn/xinwen/2020 –06/02/content_ 5516848. htm，最后访问日期：2021 年 5 月 10 日。

② 《十三届全国人大常委会强化公共卫生法治保障立法修法工作计划》，中国人大网，http://www.npc. gov. cn/npc/c30834/202004/eacce363f350473f9c28723f7687c61c. shtml，最后访问日期：2021 年 5 月 10 日。

量较多，必须一体谋划、统筹考虑、协调推进。因此，有必要制订一个专项立法修法工作计划。按照强化公共卫生法治保障立法修法工作计划，拟在2020～2021年制定修改的法律有17件，拟综合统筹、适时制定修改的相关法律有13件。① 这是全国人大首次就专门领域制定的立法计划，标志着应急管理法律体系的整体重塑升级正式进入了立法修法快车道。目前，有关法律的制定修订工作正在紧锣密鼓地推进中。

与此同时，2020年抗疫之战的诸多成功经验和制度需求，也在2020年《民法典》《生物安全法》《固体废物污染环境防治法》《行政处罚法》《刑法修正案（十一）》等法律的立法修法进程中纷纷被嵌入、回应。从不同的领域，立足不同的角度，持续形成决胜抗疫、保护国民安全的法制合力。

与国家层面立法修法大动作同频共振，各地也积极主动，摁下立法"快进键"，强化公共卫生法治以及突发公共安全法治保障。北京、天津、重庆、湖北、深圳等地已出台或正在制定相应的地方法规。加强和完善相关法律法规制定修订，成为各地立法机关2020年的一项重要工作。地方在立法修法时对传染病防治、信息发布等内容进行完善，对《突发事件应对法中》的缺漏进行补充，赋予政府更灵活的权力来应对突发公共事件，从而进一步提升应对突发公共事件的能力。同时，这些地方立法取得的经验，可以为国家层面的立法修法提供借鉴。

应急管理领域的法律具有经验性立法的鲜明特征，"大灾之后必修法"是一个基本规律。2008年汶川地震发生之后，我国也曾在短时间内颁布施行了大量法律文件。受此次新冠肺炎疫情推动，我国的应急法律体系可望迎来一轮大规模的修订。可以预见，经过这一轮密集修法之后，我国的公共卫生、公共安全法治体系将更加完善，能够更好地服务于重大突发公共事件的依法防控、依法治理。

---

① 《十三届全国人大常委会强化公共卫生法治保障立法修法工作计划》，中国人大网，http://www.npc.gov.cn/npc/c30834/202004/eacce363c350473f9c28723f7687c61c.shtml，最后访问日期：2021年5月10日。

（五）涉及公共民生基本安全的有关违法行为入刑，织密惩罪护民之法网

2020年12月26日，中华人民共和国第十三届全国人民代表大会常务委员会第二十四次会议通过《刑法修正案（十一）》，自2021年3月1日起施行。与以往历次修法相比，此次刑法修改比较集中地体现了保障建设法治中国、平安中国的要求，加强了保护人民群众生命财产安全，高度集中于公共、民生领域的安全议题，特别是有关安全生产、食品药品、公共卫生、生态环境等涉及公共、民生领域的基本安全、重大安全。诸如追责高空抛物、拒不排除重大事故隐患入刑、惩治妨害公交安全驾驶、严打药品"黑作坊"、非法编辑基因入刑等法度改进，无不剑指近年来被高度关注的安全风险案件，彰显了刑法在公共安全领域的威慑。

这次《刑法修正案（十一）》涉及公共安全应急管理的规定主要有以下几个方面。

1. 加大对安全生产犯罪的预防惩治

一是对社会反映突出的高空抛物、妨害公共交通工具安全驾驶的犯罪进一步作出明确规定。二是提高重大责任事故类犯罪的刑罚，对明知存在重大事故隐患而拒不排除，仍冒险组织作业，造成严重后果的事故类犯罪加大刑罚力度。三是刑事处罚阶段适当前移。

2. 完善惩治食品药品犯罪规定

主要是与修改后的《药品管理法》进一步衔接，保持对涉药品犯罪惩治力度不减。然后是将一些此前以假药论的情形以及违反药品生产质量管理规范的行为等单独规定为一类犯罪。增加药品监管渎职犯罪，进一步细化食品药品渎职犯罪情形，增强操作性和适用性。

3. 强化公共卫生刑事法治保障

一是修改妨害传染病防治罪，进一步明确新冠肺炎等依法确定的采取甲类传染病管理措施的传染病。二是与《生物安全法》衔接，增加规定了三类犯罪行为。三是将以食用为目的非法猎捕、收购、运输、出售除珍贵、濒危野生动物和"三有野生动物"以外的陆生野生动物，情节严重的行为增加规定为犯罪，从源头上防范和控制重大公共卫生安全风险。

公共安全罪是一种侵害社会法益的犯罪，具有手段的危险性和结果的严重性，是我国《刑法》惩治的重点。自1997年《刑法》修订以来，我国《刑法修正案》之三、六、八、九都涉及对公共安全罪的修改和补充。此次全国人大常委会通过的《刑法修正案（十一）》再次回应了社会公众对公共安全的关切，对公共安全罪进行了必要的修订。从修订的内容来看，通过增设干扰公共交通工具正常行驶罪等罪名，弥补了危害公共安全罪罪名体系中的疏漏；从修订的方法来看，采用了独立危险犯的形式，反映了我国《刑法》关于公共安全罪的立法向着公共危险罪演变的趋势。此次修订，对于应急管理实践而言，标志着《刑法》对公共安全、安全生产、食品药品监督管理、公共卫生管理等领域的越来越强的规范制约，标志从关注事故后果，到关注后果和过程并重的开始，彰显着《刑法》巨大的影响力和威慑力，是我国应急管理法治建设的一个重大举措。

（六）进一步健全有关法律制度，加大法律实施与执行力度

2020年9月，中共中央办公厅、国务院办公厅下发了《关于深化应急管理综合行政执法改革的意见》（以下简称《意见》），标志着应急管理综合行政执法正式纳入我国新时代综合行政执法体系。《意见》要求整合安全生产和防灾减灾的监管执法职责，健全省市县三级应急管理综合行政执法体系，明确执法保障，实行执法事项清单制度，建立行政强制权责清单，对执法方式、执法过程、执法程序、监督途径等提出明确要求。这是以习近平同志为核心的党中央从统筹发展与安全的战略考量作出的重大决策部署，是指导和推动当前和今后一个时期内应急管理执法工作的纲领性文件。各地各部门根据工作实际，加快推进各项应急管理法律制度的建立完善，加大执法力度，强化案件查处，提升执法效能。

在建章立制方面，2020年，应急管理部出台若干重要规范性文件，包括《生产经营单位从业人员安全生产举报处理特别规定》《应急管理部关于

进一步推进地方应急管理立法工作的指导意见》等规定，建立健全有关法律制度。集中报批发布了一批应急管理国家标准和行业标准，累计核准五批应急管理标准制修订计划项目，组织开展强制性国家标准精简整合，加快推进应急管理重点领域和关键环节标准的立改废释工作，增加强制性标准有效供给，实现标准制修订与立法、改革决策的有效衔接，提高标准制修订效率。国家卫健委不断完善食品安全和卫生健康标准体系，强化标准服务，建立国家标准平台，服务企业和社会公众，畅通标准意见反馈渠道。发布食品安全、职业健康、医疗安全、健康风险评估等100多项标准。

在加大综合执法监督力度方面，应急管理部修订印发《安全生产执法手册（2020年版）》，结合近年来安全生产执法实践，积极推进分类分级执法，促进应急管理部门严格规范公正文明执法。推进"互联网＋执法"信息化系统建设，全面推进系统建设应用和数据对接工作。编制应急管理综合行政执法事项指导目录。贯彻落实中央关于深化应急管理综合执法改革的部署要求，研究分析近年来的典型案例，系统梳理法律、行政法规、部门规章的规定，形成了《应急管理综合行政执法事项指导目录（征求意见稿)》及其编写说明。

在推动建立安全生产公益诉讼制度方面，应急管理部会同最高人民检察院、最高人民法院支持各地继续开展安全生产公益诉讼司法实践，最高人民检察院出台关于推进拓展公益诉讼范围的指导意见，明确将安全生产纳入其中。推动在《安全生产法》修改中增加关于安全生产公益诉讼的规定。

（七）借势推进应急普法宣传与服务，促进公民守法意识大幅增强

2020年是"七五"普法收官总结之年，第七个五年普法工作积累成效日渐显现。突如其来的新冠肺炎疫情以及疫情防控常态化，给社会秩序造成了严重冲击，也起到了一种凝结社会关注点的作用，极大地激发了公众对公共安全事务、应急管理的关注与热情，公众防灾防疫意识空前高涨。在疫情防控中，各地各部门紧紧把握这个特殊状况，加强疫情防控法治宣传，引导广大人民群众遵规守法，不信谣不传谣，依法支持和配合疫情防控工作；加

强疫情期间的法律服务，为困难群众提供有效法律援助，及时化解疫情防控中出现的问题。各级政府和有关部门、有关单位借势大力扎实推进应急法治宣教工作，紧紧围绕应急管理中心工作，结合统筹推进常态化疫情防控和经济社会发展实际，积极探索创新普法方式方法，组织开展了一系列应急普法活动，促进应急普法覆盖面不断扩大，影响力不断提升，在全民应急法治思维理念培养、风险防范意识提升以及应急管理守法意识强化方面取得了突出成效。

2020年2月1日，在疫情汹汹来袭之时，为了引导大家深入了解疫情防控工作有关的法律知识，促进疫情防控工作依法有序开展，全国普法办组织力量汇总整理了疫情防控工作有关的法律规定，形成了《新型冠状病毒感染肺炎疫情当前防控工作有关法律知识问答》在网上发布，及时为防控疫情提供了法律参考。2020年，应急管理部联合司法部、全国普法办成功举办第二届全国应急普法知识竞赛。全国共有1227万余人参与答题，总答题量超过2.4亿人次，总点击量超过19.6亿人次。"应急普法"微信平台关注数超过1000万，总阅读次数超过3396万，有2787万余人次参与学习强国"应急管理法律法规知识"专项答题。应急管理部联合司法部举办首届全国应急管理普法微视频征集展播活动，建设运行"应急普法"微信公众号和网站普法专栏，开设"应急管理普法"专栏，开展常态化应急管理普法宣传。

二　中国应急管理法治进程面临的挑战

总体而言，2020年应急法治各项工作稳步推进，取得了重要进展和明显成效。但是，对标新发展阶段新形势新任务新要求，应急法治工作还存在不少差距和短板，还存在一些不足和滞后。尤其是新冠肺炎疫情防控这场大考，在彰显我国制度优势的同时，暴露出我国应急管理领域法治建设的一些问题和不足。2020年新冠肺炎疫情防控期间，习近平总书记多次召开疫情防控专题会议，强调："要放眼长远，总结经验、吸取教训，针对这次疫情

暴露出来的短板和不足，抓紧补短板、堵漏洞、强弱项，该坚持的坚持，该完善的完善，该建立的建立，该落实的落实，完善重大疫情防控体制机制，健全国家公共卫生应急管理体系。"① 推进应急管理法治建设工程仍然艰巨，任重道远。

（一）应急管理法治观念尚需进一步强化

应急管理法治属于比较典型的政府推进型法治。在应对突发事件时，作为主导者的政府既要掌控法治的发展和运转，又要通过法律控制自我权力的行使，容易陷入难以取舍的处境。在风险防范与应急处突形势日益严峻的今天，应急管理法治在认识和观念层面依然面临重大挑战，主要表现在：一是应急管理法治推进的动力有待进一步增强。作为法治建设"关键少数"的各级领导干部，在带头尊崇法治、敬畏法律、了解法律、掌握法律方面还需要进一步增强；在不断提高运用法治思维和法治方式化解风险、维护稳定、应对处置的能力方面，迫切需要下大力气提高。二是法治的权威性有待强化。三是法治发展的均衡性有待协调，应急管理法治建设与发展在区域之间、城乡之间以及经济、政治、社会、文化等不同领域之间，呈现出不同程度的不均衡，有时无法兼顾利益衡量、社会公正与法治统一性。

（二）应急管理法律体系需要进一步完善

结合当前应急管理法治保障需求，目前我国应急管理总体上立法数量还不足，且系统性还不够，与构建系统完备、科学规范、运行有效的法律体系的目标有一定差距。

1. 从既有体系观察，存在立法分散、缺乏统一协调的问题

一是现行应急管理法治体系对《宪法》这个根本法的功能体现没有充分予以呼应、明确。二是应急管理基本法律层次存在立法空白。此次疫情应

---

① 《打赢疫情防控阻击战既要立足当前更要放眼长远 习近平强调补短板堵漏洞强弱项》，中国共产党新闻网，http://theory.people.com.cn/GB/n1/2020/0215/c40531-31588090.html，最后访问日期：2021年5月10日。

对实践，再次对《紧急状态法》的起草和施行提出了迫切的需求。三是应急单行法过于分散。事故灾难类突发事件法和自然灾害类突发事件法数量庞大，比较零散，容易造成立法冲突。四是立法之间的协调配合有待加强。我国应急管理法制在协调性上存在应急管理单行法与应急管理基本法之间不协调，应急管理单行法、行政法规、行政规章相互之间互有交叉和冲突，以及相关配套立法缺失或滞后等问题。

2. 从疫后密集修法角度观察，需要高度关注体系统筹问题

疫后密集修法主要是围绕具体的"问题"立法、修法，并多以行政机关作为主要推动力量。这种"应激式"立法模式由于时间紧促，针对性强，存在系统性不足的缺陷，容易"头疼医头，脚疼医脚"，失之仓促、粗糙。需要在对应急管理法律体系全面梳理的基础上，高度关注法律体系构建的体系化思考，探寻体系构建的逻辑，进行全方位、系统性的布局谋划和有序推进。本轮立法修法之后，法律的数量将进一步增加，既要消化掉原来的问题，还要避免产生新的问题。选择一个恰当的体系化思路，至关重要。需要以修订《突发事件应对法》为抓手，制定《应急管理法》，带动整个法律体系的重塑与更新。

（三）应急管理基本法律制度还不够健全

就制度构建而言，我国现行基本法律制度不够健全，存在许多空白与短板，无法满足应急管理深入改革发展的需要，并回应类似于新冠肺炎疫情这类大灾大疫应对的现实。

一是缺乏明确有力的统筹性和综合协调性制度构建。经过两年多的不断调整和适应，应急管理相关部门责任边界不明问题逐渐暴露，地方属地管理与国家统一指挥的摩擦时有发生。应急管理体制改革后，在专业性增强的同时，统筹性和综合协调性相对不足。二是风险治理理念还不够突出，全流程管理的制度设计不足。轻事前预防，重事中处置，事后的恢复、重建和救助的具体规定比较欠缺。三是市场与社会力量参与不足。在实践中，金融保险机构、慈善机构、志愿者组织、行业协会、大型企业等社会与市场

力量在突发事件的预防、应对、处置和救助方面尚未发挥最大功效。四是应急管理的权力监督机制和公民权利救济机制不够完善，权利保障制度不够充分。五是许多重要制度还有空白或者不健全。此次新冠肺炎疫情应对中比较突出的是，缺少对应急资源的整合统筹、应急措施的启动与结束不规范、面向公众预警严重不足、预防性应急响应较慢、疫情信息发布主体混乱等关键性制度问题。灾害救助、灾害保险、应急征收征用及其补偿等诸多制度依然比较苍白。

（四）法律实施效果还需进一步提高

从法律实施效果来看，现行应急管理法律规范的可操作性和针对性有待提高。以《突发事件应对法》为例，由于出台背景的限制，执法主体不明确，原则性、概括性条款居多，在实践中也多次暴露出针对性和可操作性不足的问题。

（五）依法行政与治理效能仍需进一步加强

法律法规的完善，是应急管理法治体系的基础。执法、守法、法律监督等体系的系统性进步，是应急管理法治体系建立健全的重要方面。其中，严格执法是难点也是关键。目前应急管理执法工作还存在管理体制不顺、职责边界不清、管理方式简单、服务意识不强、执法行为粗放等问题，与高质量高标准执法工作的要求还有不少距离，需要进一步深入推进依法行政，进一步提升应急管理法治体系的治理效能。

三 2021年中国应急管理法治建设展望

2021年是"十四五"开局之年，人民群众对公共安全期待更高，应急管理事业在新的经济社会基础上，步入了新征程的开局起步期。中共中央印发的《法治中国建设规划（2020—2025年）》要求，法治中国建设的总体目标，应当实现法律规范科学完备统一，执法司法公正高效权威，权力运行受到有效制约监督，人民合法权益得到充分尊重保障，法治信仰普遍确立，法治国家、法治政府、法治社会全面建成。① 2021 年的应急管理法治工作，需要对标对表，研究、规划并全面推进应急管理法治建设。要抓住应急管理领域进入新一轮修法密集期的难得契机，进一步利用应急管理体系的改革窗口期，把握好应急事业新征程的开局起步期，深入领会和落实党中央对完善公共安全和应急管理体系所作的战略部署，要以习近平新时代中国特色社会主义思想为指导，按照法治国家、法治政府、法治社会一体建设的要求，谋划好"十四五"时期应急管理法治建设，"要坚持全面推进科学立法、严格执法、公正司法、全民守法"②，为新时代应急管理事业创造更加良好的法治环境与法治基础。

（一）以总体国家安全观为统领，加强应急管理法律体系顶层设计

一是以全面修改《突发事件应对法》为基础，适时推动应急管理法等重要法律的出台。当前，全国上下对应急管理工作高度重视。高度共识的社会认可与群众期待，给应急管理事业带来难得的发展机遇，应当积极进取，高位谋划，纲举目张，从法律体系的系统优化入手，做好我国应急管理事业的顶层设计，一揽子突破现行应急管理法律体系的结构性局限。应当抓紧修改《突发事件应对法》这个宝贵契机，统筹考虑应急管理事业改革发展需要，适时推进应急管理法、紧急状态法、自然灾害防治法等重要法律的制定工作，力争构建完备、合理、优化的应急管理法律体系。

二是加快完善国家公共卫生应急管理法律保障体系。2021 年，在推动探讨公共卫生领域综合性法律，即《卫生基本法》立法可行性的同时，应当尽快完善疫情防控相关立法。需要抓紧修改完善《传染病防治法》，在修改《突

---

① 《中共中央印发〈法治中国建设规划（2020—2025 年）〉》，中国政府网，http：//www. gov. cn/zhengce/2021－01/10/content_ 5578659. htm，最后访问日期：2021 年 5 月 10 日。
② 《习近平在中央全面依法治国工作会议上强调 坚定不移走中国特色社会主义法治道路 为全面建设社会主义现代化国家提供有力法治保障》，央视网，https：//news. cctv. com/ 2020/11/17/ARTIoa7RsQxiGO4tZWe6CeaJ201117. shtml，最后访问日期：2021 年 5 月 10 日。

发性公共卫生事件应急条例》的基础上制定《突发性公共卫生事件应对法》，使预防与处置突发性公共卫生事件的法律体系更为完善。2021 年 3 月 8 日，全国人大常委会委员长栗战书在十三届全国人大四次会议上指出，2021 年，继续实施强化公共卫生法治保障立法修法工作计划，制定突发公共卫生事件应对法。[①] 突发公共卫生事件应对法出台后，将与《突发事件应对法》《传染病防治法》配套，发挥其在公共卫生事件领域专门应对法的作用。[②]

三是加快推进应急管理领域专门立法。按照全国人大立法计划，《安全生产法》修改将在 2021 年完成相关修审程序。要与修改后的《安全生产法》相衔接，全面清理、修改安全生产部门规章，推动形成完善的安全生产法律法规体系；要推进危化品安全法、煤矿安全条例等行业领域单行法律法规的制定工作，推进国家综合性消防救援队伍和人员法、应急救援队伍管理法立法进程；司法机关应当抓紧研究制定关于《刑法修正案（十一）》安全生产相关条款的司法解释。

（二）新增补齐相关制度措施，完善优化有关制度建设

要在做好应急管理基本法、综合法与专业法、特别法有机协调关系的基础上，补充完善实践中急需的有关法律制度。针对此次新冠肺炎疫情应对，有几个方面的补漏工作比较急迫：一是关于应急投入、应急资源、应急设施设备等保障方面的法律制度。二是健全突发公共事件的救助、补偿以及征用等制度。三是完善应急管理权力监督机制和权利救济机制建设。四是建立健全全程管理、预防为主的风险治理运行机制。

（三）加快构建与常态化疫情防控相适应的法治体系

新冠肺炎是近百年来人类社会遭遇的影响范围最广的全球大流行病。目

---

① 《全国人民代表大会常务委员会工作报告（摘要）》，中国人大网，http：//www. npc. gov. cn/npc/kgfb/202103/d83792de06b14d1dae9cce977e75a176. shtml，最后访问日期：2021 年 5 月 10 日。

② 《突发事件应对法》与《传染病防治法》的修改工作已经纳入了强化公共卫生法治保障立法修法工作计划，目前修订草案仍在起草中。

前，疫情依然在全世界肆虐。2021年，要进一步抓紧构建与常态化疫情防控相适应的法治体系，夯实统筹做好常态化疫情防控与经济社会发展工作的法治基础。要围绕重大突发公共卫生事件的依法治理，梳理和完善相关法律体系；要坚持依法、科学、合理、民主、公平等原则，制定针对性强、可操作、动态化的防控方案，审慎采取临时性应急管理措施，依法行使有关管控权力；要加大有关法律服务和司法援助的提供，及时防范化解因疫情产生的各种矛盾纠纷。同时，要坚决惩治利用疫情哄抬物价、制售假冒伪劣医药器材疫苗等违法犯罪行为。

（四）深化应急管理综合行政执法改革，进一步严格执法监督

进一步深化应急管理综合行政执法改革，依法依规厘清职责，理顺执法程序，完善执法机制，落实执法责任。建设过硬的执法队伍，强化执法保障，严格执法标准，规范执法行为，提升执法质量，不断夯实执法基础，提高执法效能，着力推进行政执法透明、规范、合法、公正。加强"互联网＋执法"系统的推广应用，提高应急管理执法规范化、专业化、精准化水平。严格执法，依法打击各类违法违规行为，推动安全形势平稳向好。

（五）进一步推进应急管理普法服务

从疫情防控、安全生产、防灾减灾救灾、社会安全的实际需要和人民群众的法治需求出发，着力在提高普法针对性和实效性上下功夫，使应急管理法治宣传教育更贴近实际、贴近生活、贴近群众。根据应急管理的特色与实践，探索开展交互式、服务式、体验式普法，进一步提升应急管理普法宣传效果。

应急管理法治凝聚着我们多年防范风险与应对突发事件的理论成果和实践经验，是制度之治最基本最稳定最可靠的保障。2021年，需要更好地发挥法治固根本、稳预期、利长远的保障作用，为应急管理事业发展提供根本性、全局性、长期性的制度保障。

B.14
2020年应急管理标准化发展与展望

秦挺鑫 王 皖*

摘 要: 在新时期,我国应急管理标准化工作面临着前所未有的机遇和挑战,国家对公共安全和应急管理领域愈加重视、新一轮科技革命以及应对新冠肺炎疫情给应急管理标准化工作带来了难得的机遇。但是,相比于新时代大国应急管理发展,仍然存在标准体系不完善、与法律法规衔接不紧密、标准缺失、国际标准化水平不足、科技信息化支撑不够、人才和经费得不到保障等诸多问题和挑战。基于当前的标准化工作现状以及所面临的机遇和挑战,本报告提出了下一步工作建议,主要包括完善标准化机制、强化与法律法规衔接、提升国际化信息化水平、培养标准化人才和提升经费保障水平等。

关键词: 应急管理 标准化 标准

习近平总书记在十九届中央政治局集体学习时强调:"要发挥我国应急管理体系的特色和优势,借鉴国外应急管理有益做法,积极推进我国应急管理体系和能力现代化。"[1] 应急管理部党组书记黄明指出,应急管理部的成

---

* 秦挺鑫,博士,中国标准化研究院公共安全所副所长,研究员,研究方向为公共安全标准化;王皖,博士,中国标准化研究院公共安全所助理研究员,研究方向为公共安全标准化。

[1] 习近平:《充分发挥我国应急管理体系特色和优势 积极推进我国应急管理体系和能力现代化》,《人民日报》2019年12月1日。

立把分散于各有关部门的应急资源和力量整合起来，形成统一高效的应急管理体系，全面提升我国防灾减灾救灾能力，是我国应急管理战线几代人的梦想。①

标准化体系作为应急管理体系的重要组成部分，是将制度优势转化为国家治理效能的基础保障，是应急管理战略决策的关键依据，是形成高效联动整体合力的必要前提。标准化体系对完善我国应急管理现代化体系建设，全面提升国家应急管理整体水平具有重要意义。机构改革后的应急管理部努力把分散体系变成集中体系，把低效资源变成高效资源，优化整个组织结构、应急体系和管理机制，对应急管理标准化的建设提出了更高要求。

2018年应急管理部成立后，在深入学习贯彻习近平总书记关于应急管理体系和能力现代化、标准化战略的重要论述精神的基础上，深刻理解标准化体系建设的重要意义，推进应急管理标准化体系建设，结合新时代中国特色的应急管理体系，加强标准化工作顶层设计和统筹规划，健全应急管理标准工作机制，建立完善应急管理标准体系，强化标准制修订和贯彻落实，全面系统地推进了应急管理标准化体系建设，取得了开局良好的阶段性进展。

一 2020年应急管理标准化工作进展及成效

（一）应急管理标准化工作整体进展②

1. 摸清应急管理标准工作底数，夯实基础性工作

应急管理部成立后，原国家安全生产监管总局标准工作亟须与机构改革战略决策同步衔接、同步提升，应急管理标准工作亟须加强优化融合，以适应大国应急工作需要。2018年以来，应急管理部通过深入学习贯彻《深化

---

① 《人民日报专访应急管理部党组书记黄明：当好守夜人　筑牢安全线》，应急管理部网站，http：//www. mem. gov. cn/xw/ztzl/2018/ggjxs/mtgz/201804/t20180418_ 227520. shtml，最后访问日期：2021年5月12日。
② 秦挺鑫：《稳步推进应急管理标准化建设》，《中国应急管理》2020年第6期。

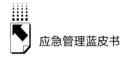

党和国家机构改革方案》和应急管理部"三定方案"有关规定，梳理明晰各相关业务司局标准化职责任务，对相关标准化技术委员会进行调查摸底，梳理标准相关数据，为优化整合专业标委会做好准备，为进一步开展标准化工作顶层设计、健全体制机制、明确标准化职责分工夯实了基础性工作。

2. 科学构建应急管理标准体系，加强标准化工作顶层设计

机构改革以前，我国的地震、煤炭、安全生产、消防、个体防护和减灾救灾等行业的标准分属于不同部门，各自有完整的标准体系。应急管理部的组建整合了11个部门的13项职责，致力于健全应急管理体系，整合优化应急力量和资源。为了契合应急管理部的职责，此次标准体系的构建在基本保留现有地震、煤炭、安全生产、消防和个体防护等行业标准体系框架的基础上，将各标准体系中的应急救援标准与减灾救灾标准进行整合，构建了应急管理和减灾救灾标准体系，并形成了"1 + n"型标准子体系结构。其中，"1"是指应急管理和减灾救灾的通用标准子体系，旨在提高应急管理工作的综合能力和系统协调水平；"n"是指根据各业务司局职能构建的相应的标准子体系。

3. 大力加快急需短缺标准供给，加快推进强制性标准整合精简

按照国务院深化标准化改革意见要求，应急管理部采取了"随时申报、随时报批"的措施，加快了基础通用标准以及安全生产等重点领域缺失标准的立项，并集中发布了一批现阶段急需的、重要的国家标准和行业标准。迄今为止，累计报送了132项国家标准、行业标准制修订项目，累计集中报批发布的标准有92项，另外还积极响应国家标准委对标准外文版工作的战略布局，申请标准外文版翻译项目立项18项。2020年，密切跟踪事故灾难暴露出的标准短板，加强与有关业务司局、消防救援局及标准化技术委员会的沟通，及时委托有关专家对报请审定的安全生产、消防救援、减灾救灾国家及行业标准进行合规性审查，集中报批发布了43项应急管理国家及行业标准。

此外，认真落实国务院标准化部际联席会议关于"加快推进强制性标准整合精简"工作部署，对国家标准委转来的《石油与石油设施雷电安全

规范》《防止静电事故通用导则》等 46 项国家及行业标准进行整合精简，解决标准交叉重复问题，提升标准的科学性和有效性。会同消防救援局、危化监管司、安全基础司及有关标准化技术委员会认真评估，将 46 项标准分为 19 组，制订整合精简工作方案，逐一明确标准制修订的职责分工、工作计划及完成时限，并列为应急管理重要标准制修订工作，予以重点支持、全力推进。在标准整合过程中，积极取得国家标准委指导支持，加强与标准制修订归口部门的沟通协调，提高标准制修订牵头单位认识，严格标准整合质量，严守风险底线，防范因标准整合不当引发安全风险。

4. 多途径加强标准的宣贯实施

标准的生命在于实施，要想充分发挥标准的规范引领作用，必须加强标准的宣贯力度，提高标准的实施效果。应急管理部持续积极推动应急管理标准化的宣贯工作，采用了培训会、专家会、解读会等多种形式宣传标准，使相关部门和企业了解、学习和使用应急管理标准；通过委托课题的形式进行标准化宣贯方面的理论与实践研究，研究应急管理标准化宣贯的相关方式及途径。应急管理部在"世界标准日""安全生产月""中国国际安全生产论坛""中国标准化论坛"期间，积极组织开展应急管理标准化相关宣传活动。对于发布的应急管理领域关键标准，如《安全生产责任保险事故预防技术服务规范》，及时召开新闻发布会进行解读和宣贯，以增强相关工作人员的标准化意识，扩大标准的影响力，充分发挥标准的规范引领效用。

5. 全方位完善标准化工作机制

（1）印发《应急管理标准化工作管理办法》（以下简称《管理办法》）。为了解决应急管理标准化工作存在的范围不够清晰、保障能力不够充足等问题，需要对标准化各项制度程序作出统一规范。2019 年 7 月，应急管理部印发了《管理办法》，着力解决目前标准化工作中存在的程序繁杂、审批效率不高、公布实施不规范等突出问题，统一规范国家标准和行业标准的制修订、贯彻实施与监督管理等各项流程和程序，对标准化工作提出了程序性和实体性要求，健全应急管理标准化工作机制，提高标准制修订效率，确保应急管理标准化工作更好地适应机构改革新形势新任务新要求，不折不扣地贯

彻落实国家有关标准化法律法规的各项要求。

（2）加强标准化技术委员会建设。标委会的建设对应急管理标准化体系建设至关重要。新的《标准化法》出台后，对标准化技术委员会建设提出了更高要求。机构改革后，应急管理部归口管理了全国安全生产标准化技术委员会、全国个体防护装备标准化技术委员会、全国消防标准化技术委员会、全国减灾救灾标准化技术委员会，为加强有关专业技术委员会规范管理，夯实专业专家支撑第一关，为标准化工作提供智力支撑和专业技术把关，将全国减灾救灾标准化技术委员会优化改造为全国应急管理与减灾救灾标准化技术委员会，其余5个技术委员会保持不变。

（3）行业标准代号是国务院有关部门制定标准的依据，没有行业标准代号，标准制修订后就难以依法编号发布。机构改革后，应急管理部及时申请增加消防救援（XF）和应急管理（YJ）行业标准代号，对现有应急管理标准加强统筹优化管理，形成安全生产、消防救援、减灾救灾和其他综合性应急管理标准三大类别标准体系，解决了机构改革后行业标准代号缺失的问题，有助于加强、优化和协同应急管理标准体系建设，标志着应急管理行业标准化新模式正式运行。

6. 不断深化标准化基础研究

在应急管理标准化工作中，需要开展应急管理标准化理论、方法、规划、政策研究，以推进标准化工作水平不断提升。

在理论方法方面，在新冠肺炎疫情防控过程中暴露出我国应急管理标准化工作缺乏统筹协调、应对重大突发公共安全事件重要急需的标准缺失、不同类型标准的指标存在差异等问题。在此背景下，中国标准化研究院承担了国家市场监督管理总局标准技术管理司项目"应对突发公共安全事件标准体系研究"，深入分析现阶段我国应急管理标准化工作现状，以问题和需求为导向，基于三角形公共安全理论，构建应急管理标准体系五维模型，以流程为主维度构建了应急管理跨灾种通用标准子体系框架，并以此为基础构建了自然灾害、事故灾难、公共卫生事件、社会安全事件四大类突发事件应对标准子体系，首次提出了"1＋4"应急管理标准体系框架，为应急管理领域标准体系的构建提供了指导和依据。

在项目研究过程中，借鉴此次疫情防控过程中国务院联防联控机制，研究提出了工作机制建议，即成立跨领域、跨部门、跨流程的应急管理标准化协调推进组和总体组，强化对重要标准项目的业务指导、协调和审查管理，加强应对突发公共安全事件标准化相关工作的评估、监督与考核，解决标准重复矛盾等问题，建立紧急状态下标准快速转化机制。

在政策规划方面，为推动企业将企业标准化工作与企业安全生产治理体系深度融合，应急管理部研究起草了《关于加强安全生产企业标准"一企一策"工作指引》（以下简称《工作指引》）；为了强化"十四五"期间标准化工作的顶层设计和统筹谋划，由应急管理部组织力量，中国标准化研究院牵头开展了"应急管理标准化三年行动计划编制研究"项目，研究提出了2021~2023年应急管理标准化工作的总体要求、发展目标、重点工作等，为下一步应急管理标准化工作的开展指明了方向。

7. 全面提升标准化服务能力

为不断提升标准化服务能力，必须注重整合标准化资源，打造标准化工作平台，建立标准化工作服务体系。目前，以国家标准化管理委员会和应急管理部为核心，正逐步汇聚中国标准化研究院、中国安全生产科学研究院、应急管理部信息研究院、中国应急管理学会、国家减灾中心、消防救援局所属各研究所、应急管理出版社等专业力量，初步形成应急管理标准化支撑合力。在此基础之上，以标准研发、标准制修订、标准咨询、标准培训、标准出版发行等为内容的标准化服务体系正逐步形成，服务能力正不断增强。

8. 积极拓展标准化国际交流

全国个体防护装备标准化技术委员会（SAC/TC112）于2019年3月在杭州承办了2019年国际标准化组织个体防护委员会（ISO/TC94）全体成员方会议，这是亚洲国家首次承办该会议，对促进我国个体防护装备领域健康发展具有重大意义。我国专家提出"防护危害性颗粒口罩国际标准"等两项国际标准提案，得到与会代表的一致支持，同意由我国牵头起草，成功实现了我国在有关领域国际标准"零的突破"；组织开展安全生产、个体防

护、消防救援等30项强制性标准外文版翻译工作，推动了中国应急管理标准"走出去"。

（二）重点领域标准化工作推进情况及成效

《国家标准化体系建设发展规划（2016—2020年）》确定的重点领域涉及社会领域中的公共安全子领域，具体包括安全生产、消防救援和减灾救灾三个细分领域。这三个细分领域在标准化工作开展中取得的成效如下。

1. 安全生产领域积极开展标准精简整合和集中复审工作

一是组织开展了强制性标准整合精简和推荐性标准集中复审。按照国家标准委的有关要求，整合强制性标准项目606项，集中复审推荐性标准项目330项。结合整合精简和集中复审结论，逐步开展标准转化整合和制修订工作。二是加强危险化学品、金属非金属矿山、烟花爆竹、冶金有色、工贸安全、粉尘防爆、涂装作业等重点行业领域标准供给，制修订各类安全生产标准74项。在深刻吸取近年来有关重大事故教训的基础上，组织制修订了《危险化学品生产装置和储存设施外部安全防护距离确定方法》（GB/T 37243 - 2019）、《危险化学品经营企业开业条件和技术要求》（GB 18265 - 2019）、《金属非金属地下矿山无轨运人车辆安全技术要求》（AQ 2070 - 2019）、《烟花爆竹零售店（点）安全技术规范》（AQ 4128 - 2019）、《粉尘防爆安全规程》（GB 15577 - 2018）等一批重要标准，强化了有关高危行业企业安全生产主体责任和安全生产风险管控、隐患排查治理措施。三是加强标准宣贯。对有关重要标准及时组织集中宣贯、释义、培训等活动。2020年，考虑疫情防控的有关要求，组织全国安全生产标准化技术委员会各分标委录制各自行业领域内的重点国家标准宣贯视频，并将其上传到国家标准委网站。

2. 消防救援领域不断优化完善全国消防标准化体系

2016年以来，应急管理部消防救援局（原公安部消防局）深入贯彻落实党的十八大和十九大提出的全面深化标准化工作改革的总体要求，积极适应经济社会发展对消防标准化工作提出的新要求，不断优化完善全国消防标准化体系，强化标准实施与监督，增强标准服务能力，提升标准国际化水平，共组织制修订35项国家标准和31项行业标准，为消防安全治理和应急救援等工作提供了可靠的技术标准依据。在社会消防安全管理方面，强制性国家标准《重大火灾隐患判定方法》（GB 35181－2017）直接推动了重大火灾隐患政府挂牌督办、部门联合执法等工作的开展；在社会消防技术服务方面，行业标准《社会消防安全培训机构设置与评审》（XF/T 1300－2016）对社会消防培训机构的健康发展起到了良好的指导和推动作用；在消防应急救援方面，《水域救援作业指南》（XF/T 3001－2020）等一批行业标准的制定，为消防救援队伍执行各类事故应急救援任务、加强特种装备配备和质量管理提供了标准支撑；在消防应急通信方面，《消防数据元（报批稿）》《消防信息代码（报批稿）》等一批行业标准，将进一步促进消防救援队伍信息化系统的集成和互联互通。

3.减灾救灾领域加快协调统筹以形成防灾减灾救灾综合体

一是加强综合防灾减灾救灾标准化工作。依托国家减灾中心，推动将标准化工作纳入《国家综合防灾减灾规划（2016—2020年）》，加快形成以专项法律法规为骨干、相关应急预案和技术标准相配套的防灾减灾救灾法律法规标准体系。在国家标准委支持下，获准将"全国减灾救灾标准化技术委员会"更名为"全国应急管理与减灾救灾标准化技术委员会"，并着手成立相关分技术委员会。梳理现行救灾物资系列标准，制订相关标准制修订方案。完成"自然灾害应急处置关键技术标准研究"课题及相关标准整合精简、集中复审和制修订，进一步完善自然灾害应急处置标准体系框架和体系表。目前，正在依据有关职能转隶整合情况，重新研究构建新的应急管理和减灾救灾标准体系。二是协调衔接做好地震、地质灾害救援标准化工作。在地震应急救援标准化方面，已组织成立工作组，制订工作方案，对现行应急避难场所相关标准进行复审和评估，形成应急避难场所标准体系框架和体系表；组织编译《INSARAG国际搜索与救援指南》等国际标准，学习国际先进经验，加强我国地震专业救援队伍建设；贯彻"全灾种、大应急"理念，协调中国地震局将有关地震应急救援标准划转应急管理部直接归口管理。在地质灾害救援标准化方面，在自然资源部以往工作基础上，结合新时代地质灾害应急救援工

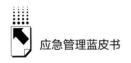

作特点，推进组建相关分标委，按照三个层次、四大门类构建地质灾害救援标准体系。三是加强与水利部的协调衔接，组织开展"水旱灾害应急救援标准体系"研究和编制工作，为相关标准制修订工作打下基础。

二 应急管理标准化工作面临的机遇和挑战

（一）应急管理标准化工作面临的机遇

1. 国家对于公共安全和应急管理领域的重视带来的机遇

党中央、国务院把维护公共安全摆在更加突出的位置，提出加强公共安全体系建设要求。习近平总书记 2019 年强调："应急管理是国家治理体系和治理能力的重要组成部分，承担防范化解重大安全风险、及时应对处置各类灾害事故的重要职责，担负保护人民群众生命财产安全和维护社会稳定的重要使命。"[①]《中华人民共和国国民经济和社会发展第十三个五年规划纲要》要求："健全公共安全体系，为人民安居乐业、社会安定有序、国家长治久安编织全方位、立体化的公共安全网，建设平安中国。"[②]《"十三五"国家科技创新规划》要求："突破资源环境、人口健康、公共安全等领域的瓶颈制约；发展可靠高效的公共安全与社会治理技术；针对公共安全共性基础科学问题……城镇公共安全风险防控与治理、综合应急技术装备等方面开展公共安全保障关键技术攻关和应用示范，形成主动保障型公共安全技术体系。"[③]《"十三五"公共安全科技创新专项规划》要求："完善公共安全标准

---

① 习近平：《充分发挥我国应急管理体系特色和优势　积极推进我国应急管理体系和能力现代化》，《人民日报》2019 年 12 月 1 日。
② 《中华人民共和国国民经济和社会发展第十三个五年规划纲要》，中国人大网，http://www.npc.gov.cn/wxzl/gongbao/2016 - 07/08/content_ 1993756. htm，最后访问日期：2021 年 5 月 12 日。
③ 《国务院关于印发"十三五"国家科技创新规划的通知》（国发〔2016〕43 号），中国政府网，http://www.gov.cn/zhengce/content/2016 - 08/08/content_ 5098072. htm，最后访问日期：2021 年 5 月 12 日。

体系，重点研制突发事件预警、应急通信与信息共享、应急组织与指挥、应急资源管理、应急培训与演练等领域的公共安全基础通用标准，并开展应用示范，提高公共安全及应急管理工作的系统化、规范化、协同化水平。"①《中共中央办公厅 国务院办公厅〈关于推进城市安全发展的意见〉》要求："健全公共安全体系，打造共建共治共享的城市安全社会治理格局。"② 中央对公共安全和应急管理的日益重视，尤其是要求健全公共安全体系，编织全方位、立体化的公共安全网，为应急管理领域标准化工作的开展创造了有利条件。

2. 新一轮科技革命带来的机遇

随着新一代物联网、云计算、大数据、人工智能等新兴技术的广泛渗透，以绿色、智能为特征的群体性技术革命发生在各个领域。应急管理领域应急产业的科技含量逐步提高，在新兴高新技术推动下，具有高技术含量的应急产品不断涌现，以平台、体验和分享等形式为代表的应急管理新兴服务形态不断出现，迫切需要有相关标准规范对其进行引导和规范。

3. 应对新冠肺炎疫情带来的机遇

新冠肺炎疫情本身是突发事件，在防控过程中暴露出各种各样的应急管理问题。例如，随着新冠肺炎疫情的扩散和蔓延，口罩、防护服等防护物资不足问题牵动人心。标准不同的进口防护物资能否安全使用？普通群众应佩戴哪种标准的口罩？企业转产防护产品应采用什么标准？这些问题迅速成为社会关注的热点。此外，不同的地域在防疫标准与防疫措施上也存在很大的差异，疫情防控需要科学的防疫标准作为指导，具体执行要因地制宜，落实责任，强化监督，精准施策，做到防疫工作常态化，以保证复工后的防疫工作安全可控。此次疫情暴发引发了全国对应急管理相关标准化工作的思考和

---

① 《科技部发布〈"十三五"公共安全科技创新专项规划〉》，中国政府网，http://www.gov.cn/xinwen/2017-05/04/content_ 5190858. htm，最后访问日期：2021年5月12日。

② 《中共中央办公厅 国务院办公厅印发〈关于推进城市安全发展的意见〉》，中国政府网，http://www.gov.cn/xinwen/2018-01/07/content_ 5254181. htm，最后访问日期：2021年5月12日。

分析，加速了应急管理标准化工作的开展。例如，各地政府逐步建立了具有严格标准流程的突发性公共疫情社会应急机制；社会上标准化机构、组织的广泛参与，大大提升了各地防控工作的效率和反应能力；各地方政府、媒体通过新媒体手段开始有意识地向群众传播更多标准防护小方法，提高了公众的标准化意识和对其重要性的认识等等。因此，新冠肺炎疫情暴发对于我国应急管理乃至社会治理标准化水平的提高带来了新的机遇。

（二）应急管理标准化工作面临的挑战①

虽然应急管理标准化工作取得了明显进展，但是相比于新时代大国应急管理发展，距离完成标准化体系的功能要求还存在一定差距，要继续上一个新台阶，需要解决现存的问题和困难。

1. 标准体系和标准化工作机制还需进行长期持续的不断完善

应急管理部成立后，虽然加强了标准化工作的顶层设计和统筹规划，整合优化了应急标准化力量和资源，但标准体系和标准化工作机制建设是一个动态发展的过程，要及时总结过程中遇到的问题和实践中的成功经验，不断优化完善。

2. 标准与法律法规衔接不够紧密

标准是法律法规的有效支撑和补充，我国应急管理体系建设尚未将标准和法律法规充分联系起来，没有形成标准为法律法规提供支撑，法律法规以标准为技术基础的有机结合机制，大大降低了法律法规和标准的整体效能。

3. 标准覆盖不全、缺失严重、内容滞后

根据调研发现，多年来我国虽制定了数量不少的应急管理标准，但基础通用标准、部分重点领域的核心标准和大数据、云计算等新技术应用的标准呈现出明显的缺失状态。另外，按照《国家标准管理办法》要求，标准复审周期一般不超过五年，而我国有相当多的应急管理标准没有按要求进行复审，存在标龄过长的问题。

---

① 秦挺鑫：《国外应急管理标准化及对我国的启示》，《安全》2020 年第 8 期。

4. 国际标准化水平不足

我国应急管理国际标准化水平不足有三个方面的原因：第一，以国际视野推广中国先进应急管理经验和应急产业先进技术的意识不足；第二，我国应急管理技术创新体系和标准研制体系不协调，国际标准成果转化机制不完备；第三，应急管理领域缺少专业素质过硬、外语水平高的复合型国际型标准化人才。

5. 科技信息化支撑保障不够

标准制修订信息化系统和平台不够完善，导致标准全生命周期的各阶段不能高效衔接，如标准的申请、复审等阶段不能实现上下联动和互联互通，标准研制容易出现重复交叉问题，大大降低了标准制修订效率。

6. 人才和经费得不到切实保障

应急管理标准化工作需要复合型人才，要求精通应急管理、标准、外语等多个领域的知识。随着标准化领域的不断发展，逐渐暴露出人才稀缺的问题。此外，标准化工作经费保障不充足也是导致人才培养不到位、应急管理标准化水平受限、国际标准化领域拓展速度慢的重要原因。

三 下一步工作展望和建议

为了进一步完善我国应急管理标准化体系，切实提高我国应急管理标准化水平，从而提高应对急难险重任务的能力，推动国家治理体系和治理能力现代化建设，结合当前标准化现状，提出几点对策。

（一）进一步完善应急管理标准体系和标准化机制

以需求为导向，以提高应急处突能力为目标，进一步完善应急管理标准体系，使其更科学合理、实用性更强，在此基础上，完善标准化机制，注重跨部门、跨领域的协调性，加强标准生命周期各环节的指导、协调和审查管理，加强标准的实施评估和监督考核。

（1）建立跨部门、跨领域、全流程标准化协调机制。应急管理标准化

工作涉及多个部门多个领域，借鉴此次疫情防控过程中的国务院联防联控机制，建议构建"跨领域、跨部门、跨流程"的应急管理推进机制，成立以领域专家构成的总体组、以应急管理部门人员构成的协调组、以标准起草单位构成的工作组。其中，总体组主要负责拟定标准化规划、体系和政策措施，协调组主要负责统筹和协调指导标准化工作，工作组负责具体标准的研制，三个组各司其职，共同协调推进应急管理标准化工作的开展。

（2）建立紧急状态下标准快速转化机制。采取一系列措施，加快紧急状态下的标准转化应用。引导和支持标准化技术组织，通过做好标准解读、做好相关标准梳理分析、加快国际国外标准转化等措施，强化紧急状态下标准化的服务支撑工作；广泛征求相关部门和标准化技术委员会意见，征集应对突发事件关键急需标准的研制需求或转化需求，开辟绿色通道，做到快出关键、总需标准。

（3）推动安全应急产业示范基地和国家技术标准创新基地有机结合。为引导企业集聚发展安全应急产业，优化安全应急产品生产能力区域布局，支撑应急物资保障体系建设，指导各地科学有序开展国家安全应急产业示范基地，2015年工业和信息化部、国家发展改革委、科技部制定印发了《国家应急产业示范基地管理办法（试行）》①，并在此基础上进行了完善，于2021年4月印发《国家安全应急产业示范基地管理办法（试行）》。② 2016年国家标准委制定了《国家技术标准创新基地管理办法（试行）》③，国家技术标准创新基地是促进技术创新成果转化为技术标准的平台，也是标准助推创新技术和产品市场化、产业化和国际化的孵化器。④ 建议将安全应急产

---

① 工业和信息化部运行监测协调局：《〈国家应急产业示范基地管理办法（试行）〉解读》，《中国应急管理》2015年第7期。

② 《工业和信息化部　国家发展改革委　科技部关于印发〈国家安全应急产业示范基地管理办法（试行）〉的通知》（工信部联安全〔2021〕48号）。

③ 《国家标准委关于发布〈国家技术标准创新基地管理办法（试行）〉的公告》，国家标准委网站，http://www.sac.gov.cn/gzfw/ggcx/gjbzwgg/201604/t20160401_206261.htm，最后访问日期：2021年5月10日。

④ 《国家技术标准创新基地管理办法实施》，《大众标准化》2016年第4期。

业示范基地和国家技术标准创新基地进行有机结合，选择标准基础较好的安全应急创新基地，推动其申请成为国家技术标准创新基地，真正实现技术开发、标准研制和产业化一体的发展模式，带动安全应急产业和应急管理标准的整体发展。[①]

（二）强化标准与法律法规的衔接

法律法规和政策文件与标准是相互依靠、不可分割的两个方面，法律法规和政策文件的技术内容可以通过标准进行充分表达，标准可以借助于法律法规和政策文件为实现国家政策目标和需求发挥作用。强化标准与法律法规和政策文件的衔接，有利于二者形成合力，有效促进应急能力的提高。

在制定过程中，标准研制单位应与法律法规和政策文件制定机构进行充分沟通，在确保准确理解法律法规和政策文件的基础上，研制出真正能够对法律法规和政策文件提供有效支撑的技术标准。法律法规和政策文件制定机构可以直接引用当前已经存在的标准，或是根据需求委托相关机构进行标准研制。在有必要的时候，针对应急管理法律法规和政策文件与标准之间的关系成立重大项目进行研究，或形成联席会议制度进行深入探讨。

（三）加快重要、急需应急管理标准供给

通过深入分析现阶段应急管理标准化问题和需求，为了促进应急队伍建设、应急物资保障、综合性灾害应急处置等综合应急能力的提升，在标准化工作的下一阶段，需要加快研制基础通用性和综合性标准。标准研制和供给要关注内容的协调和衔接，避免重复交叉现象发生，实现各层次、各级别、各流程标准的平衡发展。

需要强调的是，要充分发挥团体标准在应急产业发展中的积极作用。与国家标准、行业标准的作用相比，团体标准能够及时响应市场需求、增加行业产品的通用性和可替换性，降低垄断对市场的负面影响；团体标准发布机

---

① 冯飞：《群策群力协同推进加快发展我国应急产业》，《中国应急管理》2015年第11期。

制灵活，能够迅速跟进新技术新产品，有助于有效推广科学技术成果；团体标准技术指标水平领先于国家标准和行业标准，有助于推动应急产业水平的提升。因此，应积极鼓励培育相关学会、协会和联合会积极制定应急装备和产品类团体标准，从而激发应急产业领域创新发展内生动力、加速科技成果的产业化步伐、促进产品和服务质量提升。

（四）提升应急管理标准国际化水平

在经济全球一体化的格局下，我国必须加快推进应急管理标准国际化进程，以借鉴和推广"双向"模式参与国际标准化活动，以"三步走"战略提升我国应急管理各领域的国际标准化水平：第一，将国际标准为我国所用，对国际标准进行跟随和追踪，对成熟的国际标准进行深入评价，采用适用于我国的国际标准，通过学习和借鉴提高我国的国际标准化水平；第二，实质参与国际标准制定，积极委派我国领域专家实质参与国际标准的制定，表达我国观点，反映中国元素；第三，推广中国经验，选择我国适用于全球的应急管理成功经验或具有国际领先水平的应急产业技术主导制定国际标准，通过推广中国经验，提升我国应急管理标准国际竞争力和知名度。[①]

（五）提升科技信息化水平

针对应急管理标准科技信息化支撑保障不足的问题，建议建立应急管理标准动态数据库，开展应急管理标准数字化研究。通过构建动态数据库，根据起草单位、标准化技术委员会、专家、国标委、标准用户等不同方面的需求，建立一套应对自然灾害、事故灾难、公共卫生事件和社会安全事件相关标准的管理和查询检索系统；对标准进行专业化分类编码，实现服务方和用户方方便快捷地进行标准信息的查询、比对、浏览、下载；实现标准的动态管理，根据国内外最新信息实行动态更新管理，实现制修订程序的查询、咨询、实时跟踪、动作提醒等功能。在此基础上，开展应急管理标准数字化研

---

① 《科德智能董事长吴正平：中国标准国际化要坚持高起点与开放性》，科德智能网站，http://www.kedle.cn/kedle2018/vip_doc/14960759.html，最后访问日期：2021 年 5 月 10 日。

究，为标准使用者提供友好的交互界面，基于标准中的技术指标快速形成辅助决策方案，有效解决突发事件应对标准应用"最后一公里"的问题，快速高效地对突发事件应急响应提供标准化技术支撑。

（六）培养标准化人才，保障经费支撑

应急管理标准化工作人员稀缺、现有工作人员水平不足等问题凸显，建议制定相关的激励政策，加快培养具备应急管理知识、精通标准化知识、外语水平高的综合性标准化人才。开展标准化工作需要加大经费支撑力度，包括标准制修订费用、技术审查和实施评估费用、标准化项目研究经费等，建议政府部门进一步细化经费支出科目，适度增加标准化工作的经费投入，从而激励标准化工作的全面开展。

四　结论

自应急管理部组建以来，应急管理标准化工作基础不断夯实，标准体系逐步建立健全，标准化对应急管理工作的支撑作用逐步凸显，标准化总体目标的实现程度符合预期。然而，随着高风险数量不断增多，突发事件复合性不断加强，我国应急管理工作面临着前所未有的挑战，应急管理标准体系作为应急管理体系的重要组成部分，要想真正助力我国提升应对急难险重任务的能力，有效支撑应急管理体系和能力现代化，还需要解决当前存在的诸多问题，把握战略机遇期，积极探索创新渠道，提升各方面水平，推动应急管理标准化的高质量发展。

B.15
2020年应急预案体系发展与前瞻

邓云峰*

摘　要：　伴随我国应急管理体系与能力现代化建设的进程，应急预案工作再次迎来重大契机，也面临诸多新的挑战。回顾应急预案体系发展历程，借鉴国内外经验与良好实践，我们认为该体系必须有助于发挥我国体制机制优势，体现全灾种综合应急管理思路，防止部门化倾向，以指导全社会全过程全要素的应急准备。建议提高应急预案体系的稳健性，设立常态化跨部门应急预案工作组织，形成相关概念与运作理念共识，合理优化体系结构，建设综合应急管理参谋队伍，确保信息化平台与应用对体系的有效支撑，保持自我完善的持续机制。

关键词：　应急预案　应急预案体系　应急管理

　　2020年，已制定发布十五年的《国家突发公共事件总体应急预案》（以下简称"国家总体预案"）仍未完成修订。自发布以来，我国经历"5·12"汶川特大地震、"8·12"天津港瑞海仓库火灾爆炸、"7·5"乌鲁木齐打砸抢烧和最新的新冠肺炎疫情等突发事件，并成功举办2008年北京奥运会，积累了丰富的经验与教训。2018年党和国家机构改革，整合国务院应急办等单位和机构相关职责，组建应急管理部，应急管理体制发生了重大变革。

---

*　邓云峰，博士，中共中央党校（国家行政学院）应急管理培训中心（中欧应急管理学院）研究员，研究方向为应急管理、安全生产、公众保护。

国家总体预案作为全国应急预案体系的总纲，其修订活动再次激发各界关注我国应急预案体系发展情况。

一　我国应急预案体系建设迎来新发展机遇

（一）应急预案体系在实践中持续改进

新中国成立后，我国应急预案从早期的分散孤立到基本形成体系，在实践中不断持续改进。[①] 2012 年 2 月，国务院应急办针对各方建言，利用一年多时间，通过多次实地调研、专家座谈和全面系统文献梳理，形成《全国应急预案体系建设情况调研报告》，指出我国应急预案体系建设存在六个核心问题：功能定位不清；分类交叉，不同类别、不同层级应急预案内容缺乏区别规定；编制前缺乏对风险隐患和应急能力的评估分析；应急处置措施缺乏可操作性；缺乏严格规范的编制管理程序；持续改进机制尚未建立。2013 年 10 月，国务院办公厅印发《突发事件应急预案管理办法》，明确应急预案概念、功能和管理原则、分类方法和编制程序，要求强化组织保障，从多个角度建立持续改进机制，使我国应急预案体系建设进入良性发展轨道，形成了一些比较成熟的做法。

（1）实施动态评估机制，应急预案得到经常性维护，应急预案体系内容不断丰富。2012～2017 年，国家层面先后完成森林火灾、核、突发环境事件、大面积停电、城市轨道交通运营、自然灾害救助等方面的专项应急预案修订，新制定《国家网络安全事件应急预案》，广东、湖南、山东、宁夏、北京等省份完成省级总体应急预案修订。2020 年，国家层面森林火灾、森林草原火灾、地震应急预案再次完成修订。截至 2021 年 3 月，江苏、安徽、天津、四川等省份已完成省级总体应急预案修订，北京、浙江、甘肃等

---

① 刘铁民：《应急体系建设和应急预案编制》，企业管理出版社，2004，第 6～7 页；闪淳昌等：《中国突发事件应急体系顶层设计》，科学出版社，2017，第 68～70 页。

省份已提出送审稿、征求意见稿或启动相关修订工作。

（2）总结分析案例处置经验与教训，及时调整应急预案关键内容，不断增强其实用性。以《国家地震应急预案》为例，自1991年颁布以来，于1996年、2000年、2005年、2012年修订，2020年该预案第五次修订。与2012年版本对比，2020年的预案完善了初判地震灾害等级指标，调整了人员死亡和失踪指标，删去初期不易获取的直接经济损失指标，增加了"重点地区"指标，将京津冀地区、长江和珠江三角洲等人口密集地区修改为定义更加明确的重点地区，根据机构改革方案调整了相关部门机构的职责任务，增加了地震期间有关新闻宣传与舆情应对措施的描述。

（3）开展应急指挥机制规范化建设，为应急预案实施提供制度支撑。应急组织指挥体系作为应急预案的核心要素，既是国内专家学者的研究热点之一，也是国内各级政府部门提升应急预案有效性的关键。例如，广东省自2014年起探索实施现场指挥官制度。2019~2020年，综合实践经验与相关研究成果，北京、西安先后发布《突发事件应急指挥与处置管理办法》，采用通用方法，指导不同类型事件全市应急指挥处置体系，规范现场指挥部职责与编组、指挥与处置流程和关键环节。2020年，海南省根据《国家防汛抗旱总指挥部工作规则》等，借鉴美国应急事件指挥体系（ICS）相关思想，制定《防汛防风防旱应急操作手册》，明确描述值班值守、会商研判、处置分组及现场指挥部设立等重要内容，并与省应急信息平台进行了结合。

（4）各级政府部门和企事业单位已基本习惯通过组织应急演练，提升队伍实战能力，检验应急预案有效性，指导应急预案修订。应急演练也逐渐成为面向领导干部宣讲应急预案内容、示范推广良好实践经验、提升决策部署能力的重要手段。例如，广东省自2012年起坚持开展"双盲"演练（不确定时间、不确定地点），国家安监总局将每年"全国安全生产月"第三周确定为全国安全生产应急预案演练周。2019年下半年，中国疾控中心联合中共中央党校（国家行政学院），结合《国家流感大流行应急预案》修订需求，开展流感大流行决策模拟演练，探讨和宣讲大流感防控基本策略。

（二）应急预案体系发展的新契机与新挑战

2018年深化党和国家机构改革，国务院组建应急管理部，整合了一部分由不同机构分头负责的应急管理相关职责。这是党中央结合国情作出的重大战略决策，是我国应急管理体制机制的重大变革。2019年11月29日中央政治局第十九次集体学习时习近平总书记指出："要加强应急预案管理，健全应急预案体系，落实各环节责任和措施。"[①] 应急预案体系建设再次迎来重大契机，同时也面临更多方面的挑战。

国家总体预案此前历经多次修订过程却未有最新版本发布，事实上是"如果不能修得更好，则保持现有版本，继续发挥总纲作用"思想的体现，如何修得更好成为一个目标。在新体制下，应急管理部代替国务院应急办，承担指导应急预案体系建设，组织编制国家总体预案和安全生产类、自然灾害类专项预案，综合协调应急预案衔接工作等职责。

国家总体预案制订曾经推动《突发事件应对法》的出台，此轮修订过程却与《突发事件应对法》修订相互交织，如何权衡选择成为一个难题。在此次新冠肺炎疫情防控过程中，全国各界对疫情防控实践中的经验教训各有深刻体会，中央就完善重大疫情防控体制机制，健全国家公共卫生应急管理体系有多项部署，应急管理部、国家卫生健康委等国家部委及各级地方政府需要紧密衔接，就总体预案修订等达成各方认可的意见，如何融合体现成为一种标准。

应急预案体系经过多年建设，仍有不少专家学者认为存在功能定位不准确、动态更新滞后，以及系统性、衔接性、可操作性和实用性不足等问题[②]，

---

① 《习近平在中央政治局第十九次集体学习时强调　充分发挥我国应急管理体系特色和优势　积极推进我国应急管理体系和能力现代化》，新华网，http://www.xinhuanet.com/2019 -11/30/c_ 1125292909. htm? ivk_ sa = 1023197a，最后访问日期：2021年5月10日。

② 曹海峰：《新时期国家应急预案体系再定位与系统重构》，《国家行政学院学报》2018年第6期；付瑞平：《加强顶层设计进一步提升应急预案体系建设质量》，《中国应急管理》2020年第11期。

相关应急预案在此次新冠肺炎疫情早期应对中没有发挥应有的作用。① 我国公共安全形势依然严峻，维护国家安全和社会稳定任务仍然艰巨。面对重大风险防范化解，发挥我国体制机制优势，提升突发事件应对能力需求，使应急预案好用管用成为一种期待。

二 应急预案体系发展应有助于发挥我国体制机制优势

应急预案体系的发展应基于国内成功经验，适当借鉴国外有益做法，有助于在应对突发事件的过程中发挥我国体制机制优势。

（一）我国应急预案体系建设经验

各级政府部门、企事业单位和基层组织在应急预案体系建设与应用过程中积累了丰富经验。

1. 应急预案编制与应急管理体系建设相互促进与完善

应急预案不仅是预先设计的行动方案，也是推动应急管理体制、机制和法制建设的重要抓手，还是强化全社会公共安全意识和应急准备观念、提升突发事件应对能力的基础手段。2005 年国家总体预案不仅推动了国务院应急办的成立，也推动了 2006 年我国首个综合应急体系建设规划，即《"十一五"期间国家应对突发公共事件应急体系建设规划》的制定，指导了当时各省级地方应急体系建设规划②，并在后续国家"十二五""十三五"应急体系建设规划编制中继续发挥指导作用，国家总体预案中部分内容更是直接转化成为 2007 年颁布的《突发事件应对法》中的条款。③ 应急预案编制推动着应急管理体系建设，而应急管理体系的不断健全又促进了应急预案体

---

① 孙大敏、全芳：《对优化应急预案体系的建议》，《长江论坛》2020 年第 5 期。
② 李仰哲、周平、王万平、左刚：《编制省级地方应急体系建设规划需要把握的几个共性问题》，《中国经贸导刊》2007 年第 14 期。
③ 李湖生：《应急准备体系规划建设理论与方法》，科学出版社，2016，第 309 页。

系持续改进机制的形成，使编制的应急预案更加完善。

2. 基于风险评估与情景构建提高应急预案的有效性

结合地区风险是应急预案编制与体系建设的基本要求，各地均有不同的先进做法。在北京奥运会及新中国成立60周年大庆期间，北京市应急委在全市范围内开展风险评估和针对性应急预案编制。广东、重庆等省份参与国家行政学院组织的中德灾害风险管理项目，在应急预案编制规范化方面进行有益探索。在科研转化实践过程中，刘铁民等提出基于情景构建方法编制应急预案。① 2012年北京"7·21"特大暴雨后，情景构建方法在北京市迅速得到应用，发布《北京市巨灾情景构建实施指南》，构建首个巨灾情景原型，并以此为基础修订了一系列相关应急预案，提升预案的有效性、实用性和可操作性。2021年初，北京市以有关成果为基础，制订《应急预案体系建设三年行动计划》，启动新一轮巨灾应急预案编制修订工作。

3. 通过标准规范加强应急预案编制的指导

有关部门和省份在建章立制的过程中，注重标准规范制订，指导并引领应急预案走向标准化和规范化。从2006年至今，水利、消防、交通、航天、检验检疫、电力等部门和行业根据各自工作需要，围绕各类预案框架和编制工作发布了24项标准，其中国家标准4项、行业标准20项。《生产经营单位生产安全事故应急预案编制导则》于2006年作为安全生产推荐行业标准发布（AQ/T9002），2013年上升为推荐性国家标准（GB/T 29639），2019年再次发布修订版。应急演练的国家标准（GB/T 38209）于2019年正式发布，生产安全事故情景构建的行业标准目前进入了送审阶段。

（二）美日应急预案体系发展与实践

在各国的应急预案体系发展过程中，有许多良好实践可供借鉴，以下以

---

① 刘铁民：《应急预案重大突发事件情景构建——基于"情景－任务－能力"应急预案编制技术研究之一》，《中国安全生产科学技术》2012年第4期；刘铁民：《应急预案重大突发事件情景构建——基于"情景－任务－能力"应急预案编制技术研究之二》，《中国安全生产科学技术》2012年第10期。

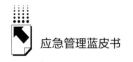
美国、日本为例加以分析。

1. 美国应急预案体系发展与实践情况

美国应急预案体系可分为联邦、州、地方和工商业等不同层面，作为联邦制国家，各层级行政机构不存在上下级关系。应急管理的基本原则是"属地为主"，必要时联邦可依法为地方提供支持与保障。美国联邦层面应急预案体系自1992年后经历4次重大调整，从1992年的《联邦应急预案》、2004年的《国家应急预案》、2008年的《国家应急响应框架》到2011年奥巴马政府发布的《总统政策指令－8：国家应急准备》。① 其《联邦应急预案》从单个文件，到单个框架，发展为一个组合式框架；从过去单纯指导联邦层面紧急状态时的运作，到强调动员和组织美国各层级政府共同应对，发展为强调通过全社会共同开展系统化应急准备，提升应对国家安全风险威胁的能力，加强美国安全和韧性的转变。

美国联邦层面目前已没有与我国类似的单个综合性文件性质的总体应急预案，而是由战略预案，包括防止、保护、减缓、响应、恢复的5个任务规划框架②、5个相应的跨部门行动预案③和15个应急支持附件、6个保障附件、9个突发事件附件，以及若干个联邦部门行动预案和《国家突发事件应急管理系统》等文件，以一种框架结构方式组合而成。其期望利用框架结构模块化、可伸缩、适应性强等特征，采用通用术语和方法，支持全灾种、全过程和全社会参与应急准备，开展能力建设，并能在统一系统下动态整合和协调行动。框架中有关角色与职责、运作理念、协调机制等方面的内容相对具体、清晰，可操作性较强。

特朗普政府没有对奥巴马时期的应急准备体系及相关框架设计思路进行重大调整，一批重要支撑文件按计划更新。例如，2017年10月发布

---

① National Preparedness, https：//www. fema. gov/emergency-managers/national-preparedness, 2021 － 05 － 10.

② National Planning Frameworks, https：//www. fema. gov/emergency-managers/national-preparedness/frameworks, 2021 － 05 － 10.

③ Federal Interagency Operational Plans, https：//www. fema. gov/emergency-managers/national-preparedness/frameworks/federal-interagency-operational-plans, 2021 － 05 － 10.

《国家突发事件应急管理系统》（第三版），11 月发布《突发事件应急管理手册》，2018 年 5 月发布《综合应急准备指南：风险和威胁识别与风险评估（THIRA）及利益相关方应急准备评审》（CPG 201，第三版），2019 年 10 月发布《国家响应任务规划框架》第四版。从此次美国应对新冠肺炎疫情的实际运作情况来看，相关框架体系设计并没有很好地解决联邦与地方政府应急协同的问题，应急预案体系的实际运作效果仍然受到联邦、州及地方选举政治中党派利益等多种因素的影响，统一协调机制难以有效保证。

美国将应急预案按照适用时间期限和内容侧重情况划分为战略、行动和战术三个层次。各层级政府均有三个层次的应急预案，联邦政府主要通过发布指南以及提供联邦资助、资源、工具和培训等，对州、地方和工商业应急预案体系建设进行指导和规范，确保应急预案相互衔接一致。例如，联邦政府发布《综合应急准备指南：建立并维护应急行动计划》（CPG101），指导州和地方编制应急预案；发布《危险化学品事故应急预案编制指南》，指导州和地方政府按《应急预案和社区知情权法》要求制定应急预案；发布《商业及工业应急管理指南》指导工商业企业制定综合性应急预案；《国家突发事件管理系统》（NIMS）自 2004 年首次发布后经不断完善修订，目前已为美国全社会所接受，为其应急预案体系建设提供了重要支撑。

美国存在应急预案内容变化频繁、体系结构复杂的问题，实际运作效果受党派利益因素影响。受恐怖袭击、严重自然灾害、大流行疾病和领导人更迭等因素影响，美国联邦层面应急预案 2~3 年更新一次，功能定位也在不断调整，应急预案体系结构因适应五大任务领域应急准备需求发生重大变化，尽管其中一些好的做法得到保留，但频繁的变化和相对复杂的结构，使美国各级政府陷入反复的应急预案评估和修订工作之中，提高了应急预案管理成本，增加了理解及应用的困难。

2. 日本应急计划体系发展与实践情况

日本应急计划体系包括防灾基本计划、防灾业务计划、地区防灾计划，

以及指定区域防灾计划。① 这些应急计划均须公开发布，每年都要评估并在必要时进行修订。以防灾基本计划为例，中央防灾会议每年根据现实灾害情况以及灾害应急对策的执行效果，结合防灾科学的最新研究成果，对防灾基本计划进行评估。② 自 1963 年以来，防灾基本计划已经历 21 次修订，最近的 2019 年修订版中包括 15 章：总则、各灾种共同对策，以及地震、海啸、风水、火山、雪灾、海上、铁路、航空、核、危化、大规模火灾、森林火灾、其他灾害对策。

针对具体灾害和风险，日本中央层面相关行政机关或公共机构也会依法编制部门应急计划和专项应急计划。例如，针对特定灾害编制的专项应急计划，包括《国家油污防备与响应应急计划》《石油工业灾害事故预防计划》《环境基本计划》《溢油清除计划》等。各都道府县、市町村也会结合本地灾害和救援工作情况因地制宜，制订各项防灾计划，形成地区性质的应急计划体系，例如，东京都应急计划体系包括三个部分：综合防灾计划，健康保健等部门计划，各部门计划中的防灾减灾、应急处置计划等。

日本防灾基本计划重点针对自然灾害和技术灾难，对公共健康危机事件未作针对性描述。厚生劳动省作为指定行政机关，既针对地震等灾害的医学救治、防疫等卫生应急事项制订防灾业务计划，也针对公共健康危机事件建立专项的应急计划体系。日本公共健康危机事件应急计划体系主要由相关工作指南、实施要点和行动计划三层次文件组成。③ 其中，工作指南包括 1997 年制定的《健康危机管理基本指南》（2001 年修订）和 2001 年制定的《地方健康危机管理指南》；实施要点包括厚生劳动省制定的《传染病健康危机管理实施要点》，以及地方厚生（支）局、各类相关公共机构制定的实施要点；行动计划则以工作指南和实施要点为基础，针对公共健康危机事件制定，如《应对新型流感行动计划》。

日本公共健康危机事件的应急组织仍然建立在政府危机管理组织框架之

---

① 李征：《日本突发事件危机管理探析》，《日本研究》2020 年第 2 期。
② 姚国章：《日本灾害管理体系：研究与借鉴》，北京大学出版社，2009，第 23～25 页。
③ 刘宏韬：《日本的卫生应急管理体系》，《社会治理》2016 年第 1 期。

下，在出现重大公共健康危机事件时，中央和地方政府会根据需要启动危机应对机制。以此次新冠肺炎疫情为例，日本中央政府于2020年1月30日成立"新型冠状病毒感染症对策本部"，部长由首相担任，内阁官房长官和厚生劳动大臣共同担任副部长，其他中央省厅负责人均自动成为对策本部的成员。与中央政府同步，地方政府也启动了以行政首长为第一责任人的应急机制。2020年2月25日，日本政府正式发布《应对新型冠状病毒感染症行动计划》，以指导疫情应对。①

日本以防灾基本计划、防灾业务计划、地区防灾计划和指定区域防灾计划为主脉络形成的应急计划体系，结构相对稳定，应急计划以立法形式确保行政机关负责人参与和相互衔接的一致性，建立了年度评估机制，根据风险分析评估、最新科研成果、计划执行情况等因素修订。防灾基本计划既坚持了各灾种共同对策，也突出了部分灾种特性，覆盖了防灾减灾救灾和恢复重建全过程，防灾业务计划强调基于情景参数并融入"业务连续性管理"理念，地区防灾计划按照自救、共救、公救原则，明确全社会应急准备与应对的具体措施，各项应急计划均向社会公开。当然，在灾害应对具体实践方面，有学者认为日本依然存在一般业务部门与危机管理部门合作不畅等问题。②

（三）国内外经验与实践对我国应急预案体系发展的启示

综合国内外应急预案体系发展经验与实践，对我国有多个方面的启示。

1. 结合我国独特的体制机制优势

新中国成立后，成功应对了一次次重大突发事件，化解了一个个重大安全风险，在实践中形成了独特的体制机制优势，包括以人民为中心、人民至上，党的集中统一领导，举国体制，全国一盘棋、集中力量办大事，对口支援等，体现了我国突发事件应对中的价值理念，覆盖决策指挥、资源动员整合、恢复重建等核心要素。这些独特优势使我国在大灾大难面前能够成功避

---

① 宋晓波：《日本突发公共卫生事件应急管理体系借鉴及对我国新冠肺炎疫情应对的启示》，《中国应急救援》2020年第3期。

② 俞祖成：《日本地方政府公共卫生危机应急管理机制及启示》，《日本学刊》2020年第2期。

免不同层级政府、政党、地区之间的利益冲突，确保中央决策部署迅速传达至基层，形成全党动员、全军集结、全民行动、全社会参与的局面，消除地区应急能力不平衡差异，有效保障人民群众生命安全健康和财产安全，维护国家安全与社会稳定。

2. 体现全灾种综合应急管理思路

突发事件发生时间、空间具有不确定性。随着社会经济技术发展，不同风险因素相互耦合交叉影响，各类事件关联性和复杂性日益增强，以往的分灾种单一部门牵头应对方式很难有效处置，也易造成资源重复浪费。考虑在事件影响及后果，各级政府的应对过程、组织指挥、基本对策、依托力量等方面的确定性和共性，宜采取以确定性应对不确定性的全灾种综合应急管理模式。我国自国务院应急办成立后，基本上也是沿此思路发展。2018 年党和国家机构改革加强了应急管理体制，但四大类突发事件主责部门和相关业务分工有所变化，应急预案体系发展在适应新体制的同时，应注意体现全灾种综合应急管理思路，尤其是继续发挥好总体应急预案的总纲作用，促进应急管理工作中的共建共治共享。

3. 指导全社会开展全过程全要素应急准备

美国、日本的国家层面应急预案都强调全社会共同开展系统化应急准备。我国也已对过去"重处置、轻预防""重应对、轻规划"的管理思想有所调整，日益重视风险防范化解与事前准备工作。从事件的预防准备、监测预警、处置救援到恢复重建，既需要有各类可动员的实体（组织机构、人员队伍、场所设施、技术平台、物资装备等），也需要有科学合理的制度设计（法律标准、运作机制、管理方法等），更需要各类参与者具备相应的意识（知识、情感、意志）。完善的应急预案体系应能指导全社会，尤其是各级政府部门和企事业单位开展全过程全要素的应急准备活动。

4. 构建层次分明脉络清晰的应急预案体系

美国各层级政府应急预案均有战略、行动和战术三个层次，联邦应急预案呈现多层次、多维度、立体框架特征。日本以防灾基本计划、地区和指定区域防灾计划为纵向骨干，横向以各层级防灾业务计划支持，形成开放、兼容和稳定的应急计划体系结构。2013年后，我国应急预案按制定主体分政府及其部门、单位和基层组织两大类，政府及部门应急预案细分为总体、专项、部门三类，其中专项和部门应急预案中对事件（风险）、业务（支持、保障、服务）未作严格区分，被认为是预案功能定位不清、操作性和指导性不高的根源之一。未来应按不同维度梳理归类，形成层次分明脉络清晰的应急预案体系。

5. 重视应急预案编制过程控制与动态维护

应急预案的生命力和有效性来源于经常性动态维护更新。应急预案编制不仅是形成预案文本的应急准备过程，也是团队建设、风险沟通、合作交流、培训宣教和形成共识的过程。美国强调应急预案的风险管理工具作用，要求基于风险评估与资源调查结果编制预案，要求多方参与和社区知情。日本通过立法要求行政机关负责人参与防灾计划制订并确保相互衔接，要求面向社会公开，并报各级政府防灾会议。在实践过程中，美国联邦和日本政府基本做到了事后及时总结与修订预案。我国各级政府相关部门也强调应急预案编制过程管理，要求编制单位负责人参与，出台了相关管理办法和标准指南，但在细化过程控制要求、实践坚持和不走过场方面还有改进空间。

6. 为应急预案相互衔接提供规范化支撑机制

美国发布《国家突发事件管理系统》，规范应急响应过程中涉及的资源管理、指挥协调、通信与信息管理事项，明确应急组织指挥体系（ICS）、应急行动中心（EOC）设置与运行问题，适用于各层级政府、工商业组织和各类事件。日本对中央防灾会议组织、非常灾害对策本部设置有明确的法规规范。美国、日本这种做法有助于应急预案相互衔接。我国北京、西安两市分别发布《突发事件应急指挥与处置管理办法》，规范应急指挥与处置流程和关键环节，国家相关部门和地区也制定了各自的指挥部工作规则、工作手册等，如果梳理并提炼形成通用标准或规范，即可为增强应急预案相互衔接提供重要支撑。

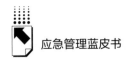

三 建设稳健型应急预案体系

新冠肺炎是新发传染性疾病，此前我国没有制定，也不太可能预先制定专项应急预案，决定性成果的取得离不开国家总体、公共卫生事件专项、流感大流行等一系列相关相近应急预案的依法运作。防范化解重大风险，既要防范"灰犀牛"，也要高度警惕"黑天鹅"。建设稳健型应急预案体系，有助于把握主动权、有效应对各种风险挑战。

（一）稳健型应急预案体系的基本特征

全灾种综合应急管理基于不同类型事件应对的共性规律，以确定性的方法应对事件的不确定性，有助于开展全过程应急准备。在进行应急预案体系建设的过程中，应结合国家治理结构与治理能力现代化需求，按照系统思维观点，优化体系层次结构、合理归类，规范通用应急任务与程序，加强体系结构稳健性和容错设计，提高可伸缩性和灵活性，降低脆弱性，使其不仅在应对常规事件时有效，在应对非常规事件、复杂事件、不可预知事件及巨灾时也有足够的韧性，及时响应并发挥指导作用。建设稳健型应急预案体系，不仅需要从编制环节入手，也要重视应急预案管理和应用环节，配套相应组织、制度和技术设计。

（二）设立常态化跨部门的应急预案工作组织

原国家总体预案编制过程中由国务院秘书长负责，国务院办公厅成立应急预案编制工作组，编制过程中聘请几十名专家作为专家组成员，各省份总体应急预案也是由省主要领导挂帅，这种高层领导直接参与方式在各级总体应急预案推进过程中发挥了重要作用。目前，国家总体预案修订工作由应急管理部负责组织，成立部内编制工作组，执行起草、征求相关部门和地方政府意见、送审等常规程序，部分地方政府甚至将本级政府总体预案起草工作委托给第三方机构。这种基于牵头部门编制或第三方机构起草的过程缺少有效的高位统筹、四大类事件共性应对规律整体把握不足、不同应急业务领域专家意见反映吸收不够充分，不仅削弱总体应急预案的总纲作用，还易使应急管理工作逐渐走向部门化，与综合应急管理发展的趋势不符。未来国家和各级地方政府应设立常态化的跨部门应急预案工作组，由主要领导负责，编制成员来自相关部门，并有跨领域专家的参与，真正落实预案使用者负责编制，负责跟踪评估总体应急预案、应急支持保障预案、专项应急预案等的有效性。

（三）形成应急相关基本概念与运作理念共识

我国应急管理标准化工作已有较好工作基础，对"公共安全""风险""演练""属地为主"等概念已基本形成一致认识并写入标准、相关法规或应急预案，但仍有较多应急相关基本概念与运作理念还需形成一定共识。例如，"决定"与"决策"、"统一领导"与"统一指挥"是否同一含义，具体权力由谁在什么时候行使；"指挥协调""指导协调"和"组织协调"的差异体现在哪里；"预案"与"方案"的区别是什么；各层面的应急领导机制与专项指挥机制如何衔接；现场应急指挥机构的通用设置如何进行等。未来应进一步加强针对应急预案及处置过程中涉及的概念、术语、过程、关系、实体、机制的标准化推进工作，尽快形成共识并明确规范，这是应急预案相互衔接、体系稳健的前提条件。

（四）优化应急预案体系结构设计

未来应从多个维度优化我国应急预案体系主体结构，科学合理地分类并明确功能定位。基于综合应急管理思路，应急预案体系主体结构划分为三大类：各级政府的总体应急预案和应急支持保障预案；基层组织和单位的应急预案；为应急预案提供支撑的应急工作手册、操作指南和现场应急行动方案等。考虑现有体制法制需求，应允许各级政府部门、企事业单位针对有限特定事件或风险类别建立专项应急预案体系（如公共卫生、恐怖袭击、网络安全、地震、核、防洪抗汛等），作为主体结构的重要分支，并与主体结构

衔接。现有部门应急预案不纳入专项应急预案体系的，可转化为部门应急工作手册、操作指南或行动要点。跨区域应急预案，要根据编制内容的性质，纳入相应层级地方政府总体应急预案附件或专项应急预案体系。

明确各类应急预案是从常态向非常态转变的工作方案，也是立足于现有资源的应对方案，重点规范应对，适当向前、向后延伸，向前延伸是指必要的监测预警，向后延伸是指必要的应急恢复。各级政府总体应急预案承担总纲作用，指导本级政府开展全灾种全要素全社会应对工作。应急支持保障预案是指各层级政府针对交通运输、通信、消防、医学救治、能源供应、群众救助、工程抢险、搜救、社会秩序维护、新闻宣传、危险品处理、信息报送与综合协调、事故调查与评估、社会力量与捐赠管理、国际救援合作等应急支持与保障任务的合理归类编组，要明确牵头和参与部门角色与职责，以及相关工作程序。现场应急行动方案结合现实事件或风险场景编写，重大活动应急预案可视为一种现场应急行动方案。

原有国家总体预案中推动应急管理体制、法制和机制建设的功能可与《国家安全战略纲要》衔接，推动实体建设的功能可由应急管理、公共卫生、社会治安等事业发展的五年规划分别承担。在有必要时，跨部门应急预案工作组或应急管理部可基于综合应急管理思路制定"国家应急管理行动纲要"，指导中长期国家和地方应急管理相关规划编制、法制和机制建设。

（五）建立综合应急管理的参谋队伍

我国各类应急救援队伍建设已有长足进步，相关管理机制也日益成熟，但我国应急预案体系的可靠应用还缺少一支训练有素、掌握多种应急支持保障业务、熟悉应急指挥协调处置流程、有现场行动方案与文书编写能力的综合应急管理参谋队伍。各级政府及部门目前在重特大事件应对过程中，主要通过临时抽调人员成立各种临时专班，补充相关应急指挥机构、应急指挥中心或现场指挥部。这种机制人员流动性大，先期演练培训不足，相互配合时间短，进入状态时间长，经验无法传承，应急预案运行中存在问题的意见也不容易反馈收集，并不是一种具有可持续性的方法。未来应参照军队参谋人员培训体系，按照 BEST（建立、授权、保持、培训）模式，在各级政府部门和事业单位中，选择一批专兼职人员，有计划有步骤地依托综合性应急管理培训机构开展训练，方便各级政府建成一支建制化、模块化，招之即来、来则能干、一专多能的综合应急管理参谋队伍，为应急预案体系的相互衔接与可靠应用提供高效支持。

（六）发挥信息化平台与应用的技术支撑作用

我国在利用现代信息技术平台与应用软件提高突发事件应对过程中信息报送、研判会商与决策部署的效率、效果与精准性方面做了大量工作，但在支撑应急预案体系运行方面还做得很不够。一方面，少有应急预案文本中写明已现实可用的应急信息化平台、应用软件的具体名称和访问方式；另一方面，这些平台与应用软件主要用于应急预案文本数据库管理，实现基本查询与阅读，很少与应急预案中确定的管理过程、运作机制等进行深度融合。同时，受行政层级、管理部门的分割影响，相关平台与应用的使用范围基本上是本地化、本部门、本行业领域的应急服务。未来应急管理部门或跨部门应急预案工作组应在"写明白"和"做到位"两个维度上推动信息化平台与应用软件对应急预案体系的相互推动，尽力消除信息化孤岛和人为割裂现象，为应急预案之间的衔接提供多样化手段和更高效的支撑。

（七）坚持自我完善的持续机制

应急预案的可靠性、有效性和生命力在于不断检验和更新，稳健型应急预案体系建设非一日之功，而是需要长期坚持，对各类应急预案的动态管理应有制度化安排，未来应强调编制主体建立自我完善的持续改进机制。一方面，在现有应急相关法规及规范性文件修订过程中，应对预案动态管理机制，包括时间周期、频次要求、修订条件等做出相容、明确的规定，避免互相冲突和重复，增加编制主体的负担。另一方面，编制主体应跟踪影响应急预案有效性的因素，包括建立编制前和发布后的主动检验机制，利用演练、模拟推演、风险评估、专家评审等方法，主动发现问题；总结事故处置经验教训，通过复盘分析是否存在问题；面向社会公开应急预案，接受社会监督，收集利益相关方和群众的反馈意见，建立持续改进机制，及时修订应急预案。同时，各级政府跨部门应急预案工作组或应急管理部门应定期或在重特大事件后，整体评估应急预案体系中存在的脆弱点、薄弱环节与不衔接的情况，提出改进办法，提高体系的稳健性。

应急管理能力篇

Emergency Management Capability

B.16

2020年应急物资保障能力
建设及发展研究

宋劲松 李智慧*

摘 要： 基于2020年抗击新冠肺炎疫情过程中的应急物资保障情况,对
我国应急准备能力、应急物资保障建设现状和应急物资保障
能力等进行的分析研究显示,我国在新冠肺炎疫情以前存在应
急物资储备不足, 应急产能储备意识不强, 储备种类单一,
储备意识和专业储备能力不足,应急物资物流统筹协调不到
位、不透明,应急物资保障法律不完善等问题。建议构建由现
代信息化应急物流保障体系、应急物资储备管理体系、应急
物资保障法律制度体系、责任部门应急协调处置体系等组成
的应急物资保障体系,加强应急物资保障能力建设。

* 宋劲松,博士,中共中央党校(国家行政学院)应急管理培训中心(中欧应急管理学院)教
授,博士生导师,研究方向为应急管理、经济学;李智慧,博士,中国人民警察大学智慧警
务学院讲师,研究方向为应急管理。

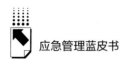

关键词： 应急物资　应急物流　应急管理　应急物资保障体系

2020年2月14日，习近平总书记强调："要健全统一的应急物资保障体系，把应急物资保障作为国家应急管理体系建设的重要内容，按照集中管理、统一调拨、平时服务、灾时应急、采储结合、节约高效的原则，尽快健全相关工作机制和应急预案。"① 因此，研究和探讨我国应急物资保障能力及发展，具有重要意义。

一　新冠肺炎疫情以前我国应急物资保障建设状况与存在的问题

在2018年应急管理体制改革后，传统的应急物资管理方式也需要进行优化。目前应急物资保障建设状况与存在的问题如下。

（一）新冠肺炎疫情以前我国应急物资保障建设状况

我国目前的应急储备主要包括应急救援物资、生活必需品和应急处置物资装备。应急储备体系目前以行业或部门为主，应急救援与处置的相关物资储备主要由分类管理部门和相关行业进行储备，生活保障类的物资储备主要由民政部进行储备，应急处置装备主要由专业救援队伍和有关生产企业进行储备。表现出应急物资种类多，基层单位应急物资储备能满足常规突发事件需要，应急物资来源以政府储备和采购为主、以社会捐赠为补充，部分应急物流得到法律法规支持等特点。

1. 应急储备物资的种类众多，多部门管理

2015年，国家有关部门印发了《应急保障重点物资分类目录》，对一段

---

① 《习近平主持召开中央全面深化改革委员会第十二次会议强调：完善重大疫情防控体制机制　健全国家公共卫生应急管理体系》，中国政府网，http：//www.gov.cn/xinwen/2020－02/14/content_5478896.htm，最后访问日期：2021年5月10日。

时间内应对重大突发事件中的应急物资使用情况进行了总结，按照"目标－任务－作业分工－保障物资"4个层次，将应急保障重点物资分为3个大类16个中类65个小类，涵盖了各类作业所需的400余种工具、材料、装备、用品等。①

在储备品类方面，根据应急物资用途，分为自然灾害类、公共卫生类、事故灾难类、社会安全类；根据应急工作不同环节，分为应急指挥类、应急救援处置类、人员安置类；根据物资来源不同，分为政府物资、社会物资、中央物资、省级物资或市县级物资。

自然灾害和生产事故、群体性事件、公共卫生事件、环境事件等应急救援物资的储备分别由应急管理部门、公安部门、卫健部门、工信部门、发改部门和环境保护部门等负责。

2. 基层单位应急物资储备数量能满足常规突发事件需要

以三级甲等的武汉协和医院为例②，根据艾力彼2019年33家星级认证医院前期基线调查资料，该医院在新冠肺炎疫情暴发之前，医疗救援类物资中的帐篷、户外包、防寒服所占比重最多（63%），设备保障类物资中的氧气、简易呼吸器、气管插口、口咽通气道等占比26%，自然灾害类的铁锹、洋镐等占比为11%，防护类物资如口罩、防护服、医用帽、手套等为日常储备，暂未纳入应急物资明细。医疗救援类物资占比最大，基本能满足常规应急需要。艾力彼2019年分布在全国的33家星级认证医院（三级以上医院31家，二甲医院2家）的前期基线调查资料的基本信息（包括实际开放床位数、ICU开放床位数和急诊留观床位数）表明，各类医院床位规模不均衡，ICU床位数及负压设施不足。当发生SARS、新冠肺炎等传染病疫情时，负压病房是必需的救治设施。数据显示，无论是ICU病房还是普通病房，负压病房的配置占比均较低，分别为

① 雷德航、张雨桐：《关于进一步加强我国应急物资保障能力建设的几点思考》，《中小企业管理与科技（下旬刊）》2020年第11期。
② 张婉昱、吕翼：《基于"结构－过程－结果"框架的医院应急物资保障体系研究——以武汉协和医院抗击新冠肺炎疫情为例》，《医学与社会》2020年第11期。

23.33%、3.33%。另外，为避免交叉感染，实际用于新冠肺炎疫情的病床数更少。

3. 应急物资来源以政府储备和采购为主，以社会捐赠为补充

应急物资来源主要包括国家下拨、物资采购和社会捐赠。疫情期间武汉市封城，全国各地向武汉捐赠物资，各地捐赠对武汉全市封城初期的应急物资保障起了重要作用。一些企业家特别是湖北籍企业家，利用信息、资金、人脉等优势，充分发挥了重要的应急物资保障补充作用。

4. 部分应急物流得到法律法规支持

应急物流一般具有突发性、弱经济性、不确定性和非常规性等特点，以追求时间效益最大化和灾害损失最小化为目标。医学救护车、消防车等应急物流得到法律法规的支持，但其他社会征集的物流能力还缺乏规范。在武汉封城初期，一方面，外地应急物流进入武汉统筹不足；另一方面，武汉市内由于交通管制难以分发到达武汉的应急物资。海外华人的捐赠物资也存在通关困难、与武汉市对接困难等问题。

（二）新冠肺炎疫情以前我国应急物资保障存在的问题

新冠肺炎疫情以前，我国应急物资保障主要存在的问题集中在三个方面，一是应急物资储备种类单调、数量不足以及应急产能储备意识不强，二是应急物流供给与需求不对称，三是应急物资保障法律不完善。

1. 应急储备物资不能满足非常规突发事件应对需要

一是种类单调、数量不足。新冠肺炎疫情暴露出应急物资储备的缺乏，种类单调、数量不足，难以满足特定情况下的应急需要。例如，疫情初期的防护服、医用口罩、医院床位大量短缺，抗洪期间救援物资短缺。

二是应急产能储备意识不强。中国是制造业大国，但在突发状态下，也存在紧急产能动员不足的情况。新冠肺炎疫情暴发初期，由于春节前清库存、节日期间企业员工放假、停工停产、原材料供应不足，以及各地医院防护需求增加、个人物资储备激增等多重因素叠加影响，国内产

能与突发疫情下的实际需求相比还有不小缺口,医用物资产能利用率仅有67%。[①]

三是社会应急储备意识不强。疫情暴发之前,家庭应急物资储备几乎是空白,突发事件造成了群众恐慌,盲目哄抢口罩等应急物资,侧面反映出群众应急物资的储备意识不强。国务院联防联控机制公布的数据显示,疫情蔓延初期(截至2020年2月7日),全国口罩等防疫用品价格违法案件立案达3600多件。

2. 应急物流智慧化能力有待提升

一是政府应急物资供给信息不明。我国各类应急物资信息分散在不同部门,数据"孤岛"现象普遍存在,不能有效发挥大数据和人工智能的作用。特别是在突发事件初期应急指挥部运转还不顺畅时,严重影响应急响应效率。不利于救灾时快速传递信息,提高了救灾保障成本。

二是应急物流需求不明。疫情隔离地区的车辆管控较严,以武汉为例,疫情期间所有非救灾车辆都被要求尽量不要上路,只有登记的指定车辆才能上路,导致市区运力不足,大量国家调拨和捐赠的物资都存在积压在当地物流点,等待分运的情况。而全国各地民间组织、企业单位、个人都在向疫情暴发地区捐赠物资,导致交通管理困难、物资接收与分配无序。例如,武汉市封城之后,国内外社会捐赠物资的接收与分配一度较为混乱。

3. 应急物资保障法律供给不足

"非典"以来,我国先后出台了一系列法律法规,如《突发事件应对法》《突发公共卫生事件应急条例》《传染病防治法》《重大动物疫情应急条例》《国家突发公共事件总体应急预案》《动物防疫法》等,但是这些法律对应急物资保障的规范原则性强、可操作性较弱。例如,应急征用的有关程序以及补偿等还没有明确规定。

---

① 王茜:《公共安全危机背景下应急物流的需求与供给研究》,载单菁菁等主编《中国城市发展报告(No. 13):大国治理之城市安全》,社会科学文献出版社,2020,第204~213页。

二　新冠肺炎疫情以来我国完善应急物资储备体系建设

针对新冠肺炎疫情防控中暴露出来的我国应急物资保障中存在的短板和弱项，中央各有关部门、有关地方着力完善了应急物资储备体系建设。

（一）多措并举保障疫情防控应急物资

在这次抗击新冠肺炎疫情的过程中，有关部门和地方协同配合、多措并举、扩大产能，实行国家统一调度，建立了绿色通道，保障了重点地区医疗物资供应。

1. 大力加强医疗物资紧急生产供应和医疗支持服务

疫情初期，武汉市医疗防护物资极度短缺，我国充分发挥制造业门类全、韧性强和产业链完整配套的优势，克服春节假期停工减产等不利因素，加班加点加派人手，全力保障上下游原料供应和物流运输，保证疫情防控物资的大规模生产与配送。医疗企业克服工人返岗不足等困难，以最快速度恢复医疗用品生产，最大限度地扩大产能。其他行业企业迅速调整转产，生产口罩、防护服、消毒液、测温仪等防疫物资，有效扩大了疫情防控物资的生产供应。

国家快速启动防控医疗物资应急审批程序，全面加强质量安全监管，确保以最快的速度批准上市、促产保供。截至 2020 年 5 月 31 日，共应急批准 17 个药物和疫苗的 19 件临床试验申请，附条件批准 2 个疫情防控用药上市。在各方共同努力下，医用物资产能不断提升。2020 年 2 月初，医用非 N95 口罩、医用 N95 口罩日产量分别为 586 万只、13 万只，到 4 月底分别超过 2 亿只、500 万只。在国务院联防联控机制的协调下，畅通供应链条和物流渠道，建立联保联供协作机制，源源不断地把全国支援物资运送到疫情防控重点地区。①

---

① 《〈抗击新冠肺炎疫情的中国行动〉白皮书》，中国共产党新闻网，http：//cpc.people.com.cn/n1/2020/0607/c419242-31737901.html，最后访问日期：2021 年 5 月 10 日。

在 2020 年科技部审批的中国人类遗传资源行政许可事项应急快速审批项目中，一共有 57 个关于新型冠状肺炎病毒快速检测、试验的项目。

2. 保障应急物资市场稳定

各级公安机关始终对各类妨害疫情防控和复工复产的犯罪活动保持严打高压态势。国家市场监督管理总局以最高的标准、最严的措施、最大的投入，加强价格秩序和质量安全监管。在疫情期间，部分省份相继出台了关于疫情中哄抬物价的认定标准，虽然各地认定哄抬价格采用的标准不一，但基本明确认定了哄抬价格违法行为的数值标准。

3. 社会力量广泛参与

工会、共青团、妇联等人民团体和群众组织，组织动员所联系群众积极投身于疫情防控。各级慈善组织、红十字会加强捐赠资金、物资的调配和拨付，将捐赠款物重点投向湖北省和武汉市等疫情严重地区。截至 2020 年 5 月 31 日，累计接受社会捐赠资金约 389.3 亿元、物资约 9.9 亿件，累计拨付捐款资金约 328.3 亿元、物资约 9.4 亿件。在中国疫情防控形势最艰难的时候，国际社会给予了中国和中国人民宝贵的支持和帮助。全球 170 多个国家领导人、50 个国际和地区组织负责人以及 300 多个外国政党和政治组织向中国领导人来函致电、发表声明表示慰问支持。77 个国家和 12 个国际组织为中国人民抗疫斗争提供捐赠，包括医用口罩、防护服、护目镜、呼吸机等急用医疗物资和设备。84 个国家的地方政府、企业、民间机构、人士向中国提供了物资捐赠。金砖国家新开发银行、亚洲基础设施投资银行分别向中国提供 70 亿元、24.85 亿元的紧急贷款，世界银行、亚洲开发银行向中国提供国家公共卫生应急管理体系建设等贷款支持。①

（二）我国应急管理产业和商业动员能力得到彰显

2020 年 4 月 27 日，习近平总书记指出："我国疫情防控和复工复产之

---

① 《〈抗击新冠肺炎疫情的中国行动〉白皮书》，中国共产党新闻网，http://cpc.people.com.cn/n1/2020/0607/c419242 - 31737901.html，最后访问日期：2021 年 5 月 10 日。

所以能够有力推进，根本原因是党的领导和我国社会主义制度的优势发挥了无可比拟的重要作用。发展环境越是严峻复杂，越要坚定不移深化改革，健全各方面制度，完善治理体系，促进制度建设和治理效能更好转化融合，善于运用制度优势应对风险挑战冲击。"①

1. 工信部协调进行紧急产能动员

新冠肺炎疫情发生后，工信部全力投入疫情防控物资保障工作。自2020年1月23日接到国务院联防联控机制转来武汉物资需求清单后，工信部立即通过中央医药储备向武汉急调防护服1.4万件、医用手套11万双；通过协调紧急采购各类口罩货源300万个，落实防护服货源10万件，落实护目镜2180副；帮助武汉对接了84消毒液、二氧化氯泡腾片等消杀用品和正压式送风系统、手持式红外线测温仪、喷雾机等专用设备货源；对全自动红外体温监测仪和负压救护车等订单式生产的设备，组织整车（机）和关键零部件厂商复工复产，全力保障武汉防控订单需求。1月24日，工信部再次下发通知，督促要求相关省份组织本地区企业立即复工复产，紧急生产医用防护服支援武汉，全力保障武汉医用防护服等物资需求。2020年2月5日，湖北省医用N95口罩首次实现供大于需；2月11日，湖北省医用防护服首次实现供大于求。

2. 商业界紧急动员

中央企业电子商务联盟协同央企电商平台相关企业紧急支援武汉一线，协调应急物资；国家能源集团物资公司发挥国家能源e购优势，紧急调配防护物资持续保障湖北一线所需；兵器工业、中国建筑、中国铁建、中南建筑设计院等多家企业紧急复工复产，开足马力，分别以应急物资生产、医疗队派遣、防疫工程设计建设等形式驰援一线。2020年2月初，火神山医院、雷神山医院和方舱医院建成，供应武汉的应急防护物资得到保障。

---

① 《习近平主持召开中央全面深化改革委员会第十三次会议强调：深化改革健全制度完善治理体系　善于运用制度优势应对风险挑战冲击》，中国政府网，http://www.gov.cn/xinwen/2020-04/27/content_5506777.htm，最后访问日期：2021年5月10日。

（三）扩大疫情防控国际合作，促进人类命运共同体建设

我国积极扩大疫情防控国际和地区合作，与世界卫生组织保持良好沟通协调，同有关国家分享疫情防控经验，向其他出现疫情扩散的国家和地区提供力所能及的帮助，践行构建人类命运共同体理念。

1. 发扬人道主义精神，在极度困难时期支持国际抗击疫情应急物资

在自身疫情防控仍然面临巨大压力的情况下，中国迅速展开行动，力所能及地为国际社会提供援助。向世界卫生组织提供 2 批共 5000 万美元现汇援助，积极协助世界卫生组织在华采购个人防护用品和建立物资储备库，积极协助世界卫生组织"团结应对基金"在中国筹资，参与世界卫生组织发起的"全球合作加速开发、生产、公平获取新冠肺炎防控新工具"倡议。积极开展对外医疗援助，截至 2020 年 5 月 31 日，中国共向 27 个国家派出 29 支医疗专家组，向 150 个国家和 4 个国际组织提供抗疫援助；指导长期派驻在 56 个国家的援外医疗队协助驻在国开展疫情防控工作，向驻在国民众和华侨华人提供技术咨询和健康教育，举办线上线下培训 400 余场；地方政府、企业和民间机构、个人通过各种渠道，向 150 多个国家、地区和国际组织捐赠抗疫物资。2020 年 3 月 1 日至 5 月 31 日，中国向 200 个国家和地区出口防疫物资，其中口罩 706 亿只、防护服 3.4 亿套、护目镜 1.15 亿个、呼吸机 9.67 万台、检测试剂盒 2.25 亿人份、红外线测温仪 4029 万台，出口规模呈明显增长态势，有力支持了相关国家疫情防控。1～4 月，中欧班列开行数量和发送货物量同比分别增长 24% 和 27%，累计运送抗疫物资 66 万件，为维持国际产业链和供应链畅通、保障抗疫物资运输发挥了重要作用。

自 2020 年 7 月以来，中国多个新冠疫苗陆续在海外多国开展三期临床试验，中国新冠疫苗引来多个国家争相订购。自 2020 年 12 月以来，阿联酋、巴林、摩洛哥、巴基斯坦、土耳其、阿根廷、埃及、巴西、泰国、墨西哥、秘鲁等全球 10 多个国家已与中国签署新冠疫苗订购协议。2020 年 12 月 30 日，中国国家药监局批准国药集团新冠疫苗附条件上市，这是中国首

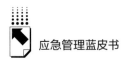

个正式获批上市并对重点人群接种的新冠疫苗。中国疫苗的安全性和有效性日益得到多国卫生部门和专业人士认可,世界多国掀起"排队"订购和接种中国新冠疫苗的热潮。

根据世界卫生组织于 2020 年 12 月 22 日发布的《2020 年上半年全球医疗贸易报告》①,全球货物贸易同比下降 14%,但医疗产品进出口达 11390亿美元,同比增长 16%。进出口贸易在抗疫过程中发挥着重要作用,消毒剂、口罩、手套、洗手液、血氧仪、注射器、温度计和呼吸机等产品需求暴涨,全球抗疫关键物资贸易增长 29%。而中国成为全球口罩的最大供应国,占世界出口量的 56%。在进口方面,美国 41% 的疫情关键产品进口来自中国,德国上半年从中国进口的疫情关键产品则同比增长了 5 倍以上,中国产品在德国进口的这些产品中所占的份额也从不到 8.6% 增加到 33.1%。这一时期,全球个人防护装备出口增长了 49%,预计贸易额将达到 980 亿美元,而中国就贡献了其中的 43.8%。

2. 在复工复产中发挥中国制度优势,服务国际社会应急物资保障

从中国海关公布数据来看②,2020 年我国进出口总值为 321557 亿元,同比增长 1.9%。其中出口总值 179326.4 亿元,同比增长 4%,进口总值142230.6 亿元,同比增长 -0.7%。我国抗疫物资主要包括口罩、呼吸机等,但在统计分项中没有产品细项,从涉及抗疫物资的统计大类来看,2020 年我国出口塑料制品,纺织纱线、织物及制品,医疗仪器及器械,中药材及中式成药分别为 852.7 亿美元、1538.4 亿美元、181.4 亿美元、12.1 亿美元,该 4大类物资 2019 年出口值分别为 713 亿美元、1190.4 亿美元、129.1 亿美元、11.8 亿美元。该 4 大类物资 2020 年出口同比增加 540.3 亿美元,增长 26.4%。

2020 年进口医疗仪器及器械价值 126 亿美元,纺织纱线、织物及其制

---

① 《权威分析报告:2020 全球贸易大变局》,AB 客网站,https://www.cnabke.com/detail/1932.html,最后访问日期:2021 年 5 月 10 日。

② 《(4) 2020 年 12 月全国出口重点商品量值表(美元值)》,海关总署网站,http://www.customs.gov.cn/customs/302249/zfxxgk/2799825/302274/302275/3511716/index.html,最后访问日期:2021 年 5 月 10 日。

品价值 137.7 亿美元，初级形状的塑料价值 524.3 亿美元，美容化妆品及洗护用品价值 202.5 亿美元，医药材及药品价值 371.9 亿美元，该 5 大类物资 2019 年出口分别为 124.6 亿美元，153.3 亿美元，533 亿美元，156.5 亿美元，359.2 亿美元。该 5 大类物资 2020 年进口同比增加 38.8，增长 2.9%。这表明我国防疫类物资出口增长远超一般商品出口增长。

（四）中央和部分地区加强应急物资保障体系建设

2020 年 5 月 9 日，国家发改委等三部门发布《公共卫生防控救治能力建设方案》，对疾病预防控制体系现代化建设、全面提升县级医院救治能力、健全完善城市传染病救治网络、改造升级重大疫情救治基地、推进公共设施平战两用改造等方面作出了安排，并列出附件"重大疫情救治基地应急救治物资参考储备清单"。应急管理部等相关部门都对应急物资储备与保障设立课题进行研究，并作出相应的完善规划。

部分地区也对加强应急物资保障体系建设出台相关法规。上海市人民代表大会常务委员会 2020 年 10 月 27 日通过《上海市公共卫生应急管理条例》，其中第六条明确了药品、医疗器械、防护用品等应急物资的储备、征用、应急生产、紧急采购，以及基本生活必需品的调度供应等工作的职责部门，第二十五条明确了公共卫生应急物资储备制度，第六十八条明确了上海市公共卫生物资储备机构的应急储备物资的启用。第六十九条明确应急物流的优先权。北京市人大常委会 2020 年 9 月 25 日通过《北京市突发公共卫生事件应急条例》，其中第三十一条对调用储备物资、临时征用、稳定物价进行了明确，第五十二条对应急物流进行了规定。

三 加快应急物资保障能力建设及发展

习近平总书记在中央全面深化改革委员会第十二次会议上指出："要健全统一的应急物资保障体系，把应急物资保障作为国家应急管理体系建设的重要内容，按照集中管理、统一调拨、平时服务、灾时应急、采储结合、节

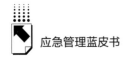

约高效的原则，尽快健全相关工作机制和应急预案。要优化重要应急物资产能保障和区域布局，做到关键时刻调得出、用得上。"①

（一）探索完善应急物资储备管理体系

1. 科学调整储备品类、规模、结构，提升储备效能

（1）医疗类应急物资。医疗类应急物资通常包括药品、耗材、设备、文书、后勤物资、通信器材、车辆、宣传保障品等，目前属于工信部统一调配管理，工信部下设有疫情防控国家重点医疗物资保障调度平台，并于2020年2月14日发布了疫情重点保障物资（医疗应急）清单。此外，对医疗类物资各级政府要从战略高度，明确医院在现行国家应急物资储备体系中的地位与作用，予以明确的指导性规范及要求。

（2）消防类应急物资。当前，消防类应急物资主要由应急管理部门下的消防救援队伍保存。从改制后"全灾种、大应急"职责任务的需求来看，各级消防战勤保障单位除日常灭火救援任务相关装备外，洗消、抢险、地震、水域救援、危化品处理等不同类型的灾害事故的专业装备器材也需要储备。各部门安排专人进行管理，将物资种类和编号统一起来，录入专门的数据库，便于查找和调用。

（3）抢险救援物资。基层应基于风险分析确定应急物资储备，在科学研判的基础上科学规划应急物资的存储与管理。② 省级以下的各级政府根据基层或下一级政府物资储备情况，合理确定本级政府作为支持保障的储备。

2. 实施应战应急物资产能储备战略，保质保量生产应急物资

充分发挥工业动员作用，坚持军用与民用结合、应急与日常结合，增强核心动员能力，提高应急物资保障能力，确保各类应急物资源源不断，让应

---

① 《习近平主持召开中央全面深化改革委员会第十二次会议强调：完善重大疫情防控体制机制　健全国家公共卫生应急管理体系》，中国政府网，http：//www.gov.cn/xinwen/2020 – 02/14/content_ 5478896.htm，最后访问日期：2021年5月10日。

② 张婉昱、吕翼：《基于"结构 – 过程 – 结果"框架的医院应急物资保障体系研究——以武汉协和医院抗击新冠肺炎疫情为例》，《医学与社会》2020年第11期。

急生产从此不再难。[1]

3. 提升家庭储备物资意识，改善物资储备方法

家庭基础应急物资储备为常见灾害和适用全灾种所需物品，分基本生活物品、逃生自救物品、医疗应急物品3大类，包含了最基本的13项应急储备物资。扩充版以全灾种为考量，分食品、生活用品、应急物品、应急药具及重要文件等5大类、17小类，包含了77项备灾物资。家庭全面应急物资储备建议清单，则建议居民根据自身的居住环境、地域特点、家庭成员以及武汉地区可能面临的针对国拨、应急采购、社会捐赠物资分别设立专类储存区域，并按照公共卫生事件等级设立三级、二级和一级库区域，实行专人专管、分级保管并分别进行登记、造册、建立档案。建立"应急物资信息档案"，详细录入物资的来源、种类、型号、规格、数量等，经专业人员现场鉴定验收并张贴鉴定级别的标识标签后分别归类入库。[2]

利用互联网进行"互联网+物资储备"，减少传统的仓库式集中储备，与各大电商企业进行技术沟通，实现"实时监测阈值预警、动态存储、分储地方、智慧物流、自给自足、随时可调"，有了强大的应急物资作为后盾，对政府公信力的提高、灾区人民人心的稳定具有重要意义。

（二）利用新兴技术，构建数字化应急物流保障体系

1. 降低成本，精准配送

物流的快慢直接或间接影响物资储备量的多少。在新冠肺炎疫情防控的不同阶段，医疗物资供给和配置给予配置不同的策略，各地应急管理局部门应充分依托5G互联网、物联网、云计算、人工智能、区块链、北斗卫星导航等新兴前沿技术，归纳、整合当地应急物资储备量并及时公布，开发应急物流系统App。在疫情发生时，应急指挥部及时公布应急物资收支情况，如有医院或其他重点单位需要，可自行在App上进行线

---

[1] 王谦：《备豫不虞 管好用好应急物资》，《中国应急管理报》2020年9月19日。
[2] 张笑：《增强工业生产动员能力 提高应急物资保障水平》，《国防科技工业》2020年第3期。

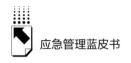
上申请，并标注好联系方式、地址，像网购一样实现精准服务对接，同时计算规划出最佳的物流路线。另外鼓励物流企业研发运用无人机、机器人等进行配送，一方面能缓解交通拥堵，物资堆积的问题，另一方面能实现精准配送。

2. 设立战时应急物资物流指挥部，协同多方物流力量

对各类应急物资实现数字化掌控，并将数据实时共享，当本地突发公共安全事件时，周围城市也能实时掌握当地城市应急物资储备量的变化，从而作出相应的支援供给。构建数字化应急物资储备管理体系，加强各地之间应急物资的互联互通，助力精准应急物资供应链的构成。

3. 车联网技术助力应急物流

"车联网技术"作为物联网技术的一个分支，应当在应急交通运输中起到重要作用，中共中央、国务院发布《关于构建更加完善的要素市场化配置体制机制的意见》，提出要鼓励运用大数据等数字技术，在应急管理、疫情防控、资源调配、社会管理等方面更好发挥作用。[①] 国家建立健全应急物资储备保障制度，完善重要应急物资的监管、生产、储备、调拨和紧急配送体系刻不容缓，应将所有用于配送的车辆进行联网，形成车辆物流配送网络，便于指挥部能掌握物流信息（包括运送量、运输情况等）。

（三）部门联动，完善应急物资法律制度体系

1. 完善应急物资储备法律制度

习近平总书记指出："疫情防控越是到最吃劲的时候，越要坚持依法防控，在法治轨道上统筹推进各项防控工作，保障疫情防控工作顺利开展。"[②] 目前与应急物资储备保障制度的法律规定有《突发事件应对法》和《突发公共卫生事件应急条例》等，对应急储备、应急物流作出了原则性规范，但对有关责任规范不足。

---

① 谷林：《用好大数据，促进要素高效协同配置》，《中国应急管理报》2020年4月18日。

② 《越是到最吃劲的时候，越要坚持依法防控》，中国共产党新闻网，http://theory. people. com. cn/n1/2020/0214/c40531-31586364. html，最后访问日期：2021年5月10日。

2. 完善应急物流制度体系

我国需要尽快完善应急物流制度体系，加强应急物流顶层设计，统一应急物流有关标准，完善应急物流交通运输保障、应急物资采购等制度。[①] 应急物流标准的统一设置和管理亦需要法律进行保障。

3. 国家统筹，部门"横向 + 纵向"联动

将国家应急物资储备安全纳入总体国家安全观，从国家层面落实好中央、部委、地方各级应急物资的储备工作，首先要"纵向整合"，做到条线协调，如从应急管理部到应急管理厅，再到应急管理局之间（由高到低）的高效条线协调，便于在第一时间调集整个应急管理力量；还要做到"风险 + 处置"的一体化，处置力量部门和风险管理部门最好集成在一个部门或职能之下，提高处置突发疫情的效率。

其次要"横向整合"，做到跨职能和跨部门协作的一体化，应急管理部门作为牵头部门，必须承担起协调各个部门的责任，开展一体化的救援，做到无缝、灵活处理。虽说目前按灾害分类，公共卫生事件的责任主体是卫生部门，但随着突发事件的发展，责任主体可能是多个部门在突发疫情或者其他突发灾害发生时，应急管理部就应该作为牵头部门，做到跨职能和跨部门协作的一体化。

四　结论

面对新冠肺炎病毒，我国的防控局面虽然比其他国家做得更好，但从整个疫情的处置过程来看，其中暴露出的响应不够迅速、物资储备供应不足、部门间协调不力等问题，是值得我们思考的。要做好应急物资保障工作，一方面国家要能够统筹协调参与应急救援行动的各级政府、军队、非政府组织、志愿者队伍等各方力量，采取统一有序的应急处理行动；另一方面，须形成以对应灾种主管部门为牵头部门的跨区域、跨部门、跨行业的应急联动

---

① 古贞、谭清美：《军民融合物流体系构建研究》，《科技管理研究》2019 年第 20 期。

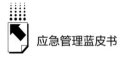

机制，要持续开发利用新兴技术，用于应急物资调配运输等工作，构建应急物资储备管理体系、数字化应急物流保障体系、应急物资保障法律制度体系、责任部门应急协调处置体系，推动应急物资供应保障网更加高效安全可控。

B.17
以现代信息技术提升应急管理能力水平

邹积亮*

摘　要：　突发事件应急管理需要信息化支撑，尤其是现代信息技术的广泛应用。没有应急管理信息化，就很难称得上应急管理现代化。当前我国正在全面建设信息化基础设施和信息化业务应用系统，构建应急管理大数据平台，基本形成了"一网通管"模式。国外在应急管理信息化发展方面的趋势是，信息传输网络安全可靠、地理信息系统广泛应用、开放性网络协作平台高效运转、政府与社会灾害信息有机融合。基于此，今后应该加强理论研究，为应急信息化建设提供理论支撑；加强技术应用，为应急信息化建设提供技术保障；强化资源统筹，为应急信息化建设提供基础保障。

关键词：　信息化　应急管理　现代信息技术

　　突发事件应急管理需要信息化支撑，尤其是现代信息技术的广泛应用。没有应急管理信息化，就很难称得上应急管理现代化。全天候应急值守、风险智能化感知、预警信息发布、灾情研判与共享、应急指挥调度，应急管理的各项工作都离不开信息化。新时代中国特色应急管理体制机制的高效运转需要云计算、大数据、物联网、人工智能、5G等现代信息技术，建设应急

* 邹积亮，博士，中共中央党校（国家行政学院）应急管理培训中心（中欧应急管理学院）副教授，研究方向为安全与应急管理。

管理网络信息体系，提高应急管理智能化、信息化水平，确保应急工作精准治理、全流程管理与应急力量资源的优化管理。

一 应急管理信息化建设现状

2003 年我国取得抗击"非典"疫情胜利之后，开始推动建设中国特色的应急管理体系，应急信息技术应用与应急平台体系建设也伴随其中不断发展起来。"十一五"期间，以政府应急办为主体，初步建立上下贯通、左右衔接的"国家–省–市–县"四级应急平台体系，能够实现应急值守、信息报送、预案管理、综合协调等业务能力。"新一轮科技革命和产业变革正在重构全球创新版图、重塑全球经济结构。以人工智能、量子信息、移动通信、物联网、区块链为代表的新一代信息技术加速突破应用。"[1] "智慧应急"、安全生产智能化监控、重大危险源监测与预警等领域信息化、数字化应用不断拓展，应急管理信息化技术与应用得到进一步发展。特别是在"十三五"期间，我国全面建成危险化学品安全生产风险监测预警系统，煤矿安全生产在线监测系统联网，利用信息化手段开展远程监察执法；建成国家突发事件预警信息发布系统，完善"分类管理、分级预警、平台共享、规范发布"的突发事件预警信息发布体系；中央预算累计投入近 100 亿元，用于推进气象卫星、雷达、山洪地质灾害气象保障、海洋气象等项目实施，进一步完善灾害观测站网布局，提高灾害监测预警能力。

2019 年 11 月，十九届中央政治局就我国应急管理体系和能力建设进行第十九次集体学习，习近平总书记指出："要强化应急管理装备技术支撑，优化整合各类科技资源，推进应急管理科技自主创新，依靠科技提高应急管理的科学化、专业化、智能化、精细化水平。要加大先进适用装备的配备力度，加强关键技术研发，提高突发事件响应和处置能力。要适应科技信息化

---

① 习近平：《在中国科学院第十九次院士大会、中国工程院第十四次院士大会上的讲话》，人民出版社，2018，第 6 页。

发展大势，以信息化推进应急管理现代化，提高监测预警能力、监管执法能力、辅助指挥决策能力、救援实战能力和社会动员能力。"[1]

应急管理部于 2018 年 12 月印发《应急管理信息化发展战略规划框架（2018—2020 年）》，作为推动应急管理信息化工作的根本指南，是构建大国应急体系和应急信息化跨越式发展的重要基础。各级地方政府积极响应，相继出台符合地方特色的应急管理信息化发展战略规划，各地应急管理部门遵循"边组建、边工作"、总体设计、分步实施、急用先行的基本原则，近两年全国应急管理信息化工作取得了显著成绩。

（一）全面建设信息化基础设施

我国搭建应急通信网络工程架构，开展应急指挥信息化和电子政务外网的全国贯通，建设全国视频指挥网，初步实现"国家－省－市－县"四级信息贯通和云视频直通。建成公共应急宽带 VSAT 网，发射"天通一号"自主卫星和 Ka 宽带卫星，完善国家"天地一体"的应急通信保障网络。启动应急通信保障能力提升工程、智慧海洋应急通信试验网络建设以及应急通信工程技术验证平台等项目。推动宽带集群通信、船载卫星通信等试点建设，初步形成覆盖全国的应急宽带卫星通信和短波通信网络。开展 4G/5G 应急通信手段研究，推广 4G 应急通信车、无人机基站，支持 1.4G 宽带数字集群专网系统建设。

（二）建设信息化业务应用系统

在指挥信息网部署应急指挥调度、突发事件信息报送、应急指挥"一张图"等全国统一使用的应用系统，具备多渠道灾情信息获取、多席位应急态势标绘、综合研判、可视化等功能，辅助领导指挥决策。

---

[1] 《习近平在中央政治局第十九次集体学习时强调　充分发挥我国应急管理体系特色和优势积极推进我国应急管理体系和能力现代化》，新华网，http://www.xinhuanet.com/politics/leaders/2019-11/30/c_1125292909.htm，最后访问日期：2021 年 5 月 8 日。

（三）构建应急管理大数据平台

初步建成应急管理云计算平台。应急管理部各机关司局、国家煤监局、消防救援局及部分省厅的应用系统实现云上部署。完成应急管理信息交换共享平台建设，打通和汇聚自然资源、交通、水利、气象等各行业信息资源，开展全生命周期数据治理体系，真正迈入应急管理大数据时代。建设应急管理大数据应用平台，开发算法仓库、模型工厂、知识库、应用超市、统一门户等基础功能，向全国提供各类综合智能应用服务，为地方应急管理信息化建设提供支撑作用。

（四）基本形成了"一网通管"模式

应急管理部印发《一体化在线政务服务平台和"互联网＋监管"系统数据交换规范》《政务服务数据对接标准（第一批）》《应急管理部监管数据汇聚标准（第一批）》等文件规范。开展"互联网＋监管"系统建设，建成互联网服务门户和政务外网工作门户，实现监管事项动态管理。

在应急管理信息化建设上，应急管理部提出坚持统筹发展、业务引领、创新驱动、共享众创、安全可控的基本原则，构建"四横四纵"的信息化总体框架，全国应急管理信息化统一标准规范、统一网络支撑、统一安全保障、统一数据服务和统一平台架构。① 同时，各地结合实际需求和业务应用，创新和补充信息化业务能力，应急管理信息化建设全国"一盘棋"格局基本形成。充分运用云计算、大数据、移动互联网、物联网、人工智能等新兴信息技术，推进先进信息技术与应急管理业务深度融合，推动应急管理信息化工作不断发展。

我国幅员辽阔，地域特征差异大、区域经济社会发展不平衡、信息化基础参差不齐，目前应急管理信息化工作刚刚起步，面临着基础较为薄弱、盲

---

① 《应急管理部关于加快编制地方应急管理信息化发展规划的通知》（应急函〔2018〕272号）。

区空白较多、资金投入不足、人力资源紧缺等问题。与此同时，我们所面临的各类突发事件风险挑战日益严峻，灾害事故的敏感性更高、脆弱性更强、易发性更大、关联性更强，应急管理对信息化需求具有明显的特殊性。一是应急管理信息化基础薄弱，应急管理通信网络等基础设施仍未实现全覆盖，灾害事故发生地情况复杂，救援现场断网、断电、断路等情况给现场应急指挥通信带来巨大挑战。部分地区信息化手段应用程度较低，在指挥调度时仍采用单一的电话、文书报告等传统方式。各地区科技信息化发展不平衡，难以实现信息的有效采集、交换与共享，整体协同效应较低。二是信息化建设盲区空白较多。各层级、各部门分头管理、条块分割、数据壁垒的情况依旧存在，信息化平台不完善，常规单一系统较多，尚未形成整体统筹、综合调度格局。三是现代信息技术应用有待深入。从信息化水平看，大数据、云计算和人工智能等新技术运用有待深入，信息技术与应急业务需要进一步融合，大量现代信息技术在很大程度上仍然是实验性的，其应用效果需要通过数据积累与更多的时间来验证。四是人才力量紧缺。从机构和人员情况看，经过本次机构改革，应急管理部门承接了多部门业务技术性较强的工作，但信息技术支撑机构和专业技术人员极度匮乏，从事信息化专业技术人才少，专业技术能力、运维保障能力有限，难以满足当前应急管理信息化工程建设迫切需求，制约了应急管理信息化工作的全面开展。应急管理部门人员不需要成为现代信息技术的专家，但必须对现代信息技术有足够的了解，才能够为部署现代信息技术制定积极的蓝图。

二 国外应急管理信息化趋势

2018 年 5 月 28 日，习近平总书记在中国科学院第十九次院士大会、中国工程院第十四次院士大会上讲话时强调："进入 21 世纪以来，全球科技创新进入空前密集活跃的时期，新一轮科技革命和产业变革正在重构全球创新版图、重塑全球经济结构。以人工智能、量子信息、移动通信、物联网、区块链为代表的新一代信息技术加速突破应用，以合成生物学、基因编辑、脑科学、

再生医学等为代表的生命科学领域孕育新的变革，融合机器人、数字化、新材料的先进制造技术正在加速推进制造业向智能化、服务化、绿色化转型。"① 技术进步和创新为提高抗灾能力和减少风险创造了新的机会，人工智能、物联网和大数据等颠覆性技术的发展正在改变许多领域，包括减少和管理灾害风险。国外应急管理信息化发展呈现出较为明显的趋势与特点，如信息传输网络安全可靠、地理信息系统广泛应用、开放性网络协作平台高效运转、政府与社会灾害信息有机融合。②

颠覆性技术的广泛应用，正在逐步重塑全球灾害风险管理模式。支持性数字基础设施和设备，如无线宽带网络、智能手机和云计算等迅速普及，为将颠覆性技术应用于灾害管理奠定了基础。例如，2005 年美国卡特里娜飓风之后，首次应用无人机搜寻幸存者和评估河流水位。2018 年美国佛罗伦萨飓风期间使用水下无人机，测量助长飓风的海洋热量，这些数据填补了卫星图像留下的空白，从而改善了飓风建模。③

建立安全可靠的灾害信息传输网络，运用网络创新科技，有效降低灾害冲击。5G 无线技术是适用于突发事件管理的关键性技术，5G 技术具有更高的容量、更快的速度和更低的延迟，能够更好地支撑物联网数据传输、无人机数据回传、应急指挥通信。"9·11"事件之后，美国投资建设与互联网物理隔离的政府专网，推行通信优先服务计划并利用自由空间光通信、微波接入全球互操作和无线保真等通信新技术来提高应急通信保障能力。日本建立起较为完善的防灾通信网络体系，如中央防灾无线网、防灾互联通信网等，中央防灾无线网由固定通信线路、卫星通信线路和移动通信线路构成。

发挥地理信息系统在灾害管理上的支撑作用，运用地理信息整合调度救灾人力及资源。灾害管理信息化平台多是基于地理信息系统，通过多层业务

① 习近平：《在中国科学院第十九次院士大会、中国工程院第十四次院士大会上的讲话》，人民出版社，2018，第 6 页。

② 邹积亮：《国际灾害管理信息化趋势及对我国灾害管理信息化的借鉴》，《中国防汛抗旱》2019 年第 5 期。

③ ITU, *Disruptive Technologies and Their Use in Disaster Risk Reduction and Management*, The International Telecommunication Union：Geneva, Switzerland, 2019.

数据叠加，包括基础地理信息数据、危险源与危险地带分布、突发事件地理定位、关键基础设施与关键资源情况、应急救援队伍与应急资源分布等，在地理信息数据的基础上开发各类灾害管理工具软件。地理信息数据库和基于地理信息系统的工具软件为灾害管理者对灾害进行全方位风险研判、开展有效的资源调度提供了强有力的支撑。

社交媒体在灾害救援过程中发挥了越来越多的作用。以 2012 年美国桑迪飓风为例，谷歌发布"桑迪飓风危机地图"项目，整合美国大气管理局、太平洋海啸预警中心、美国地质调查所、美国赫斯等石油公司、非营利医疗救援组织"Direct Relief"等多种数据源，将不同数据进行分层，提供各受灾点的位置、撤离路线、急救中心以及交通状况信息。在一些灾害中，救灾界广泛使用推特来协调救灾工作。与短信相比，其优势在于，不同用户可以关注推特用户，有助于快速接收或找到特定主题的推文。脸书危机应对应用允许用户将自己标记为安全，让朋友和家人放心，提供或寻求帮助，捐款和接收信息。

构建开放性网络协作平台，利用互联网推动灾害信息众包，从而增加灾区地图的重要细节。在 2010 年 "1·12" 海地大地震、2013 年菲律宾超强台风 "海燕"、2015 年 "4·25" 尼泊尔大地震等灾害救援行动过程中，"危机制图者"大量涌现，如"人道救援开放街图小组"的志愿者，通过使用众包工具将网络上的公开卫星图片转变为数字地图，提供了更大的信息颗粒度，为灾区前线开展救援行动提供详细准确的当地地图数据，使救灾工作更加有效和有针对性。与传统方法相比，灾情信息众包更快捷、成本更低，尤其是众包通常是在志愿者的基础上进行的。

三　推动应急管理信息化工作的对策建议

要运用现代信息技术，推动建设系统化、扁平化、立体化、智能化、人性化的现代应急管理信息化体系，科学应对突发事件处置时面临的"信息鸿沟"问题，提高决策者临时处理突发事件的能力。2020 年 3 月，习近平总书记在浙江考察时指出："推进国家治理体系和治理能力现代化，必须抓好城市治理体系和治理能力现代化。运用大数据、云计算、区块链、人工智能等前沿技术推动城市管理手段、管理模式、管理理念创新，从数字化到智能化再到智慧化，让城市更聪明一些、更智慧一些，是推动城市治理体系和治理能力现代化的必由之路，前景广阔。"①

（一）加强理论研究，为应急信息化建设提供理论支撑

一是推动应急理论的深化研究。着眼于新发展阶段、新发展理念、新发展格局对应急管理各项工作提出的需求，加强多领域、多学科知识的交叉融合研究，加强应急管理相关学科建设与共性基础科学问题研究，着力研究重大灾害事故及灾害链的孕育、发生、演变、时空分布等规律和致灾机理，推动应急管理信息化的系列重大理论、实践问题研究，为我国应急管理信息化建设提供理论支撑。

二是完善标准体系，为应急信息化建设提供标准蓝图。目前，应急管理部编制并印发了《应急管理信息化发展战略规划框架（2018—2022 年）》，各级地方政府积极响应，四个部属局以及 32 个省级应急部门均完成规划编制，为规范应急管理信息化建设起到了重要作用。但是，由于分头管理、条块分割、各自为政现象比较突出，各部门业务流程、业务标准、技术路线不统一，导致应急系统相对独立。因此，需要遵循"顶层设计、规划引领、重点突破、分步实施"的原则，加快推进应急管理信息系统建设，建立标准统一的信息汇集平台，强力构建全国应急管理"一张网、一张图"，并不断细化规范总体标准、感知网络标准、通信网络标准、数据资源标准、业务应用标准、应用支撑标准、信息化管理标准等，制定应急管理信息化标准规范体系，协调开发应用步伐，为构建系统化、扁平化、立体化、智能化、人性化的应急管理体系提供有力支撑。

---

① 《习近平在浙江考察时强调：统筹推进疫情防控和经济社会发展工作　奋力实现今年经济社会发展目标任务》，中国政府网，http://www.gov.cn/xinwen/2020－04/01/content_5497891.htm，最后访问日期：2021 年 5 月 8 日。

三是加强应急信息化领域关键技术研究。针对当前灾害事故应急管理工作中的隐患识别、风险调查、监测预警、态势研判、救援处置、综合保障等关键技术应用，要加大信息化技术的应用研究，加大先进适用装备的配备力度，加强监测预警、指挥调度、应急救援、远程空运、网络通信、全球定位、模拟仿真、安全保障等关键技术研发，建成基于全国"一张图"的应急指挥平台，着力破解一线侦察人员的通信难题，提高灾害事故响应和处置能力。

（二）加强技术应用，为应急信息化建设提供技术保障

一是建立和延伸更加广域的应急信息化技术末端，为顶层业务提供更加广泛的信息来源和基础支撑。充分利用人工智能、物联网、5G 等技术，构建空、天、地一体化全域覆盖、高精度、立体多维、智能协同的突发事件监测体系，推进监测预警系统全覆盖和智能化，加快高水平安全生产风险监测预警系统、自然灾害风险综合监测预警系统、城乡安全风险监测预警平台建设。加快区块链、北斗通信卫星、互联互通等技术与应急管理业务深度融合，提高偏远地区灾害信息获取、预报预测、卫星遥感、风险评估、损失评估、应急通信等保障能力，提高应急指挥系统智能化和高效化水平，建强"应急大脑"。

二是用好大数据、云计算、物联网、人工智能等科技手段，与传统手段相结合，与应急业务相融合，推动管理方式变革，实现精准治理、精准监管、精准救援。2015 年 5 月 29 日，在十八届中央政治局第二十三次集体学习时习近平总书记强调："要提高公共安全体系精细化水平，每一个环节都要深入考虑和谋划。要构建公共安全人防、物防、技防网络，实现人员素质、设施保障、技术应用的整体协调。要认真汲取各类公共安全事件的教训，推广基层一线维护公共安全的好办法、好经验。"[1] 加强对现实情境的

---

[1] 《习近平在中共中央政治局第二十三次集体学习时强调 牢固树立切实落实安全发展理念 确保广大人民群众生命财产安全》，新华网，http://www.xinhuanet.com/politics/2015-05/30/c_1115459659.htm，最后访问日期：2021 年 5 月 8 日。

虚拟映射，对初始情景、发生演变态势、决策指挥的发展全过程开展突发事件发生、发展、处置及善后等环节的情景模拟，提升基础数据的利用率和准确率，为应急联合决策和部署提供科学依据。

（三）强化资源统筹，为应急信息化建设提供基础保障

一是统筹整合信息化建设资源，打通应急管理部门横向部门之间的数据壁垒，建立统一的数据共享机制。开展数据共享交换系统建设，与地方政务共享交换平台对接，分类接入自然资源、水利、气象等外部单位的数据资源，并依托物联网、云计算、大数据等技术手段，基于信息资源规划框架全面构建全方位获取、全网络汇聚、全维度整合的海量数据，通过数据挖掘技术分析应急事件背后的内在规律以及未来的发展态势，作为决策的重要依据。

二是统筹协调各方面科技资源和力量，构建多专业协同的应急管理信息化参与机制。鼓励各方发挥作用，积极与科研院所、高等院校开展深度合作，强化应急管理装备技术支撑，推进应急管理科技自主创新，形成应急信息化科研成果，强化科研成果的转化应用，不断推进应急管理信息化创新发展，依靠科学技术提高应急管理的科学化、专业化、智能化、标准化、精细化水平。加大应急信息化专业人才培养，建立和完善与应急信息化发展相适应的人才教育与培训体系，加强应急干部信息化的培训力度，切实提高应急人员信息化素养和技能，为我国应急信息化建设提供智力支持。

三是推动公共安全科技企业发展，尤其是增强公共安全企业对灾害事故应急管理工作的认知，从而更好地理解和应用现代信息技术服务于灾害事故应急管理。公共安全科技企业正在开发的许多颠覆性技术能够为应急管理工作所用，同时其又掌握着大量的信息数据，如国内许多互联网信息巨头，这些信息对应急管理工作十分重要。

B.18

2020年突发事件应对中的舆论引导

——以新冠肺炎疫情为例

王　华*

摘　要： 新冠肺炎疫情舆论引导是中国疫情防控工作的重要组成部分。无论是传播理念价值支撑、新闻应急指挥体系运行，还是信息发布统筹、策略方式运用，都呈现出前所未有的系统性、协同性、一体性，在总体上发挥了强信心、暖人心、聚民心的作用。同时，回顾这场惊心动魄的抗疫大战和艰苦卓绝的历史大考，舆论引导工作并非一帆风顺，其中也经历了突发的舆情风暴、陡增的舆论势能，以及各种诉求和声音复杂交织的舆论漩涡。深入分析其中的痛点，提出相应的工作建议，对于从整体上把握舆论引导的规律具有重要价值。

关键词： 重大突发事件　舆论引导　新冠肺炎疫情

2020年中国舆论场热度最高的关键词，非"新冠肺炎疫情"莫属。因此，梳理和剖析新冠肺炎疫情舆论引导工作，并借此管窥中国重大突发事件危机沟通能力，理解其超常规运作过程、主要特征、得失镜鉴，不失为从总体上把握中国突发事件舆论引导年度进程的有效方式。

---

* 王华，博士，中共中央党校（国家行政学院）应急管理培训中心（中欧应急管理学院）副教授，研究方向为危机传播与意识形态安全。

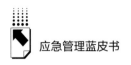
一 新冠肺炎疫情舆论引导总体情况

新冠肺炎疫情舆论引导是中国疫情防控工作的重要组成部分。2020 年 9 月 8 日，习近平总书记在全国抗击新冠肺炎疫情表彰大会上指出，面对突如其来的严重疫情，党中央以非常之举应对非常之事，其中，一项重大的战略举措是，"我们迅速建立全国疫情信息发布机制，实事求是、公开透明发布疫情信息"。① 据《抗击新冠肺炎疫情的中国行动》白皮书统计，截至 2020 年 5 月 31 日，国务院联防联控机制和国新办共举行发布会 161 场，31 个省份举办发布会 1153 场②，受邀参与发布的部门、人员及回答问题数量更是创"历史之最"。梳理此次疫情信息发布和舆论引导工作，总体上表现出以下特征。

第一，建立了统一高效的指挥体系，为舆论引导服务于疫情防控全局、服务于公众信息需求提供了强大支撑。良好的危机传播往往建立在强韧的组织架构和适当的程序之上。历次重大突发事件经验表明，指挥体系是否强健有力、灵敏高效，直接决定着信息发布和舆论引导工作的成效。此次新冠肺炎疫情防控工作，习近平总书记亲自指挥、亲自部署，在纵向上形成了中央应对疫情工作领导小组、中央指导组、国务院联防联控机制、全国各省市县党政主要领导挂帅的指挥体系，其最大的特点是集中力量、全面运筹、统一指挥、各方协同、上下联动。这个指挥体系的顶层小组由主管卫健、宣传、外交、公安等部门的领导组成，它集纳了疫情、社情、政情、舆情等各类信息，并对其进行全面分析、综合研判、系统决策、统筹部署。这不仅在全局上保证了舆论引导与其他各项工作的"节奏协同性"，而且在对外发布这一关键环节上确保了其他职责部门对舆论引导的"信息支持度"。这种协同性和支持度最终表现为舆论引导工作"对内的信息统合力"和"对外的信息

---

① 习近平：《在全国抗击新冠肺炎疫情表彰大会上的讲话》，人民出版社，2020，第 5 页。
② 《〈抗击新冠肺炎疫情的中国行动〉白皮书》，中国共产党新闻网，http://cpc.people.com.cn/n1/2020/0607/c419242-31737901.html，最后访问日期：2021 年 5 月 10 日。

传播力"。

第二，明确了实事求是、公开透明、依法发布的舆论引导理念，使"生命至上、人民至上"的道义价值得到广泛传播，并赢得公众的政治认同。新冠肺炎疫情初期，舆论形势极其复杂，持不同立场和动机的各类谣言、极端意见、激烈情绪，一度海量暴增，误导了大众的认知和判断。要在舆论的洪流中，紧紧抓住舆论的正确方向，制胜的法宝是以"事实胜于雄辩"的力量，来潜移默化地影响人。政府的一系列举措，如武汉封城切断传播链、超常规措施施守护社区安全、白衣执甲逆行出征、集中优势资源加强重症救治、方舱医院实现"零感染、零死亡、零回头"、免费救治患者、大规模核酸检测、适时订正病例数据、有序复工复产、以国之名悼念逝者、以国之礼敬赞功臣等做法，在满足公众期待和公众诉求的同时，充分彰显并弘扬了"生命至上、人民至上"的价值理念，极大地激活了中华民族的集体情感，产生了强信心、暖人心、聚民心的舆论引导效果。

第三，完善了疫情信息发布机制，有效提升了政府信息供给的及时性、回应性和专业性。这主要体现在五个方面：一是坚持日发布制度。自2020年1月21日起，国家卫生健康委每日在官方网站、政务新媒体平台发布前一天全国疫情信息，各省级卫生健康部门每日统一发布前一天本省份疫情信息。二是实行中央和地方分级分层发布制度。在国家层面，以国务院联防联控机制、国新办为主，持续发布中央权威信息；在地方层面，以各省市县为主，进行本区域疫情发布和热点问题回应。三是建立前后方协同发布机制。在国家层面，国新办除了在北京召开发布会之外，还在湖北主战场设置发布厅，召开发布会。四是增强健康知识教育引导。组织权威专家，通过科普专业平台、媒体和互联网，传播防疫知识，引导公众的理性认识，消除恐慌恐惧，做好个人防护。五是强化国际传播。国家卫生健康委在中、英文官方网站和政务新媒体平台设置疫情防控专题页面，介绍中国抗疫进展，同时与世界卫生组织联合举办"新冠肺炎防治中国经验国际通报会"，并将诊疗和防控方案翻译成3个语种，分享给全球180多个国家、10个国际和地区组织参照使用。这些国际传播举措，为国际社会了解中国抗疫故事发挥了重要作用。

第四，多措并举，占据主动，壮大了舆论引导的正能量。疫情期间，政府权威信息供给的规模性、立体性、全面性、丰富性空前增强，高质信息是"主流"。与此同时，在"大众办媒、万众生产"的全媒体环境下，微博、微信、头条号等自媒体的信息生产量也空前增大，击中公众痛点的"10万+"网文也层出不穷，其内容良莠不齐，虚假信息、误导性信息普遍存在。在这样的背景下，舆论引导要增强实效性，就必须在传播方式、传播途径、热点回应、网络管理等方面占据主动。一是强化显政，主流媒体尽锐出战，充分报道党中央重大决策部署、各地区各部门联防联控措施及成效，引导全社会增强战胜疫情的信心。二是加强舆情研判，收集网络热议问题，了解民意诉求和意见建议，积极推动问题解决。三是强化网络平台管理，严格落实网络主体责任、主管责任、监管责任，过滤垃圾内容、虚假内容、低俗内容、侵权内容，净化网络环境，让正能量充盈网络空间。四是讲述抗疫一线感人事迹，在全社会激发正能量、弘扬真善美，为舆论引导融入更多暖色调。

二　新冠肺炎疫情舆论引导主要痛点分析

新冠肺炎疫情是一个超级公共事件，呈现了全民参与、全员媒体、全体表达的特征，传播逻辑表现为事件引发－话题催化－网络放大－情绪聚合－圈群交流－热化效应－能量陡增－舆论井喷。其发生发展过程的独特性，如隐匿传播、局势多变、走向不定、任务复杂、信息模糊等，给舆论引导工作带来巨大挑战，其中，值得反思的痛点主要有三个方面。

一是疫情初期，舆论矛头直指地方官员的能力责任，疫情蔓延、物资短缺、病患扩大，加之言行失当，迅速推高舆论风浪，民意诉求强悍，倒逼地方政府校正行为的趋势凸显。湖北省、武汉市及相关部门领导在接受采访和召开新闻发布会时暴露出的媒介素养贫弱与防控能力不足，引发公众担忧。疫情期间，各地政府的公信力，以防控成效来检验，在舆论场中"有升有降"。但由于武汉和湖北是主战场，吸引了舆论场的"强势围观"，其疫情防控、信息发布及公务人员言行，成为公众360度无死角检视的对象。在全媒体时代，政府在"透明玻璃房"中的工作往往"原生态"一览无余呈现，舆论引导的空间极其有限。

二是疫情平稳期，"草率删帖"引发超预期舆情反弹。随着中央的果断决策、指挥调度，信息发布工作呈现出前后方协同、多层次并进、全方位供给的特征，相关信息披露已较为充分，对一些信息不加甄别地不当删除引发大众好奇甚至反感，结果导致反向"助推效应"，产生了巨量传播。围绕个别话题的内容管理失当几乎造成舆情"管涌决堤"，这在重大突发事件舆情处置中较为少见，值得警惕。

三是疫情后期，美国从暗中的舆论操控转向公开的舆论攻击，采取污名化、贴标签的方式在国际舆论场大肆传播所谓"中国病毒"，用虚假信息塑造中国负面形象并进行国内渗透。新冠肺炎疫情在美国的迅猛发展及防控失败，造成了美国人民不可承受的代价。经济受挫、总统大选、社会撕裂、民粹发展，致使疫情具有超强的"政治吸附力"。许多政治人物纷纷在疫情上做"政治文章"，以图拉高已经低迷的"政治声望"。对中国来说，这是一场猝不及防的舆论战，围绕"破坏名誉和创建名誉"展开。

历史和现实两方面经验表明，美国冷战期间积累下来的"舆论战经验"、以英语为国际交流语言的"语言优势"、拥有相似价值观的美西方媒体的"传播资源优势"、居于世界主导地位的"话语优势"，以及当前在网络技术上的"网络攻击优势"、数据上的"算法优势"，这六个方面让我们面临严峻的舆论形势和意识形态安全挑战。[1]

以上论述表明，舆情不是孤立存在的，附着于疫情之上、处置主体之上、处置措施之上、国家利益之上，源于人们对自身安危的关切，辐射至对社会公共问题的关切、延伸至对国家安全的关切。管中窥豹可知，其范围的无限性、任务的复杂性、过程的艰巨性、内容的多维性，给新闻舆论工作带来了巨大挑战。从总体和宏观来看，成效显著，但从过程和微观来看，客观上存在解疑释惑困难、引导空间有限、内容管理失误、舆论斗争形势严峻等痛点。

---

[1] 王华：《防范化解意识形态领域重大风险》，国家行政学院出版社，2020，第73页。

三　政策建议

舆论是大众意见、态度和情感的表达，被喻为社会的皮肤，反映社会冷暖。当新闻舆论工作能够与社会大众"共情"，体现大众关切，坚持生命至上、实事求是、公开透明、准确及时等原则要求时，就能有效发挥引导作用，聚民心、强信心、暖人心；反之，则会陷入被动。疫情期间舆论场表现出的稳定与不安、活力与秩序、积极与消极、褒奖与批评等正反两面情况，就体现了这一点。从进一步提高新闻舆论工作有效性的角度，我们提出以下几点建议。

第一，创新观念，从完善国家治理体系和治理能力现代化的角度有效发挥新闻舆论的积极作用。舆论历来有"辅佑政事"和"延揽民意"的功能。好的舆论是民意的"晴雨表"，信息是国家治理的重要依据。习近平总书记强调："要把我们掌握的社会思想文化公共资源、社会治理大数据、政策制定权的制度优势转化为巩固壮大主流思想舆论的综合优势。"①

在全媒体环境下，舆论场可以说是一个得天独厚的反馈系统，其中有预警信息、有困难求助、有矛盾冲突、有情绪信号、有建议意见、有诉求期待。许多从事网络信息管理的领导干部在长期的工作实践中也清晰地认识到，舆情监测的目的不是删帖，而是摸准舆论的脉搏，将其看成"治"和"理"的必要前提，从中挖掘数据、识别风险、评估形势、及时预警、快速上报、提供建议。

任何新闻体系都有危机预警功能。面对重大突发事件，新闻舆论工作不能仅是"闻鸡起舞"、被动响应、做好灾难报道，还应借助于自身对舆论环境的"高敏优势"和"信息触角"，主动发现、辨识征兆、积极预警。最有价值的新闻是发乎心底的为党为民、警告危险、提醒防护，让自救、互救和政府干预措施走在突发事件发生或恶化之前，最大限度地保护公众生命财产安全。

---

① 《习近平谈治国理政》第3卷，外文出版社，2020，第319页。

第二，处理好表和里的关系，坚持疫情防控与舆论引导协同并进、相互支撑。舆情不是凭空产生的，往往围绕现实问题展开和延伸。历次突发事件表明，汹涌舆论之所以能够平息，往往因为源头上的现实问题得到了有效解决。舆论是表，问题是里，事件处置的好坏直接决定着舆论引导的成败。面对突发事件，舆论引导不能在表层追求表象之功，要在舆论反映的现实矛盾和实际问题上着力，推动实体工作取得实际成效，用无可辩驳的"事实胜于雄辩"的力量来实现上乘的舆论引导。事件处置与舆论引导是"一盘棋"，绝不能形成"两张皮"。

第三，做好网络内容分类管理，坚持进退有度、依法有据。习近平总书记指出："随着新媒体快速发展，国际国内、线上线下、虚拟现实、体制外体制内等界限愈益模糊，构成了越来越复杂的大舆论场，更具有自发性、突发性、公开性、多元性、冲突性、匿名性、无界性、难控性等特点。"[1] 在这样的背景下，做好内容管理的难度不言而喻。但凡事只要有章法，则可循可治。根据《网络安全法》和《网络信息生态内容治理规定》，可以将纷繁复杂的网络信息进行分类，比如在法律已经定义了"有害信息""不良信息""谣言"的前提下，将其余信息分为"负面信息""低质信息""高质信息"。

对于前三类要依法管理，按法律赋予的执法手段进行处置，但是对于"负面信息"和"低质信息"要采取引导的方式：一要及时准确大量投放正面事实信息；二要积极推进深度评论；三要将"大众"分为"小众"，进行分众传播；四要善于叙事、善用话语，用背景、细节和故事，借温度、情感和情怀，促发共鸣，增进共识；五要缩短负面信息的发酵过程；六要避免回应不当和管理不当引发"次生舆论风暴"。

第四，强化受众意识，融合编辑流、算法流和社交流的各自优势，提高权威信息的精准传播力。编辑流的排序逻辑是"专业经验"，算法流的排序逻辑是"用户偏好"，社交流的排序逻辑是"关注传播"。[2] 在新媒体环境

---

[1] 《习近平关于全面建成小康社会论述摘编》，中央文献出版社，2016，第125页。

[2] 吴晨光主编《源流说：内容生产与分发的44条法则》，中国人民大学出版社，2020，第103~125页。

下，受众信息选择的自主性增强，信息获取的易得性和效率同步增强，但全面性和平衡性被打破，虚假信息、误导信息、情绪信息在社交领域传播较广，青年群体、老年群体、教育程度偏低群体受影响较大。

疫情期间，权威信息的供给量虽然空前加大，但并非都能"抵达"和"产生影响"。事实上，从权威信息供给到对受众产生影响，还要经历一个点击接受、关注质量、内化默化的过程（见图1）。[①] 因此，信息供给不等于被听见、被看见；听见看见也不等于接受和认同。

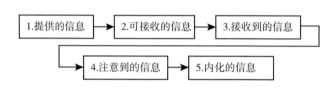

图1 受众接收信息的过程

随着5G、大数据、云计算、物联网、人工智能等技术不断发展，新闻舆论工作要在传播上下功夫、做文章，运用算法实现"千人千面传播"，运用社交圈实现"同温层传播"，运用编辑主导实现"主流价值传播"。要强化显政，就必须要插上"传播的翅膀"，让党的声音"飞入寻常百姓家"。

第五，有理有利有节进行舆论斗争，创新话语体系，注重平战结合，提升对国际舆论的影响力。一要对西方"污名化"中国的话题，能够单刀直入、开门见山、据理力争，用事实说明情况、揭示偏见、弥合差距。二要做大统一战线，争取中间立场受众。高明的舆论斗争，是用智慧争取听众，目的是引起国际社会的道义、情感和理性支持。三要创新话语体系。在舆论战中，我们有时会出现"有理说不清"的情况，其中一个重要原因是，不自觉地陷入西方舆论的假设前提、逻辑链条和话语体系窠臼。为此，要建立一套能够满足我们自身需求的国际新闻话语体系，而在这背后起支撑作用的，除了中国事实这一"原材料"之外，还有中国思想、中国

---

① 〔英〕丹尼斯·麦奎尔：《受众分析》，刘燕南、李颖、杨振荣译，中国人民大学出版社，2015，第63页。

概念、中国视角和中国框架，说到底是中国理论。四要注重平战结合。常态传播见效缓慢，需要做长远战略考量，重"点滴影响、缓慢渗透"，侧重"讲好故事"；应急传播强调快速反应，重"直面问题、有针对性回应"，侧重"讲清事实"。常态传播的短板是策划缺乏创意、话语体系陈旧、传播方式单一；应急传播的软肋是被动澄清、主流话语传不开。为此，要在常态传播中训练议题设置能力，创新话语体系、构建立体传播矩阵和多元传播方式；在应急传播中，激活快速反应机制，不失声不失语，提高中国声音在国际媒体上的"引用率"。

B.19
2020年突发事件应对中的
社会心理及疏导

—— 以新冠肺炎疫情为例

张滨熠*

摘　要：　2020年的新冠肺炎疫情是对我国社会治理体系和应急管理体系的重大挑战，也是对我国心理危机干预机制的考验。此次的心理干预行动及时且迅速，展现出高度的组织性、专业性、系统性，搭建了线上与线下相结合的全方位、立体化、全覆盖的心理危机干预和疏导机制。今后还需要从心理危机干预工作的顶层设计、相关法律体系建设、人才队伍建设、公众的心理健康教育等方面进一步完善和推进应急心理服务体系建设。

关键词：　心理干预　社会心理　新冠肺炎疫情

　　自2020年初起，突然暴发的新冠肺炎疫情席卷中国。此次新冠肺炎疫情，是新中国成立以来发生的传播速度最快、感染范围最广、防控难度最大的一次重大突发公共卫生事件。迅速扩散的疫情，不仅严重威胁着人民群众的身心健康，给奋战在抗疫一线的广大医护人员及各级各类工作人

---

* 张滨熠，博士，中共中央党校（国家行政学院）应急管理培训中心（中欧应急管理学院）副教授，研究方向为应急心理。

员、患者及家属、居家隔离的广大民众带来普遍的恐慌情绪和焦虑心理，还会影响广大公众的风险认知、行为决策、人际信任、政府信任等诸多社会心理行为。因此，做好心理疏导和心理干预工作已经成为打赢疫情防控阻击战的重要环节。2020年2月3日，习近平总书记主持召开中央政治局常委会会议研究下一步疫情防控工作，会议强调要加强心理干预和疏导、有针对性地做好人文关怀，对于我们更加深入细致做好群众工作，深入落实科学防治要求，坚定信心打赢疫情防控的人民战争具有重要指导意义。①可以说，此次疫情不仅是对我国治理体系和治理能力的一次大考，也是对我国心理危机干预机制的一次大考。为了减轻疫情带来的社会心理影响，国家快速启动心理危机干预工作，将心理危机干预纳入疫情防控整体部署。各省份也积极行动，统筹协调多部门、多方面的力量，发挥线上平台与线下资源的整合优势，探索搭建了全方位、立体化、全覆盖的心理干预和疏导机制。

一 心理"战役"工作的重要举措

（一）出台系列文件，指导心理危机干预工作

新冠肺炎疫情发生后，国家卫健委为做好应对疫情心理疏导工作，以国务院联防联控机制或多部门文件形式，先后印发了8个工作方案，以指导、规范各地科学有序开展心理危机干预工作。2020年1月26日，国家卫健委印发了《新型冠状病毒感染的肺炎疫情紧急心理危机干预指导原则》，明确了心理危机干预工作的组织领导与实施，提出应针对不同人群实施分级分类干预，将一线医务人员列为心理干预的重点人群。

2020年2月2日，为指导各地向公众提供规范的心理支持、心理疏导等服务，国务院联防联控机制印发了《关于设立应对疫情心理援助热线的

---

① 本报评论员：《加强心理疏导 做好人文关怀》，《人民日报》2020年2月10日。

通知》，要求各地方在原来已有的心理援助热线的基础上，专门设立应对疫情的心理援助热线。2月7日，国务院联防联控机制印发了《新型冠状病毒肺炎疫情防控期间心理援助热线工作指南》，明确热线设立、热线咨询员、热线管理、督导、伦理等方面的具体要求。3月5日，国家卫生健康委和民政部联合印发《关于加强应对新冠肺炎疫情工作中心理援助与社会工作服务的通知》，要求组建精神卫生、心理健康和社会工作等多学科专业人员队伍，为社会公众提供专业的心理援助和社会工作服务。

伴随着新冠肺炎疫情防控形势积极向好发展，2020年3月18日，国务院联防联控机制印发了《新冠肺炎疫情心理疏导工作方案》，进一步加强对重点人群的心理疏导和心理干预工作。4月8日，国家卫健委、民政部制定了《新冠肺炎患者、隔离人员及家属心理疏导和社会工作服务方案》。

出入境口岸是新冠肺炎"外防输入"的重要关口。2020年4月22日，国家卫健委、民政部、交通运输部、海关总署、移民管理局、民航局、国铁集团等多部门联合印发《入境人员心理疏导和社会工作服务方案》。随着我国新冠肺炎疫情防控进入常态化阶段，8月25日，国家卫健委与民政部、公安部、司法部、全国妇联、中国残联共同制定了《新冠肺炎疫情防控常态化下治愈患者心理疏导工作方案》。

（二）各地启动心理援助热线

在《关于设立应对疫情心理援助热线的通知》指导下，国家卫健委指导各地方在原有心理援助热线的基础上，建立了疫情专线和线上心理咨询平台，以提高心理健康服务的可及性。在全国范围内，各地在原有心理援助热线的基础上，又新增加了几百条应对疫情的心理援助热线。国家精神卫生项目办紧急汇总更新了以各省级公立精神卫生医疗机构和精神卫生防治技术管理机构为主开通的300余条免费的心理援助热线。为了帮助一线医护人员减轻心理压力，有些地区还专门为医护人员开设了心理援助专线，24小时接听一线医务人员的咨询。北京回龙观医院制定了《心理援助热线对新冠肺炎疫情心理干预手册》，并指导全国各地的热线机构开展工作，还针对疫情有关心理问题及干预策略提供网络培训及督导。健康中国政务新媒体平台联合国务院客户端推出了"全国心理援助热线查询服务",这一查询服务覆盖了31个省份的300余条心理援助热线,这些热线全部提供24小时免费心理服务。截至2020年9月24日,全国31个省份及新疆生产建设兵团,以公立的精神卫生医疗机构为主,共设立了心理援助热线667条,开通热线座席1232个,热线接听人员7472人,接听电话约63万次。

2020年1月28日,教育部发出通知,要求教育系统发挥学科和人才优势,面向广大高校师生和社会公众开展疫情心理危机干预工作。同时,北京、上海、武汉等地的高校纷纷开通心理援助热线。北京师范大学心理学部于1月27日开通了针对疫情的心理援助热线。华东师范大学心理健康教育与咨询中心于1月29日也开通了疫情防控心理支持热线。随后,全国各地的高校纷纷设立了新冠肺炎疫情心理援助热线,为全社会和高校学生开展心理危机干预,提供心理支持服务。[①] 为了帮助广大海外侨胞缓解恐慌焦虑情绪,清华大学、北京师范大学等高校的专业团队还针对海外侨胞开设了4条心理咨询热线,其间共有600多名心理咨询专家为侨胞提供服务。

(三)开展互联网线上心理援助服务

随着疫情进一步变化,不同人群的心理援助需求日益增加,而互联网线上资源和环境能够克服热线电话中存在的资源容量、更新时效、设备场所固定、互动性滞后等因素的影响,从而在心理咨询和心理支持服务中发挥更为高效便捷的作用。疫情防控期间,就有很多心理咨询师依托多种互联网医疗平台,通过撰写心理疏导文章、开通视频直播的方式,向公众宣传心理健康知识。阿里、腾讯、京东以及好大夫在线、春雨医生等数十个线上平台也都开通疫情相关的心理援助服务。在众多的网络援助平台中,由教育部应对新

---

① 王俊秀:《新冠肺炎疫情下社会需要什么样的心理服务》,《苏州大学学报》,2020年第2期。

冠肺炎疫情工作领导小组办公室牵头的，在华中师范大学已有心理援助热线平台基础上组建的"教育部华中师范大学心理援助热线平台"，发展成为此次疫情应对中公众知晓度最高、心理咨询师规模最大、来访量最大的心理援助网络平台。[①] 华中师范大学于 2020 年 1 月 31 日正式开通心理援助热线平台。2 月 24 日，该平台在原有基础上，通过扩容咨询师队伍和升级网络平台，形成了"教育部华中师范大学心理援助热线平台"，正式公开发布。志愿加入的心理咨询师由平台开通初期的 600 余人增加至 4000 余人，督导师也由最初的 100 余人增加到 200 余人。平台每天开放 14 小时，从早上 8 点开始到晚上 10 点结束，最多可同时支持 1000 人接入。这一平台可通过热线电话、微信公众号、微信小程序等三种方式免费进行心理咨询，平台特别针对湖北省及武汉市防疫工作一线的医护人员、新冠肺炎患者及家属、公安干警及安保人员等三类人群，同时也面向社会公众提供心理援助服务。

（四）多措并举开展科普宣传

国家卫健委组织专家编写和发行《应对新冠肺炎疫情心理调适指南》《公众心理自助与疏导指南》《社区服务心理支持技巧 50 问》三本科普手册。国家卫健委还在其网站、"健康中国" App 和公众号发布了公众心理自助和疏导指南。国内相关心理学会、协会在其网站上也陆续发布了很多关于疏导情绪、缓解压力、消除恐慌方面的科普知识和方法。为了更广泛地疏导公众普遍的恐慌焦虑情绪，引导公众形成正确的防疫知识，国务院联防联控机制新闻发布会多次邀请心理专家向公众介绍疫情期间心理调适的方法，以及寻求心理帮助的途径。同时，作为疫情防控专业力量的感染、重症、呼吸等方面的专家也针对公众关注的热点问题，通过媒体及时、通俗、科学权威地为公众答疑解惑，对有效缓解和消除公众的紧张、恐慌和焦虑情绪发挥了

[①] 王昌纯：《筑牢疫情防控"心防线"》，人民网，http://hi.people.com.cn/GB/n2/2020/0316/c228872-33879763.html，最后访问日期：2021 年 5 月 10 日。

重要作用。① 可以说，在此次疫情防控过程中，线上线下的公益讲座、推送疫情防控心理知识、发布科普文章、新闻媒体相关宣传等多种手段，起到了平抑社会情绪、引导公众形成合理的风险认知、减少非理性行为等积极作用。

（五）专业力量积极行动，提供科学支撑

疫情暴发后，全国各地的心理学工作者也快速行动，积极自发地开展相关工作。中国心理学会、中国社会心理学会、中国心理卫生协会等第一时间发出倡议，呼吁广大心理学工作者采用网络形式为公众提供心理支持、心理疏导和危机干预等服务，并于 2020 年 2 月 12 日联合发布了《新型冠状病毒肺炎疫情防控期间网络心理援助服务指南》。中国心理学会临床心理学注册工作委员会也快速发布了《抗疫心理援助的分级分阶段处置》《疫情特殊时期网络心理咨询工作指南》《热线心理咨询伦理规范》《网络心理咨询伦理规范》等专业指南。② 中国心理学会和中国科学院心理研究所于 1 月 28 日启动抗击疫情"安心"行动，邀请国内心理危机干预领域专家讲座，为社会公众提供心理援助服务。同时，还与支付宝公益基金会、阿里健康等联合创建了全国心理援助互联网公益平台，开展了网络咨询与专业督导等大量活动。教育部于 1 月 28 日发布了《关于针对新型冠状病毒感染的肺炎疫情开通心理支持热线和网络辅导服务的通知》，组织了全国知名心理学家，开展高校心理援助热线相关工作的系列培训和大学生心理疏导的系列讲座。各地的心理学科研和教学机构，以及相关心理学学术组织和社会组织，都在通过心理热线、在线心理咨询、公益讲座、科普文章等方式为抗疫工作提供心理服务和专业支撑。

---

① 马辛：《从中国心理卫生协会角度看新型冠状病毒肺炎疫情的心理援助工作》，《中国健康心理学杂志》2021 年第 1 期。

② 陈雪峰、傅小兰：《抗击疫情凸显社会心理服务体系建设刻不容缓》，《中国科学院院刊》2020 年第 3 期。

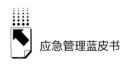
二 此次心理"战疫"工作的特点

（一）首次将心理危机干预纳入疫情防控整体部署

疫情发生后，党中央、国务院高度重视，快速启动心理危机干预工作。国务院联防联控机制于 2020 年 1 月 26 日印发了《新型冠状病毒感染的肺炎疫情紧急心理危机干预指导原则》，明确将心理危机干预工作纳入疫情防控的整体部署，以减轻由疫情所致的社会心理影响，维护社会大局稳定。这一文件也强调要根据疫情防控工作的推进情况，及时调整心理危机干预的工作重点。这是政府第一次以正式文件的形式要求开展突发公共事件中的心理援助工作。与 2003 年的"非典"和 2008 年的汶川大地震相比较，此次心理危机干预工作的启动非常及时迅速，基本上是与疫情防控工作同步进行。随着我国新冠肺炎疫情防控进入常态化阶段，国务院联防联控机制于 8 月 25 日印发了《新冠肺炎疫情防控常态化下治愈患者心理疏导工作方案》，再次强调各地区要将治愈患者的心理疏导纳入疫情防控工作整体部署，将心理疏导工作与其他防控措施同步实施。

（二）系列文件引领心理危机干预工作

新冠肺炎疫情发生后，国家卫健委以国务院联防联控机制或多部门文件形式，先后印发了心理危机干预等方面的 8 个文件，用以指导各地在疫情防控工作的不同阶段，针对不同人群的需求，科学规范、分级分类地开展心理危机干预工作。其中，《新冠肺炎疫情紧急心理危机干预指导原则》《新型冠状病毒肺炎疫情防控期间心理援助热线工作指南》《新冠肺炎疫情心理疏导工作方案》3 个文件成为指导各地科学有序开展心理危机干预相关工作的重要依据。《紧急心理危机干预指导原则》明确指出，要针对不同人群实施分级分类干预，将受疫情影响人群分为四级，其中疫情防控一线的医护人员、疾控人员和管理人员列入第一级人群，成为心理危机干预的重点人群。

这也是我国首次将参与突发事件应对的一线医护人员和相关工作人员明确纳入心理危机干预的重点对象，并针对医护人员等可能出现的心理问题提出了干预原则和具体措施。针对确诊患者、疑似患者、医护及相关人员、与患者密切接触者、不愿公开就医人群、易感人群及公众6类人群提出了各自的干预要点。

此次出台系列文件也是历次重大突发公共事件后，国家层面出台用于指导规范心理危机干预工作最多、最全面的一次。这些相关文件内容全面，明确规定了心理干预工作的组织领导；不同阶段、不同人群的工作目标与原则；实施措施及具体的操作细则等，涵盖了心理危机干预工作的关键要素，这对今后进一步完善心理援助工作意义重大。同时，文件出台遵循了应急管理全周期管理理念，不仅重视疫情过程中的社会心理问题，还关注到疫情常态化防控时期的心理问题，有助于推动心理危机干预长效机制的探索。

（三）强调心理干预与社会工作统筹结合

此次疫情防控难度大，持续时间长，不仅严重冲击着广大公众的身心健康，还给人们的日常工作生活带来极大影响。因此，要构筑稳定的社会心理屏障，不仅需要心理危机干预工作的有序推进，还需要有针对性的人文关怀，这就离不开社会工作者的重要作用。2020年2月23日，习近平总书记在统筹推进新冠肺炎疫情防控和经济社会发展工作部署会议上明确提出："要发挥社会工作的专业优势，支持广大社工、义工和志愿者开展心理疏导、情绪支持、保障支持等服务。"[①] 在国家卫健委印发的《关于加强应对新冠肺炎疫情工作中心理援助与社会工作服务的通知》中，也明确要求将心理援助与社会工作服务纳入疫情防控的整体部署，组建由精神卫生、心理健康专业人员和社会工作者等组成的服务队，不仅提供心理支持和心理危机干预，还要开展家庭支援、社会关系修复、政策咨询等社会工作服务，多方面维护人们的身心健康。

---

① 习近平：《在统筹推进新冠肺炎疫情防控和经济社会发展工作部署会议上的讲话》，人民出版社，2020，第27页。

自新冠肺炎疫情防控工作开始以来，已经有大量的社会工作者自发或有组织地参与到防疫工作中。据有关统计，全国已有 20 多万名社会工作者投身到疫情防控中，他们提供了大量的心理疏导、情绪支持、保障支持等服务。在心理疏导方面，中国社会工作联合会就推荐了 4 批近 100 人的志愿服务者，其中 45% 左右的志愿者是持有心理咨询师和社会工作师证书的"双证人员"。① 由于心理干预工作更多的是解决公众的情绪心理困扰，而大量具体的现实生活问题则更多地需要依靠社会工作者的专业服务，社会工作者往往可以从生理、心理、社会等综合全面的视角来看待服务对象，能够比较全面和细致准确地把握服务对象的需求。因此，"社工＋心理"的联合服务模式，可以更好地了解公众的心理特点和实际需要，能够把日常生活服务和保障与心理服务有机结合，能够更有效地帮助重点人群和困难家庭，更好地为社区服务。

（四）提升心理危机干预的专业性

打赢疫情防控心理战，离不开专业的心理健康服务队伍，此次疫情的心理危机干预展现了更高的专业化水平。在《紧急心理危机干预指导原则》中，明确提出心理危机干预应当在"经过培训的精神卫生专业人员"指导下实施，要求各地组建以精神科医生为主的心理救援医疗队，以接受过心理热线培训的心理健康工作者和有突发公共事件心理危机干预经验的志愿者为主的心理援助热线队伍。尽管热线电话和线上服务不同于面对面的心理咨询服务，但都需要有较高的专业性和资质要求。例如，北京师范大学心理学部开通的疫情心理支持热线，其心理支持团队是由 200 余名心理咨询师组成的，他们全部经过北京师范大学心理学部的严格筛选并在热线开通前接受了专业伦理培训，而且在接线期间要持续接受包括危机处理和干预、医学常识与法律、快速调节情绪的方法、常见来访者问题及应答等相关线上专业培训。此次心理危机干预本着"科学规范、权威专业"的原则，对相关服务

---

① 王勇：《多个省份参与防疫专业社工超万人》，《公益时报》2020 年 3 月 10 日。

人员都要进行资格审查，还要对报名者的培训经历、督导经历、实践咨询时数、个案累计等进行考察。在具备这些条件的前提下，还需要进行心理援助的系统培训、职业伦理培训、心理援助技术培训等。[①]

（五）搭建了"互联网+"的心理援助新模式

在此次疫情的心理危机干预中，互联网技术发挥了极大的优势和潜力。互联网技术具有跨越时空和地域限制的优势，能够克服人员组织的局限，最大限度地提高心理干预的覆盖度，使心理干预更加快速、便捷和高效。在疫情防控过程中，全国各地都通过互联网进行了心理知识科普、心理疏导讲座、心理危机干预培训等大量工作，极大地提升了心理疏导工作的效率。以教育部华中师范大学心理援助热线平台为例，该平台充分融合新媒体技术开展心理援助工作的管理、培训和热线服务。利用问卷星系统开展心理咨询师资格审查和岗前考核测试，利用网络直播开展心理援助工作技术培训，以腾讯QQ群为管理分层系统，依托腾讯云呼叫中心提供24小时电话服务和小程序（全媒体）服务，利用zoom会议系统开展小组督导和个体督导等。这次心理援助与新媒体技术的融合，满足了疫情之下不同地域、非接触式的咨询工作要求，促进了新时代心理援助工作的技术革新与方式升级。[②]

三 今后突发事件心理危机干预的推进策略

（一）加强心理危机干预的顶层设计

此次新冠肺炎疫情防控的心理危机干预工作，是在各省份"应对疫情联防联控工作机制"或领导小组、指挥部统一领导下，由各级卫生健康行

---

① 张仲明、覃树宝：《我国心理援助的发展阶段和体系建构》，《西南大学学报》2021年第1期。
② 王昌纯：《筑牢疫情防控"心防线"》，人民网，http://hi.people.com.cn/GB/n2/2020/0316/c228872-33879763.html，最后访问日期：2021年5月10日。

政部门统一协调下有序开展的，取得了良好的成效。以往的突发事件，由于类型特点各不相同，心理危机干预过程中的行政主体也各不相同，涉及卫生健康部门、民政部门、政法委、教育部门、社工委、妇联等，运行机制也不尽相同。随着国家应急管理体系和能力现代化的建设，为了更好地推进心理干预工作的长期规范发展，国家层面应建立专门的平战结合的心理援助组织领导机构。这一机构可在国家应急管理部门或公共卫生管理部门设立，全面负责心理援助的领导、组织、监督、协调、保障和日常建设等工作，以保证在紧急状态时，能快速响应启动心理援助工作，在日常状态下也能够做好心理健康服务工作。同时，心理援助工作的有效开展也离不开多部门的协调配合。在此次疫情应对过程中，卫生健康、民政、教育、共青团、工会、妇联、残联、政法、公安、司法行政、信访、广电、宣传等众多部门及心理健康相关学会、协会等社会组织都参与其中。因此，建立跨部门协调联动机制也是未来亟待解决的问题。

（二）完善心理援助工作的长效机制

世界卫生组织调查显示，在重大突发公共事件发生后，有 20% ~ 40% 的受灾人群会出现轻度的心理失调，有 30% ~ 50% 的人群会出现中度至重度的心理失调，在事件发生一年之内，有 20% 的人可能出现严重的心理疾病，他们需要长期的心理干预。[①] 此次疫情波及范围广、持续时间长，对公众的心理影响必将是持久的。尽管进入疫情常态化防控时期后，绝大部分人的生产生活将逐步恢复到疫情前的正常状态，但是疫情所带来的心理影响还将在较长一段时间内存在，尤其是处在重灾区的人们。因此，在疫情防控常态化时期，对社会公众的心理干预与心理重建就显得尤为重要。因此，应在现有心理援助工作机制的基础上，将应急状态下的紧急心理干预调整为长期的心理援助，将当前的心理援助模式转化为常态化的工作机制，完善线上线下相结合的服务体系，系统谋划疫情防控时期常态化时期的心理重建工作。

---

① 刘正奎：《重大自然灾害心理援助的时空二维模型》，《中国应急管理》2012 年第 2 期。

（三）完善心理危机干预相关法律体系

此次疫情防控凸显心理危机干预工作在应急管理中的重要性。为了更好地保障心理援助工作的科学实施，国家层面亟须出台相关法律法规。目前，在《突发事件应对法》《突发事件应急预案管理办法》《突发公共卫生事件应急条例》《国家突发公共卫生事件应急预案》中，都未明确谈到心理援助的相关内容。① 只有《精神卫生法》和《国家突发公共事件总体应急预案》中涉及了心理援助的内容，但都没有对心理危机干预的组织管理、具体实施和保障措施等作出详细规定。为此，国家应急管理和卫生健康部门应做好心理危机干预的顶层设计，尽快完善《精神卫生法》和《突发事件应对法》等法律法规，明确突发事件心理援助的主管部门和协同部门、响应机制和服务保障机制等，将心理危机干预纳入科学化、制度化的轨道，使应急管理工作中的心理危机干预有章可循、有法可依。②

（四）利用网络大数据开展突发事件中社会心态的监测

伴随着互联网的广泛普及，网络早已成为公众表达思想、交流情感的重要载体，也成为人们参与公共事务、表达态度和观点的重要平台。网络行为作为一种相对客观的行为，能够以数据的形式被记录下来。因此，分析网民的网络表达，有助于了解当下主流人群的社会心态状况。与以往的问卷调查方法相比，这种依托网络大数据来了解公众心理行为意向的方式能够更加方便、快捷、有效地用来开展公众社会心态的调查、分析与预测。突发事件的高度不确定性和后果严重性使公众的心理反应变得更加复杂化。因此，通过分析网络行为，可以监测到民众的心理情绪变化，有助于预测群体可能出现的行为趋势，从而为科学精准的决策

---

① 陈雪峰、傅小兰：《抗击疫情凸显社会心理服务体系建设刻不容缓》，《中国科学院院刊》2020 年第 3 期。

② 李亚云：《我国应急管理心理危机干预的政府推进策略探论》，《社会与法律》2020 年第 9 期。

和有针对性的心理服务提供依据和支撑。为此，有必要将社会心理行为的监测纳入现有的应急管理机制，更好地为政府引导社会心理和精准施策提供帮助。

（五）加强心理援助专业人才队伍建设

心理援助工作的科学有效开展离不开心理服务专业人才队伍的支撑。此次疫情防控的心理援助工作就是由具备相关经验的专业人员组成工作团队，并在专家团队的指导下开展的。无论是心理救援医疗队还是心理援助热线队伍，均有明确的专业和资质要求，但目前我国从事相关工作的人才数量与现实需求之间还存在较大差距。为此，国家层面应出台相关政策加强心理援助与社会心理服务方面的专业人才培养，形成一套完整的人才培养、管理、培训、评估、考核及奖赏等制度。同时，将现有的人才队伍进行科学统筹管理，根据专业资质进行分级分类管理，可以以国家、省、市三级行政等级为基础，分别组建心理援助专业队伍，成员包括精神科医生、心理健康及社会工作等领域的专业人员，形成一支可以分级分类实施干预的专业化人才队伍。[1]

（六）加强对公众的心理健康教育

这次新冠肺炎疫情提升了社会公众对心理健康重要性的认识和对相关知识的需求。实践表明，具备一定的心理学知识，能够帮助公众增强防范风险的意识和有效应对危机的能力。因此，加强公众的知识培训是提高心理调适能力的前提基础。当公众掌握了基本的心理学知识，就能在面对突发事件时，克服消极情绪，采取恰当的应对措施。为此，在疫情防控常态化时期，各级政府应科学统筹现有线上线下的心理服务资源，持续开展心理健康知识科普宣传，提高公众的心理健康意识，将心理健康教育纳入公共教育体系。

---

① 陈雪峰、傅小兰：《抗击疫情凸显社会心理服务体系建设刻不容缓》，《中国科学院院刊》2020年第3期。

创新心理健康科普宣传工作，充分发挥基层社区的引导宣传作用，定期针对社区居民开展多种形式的宣教活动；发挥科研院所、医疗机构的作用，定期针对公众关切开展专业引导和心理健康服务。此外，还应引导各级各类单位和组织定期开展突发事件应急演练，在提高公众应急自救能力的同时，也有助于提升公众的心理素质。

典型案例篇
Typical Cases

B.20
2020年夏季长江淮河流域特大暴雨洪涝灾害及应对*

曹海峰**

摘　要：　2020年7月，我国长江、淮河等流域遭遇自1998年以来最严重的洪涝灾害。洪涝共造成11个省份3417.3万人受灾，因灾死亡99人、失踪8人，直接经济损失为1322亿元。党中央、国务院高度重视防汛救灾工作，作出一系列重大部署。相关部门和有关地方政府超前准备，提早谋划，全面做好防御流域性大洪水的各项准备工作。汛情发生后，相关部门和地方政府第一时间启动应急响应，各方密切协作，消防救援等各类救援队伍各司其职，合力开展抗洪抢险救援行动。此次特大暴雨洪涝灾害的成功应对充分说明，党的集中统一领导是抗洪抢

* 本案例主要以2020年7月长江、淮河流域特大暴雨洪涝灾害及应对为研究对象。
** 曹海峰，博士，中共中央党校（国家行政学院）应急管理培训中心（中欧应急管理学院）教授，研究方向为公共安全、应急管理。

险取得胜利的根本政治保障，各方协同联动、密切配合是防汛救灾取得胜利的机制保障，消防等各类救援队伍和各类先进技术手段的使用是防汛救灾取得胜利的重要能力保障。

关键词：　洪涝灾害　防汛救灾　抗洪抢险

一　灾害经过及概况

2020年，我国遭遇了1998年以来最为严重的汛情，长江、淮河、珠江、太湖等多个流域相继发生大洪水或较大洪水，部分地区洪涝灾害严重。特别是2020年7月我国南方长江、淮河流域发生特大暴雨洪涝灾害，造成严重损失，位列应急管理部公布的2020年全国十大自然灾害之首。

2020年夏季进入汛期后，江淮地区连续出现强降雨天气。应急管理部发布的统计数据显示，长江流域7月平均降雨量较常年增多58.5%，达到259.6毫米；淮河流域7月平均降雨量较常年增多33%，达到256.5毫米。持续性强降雨分别造成长江流域和淮河流域江河来水显著增多，两大流域出现严重洪涝灾害。7月，长江1号洪水、长江2号洪水和长江3号洪水密集出现，长江中上游地区及鄱阳湖等区域受灾较为严重。淮河干流支流部分主要河段快速突破警戒水位和保证水位，润河集到汪集等河段水位超历史纪录。

此次暴雨洪涝灾害共造成长江流域自四川至江苏、淮河流域河南和安徽等11个省份受灾，受灾总人口3417.3万人，因灾死亡99人、失踪8人，紧急转移人口299.8万人，提供紧急生活救助人口144.8万人；同时，灾害还造成房屋倒塌3.6万间、受损42.2万间，农作物受灾面积3579.8千公顷，其中绝收893.9千公顷。灾害直接经济损失达1322亿元。[①]

[①] 《应急管理部公布2020年全国十大自然灾害》，光明网，https://www.mem.gov.cn/xw/mtxx/202101/t20210106_376532.shtml，最后访问日期：2021年5月10日。

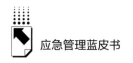
（一）长江流域洪涝灾害过程

2020年6～7月，长江流域共出现12次较大降雨过程，其中强降雨3次，降雨带主要集中在长江中下游干流和中上游的嘉陵江、乌江、岷江等主要支流。由于降雨较为集中且持续时间较长，同时降雨带总体呈现自西向东分布的特点，与长江干流方向高度叠加，导致长江干流洪水汇流快、集中度高，汛情发展较快。

6月20～27日，长江中上游重庆、四川、贵州等地至长江中下游地区持续出现强降雨过程，入汛以来的连续集中强降雨导致长江流域部分河段水位上涨较快，部分地方相继出现洪涝险情，长江流域防汛形势严峻。长江中上游地区重庆境内綦河、四川大渡河支流小金川等流域发生50年一遇大洪水。以綦河为例，洪水造成綦河水位猛涨，6月22日短时间内水位涨幅超过10米，重庆綦江区綦河最高水位达到220米，超过1998年长江洪水时的最高水位。同期，长江中下游地区强降雨过程也造成洞庭湖、鄱阳湖水系和长江干流水位快速上涨，部分河段超过历史同期平均水位。据中国之声《全国新闻联播》报道，国家防总统计数据显示，截至6月23日长江流域已有10个省份遭受洪灾，受灾人口819万人，紧急转移安置人口25.5万人。

7月2日，长江2020年第1号洪水形成。受长江上游干流和乌江等强降雨影响，三峡水库7月2日入库流量达到5万立方米每秒，长江1号洪水形成。① 长江水利委员会随即发布乌江、三峡库区、城陵矶河段洪水蓝色预警，同时湖南省发布洞庭湖及长江沿岸岳阳等相关城市洪水黄色预警。长江中下游干流湖北监利到江苏江阴段全线超警戒水位，长江水利委员会为此发布洪水黄色预警，自7月7日起长江中下游干流河段全线超警戒持续时间长达20余天。

7月17日，长江三峡水库入库流量再次达到5万立方米每秒，长江2020年第2号洪水形成。三峡水库水位涨至157.11米，超过汛限水位

① 《长江2020年第1号洪水》，百度百科，https://baike.baidu.com/item/%E9%95%BF%E6%B1%9F2020%E5%B9%B4%E7%AC%AC1%E5%8F%B7%E6%B4%AA%E6%B0%B4/51008151?fr=aladdin，最后访问日期：2021年5月10日。

12.11 米。① 受其影响，长江武汉段水位持续高位运行，武汉市发布 2020 年第一个洪水红色预警，长江下游马鞍山至镇江江段出现超历史水位。

7 月 26 日，长江 2020 年第 3 号洪水形成，长江中下游河段维持高水位波动。洞庭湖流域资水、沅江等水位快速上涨，荆江河段出现超警戒水位，长江干流监利至莲花塘河段出现超保证水位。② 鄱阳湖流域发生超历史洪水，水位不断上涨，鄱阳湖水域面积达到 10 年来最大，流域内多处圩堤发生漫堤险情。

进入 8 月以后，长江流域洪水灾情持续发展，又先后出现 4 号、5 号两次编号洪水，三峡水库出现历史最大入库流量 7.5 万立方米每秒，长江流域洪涝灾情一直持续至 9 月初才基本结束，整个汛情期间国家防总启动应急响应的时间长达 63 天。

（二）淮河流域洪涝灾害发展过程

2020 年 7 月，淮河流域遭遇 10 年一遇流域性较大洪水。7 月 17 日，淮河出现 2020 年第 1 号洪水，润河集、汪集、小柳巷河段出现超历史水位。7 月 20 日，淮河王家坝站水位最高达到 29.75 米，超过保证水位 0.45 米，随后王家坝开闸泄洪，蒙洼蓄滞洪区时隔 13 年再次启用，发挥了拦蓄洪水的重要作用。③

7 月 10~12 日，淮河上游至中游地区自西向东出现一波持续性强降雨过程，其中淮河上游、淮北支流中游地区普降大到暴雨，淮河干流中上游地区河段迅速涨水。④ 7 月 14~16 日，淮河中上游地区再次出现新一轮降雨过程，王家坝站以上平均降雨量为 120 毫米，淮河干流快速汇水导致水位上涨，淮河王家坝站水位快速上涨，7 月 17 日晚间超过警戒水位 27.50 米后

① 《长江 2020 年"第 2 号洪水"在上游形成》，中国新闻网，http://www.chinanews.com/sh/2020/07-17/9241004.shtml，最后访问日期：2021 年 5 月 10 日。
② 陈敏：《2020 年长江暴雨洪水特点与启示》，《人民长江》2020 年第 12 期。
③ 马荣瑞、常河：《为了第 16 次开闸——安徽淮河王家坝蒙洼蓄洪区纪实》，《光明日报》2020 年 7 月 24 日。
④ 《淮河上游洪峰抵达中游　蚌埠闸全力泄洪》，搜狐网，https://www.sohu.com/a/407763470_120629098，最后访问日期：2021 年 5 月 10 日。

持续高位运行。①

　　截至 7 月 17 日，淮河水利委员会统计数据显示，2020 年 6～7 月淮河中上游及大别山区等累计降雨量为 400～723 毫米，较往年同期平均水平高出 100%～250%。受前期持续强降雨和上游来水持续加大的影响，7 月 17 日晚间，淮河主要水文站之一王家坝站水位超过警戒水位，达到编号洪水标准，淮河 2020 年第 1 号洪水形成，淮河水利委员会发布洪水黄色预警，而在此前的 16 日 18 时，淮河水利委员会已发布洪水蓝色预警。

　　7 月 20 日王家坝水位超保证水位后，总面积 180 平方千米、设计蓄洪量 7.5 亿立方米的蒙洼滞洪区启用分洪，为确保王家坝以下淮河中下游堤防安全发挥了重要的调蓄作用。② 7 月 22 日晚荆山湖行洪区开闸启用行洪，为淮河提供了 4.2 亿立方米的调节容量。此前，已有南润段、邱家湖、上下六堤防、姜唐湖以及董峰湖等 6 个行蓄洪区相继启用。其中，淮河干流最大的蓄滞洪区姜唐湖行蓄洪区分别于 7 月 11 日和 22 日两次开闸泄洪，两次蓄洪量分别为 2.1 亿、5 亿立方米左右，累计进洪量 7 亿立方米（设计蓄洪量 7.6 亿立方米），大大减轻了淮河下游的压力。通过各个蓄滞洪区拦蓄调节洪峰，有效降低淮河中上游干流洪峰的水位 20～40 厘米，淮河干流堤防的压力大大减轻，确保了淮河干流的行洪安全。

　　随后，淮河流域各省份根据水情、雨情和灾情的变换，动态调整应急响应直至应急响应结束。9 月 15 日，随着安徽省终止了为期 85 天的防汛应急响应，淮河流域 2020 年的汛情基本结束。

二　灾害应对及处置情况

　　党中央、国务院始终高度重视防汛救灾工作。2020 年入汛后，早在此

---

①　赵思维、薛莎莎：《淮河王家坝上游未来三天降雨持续，预计 21 日水位接近保证线》，澎湃新闻，https：//www.thepaper.cn/newsDetail_ forward_ 8357606，最后访问日期：2021 年 5 月 10 日。

②　《淮河王家坝闸开闸泄洪　蒙洼蓄洪区启用》，新华网，http：//www.xinhuanet.com/local/2020－07/20/c_ 1126259983.htm，最后访问日期：2021 年 5 月 10 日。

次暴雨洪涝灾害发生前，中央和地方就提前针对防汛工作进行谋划，各有关部门和长江淮河沿岸各地方政府做好了充分的防汛应急准备。防汛抢险人员队伍和物资装备进行前置，加强了堤防巡查和防汛督查工作，充分做好洪涝灾害风险监测的各项工作，牢牢把握住了灾害应对的主动权。灾情发生后，国家和地方第一时间启动应急响应，并随着灾情发展不断调整响应等级，应急管理部、水利部、国家防总以及其他相关部委及时派出工作组赴各地指导防汛抢险工作，各地方政府迅速启动应急响应，消防救援队伍充分发挥综合应急救援的作用，解放军、武警力量、民兵预备役队伍、中国安能公司救援力量等紧急驰援冲锋在前，沿岸各级防汛队伍及其他专业救援队伍积极开展巡查排险和抢险救援任务，各地社会公众积极参与，成功应对了此次特大暴雨洪涝灾害。在江淮地区降雨量显著增加，长江、淮河等大江大河流域汛情显著加重的情况下，2020年全国大江大河干流堤防无一决口，大中型水库无一垮坝，因灾死亡失踪人口数量和因灾倒塌房屋数量跟近5年平均水平相比，分别下降了49.8%和57.5%。①

（一）党中央、国务院高度重视

针对2020年入汛以来南方强降雨增多、局部地区汛情严峻的形势，习近平总书记于6月28日就防汛救灾工作作出重要指示："6月以来，我国江南、华南、西南暴雨明显增多，多地发生洪涝地质灾害，各地区各有关部门坚决贯彻党中央决策部署，全力做好洪涝地质灾害防御和应急抢险救援等工作，防灾救灾取得积极成效。"② 7月12日，在长江、淮河等流域防汛的关键阶段，习近平总书记再次就进一步做好防汛救灾工作作出重要指示："各级党委和政府要压实责任、勇于担当，各级领导干部要深入一线、靠前指挥，组织广大干部群众，采取更加有力有效的措施，切实做好监测预警、堤库排查、应急

---

① 宫玉聪、石宁宁：《砥柱中流》，《解放军报》2020年12月24日。
② 《习近平对防汛救灾工作作出重要指示 要求全力做好洪涝地质灾害防御和应急抢险救援 坚持人民至上、生命至上切实把确保人民生命安全放在第一位落到实处》，《人民日报》2020年6月29日。

处置、受灾群众安置等各项工作，全力抢险救援，尽最大努力保障人民群众生命财产安全。"① 习近平总书记从加强防汛救灾责任制、做好洪水风险防范与隐患排查、做好雨情汛情监测预警、全力开展应急抢险救灾、安置好受灾群众生活以及维护好生活秩序等若干方面，对各级地方政府和有关部门做好防汛工作提出了明确要求。习近平总书记关于防汛救灾的重要指示，为做好防汛抗洪和抢险救灾各项工作指明了努力方向，提供了根本遵循。

7月17日，习近平总书记主持召开中央政治局常委会会议研究部署防汛救灾工作并发表重要讲话指出："防汛救灾关系人民生命财产安全，关系粮食安全、经济安全、社会安全、国家安全。……各有关地区、部门和单位要始终把保障人民生命财产安全放在第一位，采取更加有力措施，切实做好防汛救灾各项工作。"② 8月，习近平总书记亲赴安徽淮河及巢湖抗洪一线考察指导防汛救灾和恢复重建工作，看望慰问受灾群众和防汛救灾一线人员。

李克强总理就2020年防汛工作多次作出重要批示，于7月8日和8月26日先后两次主持召开国务院常务会议安排部署做好防汛救灾和灾后恢复重建工作，并赴贵州、重庆等地实地考察指导防汛救灾工作和慰问群众。国家防总多次召开会议，具体部署防汛救灾工作。

（二）早做谋划，提前做好充分准备

应急管理部、水利部、国家防总及其他有关部门根据2020年气候形势的预测，超前进行准备，提早进行谋划，积极做好防御流域性大洪水的各项准备工作。早在2020年3月26日，在国务院联防联控机制新闻发布会上，水利部有关部门负责人就要求各地要做好防御超标准洪水的准备，必要时采取超常规措施并提前编制超标准洪水防御应急预案。

从6月17日开始，应急管理部派出检查组对长江流域防汛工作进行了

---

① 《习近平对进一步做好防汛救灾工作作出重要指示要求　压实责任　勇于担当　深入一线靠前指挥　尽最大努力保障人民群众生命财产安全》，《人民日报》2020年7月13日。

② 《中共中央政治局常务委员会召开会议　研究部署防汛救灾工作　中共中央总书记习近平主持会议》，《人民日报》2020年7月18日。

为期4天的检查指导，重点对长江干流堤防、水库防洪工程以及蓄滞洪区等进行了检查。随后，应急管理部连续派出若干个工作组对长江、淮河及其他重点地区开展防汛指导工作。同时，国家防总办公室、应急管理部对长江中下游地区等重点区域的防汛救灾工作开展科学调度，做好防救衔接。

应急管理部提前调度部署消防救援队伍，做好重点流域防汛抢险应急准备。长江中下游的湖南、湖北、江西、安徽等重点省份消防力量在防汛一线共建立起了125个前置备勤点。根据应急管理部的统计，截至2020年7月3日，各地消防救援力量共向前方派出632支队伍，消防员13177人、救援车辆1838辆、救援用舟艇1658艘，防汛重点省份前置力量均在1000人以上，相邻省份预置消防救援力量也在1000人以上。[①] 此次大规模、大范围前置消防力量，成为国家综合性消防救援队伍组建以来防汛救援调度力量最多的一次，消防救援队伍在防汛抗洪抢险救援过程中发挥了不可或缺的主力军作用。

国家粮食和物资储备局2020年5月便开始着手更新和补充中央防汛抗旱物资目录并向社会公开采购，确保国家防汛物资库充盈。各地积极做好防汛物资储备，在实物储备的基础上，进一步通过协议储备的方式，做好了防汛抢险所必需的各种重型设备、大型特种设备和直升机等应急装备保障。

入汛以来，长江、淮河流域沿江各地全面加强了对干支流重点河段的风险监测工作，组织一线人员加强对长江、淮河干流和主要支流河堤的巡防，确保河堤状态处于24小时动态监控之下，确保出现安全隐患后能够第一时间发现并采取有效防控措施。同时，长江、淮河流域沿江各省份积极开展应急演练，为汛情发生后的抢险实战做好充分准备。例如，2020年6月11日，湖北省在荆州组织开展了2020年防汛抢险综合演练，模拟长江荆州段堤防因涨水而出现堤岸漫溢等险情的处置。6月12日安徽省组织300余名各类救援人员开展了2020年防汛抢险综合演练，重点训练抢险救援、应急排涝等科目，取得良好效果。6月20日，湖南省组织1800多人开展了针对人员被洪水围困等灾害情景的救援行动演练，提升了实战能力。

---

① 《国家防总将防汛Ⅳ级应急响应提升至Ⅲ级》，《经济日报》2020年7月8日。

（三）第一时间响应，动态调整等级

2020年7月2日，随着长江2020年第1号洪水形成，水利部和长江水利委员会于当日11时第一时间启动了长江水旱灾害防御Ⅳ应急响应[①]，长江流域防汛救灾工作在国家层面正式进入应急响应阶段。7月12日11时，水利部启动水旱灾害防御Ⅱ级应急响应，加大了对水情进行监测预报的频次，指导长江流域各省份防汛工作，同时派出由部长带队的指导组和其他10多个工作组赴各省份抗洪一线指导工作。7月28日18时，水利部根据长江、淮河等流域水情灾情的最新变化，将水旱灾害防御应急响应等级由Ⅱ级下调至Ⅲ级。

2020年7月16日20时，水利部淮河水利委员会启动水旱灾害防御Ⅳ级应急响应，为应对淮河干支流重点河段可能出现的洪峰做好了准备。7月17日22时48分淮河王家坝水位达到警戒水位27.50米（第1号洪水出现）后，淮河水利委员会及时提高响应等级，于7月18日6时启动水旱灾害防御Ⅲ级应急响应。7月19日10时，淮河水利委员会根据雨情和水情的发展变化，及时将水旱灾害防御应急响应等级由Ⅲ级提升到Ⅱ级，并密切关注王家坝站等主要水文站水位的变化情况和重点河段的堤防安全情况。7月20日8时，淮河水利委员会将水旱灾害防御应急响应等级提升至最高等级Ⅰ级，随后发布了王家坝河段洪水红色预警。[②]

2020年7月2日20时，国家防总启动防汛Ⅳ级应急响应，专门派出工作组赶赴湖南、湖北、安徽等灾情严重省份指导防汛救灾工作。随着长江、淮河等主要流域洪水灾情的不断发展，从7月12日开始，国家防总启动长江、淮河流域防汛Ⅱ级应急响应。针对长江中下游地区、鄱阳湖及洞庭湖地区、淮河中游王家坝以下河段等重点地段，在国家防总指导下，沿岸各省份全力以赴，及时做好堤防维护加固、险情除险以及人员转移等各项防汛抗洪

---

① 湖北省应急管理厅。
② 《做好应急准备　加强巡查防守（防汛救灾 全力以赴）淮河水利委员会提升应急响应至Ⅰ级》，《人民日报》2020年7月21日。

工作，确保了长江、淮河及两湖流域重点河段未出现重大险情和重大损失。国家防总长江、淮河防汛Ⅱ级应急响应自7月12日起一致持续至7月30日，共历时19天。在整个Ⅱ级防汛应急响应期间，长江、淮河流域主要防洪工程无一出现重大险情，取得了防汛抗洪工作的重大阶段性胜利。7月30日，随着长江、淮河干流主要控制站全线降低至低于保证水位，国家防总根据实际情况将防汛Ⅱ级应急响应下调至Ⅲ级应急响应。

与此同时，长江、淮河流域各省份根据汛情发展变化情况，第一时间启动应急响应并动态调整响应等级，及时派出防汛力量开展抢险救灾。

长江干流及主要支流乌江、嘉陵江、岷江等流域所在的四川、重庆、贵州、云南、湖南、湖北、安徽、浙江、江苏、上海等省份纷纷视情况启动防汛应急响应，在国家防总的统一协调下，做好长江流域防汛抗洪各项工作。例如，2020年7月11日10时，江西省十年来第一次启动防汛I级应急响应，陆续开启100多条圩堤进洪，全面确保鄱阳湖和长江干流堤防安全；同时还从国家防总办公室获得190余艘救援冲锋舟支援，确保一线抗洪抢险救援工作顺利开展。[①] 7月8日，湖南省岳阳市出现70年来最强降雨（24小时降雨量突破260毫米），随即启动城市防汛I级应急响应，各部门和救援队伍及时做好城市排涝和低洼地区人员转移等工作，确保人民生命财产安全。

此外，淮河流域内的河南、安徽、江苏、浙江等省份也在第一时间启动应急响应，加强了辖区内主要水文站和重点降雨区水库水位的预报和监测，并加派力量开展淮河干流及主要支流的河堤巡查巡防工作，确保沿河水情、工情始终处于可知可控状态。

（四）各部门分工协作，全力协同配合

应急管理部、水利部、国家防总会同自然资源部、中国气象局、国家粮食和物资储备局、财政部等有关部门协同配合，通力合作，共同有效应对此次长江、淮河流域特大暴雨洪涝灾害。

---

① 《江西启动防汛I级应急响应》，《经济日报》2020年7月12日。

2020 年 6 月 26 日以来，随着我国长江中下游和西南地区陆续出现强降雨天气，中国气象局及时向有关省份发布暴雨黄色预警，并于 6 月 26 日 8 时 40 分启动Ⅲ级应急响应，随后根据雨情的最新变化及时调整应急响应等级。据统计，截至 8 月初各级气象部门共发布天气预警 10 多万条。中国气象局及时与应急管理部开展专题会商或与应急管理部、水利部、自然资源部等部门开展联合会商，及时提供精准预报，共同研判雨势和灾情，与有关部门联合发布山洪预警和地质灾害预警。

水利部与应急管理部通力协作，加强水情监测预报，及时通报水情发展变化，并通过科学调度长江、淮河流域各大中型水库和蓄滞洪区等防洪工程，充分发挥拦蓄洪水和错峰削峰的重要作用，在防御洪水的过程中发挥了不可替代的重要作用。国务院新闻办公室 2020 年 8 月 13 日新闻发布会的数据显示，截至 8 月初，水利部共调度长江上游 30 多座水库，共拦蓄洪水达 300 多亿立方米，大大减轻了长江三峡下游的防洪压力。截至 7 月 14 日，鄱阳湖区共有 153 座单退圩堤进洪运用，累计蓄洪 20 亿立方米，降低鄱阳湖水位 20～25 厘米。淮河流域 2020 年 7 月份共启用行蓄洪区 8 个，为近 10 年来调蓄洪水规模最大的一次。

财政部、国家粮食和物资储备局等部门积极协助应急管理部、国家防总做好防汛救灾和处置救援资金和物资的调拨工作。截至 2020 年 8 月初，累计下拨防汛抢险专项资金 20.85 亿元，调拨中央防汛物资 19.5 万件。

（五）各类队伍冲锋在前，合力开展应急

在此次长江、淮河流域特大暴雨洪涝灾害应对过程中，消防救援队伍、解放军武警部队、民兵预备役、防汛专业救援队伍以及中国安能集团、中国电力建设集团、中国能源建设集团等大型中央企业分工协作、各司其职，按照属地管理为主的原则，统一纳入地方政府防汛抗旱指挥组织体系，共同出色地完成了防汛抢险救灾的各项任务。

国家综合消防救援队伍充分发挥了抗洪抢险和应急救援国家队和主力军的作用，2020 年汛期开启了队伍组建以来出动人员规模最大、调度资源数量

最多的一次防汛救灾行动。应急管理部提前向防汛重点省份和区域布置消防救援队伍，汛情发生后各级消防救援队伍第一时间响应，积极开展抗洪抢险救灾任务，累计开展各类行动10953起，共出动消防救援人员13万人次、消防车1.8万辆次、舟艇1.25万艘次，营救遇险和被困群众3.8万人，紧急疏散转移受困群众10.7万人。① 应急管理部还专门向江西、湖南等重点省份调派排涝专业消防救援分队20支，会同地方救援力量及时开展抗洪排涝等各项工作。

2020年汛期，在长江、淮河流域以及其他大江大河防汛救灾过程中，解放军、武警部队共出动5.9万余人，承担急难险重抢险救灾任务，充分发挥了防汛救灾突击队和"定海神针"作用。中国安能集团、中国电力建设集团、中国能源建设集团等大型中央企业充分发挥各自的专业抢险救援优势，主要承担了防汛工程抢险的重任，累计出动10.6万人，全力确保了主汛期长江、淮河及其他主要大江大河流域防汛工程未发生大的险情，确保了沿岸人民群众的生命财产安全。各地各类社会应急救援力量积极有序参与防汛抢险和救灾救援各项任务，主汛期累计有1.8万人参加抢险救援行动，发挥了重要的补充作用，其中长江中下游安徽、江西、湖北、湖南等5个省份在"七上八下"的关键时期每天基本保证有70余万人开展全面堤防巡查工作。② 各级各类救援队伍不畏艰险，协同配合，为2020年汛期长江、淮河及其他大江大河流域抗洪抢险工作取得胜利作出了不可替代的重要贡献，确保了江河安澜，守护了人民安全。

三 防汛抗洪抢险过程中的主要经验与启示

（一）党的集中统一领导是抗洪抢险取得胜利的根本政治保障

新中国成立后，党和国家始终高度重视应急管理工作，创造了许多抢险

---

① 应急管理部。
② 宫玉聪、石宁宁：《砥柱中流》，《解放军报》2020年12月24日。

救灾、应急管理的奇迹。中国共产党在长期的治国理政实践中，探索形成了一套行之有效的党领导巨灾应对处置工作的先进经验。从1998年抗洪抢险、2003年抗击"非典"斗争、2008年汶川地震抗震救灾、2015年天津港爆炸事故处置救援，再到2020年新冠肺炎疫情防控，这些重大突发事件的有效应对，无不得益于党的集中统一领导。

在2020年长江、淮河流域特大暴雨洪涝灾害的应对过程中，党中央的集中统一领导是确保防大汛、抢大险、救大灾取得成功的前提基础和决定性因素。党中央从全局出发，全国一盘棋，采取统一调度救灾力量和资源、调派军队协助地方开展抢险救灾、动员社会力量广泛参与等措施，取得了防汛抗洪抢险救援的重大胜利。

2020年入汛以来，习近平总书记多次就防汛救灾工作作出重要指示，中央政治局常委会召开会议专门研究部署，为做好防汛救灾工作提供了基本遵循。国务院多次召开常务会议安排部署长江、淮河等大江大河流域的防汛救灾工作。国家防汛抗旱总指挥部充分发挥统一协调、统一调度和统一指挥的作用，应急管理部统一调度国家综合性消防救援队伍，军队武警全力参加抢险救援行动，各方社会力量积极参与，为取得抗洪抢险的胜利提供了坚强的政治和组织保证。

未来，在应对此类巨灾的过程中，必须进一步强化党的集中统一领导。要进一步完善危机决策和应急指挥机制，明确在党的统一领导之下各方的职责权限，切实保障党对各级各类力量的统一指挥和统筹调遣。同时，各级党组织和广大党员要勇挑重担，冲锋在前，在大灾面前充分发挥党员的先锋模范和带头作用，成为鼓舞人心、凝聚民力的旗帜。

（二）各方协同联动、密切配合是防汛救灾取得胜利的机制保障

2020年的新冠肺炎疫情为做好防汛救灾工作增加了一定的不确定因素。在主汛期到来、疫情防控进入常态化的情况下，各有关部门、各地方政府严格落实习近平总书记提出的坚持人民至上、生命至上理念，切实把人民生命安全放在首位，在党中央的统一领导和指挥下，协同联动，密切配合。经过

各方的共同努力,有力确保了防洪救灾和疫情防控两条战线工作的顺利开展,守住了防灾减灾救灾底线,保障了人民生命财产安全,维护了经济社会发展和社会稳定大局。

国家防总、应急管理部充分发挥统筹指导和统一协调的作用,协调水利、公安、自然资源、气象等各成员单位领导专家,派出数十个工作组奔赴长江、淮河等流域受灾重点地区指导防汛救援工作。同时,国家防总、应急管理部通过防汛救灾会商机制,与水利部、中国气象局等部门实时保持沟通互动,随时掌握和研判雨情、水情、工情、险情和灾情,预判洪水灾害发展态势;与长江、淮河流域各省份政府及其应急管理部门、消防救援队伍保持密切联系,统一调度各方应急救援力量,统筹安排重大救灾任务并做好督导督查工作。

各有关部门密切协作,全力配合,共同做好防汛救灾各项工作。财政部及时下拨中央救灾补助资金,截至 2020 年 7 月 13 日已累计下发资金 11.55亿元。① 工信部组织有关通信行业运营商做好防汛应急通信保障工作和预警信息发布等工作,截至 7 月 14 日累计向全社会发送应急预警信息 10.9 亿条。② 农业农村部提前部署指导各地加强科学防灾抗灾,自然资源部强化了地质灾害监测预警工作,国家卫生健康委及时派出医疗和防疫队伍救治受伤人员并确保了"大灾之后无大疫"。

今后,要进一步强化巨灾应对中的综合协调机制,特别是要进一步提高国家防总办公室在防大汛、抢大险中的权威性,充分发挥综合平台作用,统筹各方力量和资源,形成防汛救灾的强大合力。国家防总办公室要进一步坚持统分结合、防救协同和综合协调的优势,各成员部门和单位要积极开展协调联动、紧密配合,各地方党委政府要进一步夯实责任、靠前指挥,军队地

① 《国家防总 应急管理部:防汛抗旱明确地方各级行政责任人 2278 人》,国新办网站,http://www.scio.gov.cn/video/42600/42601/Document/1683405/1683405.htm,最后访问日期:2021 年 5 月 10 日。

② 《工业和信息化部认真贯彻落实习近平总书记重要指示精神 组织工业通信业全力做好防汛救灾工作》,工信部网站,https://www.miit.gov.cn/jgsj/xgj/gzdt/art/2020/art_2639e85c4a224891a7c7a97f869dffdf.html,最后访问日期:2021 年 5 月 10 日。

方进一步加强协同配合，各级各类救援队伍要冲锋在一线，共同构建起通力协作、合力防汛救灾的格局，以更好地凸显我国防灾救灾和应急管理的体制优势。此外，未来还要进一步理顺防汛抗旱指挥体系。应急管理体制改革后，地方应急部门开始逐步履行防汛抗旱职能，下一步应当进一步明确省市县各级防汛抗旱指挥机构和相关成员单位的职责，健全各方协同联动工作机制。

（三）专业救援力量、先进技术手段是防汛救灾胜利的能力保障

国家综合性消防救援队伍在 2020 年长江、淮河等流域暴雨洪涝灾害应对过程中发挥了主力军的重要作用。随着我国应急管理体制改革的各项措施逐步落实到位，消防救援队伍承担的任务职责向"全灾种、大应急"转变。从此次长江、淮河特大暴雨洪涝灾害应对情况来看，消防救援队伍经受住了大灾的考验，圆满完成了抗洪抢险和救灾救援任务。未来，各个地方，尤其是洪涝灾害多发频发的重点省份，应进一步加强消防救援队伍的防汛抗洪救灾等方面能力建设，重点提升水上救援救助能力和承担急难险重任务的能力，将消防救援队伍打造成能够胜任防大汛、抗大洪、抢大险任务的核心力量。另外，从此次长江、淮河流域特大暴雨洪涝灾害应对来看，有的地方基层防汛抢险力量和技术人员还有所缺乏，有的地方一线人员在第一时间发现风险和排除隐患的能力还有待加强，未来应着力提升基层防汛队伍的专业能力和素养，全面提高汛情、工情监测预警和险情、灾情先期处置的专业化水平。

在 2020 年长江、淮河等流域暴雨洪涝灾害的应对过程中，先进高效的防汛减灾救灾技术手段和装备设备发挥了不可或缺的重要作用，为准确预报、智能调度、科学决策过程提供了可靠的数据依据，大大提高了防汛救灾工作的精准化水平。例如，长江防洪预报调度系统汇集了 3 万余个站点的水位汛情信息，集合了气象雷达系统提供的水情信息，为科学研判长江流域汛情、精准调度上中下游干支流的数十座水库群，提供了重要的数据支撑。三峡水库等大中型水库正是基于防洪预报调度系统提供的精准数据信息，实现

了对建成以来最大一次洪水的精准调度，有力地减轻了下游沿岸的防汛压力。再如，淮河干流王家坝段蒙洼蓄洪区的启用和泄洪调度就得益于"全国水利一张图"大数据平台。该系统通过有效整合卫星遥感、视频监测等多种渠道采集的数据，能够实现一体化的水情、雨情、汛情、灾情等的信息监控。在此基础上，平台通过对这些信息进行综合分析和智能计算，实现了对王家坝站水位及其对下游可能影响的精准测算，为分洪决策提供了关键技术支持。此外，重型直升机、无人机等先进装备在此次长江、淮河流域特大暴雨洪涝灾害应对处置过程中发挥了重要作用。例如，通过米－26重型直升机吊装空投物料来封堵溃口，很好地解决了大型工程设备和车辆通行受限情况下的险情处置难题。另外，通过无人机精准定位险情或被困人员位置、空中巡查堤防、采集视频信息等，也成为此次长江淮河流域洪灾处置中的一大亮点。①

未来，要大力推广"互联网＋"、大数据、云计算、人工智能等先进技术手段，不断加大大型直升机、无人机等先进装备在防汛抗洪抢险中的应用力度，用科学技术助力防汛减灾救灾。通过全面应用各种高新技术手段和先进装备，全面推动预报和监测预警更精准、研判决策更科学、调度更加精细化、救援行动更及时更高效，从而全面提升防汛减灾救灾工作的科学化水平，让防汛抗洪更加智能、精准和高效。

---

① 根据中央电视台新闻频道2020年9月7日播出的《焦点访谈》节目《科技助力防汛减灾》整理。

B.21
新冠肺炎疫情挑战下的事故
应急处置及启示

——以福建省泉州市欣佳酒店"3·7"坍塌事故为例[*]

游志斌^{**}

摘　要： 福建省泉州市欣佳酒店"3·7"坍塌事故是一起主要因违法违规建设、改建和加固施工导致建筑物坍塌的重大生产安全责任事故。该事故发生在我国应对新冠肺炎疫情的关键时期，该酒店恰好为泉州市鲤城区新冠肺炎疫情防控外来人员集中隔离健康观察点。事故性质严重、影响恶劣，对我国总结在烈性传染病环境下的应急处置有重要参考价值。

关键词： 新冠肺炎疫情　应急处置　坍塌事故

2020年3月7日19时14分，坐落于福建省泉州市鲤城区的欣佳酒店所在建筑物（该建筑内有多家）发生坍塌事故，事故造成重大人员伤亡（最终29人死亡、42人受伤），造成直接经济损失为5794万元。欣佳酒店当时正作为泉州市鲤城区确定的新冠肺炎疫情防控外来人员的集中隔离观察点。

---

* 本案例在《福建省泉州市欣佳酒店"3·7"坍塌事故调查报告》等相关资料基础上编写完成，同时得到了福建省应急管理厅、福建省消防总队等相关单位的帮助与支持，在此一并表示感谢。

** 游志斌，博士，中共中央党校（国家行政学院）应急管理培训中心（中欧应急管理学院）教授，博士生导师，研究方向为应急管理。

该事故恰好发生在我国新冠肺炎疫情应对的关键时期。但事故性质严重、影响恶劣。需要注意的是，这起事故对总结在烈性传染病环境下的应急处置有重要的参考价值。

一　事故概况

该事故最终被认定为一起违法违规建设、改建和加固施工导致建筑物坍塌而导致的重大生产安全责任事故。

（一）应急处置的概况

从该事故的发展历程来看，2020 年 3 月 7 日 17 时 40 分，欣佳酒店一层（其位置位于大堂门口靠近餐饮店一侧顶部）的一块玻璃突然发生炸裂；18时 40 分，欣佳酒店一层大堂靠近餐饮店一侧的隔墙墙面扣板出现裂缝（后判定为宽 2~3 毫米）；19 时 6 分，欣佳酒店大堂与餐饮店之间的钢柱外包木板突发开裂；19 时 9 分，旁边的隔墙又鼓起 5 毫米左右的墙包；2~3 分钟后，餐饮店又传出了爆裂声响；19 时 11 分，欣佳酒店所在的建筑物一层东侧车行展厅隔墙发出开裂声响，随即墙板和吊顶发生了开裂，同时出现玻璃脱胶；19 时 14 分，现场的目击者听到幕墙玻璃爆裂产生的巨响；19 时14 分 17 秒，欣佳酒店所在的建筑物瞬间发生坍塌，整个过程历时短短 3秒。该事故发生的时候，欣佳酒店所在的建筑物内共有 71 人被困，包括外来集中隔离人员 58 人、工作人员 3 人（其中包括 2 名医务工作者，1 人为派驻的鲤城区政府干部）、其他入住酒店的人员合计 10 人（其中有 2 人为欣佳酒店服务人员，3 人是欣佳酒店员工的朋友，另外 5 人为酒店的临时住客）。事故发生后，福建省和泉州市、鲤城区党委政府主要负责同志迅速赶赴坍塌现场开展处置。接到事件信息后，应急管理部立即启动应急响应程序。与此同时，应急管理部、住房和城乡建设部的相关负责同志率领国家工作组连夜赶赴事故现场开展指导救援工作，事故发生地的政府以及应急、公安、住建等有关部门和单位积极参与事故救援。在事故现场总共有 118 支队

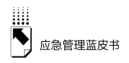
伍、5176人开展抢险救援（包括综合性消防救援队伍、国家安全生产专业救援队伍、地方专业队伍、社会应急救援力量和志愿者等）。

2020年3月7日19时35分，福建省泉州市消防救援支队所属力量最先赶到事故现场开展应急处置工作。由于现场的情势比较严重，随后该省消防救援总队从全省调集1086名救援人员，携带生命探测仪、搜救犬等救援装备进行救援处置。在此次事故中，国家卫生健康委、福建省卫生健康委调派56名专家赶赴泉州支援伤员救治，并在坍塌事故现场设立了医疗救治点，先后调集了125名医务人员、20辆救护车在事故现场驻守，以便于开展现场医疗救治工作，并进行新冠肺炎疫情的防控工作。在经过112个小时应急处置后，截至3月12日11时4分，现场针对受困人员的搜救工作基本结束，在此次事故现场救出71名被困人员（其中42人生还，29人不幸遇难）。① 值得关注的是，在整个事故现场应急处置过程中，应急救援人员、医务工作人员没有出现一例伤亡，也没有发生新冠肺炎疫情感染病例，未发生次生和衍生的突发事件。

（二）被确定为集中隔离观察点的欣佳酒店的情况

在2020年疫情应对的初期，泉州市鲤城区疫情防控指挥部作出部署安排，要求自2月18日起由湖北、浙江温州等地来鲤人员，全部由所属街道安排到集中隔离观察点进行14天的集中观察。从事故的整个过程来看，2020年1月28日，为解决湖北籍来泉旅客住宿问题，泉州市政府维稳组与欣佳酒店签订协议；1月30日经泉州市疫情防控指挥部确定，租用欣佳酒店第六层为临时住宿场所；同日，常泰街道办事处将其确定为该街道的集中隔离健康观察点；2月24日，鲤城区决定将欣佳酒店作为区级集中隔离健康观察点，还安排医务人员、民警同时进驻，安排区直机关的干部直接到隔离点负责管理（被称为"点长"）。整个隔离点实行全封闭管理。截至事故

---

① 国务院调查组：《福建省泉州市欣佳酒店"3·7"坍塌事故调查报告》，在线文库，https：//www.lddoc.cn/p－13843381.html，最后访问日期：2021年5月10日。

发生前，欣佳酒店累计接收集中隔离观察人员 91 人，累计解除观察 33 人，事发时尚有集中隔离观察人员 58 人。在此次事故中死亡的 29 人中主要为隔离观察人员（有 21 名为集中隔离健康观察人员、3 人为区属工作人员、2 人为酒店服务员、3 人为酒店员工朋友）。

（三）其他情况

涉事欣佳酒店最初建成后，建筑业主杨某明知自己的建筑不合法，便辗转找到泉州市消防支队后勤处战勤保障大队刘某，向其行贿 10 万元，帮助欣佳酒店躲过消防部门抽查，自动通过审核。2018 年，杨某对建筑加层改建后打算开酒店，必须再次经过竣工验收消防备案，拿到消防安全检查合格证后，到公安部门申请特种行业许可证。杨某找到刘某"开绿灯"，而刘某竟也荒唐地给杨某提供了一张空白合格证，用于制作假证。

二 应急处置情况

2020 年 3 月 7 日 19 时 14 分，福建省泉州市鲤城区南环路欣佳酒店发生楼体坍塌，造成多人受困（最后查证为 71 人）。接到报警信息后，泉州市消防救援支队立即调派全市 26 个消防救援站力量奔赴现场救援。福建省消防救援总队一次性、成建制、模块化增调全省其他 9 个消防救援支队的 2 支重型救援队、7 支轻型救援队，以及总队训练与战勤保障支队、应急通信和车辆勤务大队，携带生命探测仪器、搜救犬和破拆、顶撑、起重、洗消等各类型特种救援装备 2600 余件（套）机动驰援，总计集结 1086 名指战员投入救援。应急管理部党委书记黄明等部领导通过视频全程指导指挥救援处置工作，并派消防救援局负责同志赶赴现场指挥。在福建省、泉州市、鲤城区各级党委政府和有关部门单位的共同努力下，参战消防救援队伍经过 112 个小时全力救援，搜救出全部被困人员，其中 42 人生还。全体参战指战员无一人伤亡、无一人感染。整个现场救援过程共分为四个阶段。

第一阶段，浅（表）层埋压人员救助。2020 年 3 月 7 日 19 时 35 分，

泉州市鲤城区江南消防救援站 3 车 19 人到达后，立即通过绳索、梯子施救建筑北侧表层被困者。泉州市消防救援支队先后调派 67 部消防车、402 名指战员陆续投入战斗，按照"由表及里、先易后难"的顺序，先期划分为东、西、南、北 4 个作业面，组织安全观察、搜寻定位和破拆救援各 4 个组，采取"表层侦察、洞隙搜索、静默敲击、回声定位、浅易破拆、急速救助"等战术措施，分片区展开立体搜救。截至 22 时 12 分，第一阶段共救出浅（表）层被困人员 23 人。

第二阶段，中（浅）层埋压人员救援。2020 年 3 月 7 日 22 时 12 分，总队增援力量到场后，将现场划分为"核心作业、器材装备、作战指挥、备勤待命、车辆停靠、人装洗消"等功能区域，并快速搭建灾害现场指挥部。根据第二阶段搜救难度增大的实际情况，前沿指挥部把人员比对定位作为核心要点贯穿始终，立即组织分析研判被困者可能位置，第一时间绘制现场平面图、作战力量部署图、埋压人员预判分布图，并推送至各支队指挥员手机终端，比对"三张图"，通过"以房找人、以人找人、以物找人"等方法，逐步缩小范围，确定重点区域。前沿指挥部将核心作业区调整为 6 个作业面，挂图作战，组织各搜救分队采取"大洞套小洞层层破拆、多点位打开观察窗口、蛇眼生命探测仪确定位置"的方式，加快搜救速度。为解决部分支队专业技术骨干不足、破拆救援进展不快等问题，前沿指挥部抽调经验丰富的战训干部、高级消防员组成专家团，往返各个作业区指导作业，重点对结构复杂、破拆难度大的作业点进行"专家团会诊"。其间，现场指挥部经综合研判后，决定由住建、电力等部门协助调集位移监测、工程机械、凿岩机等装备及操作人员陆续到位配合行动，加快破拆进度。截至 8 日 19 时 14 分（"24 小时白金救援时间"），第二阶段共救出被困人员 26 名，18 人生还。

第三阶段，深层埋压人员抢救。前沿指挥部结合救援进展情况和倒塌建筑安全状况，在现场综合研判后决定不再单纯采用费时费力的人工破拆搜救方式来营救被困人员。现场指挥部调派 3 台配有抓斗、剪切头的特种钩机等装备入场协同作业，慎重处理"人员抢救与疫情防控，动用大型工程机械与不造成被困人员二次伤害，尽快剥离转移构件与尽可能不发生结构性变化"的关系，全程实施精确破拆。在利用吊车、钢索吊装稳固梁柱的前提下，采取可靠的战术措施、精心操作、稳扎稳打，发现生命迹象后再运用"上下结合、两侧并进"的掘进方法，综合使用"凿岩机破拆、气垫顶撑、液压剪扩"等方式破拆厚重构件，采取"无齿锯及氧炔焰枪切割、破拆锤凿击、撬棍扩张"等手段移除轻薄构件，开辟救生通道。2020 年 3 月 9 日 7 时 40 分，前沿指挥部将现场重新划分为东、中、西 3 个作业区、6 个作业点，每个作业区由 2 ~ 3 个支队"结对"救援，重型队班组与轻型队班组相互搭配，轮流执行重型构件破拆和救援通道清理任务，工程机械通过"破拆抓取表层构件，提拉转移作业区外，渣土车跟进转运"的方式协同作业，累计打通 20 余处救援观察窗口，并分别在事发后的 52 小时、69 小时先后成功救出 3 名幸存者。截至 10 日 19 时 14 分（"72 小时黄金救援时间"），共救出 13 名被困人员，其中 3 人生还。

第四阶段，最后被困人员搜救。在利用生命探测仪、搜救犬等反复查找未发现生命迹象的情况下，在核查比对被困人员位置的基础上，采取工程机械"1 机 4 人"模式（1 名工程机械操作手配 1 名随车指挥员和 2 名地面安全员）破拆剥离，配合人工搜救，又陆续发现 8 名被困遇难者。2020 年 3 月 12 日 11 时 4 分，救出最后 1 名被困遇难者，现场救援行动结束。整个救援行动共救出 44 名生还者，其中 2 人在医院不治身亡。

三 事故暴露的突出问题

在这起事故中值得警醒的是：在该事故背后，不仅有刘某，还有各个环节上的一些公职人员搞形式走过场，敷衍应付、层层失守。从最开始的土地审批环节，到楼栋的建设和改建环节，再到后期违规经营，直至被选为集中隔离健康观察点，相关人员工作漫不经心，该发现的问题没发现、该处理的问题没处理，在"只收件，不核验""没有房产证，他给他写上有房产证""随便翻翻直接签字"中，让安全防线一点点松弛，甚至在填写检查验收意见表时出现检查人、被检查人签反的荒唐事。从酒店违建到事故发生的八年

间，不论是街道办相关部门、住建部门、城管部门、消防部门、公安局还是区政府，都存在形式主义、官僚主义问题。

（一）"生命至上、安全第一"的理念没有得到有效落实

在此次事故中，相关单位并没有对长期存在的重大安全风险的违法建筑真正重视，没有树牢底线思维和红线意识，安全隐患排查治理流于形式。鲤城区的有关领导和部门盲目追求经济发展，利用相关政策空档为违法建设开了绿灯，在实际执行过程中背离了"解决辖区内部分群众住房困难"的初衷，口子越开越大，将大量没有审批手续、未经安全审查的建筑由非法转为合法，5年违规批准9批208宗，虽要求加强后续监管，但实际上不管不问，放任违法建设、违规改造等行为长期存在，埋下重大安全隐患。鲤城区、常泰街道在新冠肺炎疫情防控中风险意识严重不足，在未进行任何安全隐患排查的情况下，仓促将欣佳酒店确定为外来人员集中隔离观察点并安排大量人员入住，导致事故伤亡扩大。基层党委政府只顾发展不顾安全、只顾防疫不顾安全的问题仍然突出，没有把"生命至上、安全第一"理念真正落实到行动上，没有守住安全底线，最终酿成惨烈事故。

（二）依法行政意识淡薄

鲤城区在明知违反国家建设和土地有关法律法规的情况下，以不印发文件、不公开发布的形式，违规出台并实施"特殊情况建房"政策，以特殊情况建房领导小组会议意见代替行政审批，越权批准欣佳酒店建筑物等违法建设项目，致使大量未经安全审查、不符合安全条件的建筑披上了"符合政策"的外衣并长期存在。常泰街道明知欣佳酒店建筑物违规，却同意上报为"特殊情况建房"。泉州市对鲤城区存在的"特殊情况建房"问题失察，类似情况在该市的丰泽区、晋江市也同样存在。全面依法治国是治国理政的基本方略，"法无授权不可为"是政府行政的基本准则，任何人、办任何事都不能超越法律权限，但仍有一些地区党委政府依法办事、依法行政意识不强，违规设置、违规行使超越法律的权限，这本身就是违法行为，也必须承担法律责任。

（三）监管执法严重不负责任

欣佳酒店建筑物在没有取得建设用地规划许可、建设工程规划许可，没有履行基本建设程序的情况下，却"平地起高楼"，泉州市、鲤城区的规划、住建、城管、公安等部门对此长期视而不见，在国家和省市组织开展的多次违法建设专项整治行动、"两违"（违法用地、违法建设）综合治理中，明知相关建筑实际上是违法建筑，却未按照相关规定和标准进行彻底整治和拆除；对欣佳酒店开展日常检查数十次，发现第四、五层未取得特种行业许可证对外营业，但未依法处理。常泰街道明知欣佳酒店新建、改建、装修、加固长期存在违法行为，未采取任何有效措施予以制止和纠正。事故调查组认定，在长达八年的时间里，新建、改建、加固欣佳酒店建筑物的违法违规行为一路畅行无阻，其间有关部门曾多次现场查处，但实际上却未一盯到底、执行到位，失之于宽、失之于软，实际上纵容了企业的违法行为。

（四）安全隐患排查治理形式主义问题突出

党中央、国务院多次部署防范化解重大安全风险，国家有关部门和福建省开展过多次房屋安全隐患排查整治专项行动。对安全监管负有责任的泉州市、鲤城区、常泰街道对事故安全风险隐患排查工作并未认真对待、扎实落实，使欣佳酒店建筑物这种存在严重安全隐患的建筑均能顺利过关。在2019年2～3月的房屋安全隐患专项排查工作中，鲤城区常泰街道的基层检查人员对欣佳酒店建筑物仅仅是开展抄写门牌号、层数等工作，以及在该报表中仅"走过场"地填写"建成后未改造""暂无风险"等就完成了对建筑物的排查，随后在"房屋安全信息管理系统"（福建省开发的）中录入"暂无安全隐患、不属于重大安全隐患、一般安全隐患情形"等不真实的评价信息，然后逐级向上报告，实际上是敷衍塞责、走走过场，让隐患排查工作形同虚设。

（五）相关部门审批把关层层失守

行政审批是确保企业合法合规的重要程序，但有关部门材料形式审查办

不出真假、现场审查发现不了问题，甚至与不法业主沆瀣一气，使不符合要求的项目蒙混过关、长期存在。泉州市、鲤城区消防机构未发现欣佳酒店申报材料中相关证件伪造、缺失、失效等问题，消防设计备案、竣工验收消防备案把关不严。鲤城区公安部门有关审批人员与欣佳酒店不法业主内外勾结，授意用房屋产权证明代替产权证，在无房产证的情况下出具虚假现场检查验收意见，在无受理材料、无现场检查验收、无任何审批的情形下，违反基本工作规定，直接为欣佳酒店变更了"特种行业许可证"，事故发生后又补写了相关档案。常泰街道违规为欣佳酒店出具虚假的房屋产权证明材料，为其办理旅馆特种行业许可开了"绿灯"。

（六）不法企业恣意妄为、肆无忌惮

欣佳酒店的业主实际上未取得建设用地规划的相关许可、建设工程规划的相关许可、未履行基本建设工作程序、未办理施工相关许可和加固工程质量监督的专门手续，且在没有组织进行勘察、专门设计的情况下，违法违规将工程实际发包给无资质许可的人员进行施工，自 2012 年以来多次通过刻假章、办假证、提交假材料等方式申办行政许可，新建、改建、装修、加固和获取资质等各个环节"步步违法"。特别是，在知晓该建筑物内有大量住宿人员的情况下仍然违规肆意蛮干，最终导致建筑物坍塌。一些建筑设计、装修设计、工程质量检测、消防检测等中介服务机构，为了自身利益甘当不法企业的"帮凶"，违规承接业务甚至出具虚假报告。能否保证安全生产，企业最直接最关键，必须综合运用各种手段、采取有力有效措施，倒逼企业切实承担起安全生产主体责任，才能掌握安全生产工作的主动权。

四　对完善我国应急管理体系的启示

（一）切实担负起防范化解安全风险的重大责任

深刻吸取事故惨痛教训，对包括福建省、泉州市、鲤城区等各地的党委

政府和有关部门有重要意义。9 月 3 日，《福建省贯彻落实〈福建省泉州市欣佳酒店"3·7"坍塌事故调查报告〉整改方案》（由福建省应急管理厅官网发布）中提到，涉事的 49 名公职人员被追责问责；同时，公安机关根据《刑法》中重大责任事故罪、伪造国家机关证件罪、提供虚假证明文件罪等相关规定，对涉嫌犯罪的杨某（泉州新星机电工贸公司法定代表人）、蔡某（泉州广鑫建设工程公司法定代表人）等 23 名责任人，依法立案侦查并采取刑事强制措施。从以上分析不难看出，我国在步入新发展阶段后，仍要牢固树立安全发展理念，在统筹经济社会发展中，真正把防范化解安全风险作为首要考虑的问题，真正自觉把人民生命安全和身体健康放在第一位，真正强化底线思维、红线意识，大力推进安全发展、高质量发展。要真正构建起严密的"党政同责、一岗双责、齐抓共管、失职追责"的安全生产责任系统，让相关人员和单位真正承担起企业的主体责任、党政负责同志的领导责任和行业部门的监管责任，及时分析研判安全风险，紧盯薄弱环节采取有力有效防控措施，及时发现问题、解决问题，牢牢守住安全底线。要坚决反对形式主义、官僚主义，依法严厉打击违法违规行为，重大风险隐患要一抓到底、彻底解决，严防漏管失控引发事故。

（二）强化法治思维，坚持依法行政

各地党委政府和有关部门特别是福建省、泉州市、鲤城区要加强各级领导干部法治教育培训，要牢记"法无授权不可为、法定职责必须为"，想问题、作决策、办事情必须严格遵守法律法规，切实提高法治素养和法治能力。要认真贯彻落实党中央、国务院关于依法行政的总体部署要求，制定针对各级政府和有关部门的权力清单，并及时向全社会公布，规范依法决策、行政审批等方面的工作流程，加强合法性审查，依法保障公众的知情权、参与权、表达权，杜绝以会议纪要或会议讨论等形式代替审批程序，杜绝领导干部违规插手干预规划许可、土地出让、工程建设等行政审批事项。要全面分类整治违规审批的非法建筑，并严格实施重大行政决策责任终身追究制度及责任倒查机制，及时通报曝光典型案例，对不作为、乱作为导致严重后果的依法依纪进行严肃处理。

（三）持续开展建设施工领域安全隐患排查治理工作

各地区要真正突出问题导向，深入开展非法占地、违法建设和老旧危房、农村自建房、"住改商"建筑等排查整治行动，对"两违"行为实行"零容忍"，坚决遏制增量，有序化解存量，彻底清除安全隐患。要加强对既有建筑改扩建、装饰装修、工程加固的质量安全监管，对未履行基本建设程序、施工单位超越资质等级范围或者以其他施工单位名义承揽工程、不按设计施工方案组织施工、出具检测鉴定虚假报告等违法行为予以坚决打击，并将违规信息记入信用档案，纳入联合惩戒管理。要深化"两违"源头治理，全面排查城市老旧建筑安全隐患，压实建设方、产权人、使用人安全主体责任，强化部门执法衔接，严防类似垮塌事故发生。

（四）加强信息共享和协同配合工作体制机制建设

在此次事故中，不法分子利用虚假材料居然能层层通过审批，令人叹为观止。地方各级政府要通过大数据等方式，加强政府内部的信息共享和及时沟通，建立政府审批监管数据共享机制，用好国家企业信用信息公示系统部门协同监管平台，实现多部门审批的高效流转、监管对象各类数据的快速采集检核，不让虚假和不实的审批材料有逐级过关的可乘之机。自然资源、城管、住建部门要及时将发放建设工程规划许可信息、违法建设处置决定及其执行情况抄告市场监管、公安、消防、卫健等部门和单位，有关部门和单位不得为违法建筑办理相关证照，提供水、电、气、热。自然资源、住建、公安等有关部门要大力打击涉嫌办理不动产登记、建设工程规划许可、工程单位资质证书、建设工程施工许可等假证照的违法行为。

（五）扎实开展安全生产专项整治行动

从本次事故的教训来看，要根据我国城市建设安全出现的新特点、新风险、新需要，真正明晰包括建筑物所有权人、建设方、监理方、承包方等利益相关方的主体责任，研究相关部门的监管责任体系及实际能力。从长期来看，要扎实开展城市建设安全专项整治工作，将党的十九届五中全会提出的"韧性城市建设"作为城市安全发展的基本战略指引，将城市安全发展落实到城市规划建设和运营管理的全流程、全领域、全周期，强化起重机械、高支模、深基坑、城市轨道交通工程安全专项治理，开展城市地下基础设施信息及监测预警管理平台建设，全面提升城市建设本质安全水平，推动城市安全和可持续发展。同时，举一反三，认真组织开展学习宣传贯彻习近平总书记关于安全生产重要论述、落实企业安全生产主体责任，全力维护好人民群众生命财产安全。

B.22
青岛聚集性新冠肺炎疫情应急处置及经验

陆继锋 *

摘　要：　2020年10月11日，青岛出现聚集性疫情后，迅速启动应急响应机制，采取了更加严密的防控措施，实施了覆盖全市的全员核酸检测；在做好流调溯源和舆情引导的同时，统筹做好疫情防控、社会稳定和经济社会发展等各项工作。在青岛聚集性疫情处置中，国家卫健委、山东省和青岛市整体联动响应，构筑制胜坚强后盾，坚持生命健康至上，迅速实施全员检测，推动全民参与疫情防控，夯实基层群防群治能力，运用科技手段为疫情防控赋能增效，帮助媒体做好宣传和舆情引导工作，取得了阶段性胜利。青岛疫情处置的相关经验，为中国疫情防控和疫情处置提供了新样本，为其他地区做好城市疫情防控乃至公共卫生应急管理工作提供了有益的借鉴。

关键词：　新冠肺炎　疫情防控　公共卫生　应急管理　青岛防疫

作为国际性港口城市和山东首个特大城市，青岛市开放性高，与国内和世界其他地区交往密切，货物和人员进出量大，境外疫情输入风险高。2020

---

* 陆继锋，博士，山东科技大学文法学院副教授，硕士生导师，中共中央党校（国家行政学院）博士后，青西新区民安应急与安全管理研究院院长，研究方向为政府应急管理、城市公共安全治理。

年 10 月 11 日，青岛开始出现聚集性新冠肺炎疫情，极大地考验中国抗疫成果和青岛应急处置能力。这次疫情处置可谓行动迅速：病例发现 1 天内快速锁定疫情发生地；发现 2 天内迅速识别和隔离所有病例；72 小时内揭开"谜案"，5 天内完成 1000 余万人全民核酸检测，迅速阻断传播风险，创造了疫情防控和应急处置的"青岛速度"和"青岛担当"，再造中国疫情防控和应急处置新样本。当前，疫情不断出现新情况、新变化，防控和处置的复杂性和严峻性愈发明显，其相关经验值得研究和发掘。

一 基本情况回顾和介绍

2020 年 9 月 24 日，青岛市在"应检尽检"人员定期例行检测中，先后发现 2 名青岛港装卸工人无症状感染新冠病毒。疫情发生后，由于及时采取了应急处置措施，疫情风险暂时得到控制。但是，由于存在管控漏洞且没有得到重视，导致了此次聚集性疫情暴发。

（一）10月11日：接报疫情信息，迅速启动应急响应机制

2020 年 10 月 11 日凌晨，青岛市卫健委通报：青岛新增 3 例新冠肺炎无症状感染者，其中 2 例系医院在对普通就诊患者进行核酸检测时发现，1 例系在排查密切接触者检测时发现。接报后，山东省委常委、青岛市委书记王清宪当日凌晨 2 点前就赶到了市疾控中心，有关市领导及市委统筹疫情防控和经济运行工作领导小组（指挥部）（以下简称"市指挥部"）主要同志均及时赶到并召开紧急会议，决定立即启动应急响应机制，迅速向山东省委、省政府报告，紧急调度部署疫情防控和处置工作。山东省委书记刘家义当天凌晨对疫情处置提出三点要求：全力救治患者；加快流调溯源；对全员核酸检测问题进行科学研判、果断决策，巩固来之不易的防疫成果。[①] 上午 9

---

① 王世锋、郭菁荔、薛华飞：《120 个小时的"加速跑"，我们一起用爱"守城"》，《青岛日报》2020 年 10 月 17 日。

时，山东省委、省政府召开专题会议，研究部署疫情处置工作。山东省委统筹疫情防控和经济运行工作指挥部（以下简称"省指挥部"）决定：在青岛设立前方指挥部，调度和统筹安排疫情处置和防控工作；开展大规模核酸检测，全面彻底排查可能的感染者，从多从快实现城区人员检测全覆盖。同时，国家卫健委和山东省派出具有丰富抗疫经验的领导、专家组成工作组奔赴青岛，很多专家到青岛后直奔病房，指导开展疫情防控相关工作。

2020年10月11日上午，王清宪主持召开当日第二次省指挥部紧急会议，安排部署相关工作，要求从严从实从快抓好疫情处置，确保各项措施落实到位；下午，市指挥部召开例会，听取市疫情防控工作组和相关区市情况汇报及专家意见建议。会议要求迅速开展流调、核酸检测和健康管理；对重点场所连夜实施全封闭管控和全面消杀；有关信息及时向社会公布；提醒市民加强个人防护并配合做好健康监测。按照山东省委、省政府要求，从11日晚9时起，青岛全员核酸检测开始。当日晚，青岛市卫健委官网发布信息：截至当日23时，青岛共发现6例确诊病例，其中2例为此前发布的无症状感染者转归；青岛将在3天内对市南、市北、李沧、崂山、城阳五区实现核酸检测全覆盖，5天内对全市检测全覆盖，检测结果将及时发布。

（二）10月12日：大规模检测第一天，实施更严密的防控措施

2020年10月12日早，青岛市卫健委再度发布消息：青岛新增核酸检测结果阳性9人，包括8名市胸科医院在院患者及陪护人员、1名患者家属。经专家组判定，其中4例为确诊病例、5例为无症状感染者；同时，全市核酸检测工作正加快推进，请市民积极配合并做好个人防护，听从指挥有序检测，提前做好准备以节约时间，提高登记和检测效率。

2020年10月12日下午，市指挥部召开例会，要求"全力加强患者救治工作，加快推进全员核酸检测"。山东省副省长孙继业到会讲话，国务院督导组有关同志出席会议。在国家卫健委工作组指导和山东省委、省政府领导部署下，全市迅速开展大规模流调排查与核酸检测；另一方面实施了更严格防控措施：一是各级各类学校紧急通知，要求在校生都要在校内

完成检测，应检尽检；各级各类学校暂停聚集性活动，原计划大型活动延后；二是公交系统加强车辆车站消毒消杀，部分线路实现"零触模式"乘车，一线驾驶员应尽早核酸检测并履行"护航人"职责；三是即日起对全市运动场馆、图书馆、影城等公共场所无死角清洁消毒，严格人员监测，多项体育赛事延期。

2020年10月12日晚，青岛召开本轮疫情第一次新闻发布会。截至当日17时35分，全市共计核酸采样1038785份，除之前公布的9例阳性结果外，其他均为阴性，未发现新增感染者。发布会同时通报了目前应急措施：全力救治患者、迅速开展流调溯源、实施重点人群和区域管控、监控发热和疑似病例、扩大核酸检测范围。鉴于尚未发现社区确诊病例，社区传播风险较小，按照科学精准原则，将青岛市胸科医院所在楼山后社区定为中风险区域，其他区域风险等级不变。同时，就社会关心问题进行了回应。

（三）10月13日：大规模检测第二天，山东省委书记到青岛调研指导

2020年10月13日，山东省委书记刘家义到青岛调研疫情防控工作，先后到市南区老舍公园南广场检测点、青岛市卫健委应急指挥中心等地调研，并在中心与前线医护人员视频连线，就居民核酸检测、患者救治予以强调和部署；随后主持召开专题会，听取国家卫健委工作组、医疗专家意见建议。会议要求"坚持人民至上、生命至上，精准科学有效做好疫情防控和患者救治"。当日，青岛市委组织部发出倡议，号召全市各级党组织和党员在疫情防控中进一步发挥党组织战斗堡垒和党员先锋模范作用，迅速有序跑出"青岛速度"、先锋引领彰显"青岛担当"、凝心聚力交好"青岛答卷"。13日晚，市指挥部例会强调"深刻反思，举一反三，坚决把疫情防控各项措施落到实处"。

2020年10月13日晚，青岛召开本轮疫情第二次新闻发布会。截至当日20时30分，已核酸采样5603804份，所出结果均为阴性，未发现新增患

者；并介绍了患者救治、密切接触者处置、流调溯源等问题。发布会透露：从流调溯源来看，"越来越多证据显示，本次疫情与市胸科医院高度相关；随着证据的不断充足，社区感染引起疫情的可能性越来越低"。

（四）10月14日：大规模检测第三天，省长到青岛调研指导疫情防控

2020年10月14日上午，山东省委召开常委会会议，认真学习贯彻习总书记关于做好疫情防控工作重要指示要求，按照党中央部署要求研究进一步严格科学精准有效做好疫情防控举措，从快从实从细做好疫情防控各项工作。14日，山东省省长李干杰到青岛调研指导疫情防控工作。在当日下午的疫情防控座谈会上，青岛市汇报了疫情防控问题清单，国家指导组同志提出了意见建议，李干杰就完善应急响应机制和一体处置工作机制等进行了强调；当日晚，李干杰主持召开省指挥部视频会，提出要深入学习贯彻习近平总书记重要论述精神，落实山东省委、省政府要求，按照国家督导组建议，科学研判当前形势，解决存在的问题，确保打赢青岛突发疫情阻击战、攻坚战、遭遇战，坚守疫情防控底线。①

2020年10月14日下午，青岛召开市政协党组（扩大）会议，要求各级政协组织和政协委员发挥职能优势，主动担当作为，积极投身疫情防控一线，为打赢、打好疫情防控总体战、阻击战贡献智慧力量。② 当日晚，青岛市委常委会召开会议提出，认真学习贯彻习近平总书记重要指示要求，按照中央决策部署和山东省委、省政府要求，严格落实疫情防控主体责任，部署做好重点工作。会议要求，要提高政治站位，精准做好疫情处置工作，遏制疫情蔓延并把影响损失降到最低，认真查找全市疫情防控中存在的问题；准确发布信息，提高舆情处置和宣传工作的有效性，统筹推进疫情防控和经济

---

① 薛华飞：《省委统筹疫情防控和经济运行工作指挥部视频会议召开》，《青岛日报》2020年10月15日。

② 蔺君妍：《主动担当作为服务疫情防控——市政协党组（扩大）会议召开》，《青岛日报》2020年10月15日。

社会发展。① 青岛市委研究决定，青岛市卫健委党组书记、主任隋振华停职，接受进一步调查，青岛市委组织部常务副部长杨锡祥主持青岛市卫健委全面工作。

2020 年 10 月 14 日，青岛召开了本轮疫情两次新闻发布会（第三、第四次）。上午的发布会回应了居民关心的问题；晚上的发布会，青岛市委常委、副市长薛庆国通报了疫情新进展：截至当日 18 时，全市已采样8825231 份，除已公布 12 例确诊病例外，未发现新增阳性样本。全市医疗机构工作人员、住院病人及陪护人员、社区人群已全部完成采样，结果均为阴性。市内五区已完成了 341 万份检测，占市内常住人口和流动人口的 85%。

（五）10月15日：大规模检测第四天，全市生产生活秩序逐渐恢复

2020 年 10 月 15 日，李干杰先后到青岛市疾控中心、市民核酸检测采样点、市立医院、青岛十六中等实地督导检查疫情处置和防控措施落实情况，强调要严格科学精准有效做好疫情防控工作，坚决打赢打好疫情处置阻击战、攻坚战、遭遇战，持续巩固提升疫情防控成果。

2020 年 10 月 15 日上午，市人大常委会党组（扩大）会议召开，要求全市各级人大代表"提高政治站位，助力疫情防控"，做好政策宣传和引导，积极传播正能量，自觉维护青岛良好形象，努力夺取疫情防控和经济社会发展全面胜利。② 当日，青岛市委办公厅印发《关于在全市各级党组织和党员中开展"防疫情·促发展·保稳定"秋冬专项行动的实施方案》，要求切实发挥党建统领作用，把全市上下精神状态、干劲斗志鼓舞、引领起来，凝聚起全体市民"爱青岛，让青岛更美好"的磅礴力量，统筹推进疫情防

① 刘成龙：《市委常委会召开会议深入贯彻落实习近平总书记重要指示要求　严格科学精准有效做好疫情防控各项工作》，《青岛日报》2020 年 10 月 15 日。
② 刘佳旎：《提高政治站位，助力疫情防控——市人大常委会党组（扩大）会议召开》，《青岛日报》2020 年 10 月 16 日。

控和经济社会发展。① 下午，省市疫情处置工作指挥部召开例会强调："加强流调溯源工作，高质量完成检测任务。"②

2020年10月15日，青岛召开了两场新闻发布会（第五、第六次）。青岛市副市长栾新，副市长、公安局局长隋汝文和市政府办公厅、卫健委、中医药管理局、疾控中心、医院负责人和市医疗救治专家参加发布会，通报疫情处置新进展，详细解答市民关注的问题。上午的发布会透露，全员核酸检测有序推进，市内五区基本完成全员检测任务；青岛市卫健委党组研究决定：市胸科医院党委副书记、院长邓凯同志免职，接受进一步调查；青岛市下一步将继续坚持"应急化处置"和"常态化防控"两手抓、两手硬，落实好主体责任。下午的发布会透露三点：一是目前全市生产生活秩序一切正常，人员流动没有限制，市民可自由出入青岛。针对近期有城市对青岛籍人士采取了一定防控措施，要求赴其他城市市民遵守配合当地要求，也希望其他城市对青岛市民给予理解；二是青岛市民在做好个人防护的情况下可正常上班上学，外出就餐购物，除楼山后社区为中风险地区外，其他区域安全；三是随着核酸检测工作和疫情防控工作不断推进，疫情发生社区传播和社会传染可能性越来越低。当晚，青岛市卫健委官方网站公布了核酸检测情况，结果全部为阴性。

（六）10月16日：大规模检测第五天，完成检测且已查明疫情源头

2020年10月16日上午，青岛召开第七次新闻发布会。山东省卫健委党组副书记、山东省疾控中心党委书记马立新介绍：经国家和省联合专家组现场流调、大数据排查和检测结果综合分析，判定本起疫情属于医院聚集性疫情，排除由社区传播传入医院内的可能性。通过开展病毒核酸全基因序列测序和结果比对分析，证实病理标本与9月青岛港疫情两名感染者高度同源，传染源来自上述两人。本起疫情传播链和证据链完整，是青岛

① 刘佳旎：《青岛秋冬专项行动：防疫情促发展保稳定》，《青岛日报》2020年10月17日。

② 薛华飞：《省市疫情处置工作指挥部工作例会强调——加强流调溯源工作高质量完成检测任务》，《青岛日报》2020年10月16日。

港疫情感染者住院期间因与普通病区患者共用 CT 室引发的院内聚集性疫情，未发生社区传播。发布会还指出，青岛港两名感染者是在"应检尽检"人员定期例行检测中发现的，在一定程度上说明青岛防控体系有效，但也存在漏洞。[①] 薛庆国指出，与之前国内相关疫情相比，这次疫情源头锁定速度最快，最终结论非常肯定；全市全员检测已进入收尾阶段，除之前已公布的确诊病例外，尚未发现新增阳性样本。发布会还梳理了前期疫情防控和应急处置工作，强调近期继续全力做好疫情处置工作，下一步将按照中央和山东省委、省政府要求，严格落实主体责任，远近结合，做到应急化处置和常态化防控两手抓、两手都要硬。

2020 年 10 月 16 日晚，青岛市副市长薛庆国接受央视《新闻 1＋1》关注青岛疫情连线并指出，目前可以基本排除外界最担心的疫情社区传播风险，青岛全员检测任务比预期提前 6 小时完成。[②]

（七）10月17日：更好统筹疫情防控和发展，毫不松懈抓好后续工作

2020 年 10 月 17 日上午，王清宪主持召开青岛市委专题会议，强调要"更好统筹疫情防控和经济社会发展"。为此，要进一步厘清工作思路，聚焦重点任务，并从推动经济社会发展、完善公共卫生服务体系、提高基层社会治理水平和加强舆论引导等方面进行部署。

2020 年 10 月 17 日上午，省市疫情处置工作指挥部召开例会，听取

---

① 由境外输入的货物感染了 2 名青岛港装卸工，2 名装卸工在定点医院－市胸科医院隔离观察期间，离开封闭区到 CT 室检查，违背管理规定到非隔离区，加之防护、消毒不规范，导致 CT 室被病毒污染，进而传染了第二天上午到同一 CT 室做检查的住院病人和陪护，并将病毒带入普通结核病区，导致疫情在医院内传播。这说明医院院感管理相关制度未得到严格落实，医院相关管理存在漏洞。转引自薛华飞《薛庆国接受央视〈新闻 1＋1〉连线采访时表示：基本排除疫情社区传播风险和蔓延可能坚决以最快速度把短板、漏项、弱项补上》，《青岛日报》2020 年 10 月 17 日。薛华飞：《青岛疫情流调溯源过程公布，未发生社区传播》，《青岛日报》2020 年 10 月 17 日。
② 齐娟：《超前完成——一千一百万人核酸检测任务提前六小时完成》，《半岛都市报》2020 年 10 月 17 日。

各工作组汇报，强调要"毫不松懈抓好后续疫情处置"，并指出：目前追根溯源、全员检测等重点工作基本完成；下一步要深入贯彻落实习近平总书记重要指示要求，按照中央决策部署和山东省委、省政府要求，始终绷紧疫情防控这根弦，毫不松懈抓好后续疫情处置，确保各项措施落到实处。

2020年10月17日下午，青岛召开第八场新闻发布会。青岛市副市长、市公安局局长隋汝文介绍了疫情防控进展：截至17日14时，全市采集样本10920411份，除已公布确诊病例外均为阴性。为做好核酸检测收尾工作，各区市仍保留231处采样点。发布会还通报了13例新冠肺炎确诊病例救治和流调情况。

（八）10月18日：介绍处置阶段性成果，进一步提高卫生应急能力

2020年10月18日下午，省市疫情处置工作指挥部召开例会，强调"全力以赴救治患者，巩固疫情处置成果"，并指出，目前疫情处置工作取得阶段性成效，也检验了全市各级党委政府的领导力、组织力、执行力和战斗力，展现了青岛市民理性包容、沉着冷静心态，全市人民用行动表达了"爱青岛，让青岛更美好"；要以此为契机，不断加强党建，发挥党组织和党员作用，进一步提升社会治理能力，走深走实群众路线；加快推进公共卫生应急备用医院建设，提升常态化疫情防控水平。

2020年10月18日下午，青岛市召开第九场新闻发布会。发布会通报了13例确诊患者救治情况。栾新表示，此次疫情给青岛经济社会发展造成了一定影响。目前，疫情防控和处置工作正科学规范有序进行，青岛市将坚持疫情防控和经济社会发展"两手抓"，毫不松懈抓好常态化疫情防控，坚定信心全面恢复正常生产生活秩序，努力把疫情影响降到最低。发布会透露，为进一步提高公共卫生应急医疗救治和应对突发重大传染病能力，青岛市正在建设公共卫生临床中心，计划2022年底竣工，2023年启用。中心启用后平时从事日常诊疗，"战时"作为重大疫情防控救治基地，保障青岛及周边地区突发公共卫生应急能力。针对疫情暴露出的院感问题，青岛市举一

反三，坚持问题导向，立即对全市医疗机构持续开展循环式督导检查，立查立改，多措并举堵塞漏洞。①

（九）10月19日：通报此次疫情特点，对疫情应急处置工作做出结论

2020 年 10 月 19 日上午，青岛市召开第十场新闻发布会。中国疾控专家李中杰为青岛疫情处置"定调"：病毒来自境外，波及范围小，场所局限，未发现社区感染病例，连续 8 天未出现本地新发病例；疫情发现及时、处置迅速，已取得阶段性成效，低风险地区可举办各类会议活动。但是，作为入境口岸城市，青岛持续输入疫情风险压力很大，应继续外防输入，内防反弹，实施精准防控措施，加强重点场所、人群防护工作，持续保持敏感，减少疫情对人民群众生命健康和社会发展影响。栾新表示，这次疫情问题漏洞在于医院方面防控措施落实不细、不严。为此，在全市开展了大督查、大排查、大整改，仔细过筛子，找准病根子，全面及时整改，全力救治患者，坚决抓好院感问题专项整治，绝不放松常态化疫情防控。发布会还通报了此次疫情的特点：一是引起此次疫情病毒属境外输入，排除与之前国内其他疫情相关性；二是疫情发生在特定场所，所有病例均与青岛市胸科医院有关，病例为该院收治的结核病患者、日常陪护人员或护工家属，未出现医务人员感染；三是疫情病例发现非常及时，处置很迅速，未引起大范围传播。

（十）10月20日：巩固疫情防控阶段性成果，开展秋冬季疫情防控工作督导

2020 年 10 月 20 日上午，青岛市召开第十一场新闻发布会。疾控中心、传染病防治专家等累计详细解答了 62 个市民最关注的问题。栾新介绍了青岛疫情防控新进展：截至当日上午 8 时，13 名确诊患者治疗取得积极进展，

---

① 齐娟：《专家汇聚，重症转"普"》，《半岛都市报》2020 年 10 月 19 日。

病情整体稳定。按照国家卫健委诊疗方案，青岛市第三人民医院收治的 3 名新冠肺炎患者已达到出院标准，计划办理出院手续，出院后按规定继续在院隔离 14 天观察。为做好常态化疫情防控，有效防范和积极应对秋冬季新冠肺炎疫情，市指挥部决定组织 10 个督导组进驻各区市，对疫情防控常态化形势下的工作进行督导。

二 应急处置做法和经验

青岛自 2020 年 10 月 11 日发生聚集性疫情以来，国家卫健委、山东省和青岛市各级整体联动，整座城市全民动员，应急处置有序高效。作为特大城市，青岛常住和流动人口有 1100 多万人，5 天内全员采样，不漏一人，对任何国家、任何城市而言都是巨大挑战和艰巨任务。青岛市为挽救生命不遗余力、为守护健康不畏危难，开展了科学应急处置和全民检测行动，其相关做法和经验为疫情防控提供了又一个样本。

（一）联动响应，各方协同：提供伟力制胜的坚强后盾

1. 国家、省、市三级联动响应，凝聚抗疫合力

一是省市一体指挥，联动响应。疫情发生后，山东省委主要负责同志高度重视，第一时间提出要求、作出部署，指导推进疫情处置工作。疫情出现当日凌晨，山东省委领导就明确了实施全市全员核酸检测和疫情防控要求。山东省委书记刘家义和省长李干杰分别到青岛现场调研并提出应对决策部署和指导。为突出省市一体化指挥，山东省委、省政府在青岛设立前方指挥部（省市一体指挥部），派一名副省长驻青岛，调集全省流调和检测机动力量，统筹医疗卫生资源，全力做好患者救治、全员检测、流调溯源、物资保障等应急处置工作，确保各项应急措施落实到位。围绕疫情处置，国家卫健委、山东省、青岛市派出国内和省内顶尖级专家成立联合专家组予以科学指导，为疫情防控和应急处置提供了专业化支持。二是各种力量协同配合，同舟共济。疫情发生后，山东省内外力量迅速行动，为青岛"战疫"提供全力

支持。疫情出现不到 24 小时，全省就派出来自省内 15 个地市的 1260 位医务人员（含 210 名核酸检测人员，1050 名采样人员）赴青岛支援并于 2020 年 10 月 12 日投入工作，同时带去 28 套核酸检测设备和数万份试剂，与青岛本地力量，共万余名医务人员共同开展核酸检测。由于全员检测量极大，青岛与周边烟台、威海、淄博、潍坊、日照"胶东半岛一体化"五市建立了对口支援机制，并于 13 日下午开始向五市运送检测样本，开展协助检验。就省外而言，疫情发生后，甘肃陇南成县（青岛城阳区东西扶贫协作帮扶对象）获知消息后不到 1 小时就召集了来自县医院、妇幼保健院和疾控中心的 50 人专业队伍，飞赴青岛协作支援。此外，来自湖北、北京等地的支援青岛的医疗志愿者也加入疫情处置中。青岛华大基因吸引天津、武汉、深圳等多地检测团队纷纷向青岛集结，参与核酸检测和溯源排查工作。[①] 上述举措再现了"一方有难、八方支援；守望相助、同舟共济"的团结协作精神。

2. 青岛市各部门和各层级迅速行动，顶格协调推进

一是市级层面联动响应，协调推进。青岛市委、市政府与市指挥部等多次召开市委常委会、专题会、例会和临时会等会议统筹部署疫情防控，发挥领导协调作用。青岛市委办公厅下发专项行动实施方案，要求充分发挥党建统领作用，深入开展思想认识"提升"行动、实施疫情防控"阻击"行动、发起经济发展"攻坚"行动、社会稳定"聚力"行动，以党建引领凝聚人心，提高战斗力，坚决打赢疫情防控"阻击战"和经济发展"攻坚战"；青岛市委组织部发出倡议，号召全市各级党组织和广大党员发挥战斗堡垒和模范带头作用；青岛市人大常委会和青岛市政协分别召开党组（扩大）会议，要求各级人大、政协组织，及人大代表、政协委员发挥职能优势，深入抗疫一线，主动担当作为，为疫情常态化防控和经济社会发展献计出力，助力打好疫情防控攻坚战。二是全市各层级联动参与，立体联动。在青岛市委、市政府部署和联动指挥下，聚焦疫情防控和全员检测，市属区市、街道、社区

---

① 赵黎等：《请看，九百万青岛人共绘"战疫群英图"》，《青岛日报》2020 年 10 月 14 日。

和小区层层发动，立体式联动。围绕疫情防控，全市组织机关事业单位力量下沉村居社区，压实属地和网格管理责任，落实群防群控措施。围绕核酸检测，全市机关及事业单位、各区市、各镇街和村居社区在公众号、公示栏和官方媒体等及时发布信息通知，组织动员群众在规定时间和地点采样；各部门责任明确，机关企事业单位负责本单位职工采样，交通部门在车站码头设采样点负责离开青岛或返回青岛的人员采样，教育部门负责大中小学师生采样。在基层一线，党员干部带头，白大褂（医护人员）、红马甲（志愿者）、蓝马甲（网格员）协同互动，热心群众自发参与和协助，为应检尽检、全员检测提供了坚实保障。①

（二）全员检测，一个不漏：彰显以人为本责任担当

1. 坚持生命健康至上，实施全员检测

一是做出全员检测部署。山东省委书记刘家义 2020 年 10 月 11 日凌晨就对疫情处置提出，要科学研判实施全员核酸检测工作。当日上午 9 点，山东省委、省政府专题会议作出开展大规模核酸检测和务必从多从快实现城区人员检测全覆盖的决定。按照山东省委、省政府部署，青岛市委、市政府当日围绕全员核酸检测作出了专门方案和具体安排。二是迅速开始全员检测行动。11 日晚，市卫健委官网发布信息，青岛将在 3 天内对市内五区实现核酸检测全覆盖，5 天内对全市检测全覆盖。核酸检测人员调配、物资保障、临时检测点搭建等各项工作当即开展。从 11 日夜间 9 时开始，主城区部分小区居民陆续接到核酸检测通知，全员检测开始从决策部署迅速演变成为具体行动。为尽快实现全员检测目标，全市设立了 4000 多个采样点并多渠道通知居民（见表1）。检测进展迅速，仅 12 日晚到 13 日早，全市一夜间采样近 204 万份。全员核酸检测于 10 月 17 日 14 时提前 6 小时完成。为做好核酸检测收尾工作，在结束大规模检测后，各区市仍保留了 231 处采样点，延期 2 天继续进行免费检测，确保对因故尚未参与的市民实施检测。

---

① 王滨、齐娟：《全力以赴　流调溯源》，《半岛都市报》2020 年 10 月 15 日。

表1　青岛全市采样点数量、分布与信息沟通情况

所辖区市	采样点数（个）	信息沟通情况
市南区	163	通过入门通知、媒体宣传等方式通知到各家各户
市北区	130	借助各街道办微信公众号和电话通知
李沧区	228	借助李沧发布公众号和新闻网等向市民提供信息
崂山区	330	通过微崂山、崂山发布公众号通知和查询
西海岸新区	977	借助各镇街微信公众号、村居委会公示栏等提供信息
城阳区	302	通过爱城阳微信公众号等进行通知和查询
即墨区	592	借助即墨区委宣传部统一发布的采样点位置引导市民检测
胶州市	442	通过街道疫情防控指挥部电话咨询并提供服务
平度市	897	采取发放一封信、短信微信告知、入户告知等方式通知
莱西市	328	通过"我的莱西""莱西在线"等方式向市民提供信息

资料来源：根据2020年10月14日青岛市疫情防控发布会及媒体报道通报情况整理。

2. 秉承以人为本担当，做到一个不漏

一是结合群众需求优化检测流程。青岛各区市镇街和村居社区全面摸排登记，压实房屋出租户和各类生产经营场所、公共服务场所负责人责任，确保检测全覆盖；同时，认真听取群众意见，结合人流变化和实际需求，及时调整固定检测点，机动增减检测窗口，优化检测流程，提高检测效率。遇到群众提出问题，工作人员认真回答，及时回应群众疑问需求。二是面向特殊群体设立绿色通道。各单位和街道社区针对特殊群体开通了"绿色通道"。例如，市北区双山街道考虑到很多行动不方便老人、年龄较小孩子、孕妇、残障人士等弱势群体体力精力差，无法长时间排队等待等问题，开辟"绿色通道"，为其提供快检服务以缩短排队时间，彰显人文关怀。[1] 三是面向无法到场人群实施流动检测。针对无法到检测点的居民提供上门采样服务。例如，李沧区沧阳路社区组织医务人员对无法下楼的老人、产妇等特殊人员进行入户检测[2]；城阳区面向生活在山上，下山不便的居民，设置流动采样

---

[1] 张杨：《社区开辟"绿色通道"遇小朋友边哄边取样》，《半岛都市报》2020年10月15日。
[2] 李红梅、刘笑笑、林祎晨：《"大喇叭"挨楼提醒，万人社区两天检完》，《半岛都市报》2020年10月14日。

小分队进行上山检测；对生活在田横岛、灵山岛等海岛养殖渔民，组织人员渡海登岛检测；敦化路街道在市北区中央商务区及时增设采样点，方便流动中的上班族应检尽检。

（三）全民参与，众志成城：提高基层群防群治能力

1. 推动力量下沉，发动群众参与

一是人员力量下沉一线。推动机关干部、医护人员下沉社区检测点，与志愿者、媒体工作者和社区工作人员等共筑抗击疫情基层火力线。在疫情防控中，党员干部以高度的政治责任感和使命感下沉一线，与社区人员、医护人员配合进行登记信息和采集样本。例如，李沧区委组织部、兴城路街道市场监管所、沧口学校等单位派人员协助社区做好秩序维护、登记等工作[①]；市北区启动应急响应后迅速动员集结采样医护人员1286人，下沉机关干部1771人，发动3655名志愿者进社区、进学校、进单位、进企业开展疫情防控和检测。[②] 二是居民群众积极配合。疫情暴发后，青岛整座城市从容有序运转，市民有条不紊地生活，积极有序地参与疫情防控；在大街小巷、广场社区都能让人感受到这种积极向上的状态。[③] 围绕大规模全员检测，（村）居民闻令而动，迅速响应，连夜布置检测点，主动前往就近点参加检测或参与服务。整个检测过程井然有序，市民在配合检测的同时主动尽责出力、捐助物资。围绕疫情防控和全民核酸检测，广大市民线上线下由衷点赞，发出正面声音，激发正能量。在这场"战疫"中，青岛市民展现出了从容有序、文明理性的状态，让外界真切感受到了温度和温情。

2. 志愿者助力，打造抗疫非凡战力

一是社区居民积极参与志愿者活动。在疫情防控和全员检测中，以广大

---

① 李红梅、刘笑笑、林祎晨：《"大喇叭"挨楼提醒，万人社区两天检完》，《半岛都市报》2020年10月14日。

② 北宣：《众志成城共克难关——数千名党员志愿者坚守一线百万居民积极有序参加检测》，《青岛日报》2020年10月15日。

③ 本报评论员：《城市的温暖，驱散疫情阴霾》，《青岛日报》2020年10月16日。

居民为主体的志愿者发挥了重要作用。据统计，仅市内五区就统筹安排了 2 万余名志愿者参与现场支援服务。志愿者涵盖留学生、全职妈妈、道德模范、夫妻档、退役军人、在校大学生等群体。广大志愿者或为群众提供雨伞、帐篷、座椅、急救药品等便民设施，或向老年人、残障人士等特殊人群提供暖心服务。以城阳区天泰城社区为例，该社区有居民 14000 余户，有来自韩国、日本、澳大利亚等多国人员常住，是青岛最大的综合性国际化社区。2020 年 10 月 11 日晚，社区接到全员核酸检测通知后，分到社区的医务工作者只有 10 人，很难满足工作需要。为此，社区紧急召集了 80 多名志愿者组成志愿服务队，有力保障了社区检测工作。① 二是社会各界积极开展志愿服务活动。社会各界各行业组织的志愿者也发挥了重要作用。例如，市南巴士"一路相伴心连心"志愿服务队、交运集团南方客运分公司"暖阳"志愿服务队等企业志愿团队、青岛海山学校启越敬老志愿团等学生志愿团队、"麒翔"大手拉小手敬老志愿服务队、钿楠少年敬老志愿团队、金门路街道 4S 党员服务队等。在志愿者中有幼儿园老师、图书馆馆长、医生、物业工作人员和机关干部等。这些志愿团队听从指挥，奔赴岛城多个采样点，为居民提供服务，协助核酸检测。② 一些社会组织也在积极参与志愿者服务。例如，琴岛义工总会组织了有疫情和卫生护理及维持秩序经验的服务志愿者 311 人参与。③ 截至 15 日，全市已累计调度 3060 余支志愿服务队和 8.9 万余名志愿者投身一线，在核酸检测和大规模流调排查中发挥了有效作用，成为打赢青岛"战疫"的重要力量。④

（四）技术赋能，信息助力：掌握"战疫"制胜科技法宝

1. 借助科技攻关，为疫情处置赋能增效

青岛全民检测快速高效离不开科技攻坚和技术赋能。2020 年初，青岛

---

① 李兵、刘丹阳：《全员检一个不落，行动》，《半岛都市报》2020 年 10 月 13 日。
② 臧琦：《"爱心陪伴"志愿团队助力"青岛速度"》，《青岛日报》2020 年 10 月 16 日。
③ 吕华：《出人出车，倾力相助》，《半岛都市报》2020 年 10 月 15 日。
④ 徐杰：《全市 8.9 万余名志愿者助力核酸检测》，《半岛都市报》2020 年 10 月 16 日。

市科技局就实施了疫情防控方面的科技惠民紧急立项,发挥科技"前哨"作用,为"战疫"助力增效。在这次疫情处置中,多项技术发挥了重要作用。例如,推行"10 混 1"检测技术①使病毒采样管生产效率和检测效率提高了 10 倍且不影响检测质量。2020 年 10 月 11 日晚,青岛简码基因科技公司收到市病毒采样管产品需求后,迅即整合力量投入"战斗"状态,不到 20 小时就供货近 10 万份采样管,可供近 100 万人检测。再如,青岛华大基因在引入可移动、自动化、大通量的气膜版"火眼"实验室基础上,于 14 日迅速扩建升级,增加 27 台自动化核酸提取仪和 61 台核酸检测核心设备,日检测通量由 2000 单管提升至 40000 单管,保障了规模化应急能力。② 此外,青岛君研生物成功开发的核酸检测试剂("恒温扩增法")最快 15 分钟出结果,相较于传统荧光定量 PCR 检测时间(2.5~3 小时),检测速度大大加快。③ 上述技术在关键时刻助力了青岛核酸检测和流调排查,为"青岛速度"提供了坚实保障。

2. 利用互联网和信息技术为疫情处置助力

一是工业互联网技术发挥作用。青岛自提出"打造世界工业互联网之都"目标以来,"智能 +"工业互联网不但迅速成为城市新风向,也在疫情防控中发挥了作用。例如,作为青岛综合性、跨行业、跨领域工业互联网平台的核心力量,海尔搭建的卡奥斯平台在疫情过程中迅速展现出了工业互联网技术价值,在解决防疫医疗资源紧缺方面发挥了重要作用。在这次聚集性疫情处置过程中,海尔卡奥斯发挥资源高效配置能力,第一时间

---

① 2020 年初疫情发生时,国内核酸检测使用"单人份"一次性病毒采样管(1 支试管里仅放 1 个人的采集拭子)。2020 年 8 月中旬,国家下达新一轮检测标准,"十混一"一次性病毒采样管开始投入生产,1 支试管里可以同时盛放 10 个人的采集拭子,10 个采集拭子统一检测,万一检测出阳性,再把这 10 个人逐个进行二轮筛查。此技术使生产效率和检测效率都提升了 10 倍,技术效率高、成本低、痛苦少。该技术更加适合做大规模核酸检测。青岛核酸检测就是采用"十混一"一次性病毒采样管。此技术曾经在大连使用并被青岛再次使用。

② 张旭东、杨文、闫祥岭:《千万人口城市的全员核酸检测如何在 5 天内基本完成?——青岛全员核酸检测观察》,新华网,最后访问日期:2021 年 5 月 10 日。

③ 白菊、吕华:《一签一管,科技加持》,《半岛都市报》2020 年 10 月 14 日。

行动，两天时间研发上线疫情医疗物资信息共享资源汇聚平台并迅速与各区市防疫物资保障组对接，精准了解应急需求，依托医疗检测物资供应平台，全天候加强物资调配，及时解决了病毒采样管和咽拭子短缺等关键性问题。二是运用信息技术提高检测效率。广大社区在检测中注重将互联网技术和信息化手段运用到疫情防控与核酸检测中，提高居民登记检测效率。例如，市北区辽源路街道推出居民线上信息登记，运用互联网技术和信息化手段开展疫情防控核酸检测工作，通过微信扫码填写信息，缩短等待时间，比人工登记效率提高数倍。为将核酸检测通知到每家每户，网格员在各片区微信群发布通知，沟通信息；广大医务人员、街道社区工作人员、党员志愿者及居民借助信息化手段开展检测工作，为争分夺秒完成"应检尽检"任务提供了有力支持。

（五）加强宣传，引导情绪：抢占舆情引导的制高点

1. 青岛市有节奏开展宣传报道和舆情引导工作

自 2020 年 10 月 11 日疫情出现后，青岛市第一时间在官方网站公布信息，围绕疫情防控及时召开新闻发布会。据统计，一方面，整个疫情期间召开发布会 11 场；其中有两天单日召开了两场发布会，及时通报最新动态，回应群众关心问题，引导舆情；另一方面，各大媒体开展了有节奏的宣传报道和舆情引导（见图 1）。以《青岛日报》和《半岛都市报》为例，自此次疫情开始到结束，分阶段分专题开展针对性报道（见表 2）。微博微信、朋友圈和抖音快手等网络媒体也发挥了重要作用。例如，《青岛共发现 6 例确诊病例，6 例无症状感染者！5 天内对全市检测全覆盖》《半岛记者直击核酸检测实验室："检测 8 人组"两天没休息　三级防护把好第一关》《青岛 90 后小姐姐的防疫战：采样现场大喇叭喊话，两天工作 32 小时》《青岛"大喇叭"喊楼小姐姐找到啦!》《暖心一幕！河西街道一处检测点，居民邀请淄博援青医护人员跳广场舞取暖鼓劲》《送给 900 万青岛人！这终生难忘的三天，齐心协力捍卫家乡的瞬间……留作纪念吧!》《一个动作温暖一座城！被人民日报点赞的青岛鞠躬小男孩找到了》《请记住，这"国家脊梁"

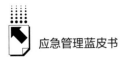
的一躬!》《城市摆渡人：让人感动泪奔，守卫青岛他们已八个月没回家》等报道在网络上引发了大量关注。以上举措有效激发了全市居民抗疫的精气神，营造了良好的舆论氛围，凝聚了积极向上的力量。

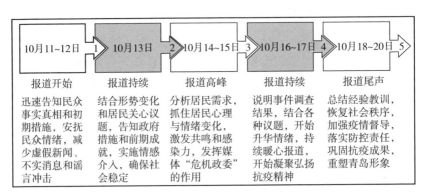

10月11~12日 1	10月13日 2	10月14~15日 3	10月16~17日 4	10月18~20日 5
报道开始	报道持续	报道高峰	报道持续	报道尾声
迅速告知民众事实真相和初期措施，安抚民众情绪，减少虚假新闻、不实消息和谣言冲击	结合形势变化和居民关心议题，告知政府措施和前期成就，实施情感介入，确保社会稳定	分析居民需求，抓住居民心理与情绪变化，激发共鸣和感染力，发挥媒体"危机政委"的作用	说明事件调查结果，结合各种议题，开始升华情绪，持续暖心报道，开始凝聚弘扬抗疫精神	总结经验教训，恢复社会秩序，加强疫情督导，落实防控责任，巩固抗疫成果，重塑青岛形象

图1　疫情有关媒体报道和舆情引导阶段任务

表2　青岛主要媒体宣传报道和舆情引导情况

日期	《青岛日报》(统计所有版面)	《半岛都市报》(统计头版头条)
10月12日	头版：《市委统筹疫情防控和经济运行工作领导小组（指挥部）第11次工作例会强调：从严从实从快抓好疫情处置　确保各项防控措施落实到位》	《省委省政府专题研究部署青岛疫情处置工作：立即开展大规模核酸检测，尽快实现城区人员全覆盖》（头版头条1/3版面，第2版全版3条新闻）
10月13日	头版：《市委统筹疫情防控和经济运行工作领导小组（指挥部）第12次工作例会召开：全力加强患者救治工作加快推进全员核酸检测》《青岛举行疫情防控情况新闻发布会：楼山后社区定为中风险区域　青岛其他区域风险等级不变》 要闻(第2版)：《青岛全员检测：核酸采样已过百万人》《青岛公交开启"零触模式"乘车》	《让市民安心，让全国放心：3天内对五区检测全覆盖，5天内对全市检测全覆盖，截至昨天采样超百万，31万份采样已出结果，除之前9例外未出现感染者，12例阳性活动轨迹已基本掌握，楼山后社区中风险》（头版整版，第2~5版全部关注）

续表

日期	《青岛日报》(统计所有版面)	《半岛都市报》(统计头版头条)
10月14日	头版:《刘家义在青岛调研疫情防控工作并主持召开专题会:坚持人民至上生命至上,精准科学有效做好疫情防控和患者救治》《市委统筹疫情防控和经济运行工作领导小组(指挥部)第13次工作例会强调:深刻反思,举一反三,坚决把疫情防控各项措施落到实处》《青岛召开疫情防控情况新闻发布会:全市已完成560多万份采样,全省派出1200多人支援青岛》《在秋冬疫情防控工作中进一步发挥党组织战斗堡垒和党员先锋模范作用》 要闻(第3版整版):《请看,九百万青岛人共绘"战疫群英图"》	《(头条)刘家义在青岛调研疫情防控工作并召开专题会:把疫情防控工作一抓到底》等
10月15日	头版:《省委常委会召开会议:认真学习贯彻习近平总书记重要指示要求　从快从实从细做好疫情防控各项工作》《市委常委会召开会议:深入贯彻落实习近平总书记重要指示要求　严格科学精准有效做好疫情防控各项工作》《省委统筹疫情防控和经济运行工作指挥部视频会议召开》《主动担当作为　服务疫情防控——市政协党组(扩大)会议召开》 要闻(第5版整版):《"十混一"检测不会漏检误检》《在疫情常态化防控工作中积极担当作为贡献政协力量》《市内五区核酸检测任务完成》	《(配图)截至10月14日18时:青岛共采样8825231份,已出结果5410386份,新增阳性0,预计14日24时,五区检测全部完成,这下真放心了吧!》(整版配图,第3～12版全部关注)
10月16日	头版:《李干杰在青岛调研检查疫情防控工作》《提高政治站位,助力疫情防控——市人大常委会党组(扩大)会议召开》《省市疫情处置工作指挥部工作例会强调:加强流调溯源工作　高质量完成检测任务》《新华社播发通讯:青岛全员核酸检测观察一千万人口城市的全员核酸检测如何在5天基本完成?》《城市的温暖,驱散疫情阴霾》 要闻:(第2版)《发挥人大代表示范带动作用 全力做好秋冬季疫情防控工作》(第4版)《青岛召开两场疫情防控新闻发布会:全市采样过千万,暂无新增阳性——确保16日按时完成5天全员检测的预定任务》《五区基本完成全员检测任务　兑现承诺彰显"青岛担当"》《青岛制定更严格管控措施》《"爱心陪伴"志愿团队助力"青岛速度"》	《(配图)采样超千万未现新增阳性,生活逐渐恢复本来样子!》(整版配图,第2～10版全部关注)

续表

日期	《青岛日报》(统计所有版面)	《半岛都市报》(统计头版头条)
10月17日	头版:《青岛全员核酸检测提前6小时完成:将对全市所有医疗卫生服务机构开展拉网式排查》《青岛疫情流调溯源过程公布,未发生社区传播》 要闻:(第2版)《薛庆国接受央视"新闻1+1"连线采访时表示:基本排除疫情社区传播风险和蔓延可能 坚决以最快速度把短板、漏项、弱项补上》《发挥党建统领作用坚决打赢疫情防控"阻击战"和经济发展"攻坚战"》《扛起共克时艰的先锋责任》(第3版)《120个小时的"加速跑",我们一起用爱"守城"》《一场转危为安的"大考"》(第4版全版)《中国力量充分彰显"青岛速度"令人赞叹——国内外媒体对青岛应对突发新冠肺炎疫情予以高度评价》(第5版)《那些坚定的身影,呵护一座城——来自青岛核酸检测一线的感人瞬间》《2000万+!"拾荒老人免费检测"微博短文成爆款》	《(配图)我们做到了——结果全出:青岛完成10899145个核酸检测结果》(整版配图,第2~6版全部关注)
10月18日	头版:《省市疫情处置工作指挥部工作例会强调:毫不松懈抓好后续疫情处置》《王清宪主持召开市委专题会议强调:更好统筹疫情防控和经济社会发展》《通报两个"231",让市民更放心》 要闻:(第3版整版)《碧海蓝天,这座城市繁华依旧》	周末休刊
10月19日	头版:《新华视点:青岛战"疫"120小时》《省市疫情处置工作指挥部工作例会强调:全力以赴救治患者 巩固疫情处置成果》 要闻:(第3版)《我市举行第九场疫情防控情况新闻发布会:市公共卫生临床中心2023年启用 市胸科医院完成5轮核酸检测,未发现新增阳性》(第5版全版)《热火朝天,这个周末"不打烊"》	《(配图)云开疫散,烟火依旧——谋划长远》(整版配图,第2~10版全部关注)
10月20日	头版:《山东省召开统筹疫情防控和经济社会发展形势分析专题会:巩固回升向好态势增强发展内生动力 确保完成全年经济社会发展目标任务》 要闻:(第3版)《中疾控专家为青岛疫情处置"定调":疫情病毒来自境外,波及范围很局限,发现及时、处置迅速,低风险地区可以举办各类会议活动》	《"四不两直"严查疫情防控:青岛连续8天无新发病例,疫情处置取得阶段性成效:10个督察组赴10区市,对疫情防控各环节过筛子》(头版头条,1/3版面,第2版整版报道)

资料来源:单俊楠、贠瑞虎:《抓住受众情绪,微传播抢占舆论引领新高地——以半岛都市报新冠肺炎疫情防控两微报道为例》,《青年记者》2020年第34期。

2. 央视和外媒为青岛以及中国疫情处置点赞

一是国内权威媒体为青岛疫情处置点赞。2020年10月15日，新华网以《千万人口城市全员核酸检测如何在5天内基本完成？——青岛全员核酸检测观察》为题进行报道；同日，央视《新闻联播》在《主播说联播》中对青岛抗疫做短评，人民网微信公众号发布《这番感叹，20万赞！》，人民网微博上转发青岛社区检测采样点感人事迹。16日，《中国青年报》刊登《我们的城市，我们来守护》，记录了青年志愿者助力全员核酸检测事迹；同日，《新闻联播》播发《多管齐下，青岛全员核酸检测基本完成》，晚间央视《新闻1+1》节目以《青岛疫情，要结束了吗》为题进行直播报道，青岛市领导接受了主持人白岩松连线采访，等等。央视报道既是对青岛疫情处置的肯定，也鼓舞了全国抗疫的信心。二是外媒以此为契机盛赞中国抗疫。对比当前多国和地区疫情汹涌但应对迟缓的状况，此次青岛全员检测的强大动员力和执行力，再次令外界对中国疫情防控速度和成效惊叹，相关报道直言中国让世界"想不到""不可思议"等（见表3）。11月19日，世界顶级医学期刊《新英格兰医学杂志》网站首页上线了题为《快速应对中国青岛暴发的新冠肺炎疫情》的文章，系统总结了青岛10月聚集性疫情应急处置策略和经验。

表3 外媒报道青岛聚集性疫情处置"战疫"成效

报道媒体	媒体相关评价
法国国际广播电台	驻京记者拉加德描述了青岛采取了严格措施：公交车、餐馆和购物中心都要求人们佩戴口罩，公共卫生二维码随处可见。报道表示："目前一切正常，人们随时关注手机应用程序警报更新。将有数百万人进行核酸检测，这能使人感到放心，因为这些措施是即刻有效的。"
英国天空电视台	青岛市仅用3天时间完成对5个行政区的检测，5天内实现全市人员检测完毕。为确保按时完成任务，医护人员坚守在遍布全市的各个检测点，从5时30分到23时30分实施不间断检测，并直言："这种只争朝夕的大规模快速检测，对于阻止疫情扩散至关重要。"
英国广播公司	一旦出现新的确诊感染病例就迅速展开大规模检测，已成为中国防控疫情的有效手段。中国已经在很大程度上控制住了疫情，这与世界上其他国家和地区形成了强烈反差

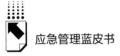
报道媒体	媒体相关评价
比利时《最新消息报》	该报驻华记者莉恩·维尔韦克在视频连线中表示:"在欧洲人看来,在仅有12个新增新冠肺炎确诊病例的情况下就对900多万人进行检测,可能有点不可思议。但这已成为中国常规做法,目的是从源头下手,尽力将疫情控制在最小范围内,阻止其对14亿中国人造成威胁。"听了视频连线,该报网站女主播坦言:"也许我们真的可以从中国的快速反应中学到点什么。"
美国 CNN	记者大卫·卡尔弗介绍:青岛在3天内进行了800多万人大规模核酸检测。"青岛可是人口比纽约市还多的城市,而他们决定要全员核酸检测。"CNN主持人在听完介绍后,表示:"太不可思议了! 这其中的很多措施在世界上大多数国家是做不到的。"
路透社	尽管只出现了少量新增新冠肺炎确诊病例,但青岛市迅速行动并计划在短短5天时间内完成对全市900多万人口的核酸检测。自疫情暴发以来,中国大陆新冠病毒感染数量显著下降,而中国依然对疫情保持高度警惕
《日本时报》	身着防护服的卫生工作者迅速搭起帐篷,居民排队提供样本,这与其他国家笨拙的检测工作形成鲜明对比。青岛雷厉风行举措,让一些国家"笨拙"的防疫工作和官员们一直以来的借口无所遁形
《德国日报》	自2020年3月底以来,通过迅速隔离感染者和密切接触者并进行大规模核酸检测,中国已经能够在新发疫情初始阶段完全控制住所有本地感染群体,从而避免影响本国其他地区
美国《华尔街日报》	对比美国和欧洲每日新增确诊病例数以万计,中国仅有两位数,而且几乎所有病例均由境外输入。即便如此,中国政府采取了严格防疫措施:在实行大规模检测的同时,对确诊病例及其密切接触者进行追踪和隔离。这些努力帮助了中国经济"更快速复苏"。并且正有效防止潜在的"第二波感染风险"

资料来源:任晓萌、杨琪琪:《"中国力量"充分彰显"青岛速度"令人赞叹——国内外媒体对青岛应对突发新冠肺炎疫情予以高度评价》,《青岛日报》2020年10月17日。

B.23
社会治理创新赋能新冠肺炎疫情防控

——徐州市"梳网清格"新实践案例分析

孙娣*

摘　要： 近年来，徐州市将"梳网清格"作为创新基层社会治理的有效手段，充分发挥"大数据＋网格化＋铁脚板"的基础优势，构建起"梳、清、治"的闭环治理体系，在社区治理、重大安保、隐患排查中发挥了重要作用，尤其是经受住了新冠肺炎疫情防控的考验。目前，"梳网清格"工作在"贯通机制""力量配置""警网融合""考核导向"等方面还存在掣肘。下一步应从"四个坚持"入手，深入推进"梳网清格"社会治理新实践的发展，即坚持系统观念，强化源头治理，将共建共治共享社会治理制度优势转化为公共安全风险治理效能；坚持规则优先，强调依法规治，健全完善社会治理创新路径体系；坚持问题导向，深化联动共治，建设新时代社会治理多元参与共同体；坚持资源共享，强化信息支撑，建构"网格化＋信息化"社会治理新模式。

关键词： 社会治理创新　疫情防控　梳网清格　徐州防疫

---

* 孙娣，博士研究生，中共中央党校（国家行政学院）应急管理培训中心（中欧应急管理学院）合作交流处副处长，研究方向为社会治理、应急管理。

一　引言

社会治理是国家治理的重要方面，基层是社会治理的基础和支撑。习近平总书记强调："社会治理的重心必须落到城乡社区，社区服务和管理能力强了，社会治理的基础就实了。"① 2020 年初，新冠肺炎疫情突如其来，这是我国继 2003 年"非典"疫情之后的又一场防疫大战，是对我国社会治理体系和治理能力建设的一次考验。

网格化管理是以网格为单位创设的一种基层整体性组织结构模式及其一系列连续性、程序化的工作机制，其主要特点是以信息采集与编码为基础，以问题分类及处理控制为导向，以指挥中心居间形成联动枢纽，以网格作为提供组团服务的媒介。② 近年来，网格化管理以"权威整合""行政资源下沉""无缝隙覆盖""纵向到底、横向到边"为特色，整合基层多元主体参与③，成为新时代基层社会治理的主要模式，对实现管理资源整合与政府跨部门协同联动具有积极推动作用。2004 年，网格化管理模式首创于北京市东城区。2005 年，住房和城乡建设部开始在全国推广该模式。此后，北京、广东深圳、上海、浙江舟山和河北石家庄等地纷纷开启了网格化社会管理模式的创新。2013 年，党的十八届三中全会通过的《中共中央关于全面深化改革若干重大问题的决定》中提出了"以网格化管理、社会化服务为方向，健全基层综合服务管理平台"④ 的具体要求，这是网格化管理首次在中央文件中提出。2020 年 1 月 25 日，国家卫健委发布的《关于加强新型冠状病毒感染的肺炎疫情社区防控工作的通知》中明确提出"要充分发挥社区动员

---

① 《习近平关于社会主义社会建设论述摘编》，中央文献出版社，2017，第 127 页。
② 孙柏瑛、于扬铭：《网格化管理模式再审视》，《南京社会科学》2015 年第 4 期。
③ 王昕生：《社会治理现代化视域下的新冠肺炎疫情应对——以威海市"六治一网"网格化模式为例》，《山东经济战略研究》2020 年第 5 期。
④ 《十八大以来重要文献选编》上，中央文献出版社，2014，第 539 页。

能力，实施网格化、地毯式管理"①，网格化管理迅速成为全国各地开展疫情防控阻击战的首选"利器"，并在实践中不断得以创新，逐步发展成为我国基层社会治理创新的新范式，其中一个突出案例就是徐州市的"梳网清格"新实践。

二　主要做法

徐州地处苏鲁豫皖四省交界，是我国区域性中心城市和发展成长型城市，处于产业结构深度调整、城镇化加速推进、社会建设全面加强的关键阶段。徐州全市辖165个镇（街）、2744个城乡社区，其中镇97个、街道68个，农村社区（村委会）2018个、城市社区（居委会）726个（含17个未选举社区）；徐州全市户籍人口为10380452人，流动人口为667723人，人流、物流汇聚，疫情扩散风险性极高。突如其来的新冠肺炎疫情对徐州来说，既是一次公共卫生危机事件，也是一次基层社会治理的大考。

2020年1月22日，徐州即成立了市疫情防控工作领导小组。1月25日，徐州首次出现疑似病例，市政府立即启动应急预案，将领导小组升格为应急指挥部，由市政府主要领导担任总指挥，相关市委常委和副市长任副总指挥，指挥部下设"一办八组"，后调整为"一办十组"（办公室、预防控制组、医疗救治组、交通管控组、社会及社区防控组、农村防控组、学校防控组、企业防控组、环境卫生组、新闻宣传组、物资保障组）。1月28日，徐州市委成立疫情防控工作领导小组，市委书记担任领导小组组长。各地各部门在疫情防控工作领导小组和应急指挥部的领导下，各司其职、相互配合，借助基于公安特色治理之策、平安之道的"梳网清格"这一"妙招"，有效完成了疫情防控阻击战。"梳网清格"为徐州市新冠肺炎疫情"网格化防控"提供了坚实、可靠的依托，实现了精准有效防控。

---

① 《国家卫健委：社区实施网格化、地毯式管理，防控新型肺炎》，《中国青年报》2020年1月20日。

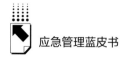

新冠肺炎疫情发生以来，徐州24天内实现新增确诊病例清零，累计报告本地确诊病例79例（含外省病例1例），均已治愈出院。自2020年2月17日后，徐州再无新增本地确诊病例，无境外输入性确诊病例、无症状感染者报告。

（一）"梳网清格"的基本内涵及建构逻辑

从2017年下半年开始，江苏省部署开展创新网格化社会治理机制工作，江苏省委政法委牵头抽调26个部门业务骨干组成工作专班，创新网格化社会治理机制，构建网格化社会治理全省"一张网"，通过颁布实施《江苏省创新网格化社会治理机制意见》《全省网格化社会治理信息化建设总体方案》《信息化建设工作意见》，逐步完成了省级层面的制度设计。徐州市在全省开展网格化社会治理工作的过程中，创新性地开展了"梳网清格"新实践。

徐州公安发起的"梳网清格"是结合社区警务理论，根据属地管理、地理布局、现状管理等原则，实施动态、全方位管理的现代警务创新系统。"梳网清格"深度融合了社区警务和网格化治理理论，在探索实践中契合了党建引领、协同治理、社会善治、现代警务等相关理论，并逐步发展完善。"梳网清格"根据地理环境、管理对象等要素，将警务社区划分为若干与政务意义上的"网格"相适配的"警格"作为最小治理单元，动员多主体参与综治联动，明责赋权优化职能，运用"大数据+网格化+铁脚板"[1]，构建"梳、清、治"闭环治理体系，是实现以"小网格"善治良序积累"大社会"平安稳定的基层社会治理模式。

"梳网清格"的核心要义是单元梳清和多元共治，根基是"警格"与"网格"的融合，即科学细分警务社区，对接并融合"网格"，将警力与社区自治组织和社会力量在"格"中实现对接汇聚，信息资源在"格"中实现共享融合，将管理与服务推向"最后一公里"。"梳网清格"的关键是

①　徐公轩：《聚力打造基层社会治理创新"徐州样板"》，《徐州日报》2020年9月9日。

"三梳六清"（见图1）。"三梳"即梳清不放心的人、梳清不放心的物、梳清影响稳定的事；"六清"即清查重点区域、清理空关房屋、清缴嫌疑物品、清除安全隐患、清扫丑恶现象、清洗系统数据（见图2），采取"合围、检查、甄别、处置、宣传和治理"等手段，实现"六个到位"，即重点人员梳清管控到位、危险物品梳清管理到位、矛盾纠纷梳清化解到位、安全隐患梳清整改到位、风险事端梳清防控到位、异常信息梳清采集到位。

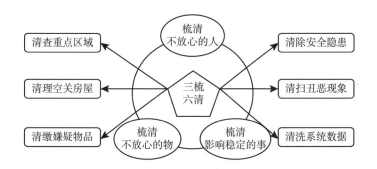

图1　"梳网清格"的逻辑建构——"三梳六清"

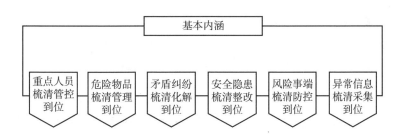

图2　"梳网清格"的基本内涵（六清）

"梳网清格"充分发挥公安机关在基层社会治理中的主力军作用，动员公安民警、辅警力量下沉社区，开展"梳网清格"，坚持多元联动共治，坚持党委引领、政府负责，"众筹"社会治理力量，推动卫健、环保、住建、城管、应急等职能部门发挥作用，发动社会自治组织优势，吸引社区志愿者、网格员、社区群众参与，形成党委政府主动揽责、职能部门主动履职、社会各方主动参与、社区群众积极参与的共建共治共享格局。

（二）徐州市"梳网清格"疫情防控的实践探索

1. 科学布网建格，"警格＋网格"织密疫情防控网，提升疫情防控精细化水平

面对疫情防控"外防输入、内防扩散"的双重压力，徐州市以"梳网清格"为重要手段，采取"区域会战"和"专项梳清"相结合的非常规方式，科学选点布网、精细有序建格，筑牢疫情防控基层防线。徐州市从治安要素、管控手段、现有警力等方面设定权重，将全市社区划分为9826个综合网格、1200个专属网格，将全市科学划分成1194个警格，警格与网格相结合，细化作战单元，按格划责、网格布警、精准防控。① 依托社区民警和网格员的"铁脚板"开展对社区中部位、人户、组织、业态、事件等的信息采集，并形成社区管控要素图，要素图中细划了社区综合网格和专属网格，并对接融合"警格"，社区范围、道路分布、网警格划分、警力布建、协同部门、社会力量、重点人员、重点地域、防疫要素、梳清内容等要素分层显示，实时更新。该要素图被推送至辖区全体抗疫人员，为开展疫情防控发挥了重要作用：一是结合要素图中的地理边界、进出口通道、经营单位等信息，防疫人员能够有效开展卡口检查、人员车辆甄别、扫码测温通行、挨家挨户发放"健康告知书"、社区"四包一"等疫情防控措施；二是能进一步增建维护技防设施、跟踪疫情隐患，建立协作联动制度，加强综合培训，建立应急机制，从可视化、动态化、实时化角度为疫情防控精细化管理提供助力。

2. 超前预警防范，促进"四早措施"落地，提升疫情防控战略主动性

在开展"梳网清格"疫情防控工作的过程中，徐州市充分依托公安机关发挥职能优势，屯警网格、超前部署、快速反应，全面统筹路面警力和社会力量，加强与武警联勤武装巡逻，严格落实"1、3、5分钟"快速反应机制，不间断巡控疫情易发重点场所；针对重点警格主动介入，一手抓疫情防

---

① 王巧全：《"梳网清格"在基层社会治理创新中的实践研究》，《彭城警学》2020年第2期。

控，一手抓经济社会稳定和复工复产。在疫情防控方面，为确保"早发现、早报告、早隔离、早治疗""四早"措施落到实处，徐州市依托公安机关针对辖区多措并举，超前防范：一是由社区民警入户梳清有关信息，尤其是对涉外数据进行梳清并共享，将全市近百万相关数据盘活共享应用，确保了全市境外疫情"零输入"；二是严格措施进行超前防范，严把进口关、隔离关、防治关、出口关"四道关口"，市县两级公安机关联合交通、卫健等部门在所有高速出口、省际公安检查站、市际卡点、辖区主要路口等重要卡口设置联合检查站，守住入徐"门户"；三是超前开展出租户、群租房、流动人口等隐患难点地毯式排查，建立"十户联防、邻里守望"机制，对老旧小区、独栋楼等防控难点进一步细分网格单元，明责到人、严防死守网格关口，精密防范。在确保经济社会稳定和复工复产方面，一是由公安机关牵头，针对重点警格，主动介入，对网格中排查出有隐患的人、事、物，精准研判，对发现有干扰疫情防控、哄抬物价、制售假冒伪劣卫生防疫用品、药品等违法犯罪行为给予严厉打击；二是对专属网格中的重点企业，推行"警企"挂钩联系、"项目警长"责任制，着力优化营商环境，以最优服务助推复工复产；三是依托"梳网清格"，加强疫情防控法制宣传和法律服务，组织开展社会心理服务，实现了依法科学有序防控疫情。

3. 聚焦资源汇聚，压实防控"四方责任"，提升疫情防控协同治理能力

徐州各级党委政府加强对疫情防控工作的统一领导、统一指挥，坚持以人民为中心的治理理念，严格落实属地、部门、单位、个人的"四方责任"，发挥"梳网清格"协同警务优势，横向实现公安、交通、卫健、网信、民政、教育、工信、民族宗教、商务、住建、文广旅、外办、海关、通管办、机场等职能部门，纵向发动街道社区干部及群众、社会组织、网格员、企业、物业及志愿者队伍等社会力量，构建横向到边、纵向到底、全社会到面的治理体系，建立各司其职、协同合作、整体联动的社会共同防控网，将排查堵控、宣传动员、舆论引导等工作融入抗疫具体网格，最大限度地整合资源，最大限度地凝聚共识。在"梳网清格"疫情防控中，徐州市公安机关延伸合成作战单元，实行预警信息统一研判、重要事项统一交办、

重大事件统一处置、敏感舆情统一导控，徐州市、县两级公安机关党员民警按照属地原则就近归入居住地派出所担任兼职"网格员"，每天统筹组织6300余名警力、9600余名街道干部、9800余名基层卫生工作者、9900余名网格员、3.6万余名物业人员和志愿者，共同下沉社区网格，筑建起牢不可破的"梳网清格"抗疫防线。

4. 数据赋能网格，实现融合互通，提升疫情防控智能化水平

大数据实现了疫情防控指数级效率提升，"大数据＋网格化＋铁脚板"的"梳网清格"工作模式在徐州疫情防控阻击战中被全域推广应用。"人"是"梳网清格"的中心要素，"梳清不放心的人"，在疫情防控工作中就是梳清"确诊患者、疑似患者、无法明确排除可能的发热患者、确诊患者的密切基础者"四类人员，徐州市以"一个人进入徐州市区域就全部在掌控中"为目标，统筹布建多维多层级的技防设备，为社区民警、辅警、网格员"梳网清格"工作提供专用采集设备、全面采集、汇聚警格内的人、地、事、物等相关要素风险数据，全面回溯查清"四类人员"的活动轨迹，为疫情防控提供重要数据支撑。徐州市坚持科技创新，将大数据、云计算、区块链、人工智能等科技手段融入"梳网清格"疫情防控工作。徐州市公安系统自主研发了要素采集App和治安要素管控平台，为"梳网清格"插上科技翅膀。要素采集App包含人员车辆信息采集、场所单位检查、小区村庄采集、风险隐患采集四大功能模块，通过打通数据接口和应用智能识别技术，实现信息采集智能化、便捷化和精准化；治安要素管控平台汇聚了133类内外部数据生成基础要素全息图，在全面展示辖区概况、轨迹数据、考核排名的同时，对海量数据进行深度研判、多维分析，将风险隐患和预警信息精确实时推送给社区民警。"全息图"、"梳网清格"专用移动终端App和互联网端"平安彭城"App，通过"治安要素管控平台"形成闭环，构建了社会治理大数据应用支撑的"新生态"。

三　创新价值

总结"梳网清格"实践成果，提炼其创新价值，探索其中可复制、可

推广的运行机制，不断优化其在疫情防控常态化时期的成长路径，具有重要的现实和理论意义。

（一）"梳网清格"顺应了疫情防控中市域社会治理现代化的现实需求

党的十九届四中全会就"坚持和完善中国特色社会主义制度、推进国家治理体系和治理能力现代化"作出了战略部署，提出要"加快推进市域社会治理现代化"。市域处于国家治理的中观层面，是国家政治、经济、文化、交通、教育和信息等资源汇聚的基础性平台。"市域社会治理"并不等同于"市域治理"，其着眼于"社会"领域，防范和化解社会领域重大风险是一个重要着力点。面对前所未有的疫情防控治理难题，基层是"前线战斗堡垒"，市域是"前线指挥部"，发挥着承上启下的枢纽作用。从这次疫情防控工作来看，我国的市域社会治理在组织动员、协调配合、应急处置等方面还存在不可忽视的短板和弱项。针对这些短板和弱项，徐州市以"梳网清格"为手段，推进市域范围内各治理主体不断创新治理手段和方法，发挥"梳网清格"中"三梳六清"和"六个到位"的独特优势，科学布网建格，以"警格＋网格"织密疫情防控网；超前预警防范，提升战略主动性；聚焦资源汇聚，压实各方主体责任，数据赋能网格，实现融合互通，使"梳网清格"成为徐州"战疫"的现实选择。

（二）"梳网清格"契合了习近平总书记关于新时代社会风险治理重要论述的精神

进入新时代，我国面临的国内外形势正在发生深刻复杂变化。从国际环境来看，新冠肺炎疫情在全球蔓延，对全球政治、经济、金融及公共安全产生巨大负面影响。从国内环境来看，我国正处在经济转型、社会转轨的关键时期，内生性社会风险量大、面广、领域多。党的十八大以来，以习近平同志为核心的党中央高度重视防范化解重大风险。习近平总书记围绕防范风险挑战、应对重大风险及加强应急管理工作作出了一系列重要论述和决策部署。徐州市"梳网清格"新实践源于社会风险治理理论，以防范和化解社会风险为导向，以网格为单元，充分运用"梳"和"清"两个关键手段，突出"三梳六清"重点，将网格中"不放心的人""不放心的物""影响稳定的事"梳理出来，重点围绕基础信息采集、社情民意收集、安全隐患排查整治、矛盾纠纷排查化解、政策法律法规宣传、深入开展数据分析、社会心理服务疏导、平安创建活动八项任务开展工作。"梳网清格"通过构建"梳清治"闭环治理体系，实现了风险治理和应急管理工作的关口前移，更加契合了习近平总书记关于新时代社会风险治理重要论述的精神。

（三）"梳网清格"丰富了新时代网格化社会治理的新模式

近年来，网格化治理逐步成为基层社会治理创新的主要探索方向。网格化社会治理新模式受到学术界广泛关注，国内学者结合各地实践，对网格化治理的结构功能、工作机理及社会效果作出了一系列分析判断，认为网格化社会治理新模式在一定程度上体现了问题制导、精细化管理与服务、联动执行、组团服务、责任到人、风险控制等方面的优势，并在重建城市基层治理结构与秩序中发挥了积极作用。[①] 同时，在实践和理论研究中，越来越多的专家学者认识到网格化社会治理的不足之处。例如，随着网格化社会治理的边界逐渐扩大、功能逐渐扩容，网格员的力量在执行力和专业性等方面都存在明显不足，而传统的"压力型"目标责任机制和考核机制会强化网格员的选择性治理和职责异化，最终违背网格化社会治理的最初目标。为了解决这些现实问题，徐州市将"警格"与"网格"融合。"警格"与"网格"在体制机制、信息资源、目标载体等多维度深入融合，顺应新时代需求，发挥公安系统执行力强和专业性高的优势，由公安机关牵头最大限度地将党政与民力资源、物质与精神的双重力量汇聚到基层网格，将社区民警与网格员结合，促使社区民警积极融入网格化社会治理，由发动社区群众到组织相关行政部门末梢及社会组织，从小范围警民合作到多元主

---

① 孙柏瑛、于扬铭：《网格化管理模式再审视》，《南京社会科学》2015 年第 4 期。

体协同联动，逐步校准目标职责定位，重构协同共治新模式，整体推进区域社会治理能力。

四　问题与短板

经过一年多的实践探索，"梳网清格"作为有效落实网格化社会治理措施的新方法、有效完善网格化基层社会治理机制的新模式、有效实现网格化基层社会治理目标的新路径，在社区治理、疫情防控、重大安保、隐患排查的实战中得到全面检验，联动融合不断强化，数据赋能持续发力，基础管控质效提升，尤其是经受了新冠肺炎疫情防控的考验，社会认知度、群众认可度不断提高。然而，在推进"梳网清格"实践中，还存在一些问题和短板，制约其进一步发挥优势。

（一）协同式联动的"贯通机制"尚显不顺

疫情防控工作任务复杂艰巨，徐州市的"梳网清格"充分发挥了公安机关"刀把子"的力量优势。公安队伍忠诚度、责任心和执行力为推行"梳网清格"疫情防控提供了重要保障，并横向联动了交通、卫健、网信、民政、教育、工信、民族宗教、商务、住建、文广旅、外事办、海关、机场等职能部门，纵向上发动街道、社区干部、群众、网格员、企业和物业及志愿者队伍等社会力量，涉及的部门和群体非常多。由于利益所求的差异和多元治理主体实力不均衡，不同主体之间的行为方式和工作机制存在很大的差异，导致协同联动仍存在问题，要彻底打通协同式联动的"贯通机制"还需要进一步下功夫。以专属网格管理为例，目前徐州全市共划分专属网格 1900 个，其中商业综合体 356 个、金融机构 56 个、企事业单位 342 个、商务楼宇 513 个、商圈市场 176 个、学校 209 个、医疗机构 231 个、园区 17 个。专属网格的管理涉及公安、民政、司法、教育、卫健、人社、住建、消防、市场监管等多个政府职能部门，需要根据部门职责落实管理责任，而专属网格管理尚不明晰，不同部门主体之间的协作配合和联合处置机制尚不通畅。

（二）下沉式力量的"有效配置"尚有不足

在疫情防控过程中，徐州市每天统筹警力、街道干部、基层卫生工作者、网格员、物业人员和志愿者等力量共同下沉社区网格，然而面对复杂繁重的疫情防控任务，下沉式力量的有效性还远远不足，况且除了疫情防控，基层还涉及城市管理、社会服务、民生保障、党建工作、综治维稳、安全生产等多项管理功能。此外，下沉式力量的均衡配置更是存在问题，不同区之间、相同区的不同街道和社区之间，以及城市和农村之间的资源和力量配置存在较大差异。以民警力量为例，目前徐州全市208个派出所现有民警2965人，其中社区民警有1060人，警力数与其承担的工作任务不相匹配，从警民配比看，社区警力不足问题比较突出，全市未达到规定警民比例配备社区民警的派出所占74%。[1]

（三）关键核心的"警网融合"尚不紧密

"警网融合"是"梳网清格"的根基和关键。徐州市采取多项措施促进"警格"与"网格"在体制机制、信息资源和目标载体上的深入融合，然而目前"警网融合"尚不够紧密，主要体现在三个方面：一是社区警务室的作用发挥不够。社区警务室是警网联动融合、矛盾纠纷调处、治安防范宣传、服务群众办事、联络警民关系的综合性平台。目前徐州社区警务室的运转尚不规范，全市警务室共有729个，其中与社区（村、居）同址办公的有353个，占48.4%；正常运转的有534个，占73.3%。二是民警和网格员的协作还不充分。"警格"和"网格"力量整合不到位，未能发挥出应有的整体效能和战斗力。目前徐州全市网格员9853人，其中兼职网格员5822人，占59.1%[2]，兼职网格员全部由社区（村、居）工作人员担任，由于自身日常工作繁杂，兼职网格员难以与民警开展有效配合，警格与网格之间

---

① 资料来源：徐州市公安局。
② 资料来源：徐州市公安局。

各自为战的现象仍然存在。三是警格网格数据未完全打通。部门之间数据融合、系统对接问题未真正解决，成为"警网融合"的棘手难题。

（四）目标定位的"考核导向"尚不科学

科学合理的考核评价机制以战略目标为导向，可以有效防止责任推诿和不落实，是一种重要的责任约束机制，然而科学合理的考核标准体系构建是一项难度很大的系统工程。正如前文所述，传统的"压力型"目标责任机制和考核机制会强化社区民警和网格管理员的选择性治理和职责异化，最终违背"梳网清格"工作的最初目标。虽然徐州市着力推进"警网融合"，然而民警和网格员毕竟隶属不同单位。徐州市的网格员由本地网格化管理服务中心直接管理，目前仍处于较低的队伍管理建设阶段，网格员并不具备疫情防控的专业知识，其考核、培训和薪酬在制度体系建设上也还存在导向不明、标准不清、规范缺失等问题。目前尚缺乏科学有效的绩效考核机制将民警、辅警和网格员融为一体、互相配合。此外，疫情防控工作体系中尚没有建立起完善的激励考核机制，对相关防疫人员缺乏价值引导、队伍建设、心理健康、专业提升等激励和保障机制。

五　启示与建议

徐州市"梳网清格"疫情防控的探索与实践，进一步顺应了疫情防控中市域社会治理现代化的现实需求，契合了习近平总书记关于新时代社会风险治理的重要思想，丰富了新时代网格化社会治理的新模式，为我们开展新时代社会治理，尤其是疫情防控工作带来了一些启示。

（一）坚持系统观念，强化源头治理，将共建共治共享社会治理制度优势转化为公共安全风险治理效能

党的十八大以来，以习近平同志为核心的党中央将公共安全风险治理摆在治国理政的突出位置。习近平总书记多次强调："坚持底线思维，增强忧

患意识，提高防控能力，着力防范化解重大风险。"① 党的十九大报告对共建共治共享的社会治理制度的主体和路径进行了阐述，并从加强和创新社会治理的角度对社会安全、公共安全、防灾减灾等方面的工作进行了部署。党的十九届五中全会明确指出"坚持系统观念""统筹安全和发展"，要求将"防范化解重大风险体制机制不断健全"作为发展目标，"把安全发展贯穿国家发展各领域和全过程"。② 徐州市坚持系统观念和源头治理理念，创新开展"梳网清格"社会治理新实践，在疫情防控中切实筑牢共建共治共享的人民防线，积极回应人民群众对平安美好生活的新需要，不断将共建共治共享社会治理制度优势转化为公共安全风险治理效能，推动社会长治久安，为有效开展新时代公共安全风险治理提供了很好的范例。

（二）坚持规则优先，强调依法规治，健全完善社会治理创新路径体系

法治是新时代我们党治国理政的基本方式，也是优化社会治理的重要途径。党的十九届五中全会强调要"健全党组织领导的自治、法治、德治相结合的城乡基层治理体系"③，社会治理创新必须坚持以依法治理为保障，以"化风成俗"为补充，完善法治化、规范化内涵，运用法治思维和法治方式化解社会矛盾，不断增强以法治方式推进基层社会治理规则优先的思想自觉性，完善党委领导、政府负责、社会协同、公众参与、法治保障的社会治理体制④，并以此次新冠肺炎疫情防控为契机，从以下四个方面健全完善社会治理创新的路径体系：一是牢固树立人民至上和"权利本位"理念，关注人民群众需求；二是坚持党建引领，以制度建设推进提质增效；三是制

---

① 《习近平谈治国理政》第3卷，外文出版社，2020，第219页。
② 《中华人民共和国国民经济和社会发展第十四个五年规划和2035年远景目标纲要》，《人民日报》2021年3月13日。
③ 《中华人民共和国国民经济和社会发展第十四个五年规划和2035年远景目标纲要》，《人民日报》2021年3月13日。
④ 李诚：《我国社会治理的历史演进、内在逻辑及路径启示——以国家社会关系为视角》，《云南行政学院学报》2020年第6期。

定权责清单，明晰社会治理中不同主体的权责边界；四是开展服务管理标准化建设，提高网格管理规范化、精细化水平，如构建科学有效的考核机制与"多维激励"体系。

（三）坚持问题导向，深化联动共治，建设新时代社会治理多元参与共同体

1887年，德国社会学家费迪南·滕尼斯出版了《共同体与社会：纯粹社会学的基本概念》一书，将人类群体生活的基本结合类型概括为两类，即共同体和社会。在论述"共同体"时，滕尼斯接受了这个概念原本所指的"协同性"关系的意涵。共同体是指个体、组织等基于相似的价值认同、目标追求等自觉形成的相互关联、相互促进且关系稳定的群体。共同体意识是实现各部门协同治理的重要基础，是利益多元主体联动共治的前提条件。党的十九届四中全会明确提出"建设人人有责、人人尽责、人人享有的社会治理共同体"① 要求，社会治理共同体的构建是一个循序渐进的过程，应坚持问题导向，深入研究社会治理共同体构建中面临的现实困境和掣肘社会参与机制的短板，树立以社会为本位的理念，大力培育公共精神，赋权与动员双管齐下；以联动共治为保障，优化协商治理机制，推进"网格＋警格"双网融合，凝聚各方力量，不断深化网格化社会治理创新。

（四）坚持资源共享，强化信息支撑，建构"网格化＋信息化"社会治理新模式

近年来，得益于现代网络信息技术的发展，全国各地积极推进"网格化＋信息化"社会治理模式创新，并不断促进社会治理提质增效，尤其是在此次新冠肺炎疫情防控中，现代网络信息技术发挥了绝对优势，成为一项关键利器。党的十九届五中全会明确提出要"构建网格化管理、精细化服

---

① 《中华人民共和国国民经济和社会发展第十四个五年规划和2035年远景目标纲要》，《人民日报》2021年3月13日。

务、信息化支撑、开放共享的基层管理服务平台"①,这就需要提高信息技术手段对社会治理服务的支撑能力,抓好技术研发、数据共享、平台建设等工作,加强"网格化+信息化"社会治理的顶层设计,不断完善整体架构,畅通信息联络沟通机制,摆脱"信息孤岛"的割据状态,横向打通不同部门之间的"数据烟囱",纵向建立市、县区、街道三级数据贯通平台,构建资源共享、信息共享、数据共享、成果共享的"网格化+信息化"社会治理新模式。

---

① 《中华人民共和国国民经济和社会发展第十四个五年规划和2035年远景目标纲要》,《人民日报》2021年3月13日。

B.24
后　记

2020 年是极不平凡的一年。面对新中国成立以来传播速度最快、感染范围最广、防控难度最大的新冠肺炎疫情，我国治理体系和治理能力经受住了"大考"，统筹经济社会发展和新冠肺炎疫情防控取得重大战略成果。

党的十九届五中全会通过的《关于制定国民经济和社会发展第十四个五年规划和二〇三五年远景目标的建议》专辟"统筹发展和安全，建设更高水平的平安中国"一章，对新发展阶段的安全发展作出系统部署，其中对如何完善应急管理体系、提升应急管理能力作出了具体安排。

2021 年是"十四五"开局之年，在开启全面建设社会主义现代化国家新征程中极为重要。面对百年未有之大变局和中华民族伟大复兴的战略全局，把安全发展贯穿到国家发展各领域和全过程，防范化解影响我国现代化进程的各种重大风险，筑牢国家安全屏障，牢牢守住安全发展这条主线尤为紧迫和重要。

为更好推动应急管理研究工作，中共中央党校（国家行政学院）应急管理培训中心（中欧应急管理学院）在中共中央党校（国家行政学院）国家高端智库项目支持下，联合社会科学文献出版社，首次推出应急管理蓝皮书。该蓝皮书旨在紧密结合我国防范风险挑战、应对突发事件面临的形势，及时反映我国应急管理体系和能力现代化进程中的创新做法、主要经验、存在问题、改革对策等。

本蓝皮书是集体合作的成果，作者以中共中央党校（国家行政学院）应急管理培训中心（中欧应急管理学院）专家为主，同时邀请了校（院）其他部门专家和校（院）外相关领域专家参与了本书创作。主编马宝成、副主编张伟牵头设计了全书框架提纲、体例，协调沟通各方面，并统修全部书稿。在本书除总报告外的各篇报告组稿工作中，王永明负责"分报告"部分，董泽宇负责"应急管理体制机制篇"，钟雯彬负责"应急管理法治篇"，王华负责"应急管理能力篇"，游志斌负责"典型案例篇"。王永明、孙娣协助主编承担了大量沟通协调和统稿工作。各位组稿人都高度负责，邀约撰稿人，与作者保持沟通联系，负责文稿的初审和前期编校工作。

中共中央党校（国家行政学院）科研部主任林振义、科研部智库办主任王君琦，应急管理培训中心（中欧应急管理学院）副主任（副院长）杜正艾、杨永斌，对本书的研创规划和出版给予了指导、支持。社会科学文献出版社政法传媒分社总编辑曹义恒对本书的初创策划和编辑出版给予了大力支持。在此一并表示衷心感谢！

应急管理是一门崭新的学科。中共中央党校（国家行政学院）应急管理培训中心（中欧应急管理学院）成立于 2010 年，在党中央、国务院关心支持下，在中共中央党校（国家行政学院）校（院）委的直接领导下，已经建设成为我国应急管理教学科研、决策咨询、合作交流的重要基地，在领导干部应急管理教育培训方面发挥了重要作用。进入新发展阶段，我们将以习近平总书记关于应急管理体系和能力建设的重要论述精神为指导，求真务实，开拓创新，为我国应急管理学科建设、我国应急管理干部教育培训事业和我国应急管理事业的全面发展提供高质量、高水平的研究报告，作出应有的贡献。

限于研究水平，本书可能存在偏颇甚至错误之处，恳请广大读者批评指正。

编委会

2021 年 5 月 12 日

Abstract

Emergency management is an important part of national governance system and capacity. It undertakes the important responsibility of preventing and defusing major risks, responding to and handling emergencies in a timely manner, and undertaking the important mission of protecting people's lives and property and maintaining social stability. We invite relevant experts and scholars, based on the empirical data, from multiple perspectives such as the type of emergency, systems and mechanisms, emergency, emergency ability under the rule of law, typical cases, to study the latest experiences, problems and cases in the development of emergency management, to analyse the future trends, and recommend the opinions. We committed to promoting the modernization of emergency management, deep the research on emergency management, and popularizing emergency management concepts.

Since the 18th National Congress of the Communist Party of China (CPC), China's emergency management has made all-round progress, the relevant 13th Five-Year Plan has been effectively implemented, the basic capacity of emergency management has been continuously improved, and all kinds of emergencies have been effectively responded to. In 2020, China's emergency management system and capacity have withstood a very unusual test. The CPC Central Committee, has made overall plans, We have achieved victory in the national COVID-19 epidemic prevention and control, effectively coped with the worst flood since 1998, and properly resolved the disaster of the accident, the social security events and other major risk challenge, and accumulated zone spreading mechanism, the control group control strategy, the risk classification management, such as big data technology application experience.

In 2020 we have stepped to strengthen weak links in emergency management, especially epidemic prevention and control. We further highlighted the party's leadership, giving full play to the advantages of system, emergency system and mechanism innovation, constantly reflected on crisis early warning and monitoring system for system, pressed the emergency legislation, plan revision, standards of "fast forward button", pushed the emergency and industrial revolution of science and technology, improved the public opinion guide work, attached great importance to the social psychological crisis intervention. The CPC Central Committee with Comrade Xi Jinping as the core attached great importance to the emergency management system and capacity building . It has pointed out the fundamental, directional and strategic issues in the modernization of China's emergency management system and capacity. "Coordinating development and security" has been included in the guiding ideology of national economic and social development for the first time, and the 14th Five-Year Plan is specifically devoted to "coordinating development and security, building a safer China to a higher level" and "improving the national emergency management system".

Since 2021, China's emergency management has entered a new stage of development. The development environment at home and abroad is undergoing profound and complex changes and facing severe challenges brought by risk trends such as pandemics, global warming and seismic catastrophes. Emergency management has also ushered in another great opportunity for development. China's emergency management should focus on preventing and defusing major security risks in key areas, take reform and innovation as the fundamental driving force, adhere to the overall national security concept, better coordinate development and security, and further modernize the emergency management system and capacity.

Keywords: Emergency Management; Major Risks; System Construction; Capacity Building

Contents

I General Reports

Abstract: The Party Central Committee with Comrade Xi Jinping as the core attaches great importance to the emergency management system and capacity building, and takes precautions. It further clarifies the fundamental, directional and strategic issues of China's emergency management system and capacity modernization, highlights key areas and key links, and fully protects against major risks and challenges. China's modernization of emergency management has made significant progress. In 2020, the guiding ideology of the modernization of emergency management system and capability in China is more clear: always adhere to the people first, life first, and carry out epidemic response with the rule of law thinking; We should make up the short board, improve the national emergency management system and improve the ability to deal with urgent and dangerous tasks; Overall development and safety, effectively cope with various risk challenges. Novel coronavirus pneumonia management system and capability have withstood the challenge of the century: COVID-19 prevention and control has made significant strategic achievements, effectively cope with the serious risk and challenges of natural disasters, and strive to cope with all kinds of accidents and disasters, and continue to push forward the construction of a safer China at a higher level. The

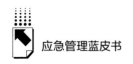

construction of emergency management system has made a series of new achievements and achievements: continuously improve the emergency management system, and continuously improve the emergency management laws, regulations and standards. We should stress the key areas and key links, and try our best to prevent and solve the challenges of major risks: to implement the national risk census of natural disasters; Carry out the investigation and treatment of hidden danger of safety production and improve the supervision level; We should vigorously develop the construction of disaster information staff; Innovation of the way to resolve social conflicts and disputes in accordance with law, and constantly improve the sense of social security; Innovate and improve the coordination mechanism of emergency management; Strengthen scientific and technological support and improve emergency management ability.

Keywords: Emergency Management; Disaster Prevention; Mitigation and Relief; Safe Production; COVID-19 Prevention and Control; Social Security

B.2 Analysis of Major Risks in Public Security *Zhang Wei* / 031

Abstract: It is necessary to analyze the major risks faced by China's public security at present and in the medium and long-term in the future, so as to ensure that China's modernization process unaffected. As one of the risks, the current global COVID-19 still keeps spreading fast. China's epidemic is hardly to rebound in a wide range, while a relatively high-level control intensity is still needed; mankind has entered a high-risk period of pandemics; global warming leads to extreme climate and increases associated risk; earthquake catastrophe is like a sword hanging on the top; and the hidden dangers of accidents and disasters in key industries continue to exist.

Keywords: Major Risks; Pandemic; Extreme Climate; Accident hazard; Earthquake catastrophe

II   Sub-reports

B.3   China Natural Disaster Emergency Management Development

Report 2020   *Zhang Yunxia*, *Liu Nanjiang* / 056

Abstract: In 2020, the climate year is generally inferior in China. During the main flood season, the southern part of China encountered the heaviest flood situation since 1998. Natural disasters are mainly floods, geological disasters, hail, typhoon disasters, earthquake, drought, low temperature and snow disasters, forest and grassland fires and other disasters have occurred to varying degrees. This year, emergency management encountered many difficult challenges. Under the guidance of Xi Jinping's socialist ideology with Chinese characteristics in the new era, the emergency management system and related disaster-related departments effectively deal with all kinds of major disasters and resolutely undertake the important mission of protecting the safety of people's lives and property and maintaining social stability. New progress has been made in the construction of disaster management systems, capacity-building for disaster prevention and mitigation, and international cooperation in disaster prevention and mitigation. In the disaster, the emergency management has stood the test, reduced the disaster loss and the influence to the greatest extent, has created the good safety environment for the safeguard economic and social development.

Keywords: Disaster Management Systems; Capacity-building for Disaster Prevention and Mitigation; Disaster Prevention and Mitigation

B.4 Development Report of China's Work Safety Emergency
     Management in 2020 and the 13th-Five-Year-Plan Period

Wang Yongming / 069

Abstract: During the 13th-five-year-plan period, China's production safety
situation continued to improve, and all work targets set in the 13th-five-year-plan
for production safety have been achieved ahead of schedule. During the 13th-Five-
Year-Plan period, under the systematic layout and top-level guidance of the
opinions on promoting the reform and development of work safety, the
responsibility system of work safety has become more rigorous, the effectiveness of
work safety management in accordance with the law has become more obvious,
the root cause and cure measures have become more accurate and powerful, the
ability of emergency rescue has been significantly improved, and the leading role of
safety and emergency technology has become increasingly obvious. But looking at
the 14th-five-year-plan, China's production safety is still in the period of climbing
over the threshold and reform, and there are still many weak links. How to grasp
the characteristics of the new stage, practice the new development concept,
integrate the work of production safety into the new pattern based on the system
thinking, and fundamentally realize the goal of "running the safety development
through all fields and the whole process of national development" for the
development of production safety The work of the 14th-five-year-plan has put
forward new goals, new requirements and new challenges.

Keywords: 13th-Five-Year-Plan; Safety Production; Emergency Management

B.5 Development Report of China's Social Security Emergency
     Management in 2020

Zhang Xiaoming / 082

Abstract: Due to the influence of COVID-19, the number of social security
incidents in China has decreased significantly in 2020, and the number of large

scale events has decreased. The main characteristics and institutional innovation of emergency management of social security events in China in 2020 are mainly reflected in six aspects: the major breakthrough in the source management of social security emergency management; positive progress in the system construction of social security emergency management; steady progress in the organization and construction of emergency management of social security incidents; and the emergency management of social security incidents caused by land expropriation The major innovation was implemented; the emergency management effect of social security incidents caused by illegal financing was obvious; the emergency management pressure of social security incidents caused by long rent apartments was huge, and the mass crowd rights protection events caused by the crisis of eggshell apartment were typical representatives.

Keywords: Social Security; Emergency Management; Social Stability Risk Assessment; Eggshell Apartment Crisis

B.6　China Emergency Management Development Report on Public
　　　Health Emergencies in 2020　　　　　*Wang Zhifeng* / 094

Abstract: During the 13th-five-year-plan period, the prevention and control of acute infectious diseases in China was standardized and efficient, the emergency medical rescue of public emergencies was timely and effective, the health emergency system and capacity building were steadily advanced, and the theoretical research of health emergency management was continuously deepened. In 2020, China's public health emergency management has accumulated important experience in the practice of epidemic prevention and control in COVID-19, such as joint prevention and control mechanism, group prevention and control strategy, risk classification management, the opening of shelter hospitals and the application of big data technology. At the same time, the epidemic prevention and control also reflects that there are still shortcomings and deficiencies in China's major epidemic prevention and control system and public health emergency management system,

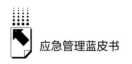
which should be further improved from the following aspects: perfecting public health emergency management laws and regulations, reforming and perfecting disease prevention and control system, strengthening monitoring, early warning and emergency response capabilities, improving the major epidemic treatment system, giving full play to the supporting role of science and technology in the prevention and control of major epidemics, improving the medical insurance and rescue system for major diseases, and improving the unified emergency material guarantee system.

Keywords: Public Health Emergency; Emergency Management; Health Emergency

B.7 Emergency Management Development Report on Environmental Incidents in 2020 *Wang Ru* / 106

Abstract: In 2020, China successfully completed the phased goals and tasks of the pollution prevention and control battle, effectively prevented and resolved various ecological and environmental risks, continued to improve laws and regulations related to environmental emergencies, and accelerated the completion of medical waste, hazardous waste collection and treatment shortcomings, and the environment of the river basin. Emergency linkage management has been accelerated. However, the ecology and environment system still faces many challenges. Environmental emergencies are still in the stage of frequent occurrences, environmental emergency management is not sufficiently preventive, environmental emergencies management is fragmented, environmental risk information is insufficient, and social actors are insufficiently involved. This report selects a few typical cases for analysis, in order to provide reference for the early warning and emergency response of environmental emergencies in the future. The next step is to strengthen the environment systematic governance, strengthen the prevention of environmental risks, improve the environmental monitoring system, promote the participation of multiple entities, promote regional and departmental coordination, and improve the ability of responding to online public opinions.

Keywords: Environmental Emergencies; Emergency Management; Environmental Risk

Ⅲ Emergency Management System and Mechanism

B.8 Achievements of the 13th-Five-Year-Plan and Prospects of the
14th-Five-Year-Plan for Emergency Management

Li Husheng / 122

Abstract: During the 13th-five-year-plan period, the implementation of China's emergency management planning has achieved remarkable results: the emergency management system has been further improved, the basic capacity of emergency management has been continuously improved, the core emergency rescue capacity has been significantly enhanced, the comprehensive emergency support capacity has been comprehensively strengthened, the social collaborative response capacity has been significantly improved, and the international emergency rescue capacity has been strengthened, All kinds of emergencies have been effectively dealt with during the 14th-five-year-plan period, we should firmly grasp the important strategic opportunity period of high-quality development of economy and society, continue to deepen the reform of emergency management system and mechanism, effectively prevent and resolve major safety risks, build a strong emergency response and rescue force system, build a strong emergency security system, and consolidate the people's defense line of emergency management, We will comprehensively promote the modernization of the national emergency management system and capacity, and build an emergency management system with unified command, professional and regular functions, sensitive response, and linkage from top to bottom, so as to improve the ability of disaster prevention and relief.

Keywords: Five-Year-Plan; Emergency Management System; Emergency Response Capability

B.9 Reform and Operation of China's Emergency Management

　　 System in 2020 　　　　　　　　　　　　　 *Li Ming* / 138

　　Abstract: In 2020, the new two-year emergency management system of China aims at promoting the modernization of emergency management system and capacity, focusing on risk prevention, safety protection, development promotion, institution building and weakness compensation. The reform of emergency management system has made significant progress. First, deepen the construction of emergency management system to provide support for system reform. Second, improve the emergency command system to provide guarantee for system reform and operation. Third, we will deepen the reform of work safety supervision system to serve the overall situation of safety development. Fourth, deepen the reform of emergency rescue system to provide organizational support for emergency rescue. The fifth is to reform the grass-roots emergency management system to lay the foundation for the emergency management system. Around the initial goal of emergency management system design, the work of national emergency management has gradually achieved refinement and precision, the goal of system reform has been implemented, the operation has been adjusted, the system has been optimized, and the level of emergency management system has been comprehensively improved. .

　　Keywords: Emergency Management; System Reform; Natural Disaster; Technical Failure

B.10 Innovation of Emergency Decision-making Command System

　　 and Mechanism: A Case Study of the COVID-19

　　 Response in 2020 　　　　　　 *Zhong Kaibin, Lin Weiwei* / 158

　　Abstract: Emergency decision-making and command is an important part of emergency management. The sudden outbreak of the COVID-19 pandemic is a major test and in-depth examination of the emergency decision-making mechanism in China. In response to the once-in-a century COVID-19 pandemic, China has established a centralized and unified emergency decision-making and command system. The three-level emergency decision-making and command system of the Standing Committee of the Central Political Bureau, the central leading group on epidemic prevention and control, the State Council joint defense and control mechanism, has been established. Emergency command mechanisms headed by leading Party and government officials were established in provinces, prefectures and counties across the country, forming a top-down system with unified command, frontline guidance, and coordination between departments and among provinces. Local authorities and other stakeholders have strictly implemented the decisions, plans and prohibitions of the central authorities, and effectively enforced all response measures. Thus, an effective and well-functioning whole-of-the-nation control mechanism is in place, which provides strong organizational guarantee for winning the people's war, overall war and anti-attack war against the COVID-19 pandemic.

Keywords: Emergency Decision-making and Command; Emergency Control Mode; The COVID-19

B.11 Current Situation and Suggestions on the Construction of National Early Warning Information System

Dong Zeyu, Liu Liyuan / 171

Abstract: As a kind of "message tree", "starting gang", or "baton" of emergency management, Early warning can effectively avoid and reduce the occurrence of emergencies, control and reduce the serious consequences caused by emergencies. At present, China has established a relatively mature early warning information release system, of which the national emergency early warning information release system is the main component. Taking the national emergency early warning information release system as an example, this paper makes a

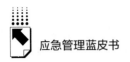应急管理蓝皮书

systematic reflection on the current situation and problems of China's early warning information release system, and proposes to further improve the leadership system of early warning information release, improve the legal policies of early warning information release, improve the level of monitoring and early warning technology, strengthen the construction of hardware system, and enhance the timeliness, accuracy and comprehensiveness of early warning release It is necessary to integrate and utilize the early warning release channels, and improve the information sharing and linkage coordination mechanism.

Keywords: Early Warning; Warning Response; System Building

B.12　Local Government Emergency Management System
　　　　Construction: Development and Innovation
　　　　—*An Investigation Based on the 14th-Five-Year-Plan*

Zhang Lei / 190

Abstract: Examining the contents of the emergency management system construction in the 14th-five-year-plan of various local governments will help to understand the direction of the local government's emergency management system construction and also help to explore the overall development direction of the national emergency management system. In terms of emergency management system construction, localities regard the emergency management system as an important component of overall national security, regard the emergency management system as an important guarantee for the safety of people's lives, and carry out the construction of the emergency management system based on the scope of public safety. In terms of the construction thinking of the emergency management system, localities emphasize systematic prevention and resolution of hidden risks, and carry out system construction based on their own risk characteristics, and the phased construction content is highly consistent with the central government. In terms of emergency management systems and mechanisms,

380

localities are focusing on straightening out emergency management powers and responsibilities, improving emergency management systems, and improving emergency work mechanisms. In terms of emergency management capabilities, the focus of local construction includes information platforms, disaster management, self-rescue and mutual rescue, rescue teams, and regional rescue capabilities.

Keywords: Local Government; Emergency Management; The 14th-Five-Year-Plan

Ⅳ Rule of Law in Emergency Management

B.13 Progress and Prospect in Building the Rule of Law in

Emergency Management in 2020 　　　　*Zhong Wenbin* / 200

Abstract: Comprehensive Emergency Management in 2020 has been the main issue in handling the unstable and uncertainly serious situations through legal sanctity, stability, and certainty. To adapt to the changing scenarios of domestic and international circumstances, we have been promoting the prevention and control of the epidemic through various measures of social and economic natures simultaneously. Moreover, China has been promoting the promulgation of a new law in emergency management. Driven by legislation, the judicature, the law enforcement, along with the law-abiding and legal popularization, China has made significant progress and achieved remarkable results by focusing on key elements, reinforcing the weaknesses, while fortifying the strengths and advantages. Nonetheless, from the perspective of the present developments, there are several lacunae in the implementation of the emergency rule of law. In 2021, as emergency management has entered the phase of intensive revisions and we should grab this rare opportunity to draft a comprehensive and strong strategy for the development of the rule of law in emergency management under the 'Fourteenth Five Year Plan' while promoting the development of the national emergency management system and capacity.

Keywords: Emergency Management; The Construction of the Rule of Law; The 14th-Five-Year-Plan

B.14 Development and Prospect of Emergency Management

Standardization in 2020 *Qin Tingxin, Wang Wan* / 218

Abstract: In the new era, China's emergency management standardization is facing hitherto unknown opportunities and challenges. The state has paid more attention to the field of public safety and emergency management, and has brought a new round of technological revolution and COVID-19's emergency management standardization. However, compared with the development of emergency management in the new era, there are still some imperfect standards. There are many problems and challenges, such as the lack of connection with laws and regulations, the lack of standards, the lack of international standardization level, the insufficient support of science and technology informatization, and the lack of guarantee of talents and funds. Based on the current situation of standardization work and the opportunities and challenges it faces, this report puts forward suggestions for the next step, mainly including improving the standardization mechanism, strengthening the connection with laws and regulations, improving the level of international informatization, training standardization talents and improving the level of funding guarantee.

Keywords: Emergency management; Standardization; Standard

B.15 Development and Prospect of Emergency Plan System in 2020

Deng Yunfeng / 234

Abstract: With the modernization of China's emergency management system and capacity, the emergency planning work is facing a great opportunity and many new challenges once again. Reviewing the development process of the emergency plan system, drawing on the experiences and good practices at home and abroad, the report suggests that the system should be helpful to give play to the unique strengths of China's institution, reflect the concept of comprehensive emergency management for all-hazards, prevent the tendency of departmentalization, and to guide the whole society in carrying out all-process and all-factor emergency preparedness. The report also suggests that it is necessary to build a robust emergency plan system, through policies like starting a standing inter-departmental work group on emergency planning, gaining consensus on fundamental emergency-related glossaries and concepts of operation, optimizing the system's structure scientifically and rationally, establishing a comprehensive emergency management staff team, ensuring the effective support provided from the emergency information platform and applications, and maintaining a continuous mechanism for self-improvement.

Keywords: Emergency Plan; Emergency Plan System; Emergency Management

V   Emergency Management Capability

B.16   Research on the Construction and Development of Emergency Logistics Support Capacity in 2020

Song Jinsong, Li Zhihui / 251

Abstract: Based on the situation of emergency supplies support in the process of fighting COVID-19 in 2020, the emergency preparedness capability, the construction status of emergency material support and the ability to support emergency materials are analyzed. Research shows that before the COVID-19, China had problems such as insufficient emergency supplies reserve, low production capacity, single types of reserves, insufficient reserve awareness and professional reserve capacity, inadequate coordination of emergency supplies logistics, non-disclosure and transparency, and imperfect emergency supplies

support laws. It is suggested to construct an emergency material support system composed of emergency material reserve management system, digital emergency logistics support system, emergency material support legal system and emergency coordination and disposal system of responsible departments, so as to strengthen the capacity construction of emergency material support.

Keywords: Emergency Supplies; Emergency Logistics; Emergency Management; Emergency Supplies Support System

B.17 Upgrading of Emergency Management Capacity with Modern Information Technology *Zou Jiliang / 267*

Abstract: Emergency management needs information support, especially the wide application of modern information technology. Without emergency management information, it is difficult to be called emergency management modernization. At present, China is building a comprehensive information infrastructure and information business application system, building an emergency management big data platform, and basically forming a "one network management" mode. The development trend of emergency management informatization in foreign countries is that the information transmission network is safe and reliable, the geographic information system is widely used, the open network cooperation platform operates efficiently, and the government and social disaster information are organically integrated. Based on this, theoretical research should be strengthened in the future to provide theoretical support for the construction of emergency informatization; Strengthen the application of technology to provide technical support for the construction of emergency information; Strengthen the overall planning of resources to provide basic guarantee for the construction of emergency informatization.

Keywords: Information; Emergency Management; Modern Information Technology

Abstract：Information release is an important part of China's Fight against the COVID-19. A strict system of information release has been established. Strict regulations are in place to see there is no withholding of information, underreporting, or delay in reporting cases of infection. Meanwhile, a tiered news release mechanism has been formed. At both national and local levels, a tiered information release mechanism has been formed to circulate authoritative information through various channels and platforms, both onsite and online, in order to address domestic and international concerns on virus control, medical treatment, and scientific research. The media has expanded public outreach and sent a positive message in combating the virus, and public opinion has played its role of oversight to help solve problems affecting virus control. Of course, looking back on this battle to prevent and control COVID-19 pandemic, we find that the public opinion environment is extremely complex. Therefore, it is of very important values to analyze these problems and put forward proposals.

Keywords：Public Health Emergency；Information Release；Public Opinion Epidemic

Abstract：The COVID-19 epidemic in 2020 is a major challenge to China's social governance system and emergency management system, as well as a test of China's psychological crisis intervention mechanism. The psychological intervention action was timely and rapid, showing a high degree of organization, professionalism and systematization, and establishing an all-dimensional, stereoscopic and all-

covering psychological crisis intervention and counseling mechanism combining online and offline. In the post-epidemic era, it is necessary to further improve and promote the construction of emergency psychological service system.

Keywords: Psychological Intervention; Social Psychology; COVID-19

VI   Typical Cases

B. 20   The Great Heavy Rainstorm Flood Disaster and Its

Response in 2020 *Cao Haifeng* / 300

Abstract: In July 2020, the Yangtze River, Huaihe River and other basins in China encountered the most serious flood disaster since 1998. The flood affected 11 provinces, with 34.17 million people, 99 dead and 8 missing, resulting in a direct economic loss of 132.2 billion yuan. The Party Central Committee and the State Council attach great importance to flood control and disaster relief work and make a series of major arrangements. Relevant departments and local governments made good preparations for the prevention, and started the emergency response immediately after the flood. All kinds of rescue teams worked closely together. The successful response to the flood disaster fully shows that: For the victory of flood fighting and emergency rescue, the party's centralized and unified leadership is the political guarantee, the close cooperation of relevant parties is the mechanism guarantee, and the investment of professional rescue teams and advanced technologies is the ability guarantee.

Keywords: Flood Disaster; Flood Control and Disaster Relief; Combat a Flood and go to the Rescue Hurriedly

Abstract: The "3 · 7" collapse accident of Xinjia Hotel in Quanzhou, Fujian Province was a major production safety accident that caused the collapse of a building mainly due to illegal construction, reconstruction and reinforcement construction. Since the accident occurred during the critical period of our response to COVID-19, the hotel happened to be a centralized isolation and health observation facilities for outsiders to prevent and control COVID-19 in Licheng District of Quanzhou. The nature of the accident was serious and the impact was severe. It has important reference value for our country's experience summary and reflection of emergency response under the environment of severe infectious diseases.

Keywords: COVID-19; Emergency Response; Collapse Accident

Abstract: On October 11, 2020, after a cluster of epidemics occurred in Qingdao, the emergency response mechanism was quickly activated, more rigorous prevention and control measures were adopted, and nucleic acid testing covering the entire city was implemented. While tracking the sources of the epidemic and guiding public opinion, we coordinated efforts to prevent and control the epidemic, maintain social stability, and promote economic and social development. In the treatment of the clustered epidemic in Qingdao, the National Health Commission, Shandong provincial government, and Qingdao municipal

government responded jointly to build a strong backing for victory, insisted on the supremacy of life and health, and promptly implemented all staff inspections, and promoted the participation of all the people in epidemic prevention and control to consolidate grassroots group prevention and control capabilities. Simultaneously, we used scientific and technological means to empower and increase efficiency for epidemic prevention and control, and guide the media to do a good job of propaganda and public opinion guidance, and achieved a phased victory in the treatment. The relevant experiences of Qingdao's epidemic management have provided new samples for China's epidemic prevention and control and epidemic management, and provided useful references for the improvement of urban epidemic prevention and control and even public health emergency management in other regions.

Keywords: Coronavirus Disease; Epidemic Prevention and Control; Public Health Emergencies; Emergency Management; Epidemic Prevention in Qingdao

B. 23　Innovation in Social Governance Empowers COVID-19 Prevention and Control

—*A case Study of the New Practice of " Combing the Network and Cleaning the Grid" in Xuzhou*　　　*Sun Di* / 351

Abstract: In recent years, "combing the network and cleaning the grid" has been used as an effective means to innovate grass-roots social governance in Xuzhou. It has brought into full play the basic advantages of "big data + grid + iron feet", and built a closed loop governance system of "comb, clear and cure". It has played an important role in community governance, major security and hidden trouble investigation, especially withstanding the test of new crown pneumonia epidemic prevention and control. At present, the work of "combing the network and cleaning the grid" is still restricted in the aspects of "through mechanism", "force allocation", "police network integration" and "assessment guidance". The next step is to further promote the development of the new practice of "combing the network and cleaning the grid", that is, to adhere to the concept of system, strengthen the source governance, and transform the advantages of co construction, CO governance and shared social governance system into the efficiency of public security risk governance; We should adhere to the principle of giving priority to rules, emphasize the rule of law, and improve the path system of social governance innovation; We should adhere to the problem orientation, deepen the linkage and co governance, and build a multi participation community of social governance in the new era; Adhere to resource sharing, strengthen information support, and build a new social governance model of "grid + informatization".

Keywords: Innovation of Social Governance; Prevention and Control of COVID-19; "Combing the Network and Cleaning the Grid"; Epidemic Prevention in Xuzhou

权威报告・一手数据・特色资源

皮书数据库
ANNUAL REPORT(YEARBOOK)
DATABASE

分析解读当下中国发展变迁的高端智库平台

所获荣誉

- 2019年，入围国家新闻出版署数字出版精品遴选推荐计划项目
- 2016年，入选"'十三五'国家重点电子出版物出版规划骨干工程"
- 2015年，荣获"搜索中国正能量 点赞2015""创新中国科技创新奖"
- 2013年，荣获"中国出版政府奖・网络出版物奖"提名奖
- 连续多年荣获中国数字出版博览会"数字出版・优秀品牌"奖

成为会员

通过网址www.pishu.com.cn访问皮书数据库网站或下载皮书数据库APP，进行手机号码验证或邮箱验证即可成为皮书数据库会员。

会员福利

- 已注册用户购书后可免费获赠100元皮书数据库充值卡。刮开充值卡涂层获取充值密码，登录并进入"会员中心"—"在线充值"—"充值卡充值"，充值成功即可购买和查看数据库内容。
- 会员福利最终解释权归社会科学文献出版社所有。

数据库服务热线：400-008-6695
数据库服务QQ：2475522410
数据库服务邮箱：database@ssap.cn
图书销售热线：010-59367070/7028
图书服务QQ：1265056568
图书服务邮箱：duzhe@ssap.cn

S 基本子库
UB DATABASE

中国社会发展数据库（下设 12 个子库）

整合国内外中国社会发展研究成果，汇聚独家统计数据、深度分析报告，涉及社会、人口、政治、教育、法律等 12 个领域，为了解中国社会发展动态、跟踪社会核心热点、分析社会发展趋势提供一站式资源搜索和数据服务。

中国经济发展数据库（下设 12 个子库）

围绕国内外中国经济发展主题研究报告、学术资讯、基础数据等资料构建，内容涵盖宏观经济、农业经济、工业经济、产业经济等 12 个重点经济领域，为实时掌控经济运行态势、把握经济发展规律、洞察经济形势、进行经济决策提供参考和依据。

中国行业发展数据库（下设 17 个子库）

以中国国民经济行业分类为依据，覆盖金融业、旅游、医疗卫生、交通运输、能源矿产等 100 多个行业，跟踪分析国民经济相关行业市场运行状况和政策导向，汇集行业发展前沿资讯，为投资、从业及各种经济决策提供理论基础和实践指导。

中国区域发展数据库（下设 6 个子库）

对中国特定区域内的经济、社会、文化等领域现状与发展情况进行深度分析和预测，研究层级至县及县以下行政区，涉及省份、区域经济体、城市、农村等不同维度，为地方经济社会宏观态势研究、发展经验研究、案例分析提供数据服务。

中国文化传媒数据库（下设 18 个子库）

汇聚文化传媒领域专家观点、热点资讯，梳理国内外中国文化发展相关学术研究成果、一手统计数据，涵盖文化产业、新闻传播、电影娱乐、文学艺术、群众文化等 18 个重点研究领域。为文化传媒研究提供相关数据、研究报告和综合分析服务。

世界经济与国际关系数据库（下设 6 个子库）

立足"皮书系列"世界经济、国际关系相关学术资源，整合世界经济、国际政治、世界文化与科技、全球性问题、国际组织与国际法、区域研究 6 大领域研究成果，为世界经济与国际关系研究提供全方位数据分析，为决策和形势研判提供参考。

法律声明